石家庄统计年鉴

SHIJIAZHUANG STATISTICAL YEARBOOK

2012

石家庄市统计局
国家统计局石家庄调查队
编

中国统计出版社
China Statistics Press

（京）新登字 041 号

图书在版编目（CIP）数据

石家庄统计年鉴. 2012 / 石家庄市统计局，国家统计局石家庄调查队编. —北京：中国统计出版社，2012. 8
ISBN 978 - 7 - 5037 - 6625 - 1
Ⅰ. ①石… Ⅱ. ①石… ②国… Ⅲ. ①统计资料—石家庄市—2012—年鉴 Ⅳ. ①C832. 221 - 54

中国版本图书馆 CIP 数据核字（2012）第 179332 号

石家庄统计年鉴—2012

作　　者/ 石家庄市统计局　国家统计局石家庄调查队
责任编辑/ 陈越月
E-mail：yearbook@ stats. gov. cn
封面设计/ 黄　晨
封底摄影/ 安彦华
出版发行/ 中国统计出版社
通信地址/ 北京市西城区三里河月坛南街 75 号
邮　　编/ 100826
办公地址/ 北京市丰台区西三环南路甲 6 号
电　　话/（010）63376898、63376907（发行部）
印　　刷/ 河北天普润印刷厂
经　　销/ 新华书店
开　　本/ 890 × 1240mm　1/16
字　　数/ 93 万字
印　　张/ 35. 375
印　　数/ 1—600 册
版　　别/ 2012 年 8 月第 1 版
版　　次/ 2012 年 8 月第 1 次印刷
书　　号/ 978 - 7 - 5037 - 6625 - 1/C. 2701
定　　价/ 300. 00 元

《石家庄统计年鉴—2012》

编委会

闫纯锴　　石家庄市卫生局局长
李志宏　　石家庄市人口和计划生育委员会主任
齐惠明　　石家庄市审计局局长
张　炬　　石家庄市环境保护局局长
唐　青　　石家庄市体育局局长
杨建秋　　石家庄市林业局局长
朱献军　　石家庄市粮食局局长
赵俊芳　　石家庄市旅游局局长

《石家庄统计年鉴—2012》

编辑部

编辑说明

一、《石家庄统计年鉴—2012》是一部大型统计信息资料工具书，是《石家庄统计年鉴》创刊出版以来的第16卷。本书系统收录了石家庄市2011年经济、社会各方面的统计数据，以及1995年来分县区主要统计数据，是一部全面反映石家庄经济和社会发展情况的资料性年刊。随着国家统计方法制度的改革，本刊在指标口径和范围上做了相应的调整，但尽量在版本内容、指标体系等方面与前几年保持连贯性。

二、本年鉴内容包括：综合、从业人员和工资总额、固定资产投资及建筑业、能源消费、财政、金融、物价、居民生活、城市公用设施、农村经济、工业交通邮政、贸易外经旅游、教育科技文化、体育卫生民政和附录等14部分内容。

三、本年鉴中使用的度量衡单位均采用国际统一标准计量单位。

《石家庄统计年鉴》多年来承蒙社会各界的厚爱，对此我们深表感谢，欢迎广大读者继续使用《石家庄统计年鉴》，同时欢迎对我们的编辑内容及排版提出宝贵的意见，以利于我们进一步提高《石家庄统计年鉴》的编辑水平，更好地为社会各界服务。

《石家庄统计年鉴》编辑部

2012年8月

地区生产总值（亿元）

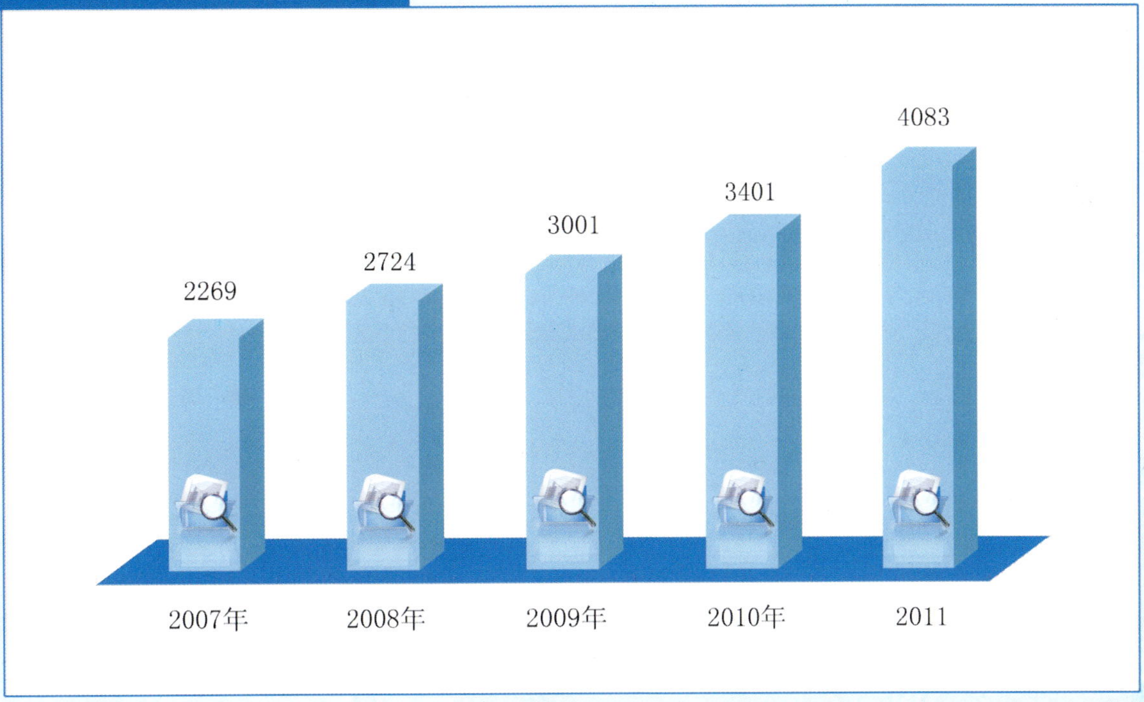

地区生产总值增长速度（%）

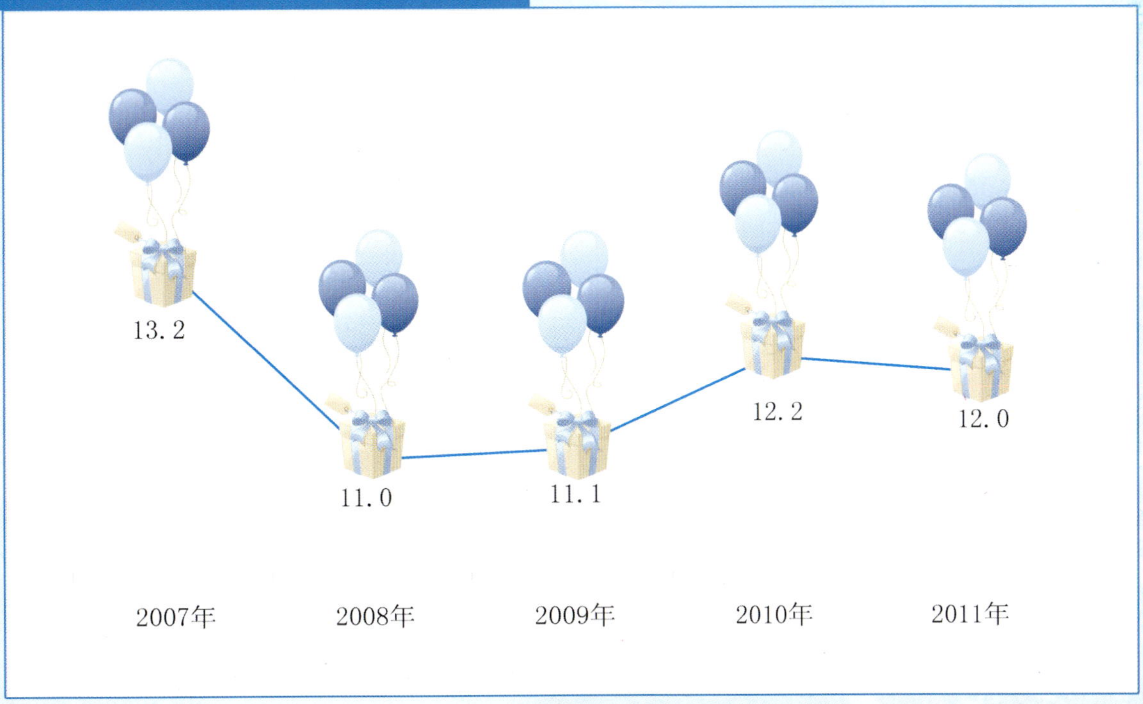

2011年三次产业构成

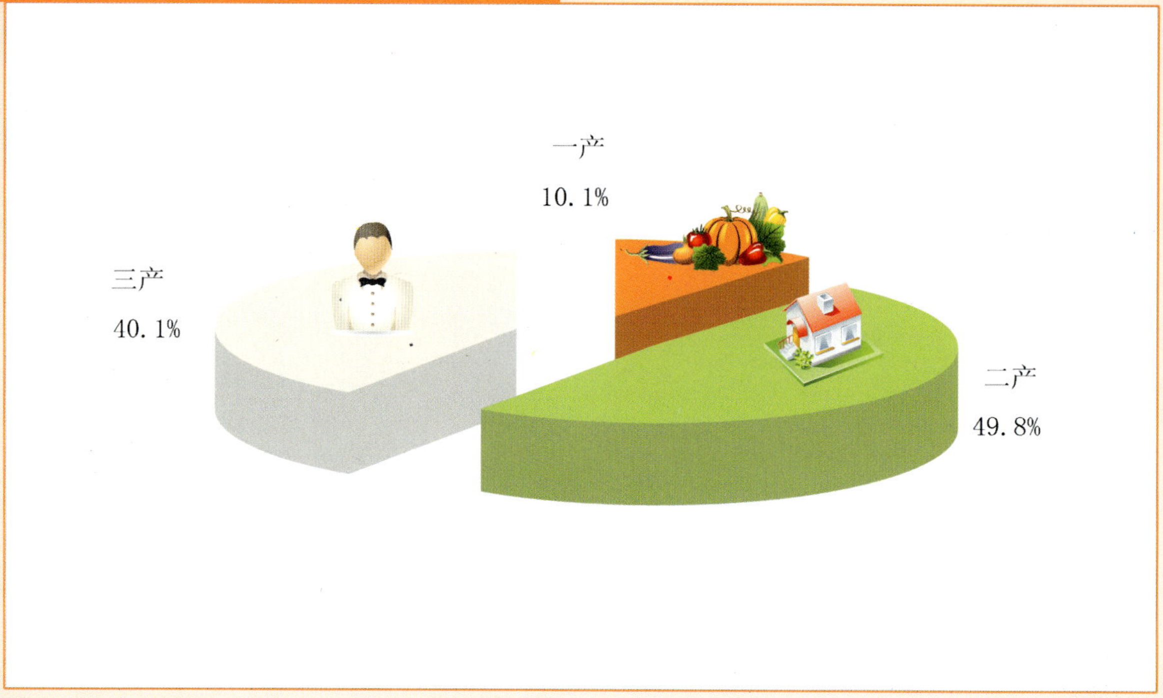

2010年三次产业构成

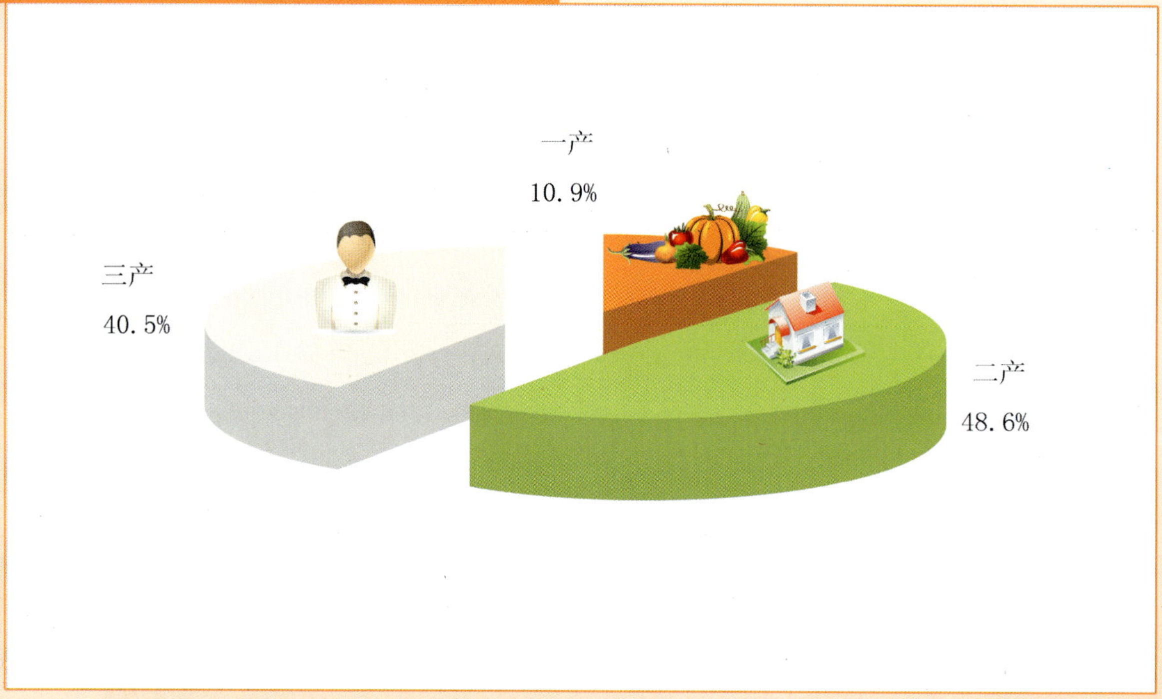

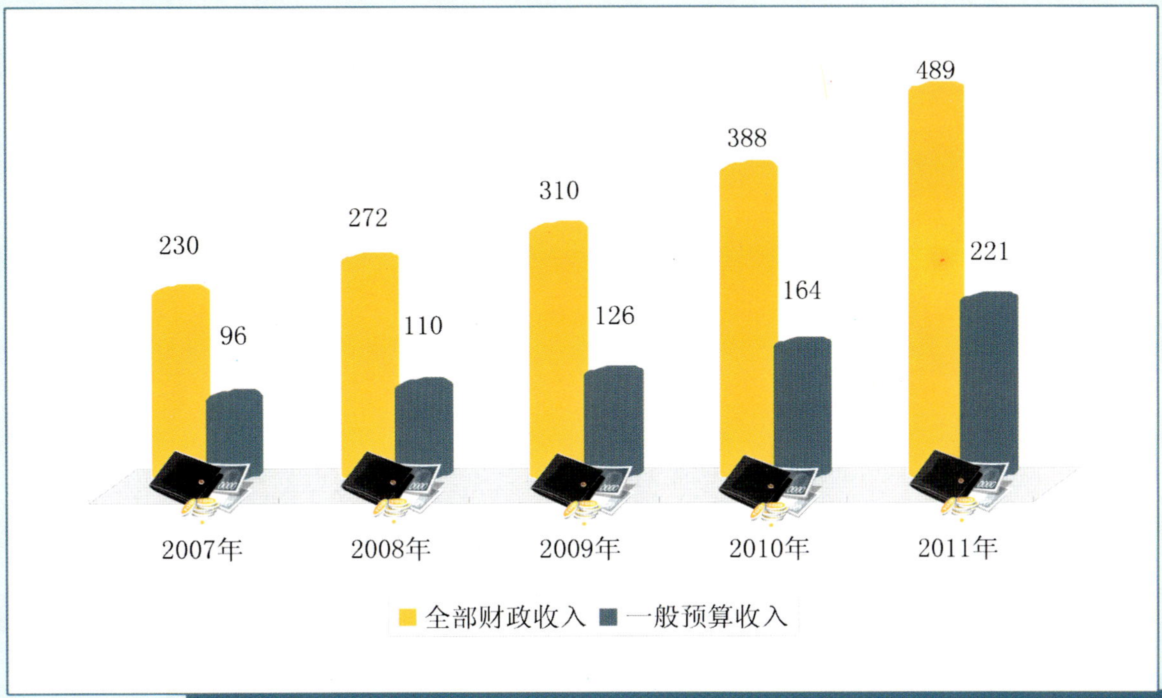

财政收入（亿元）

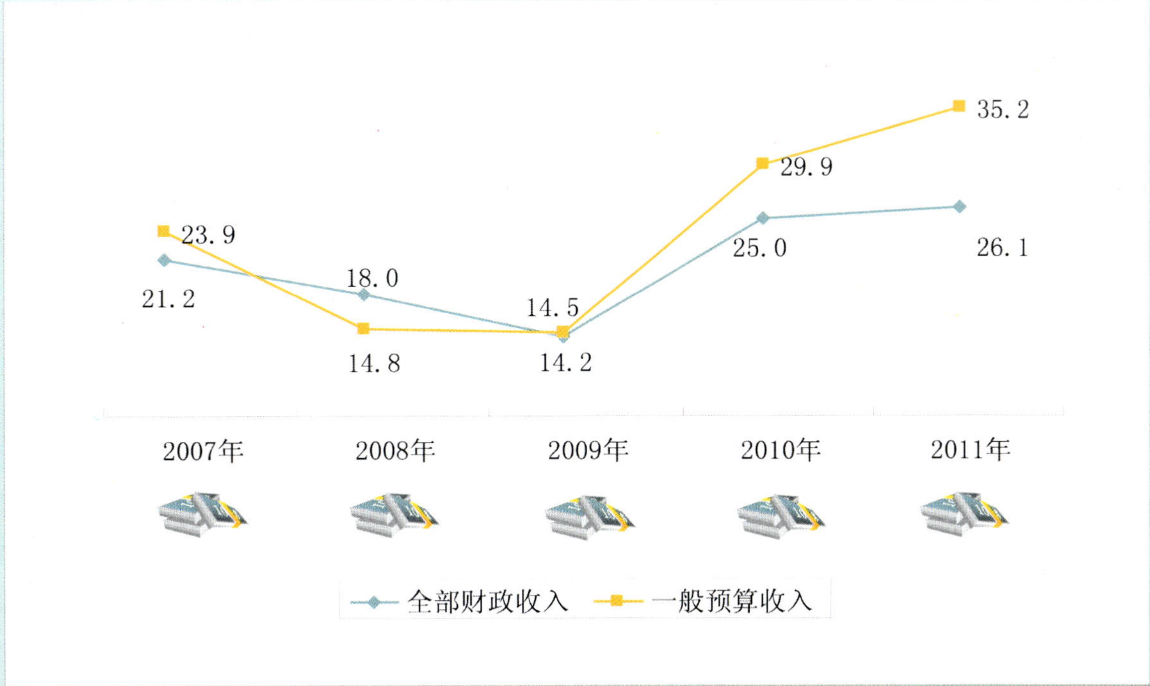

财政收入增长速度（%）

农林牧渔业总产值与增加值(亿元)

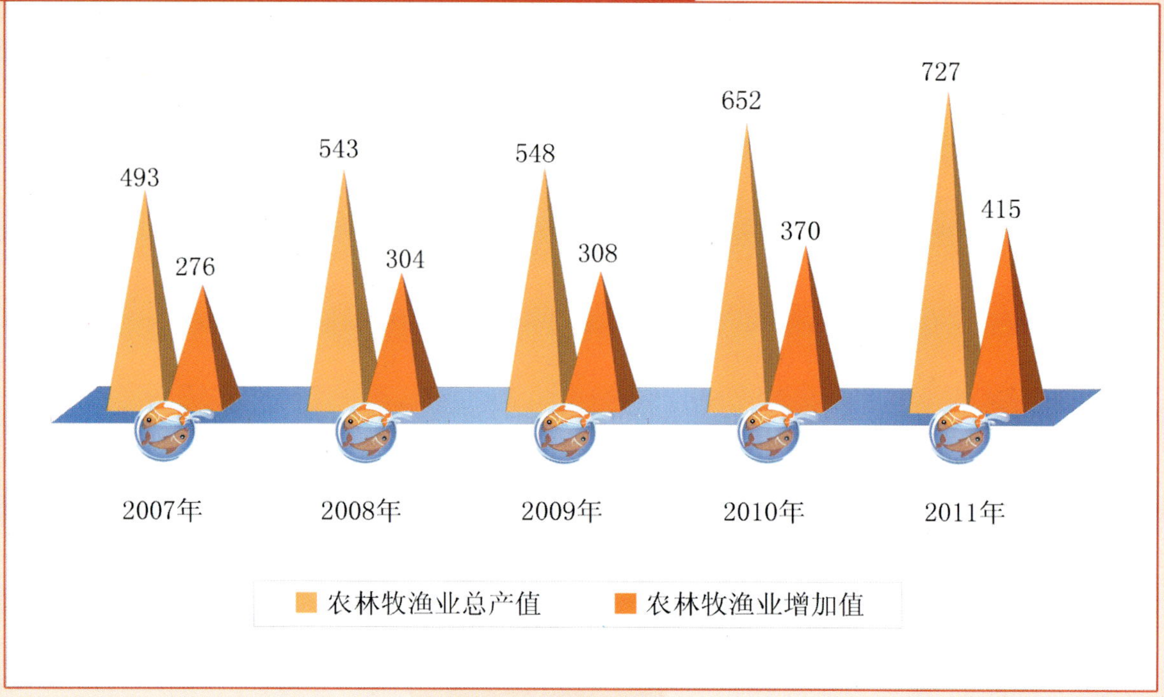

规模以上工业总产值与增加值(亿元)

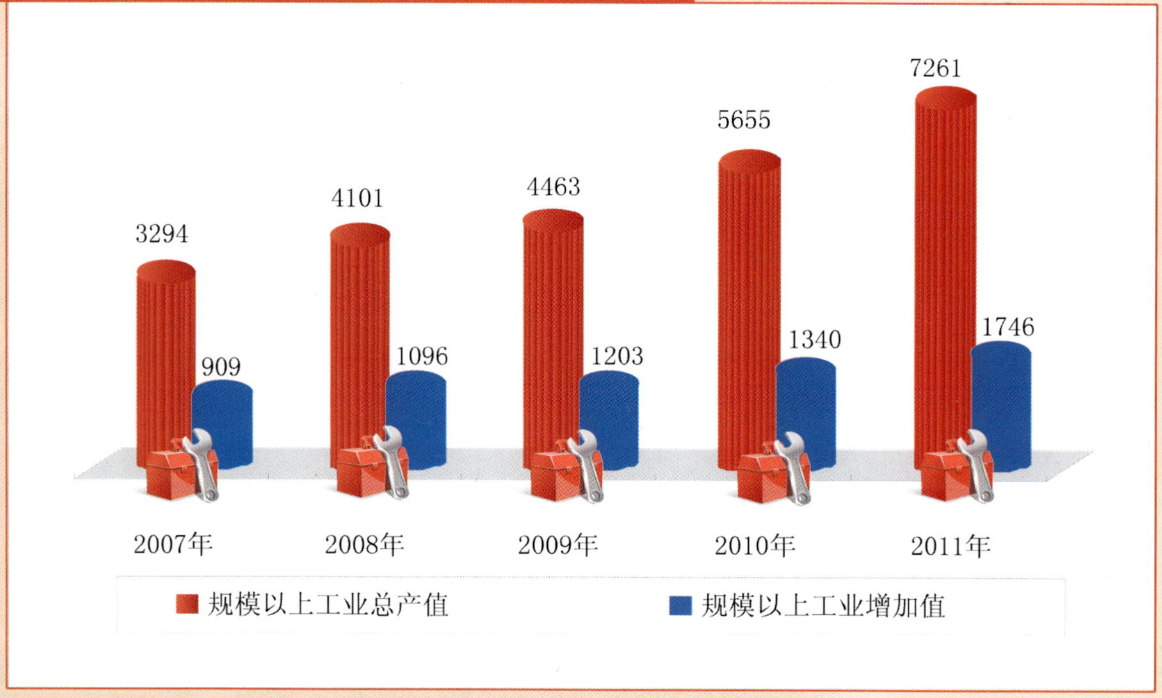

2011年规模以上工业增加值分行业比重

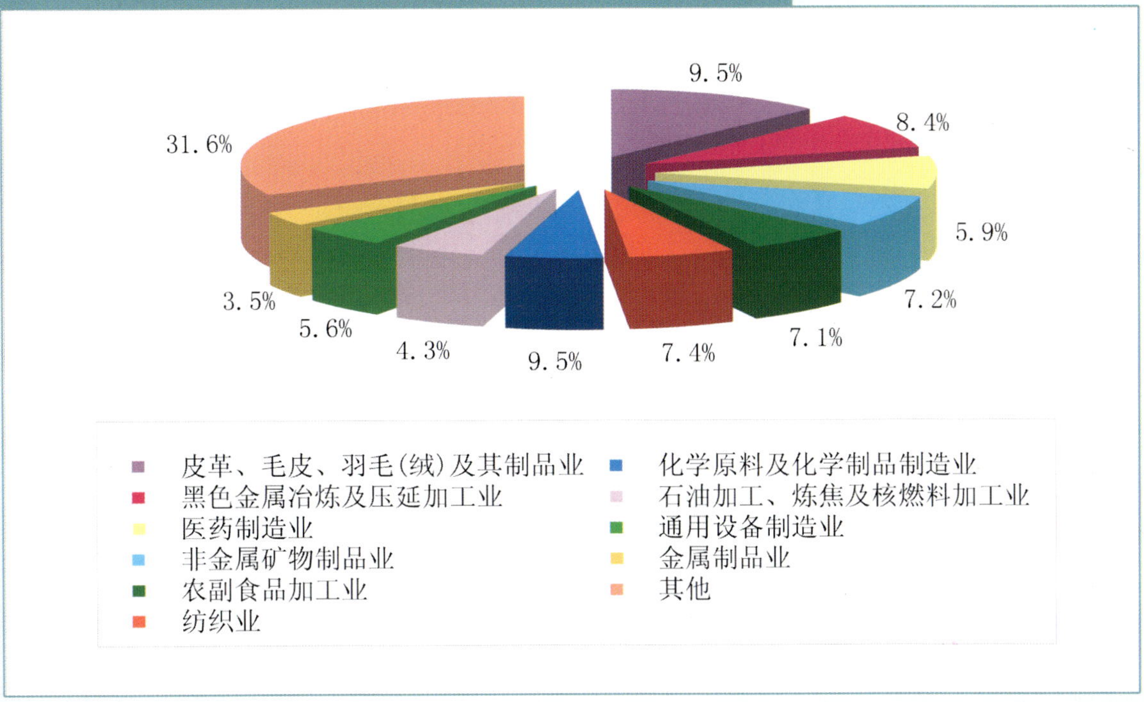

2010年规模以上工业增加值分行业比重

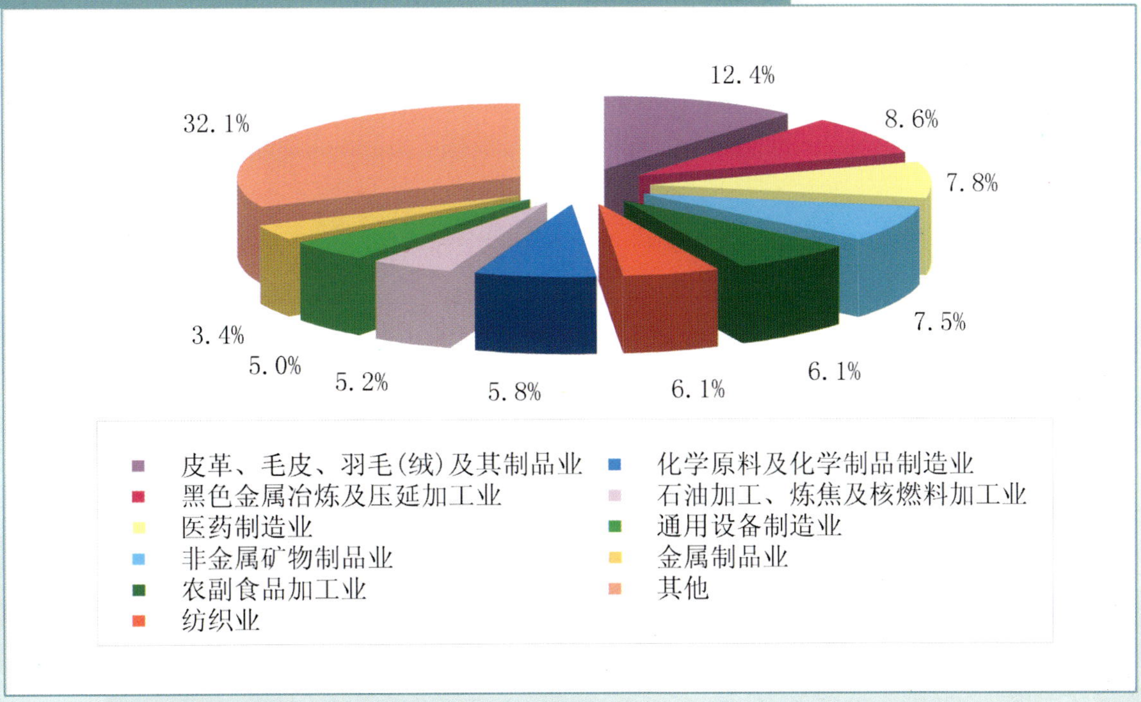

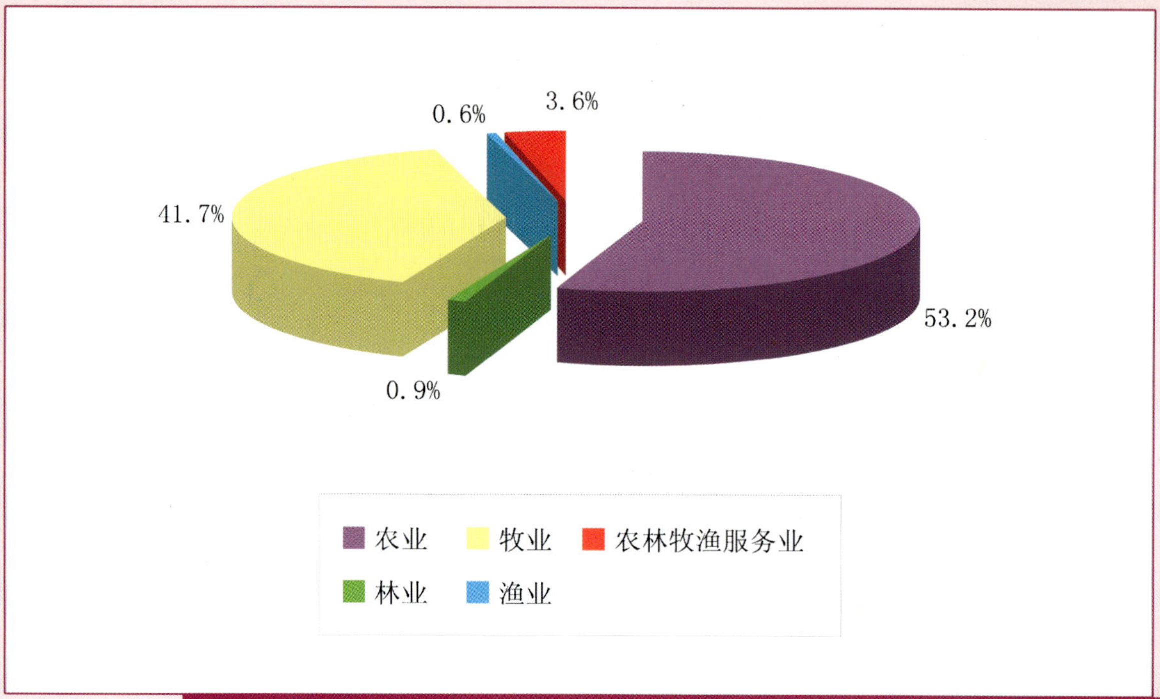

2011年农林牧渔各业构成(按总产值计算)

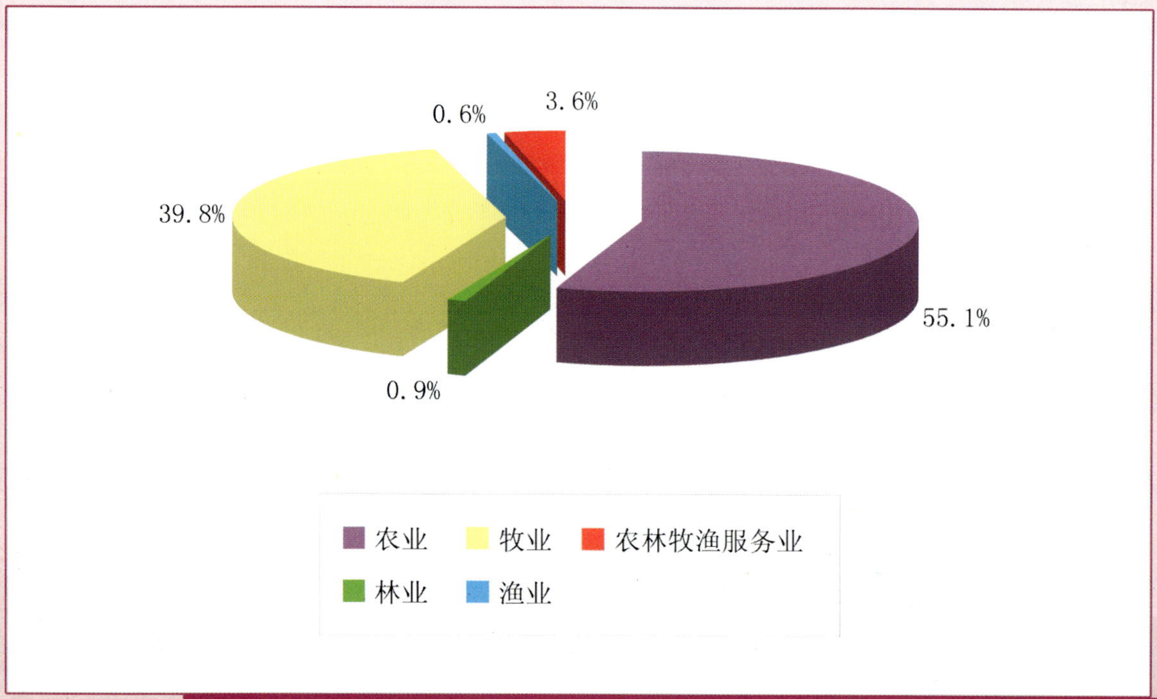

2010年农林牧渔各业构成(按总产值计算)

规模以上工业利税与利润（亿元）

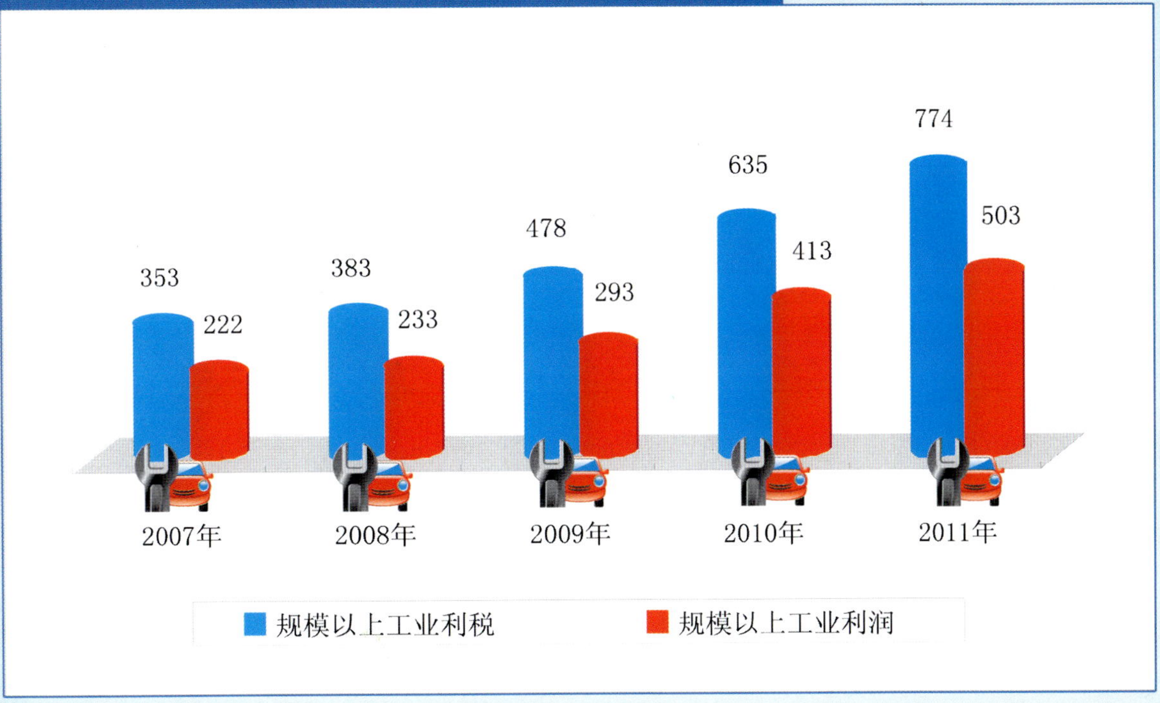

社会消费品零售总额（亿元）

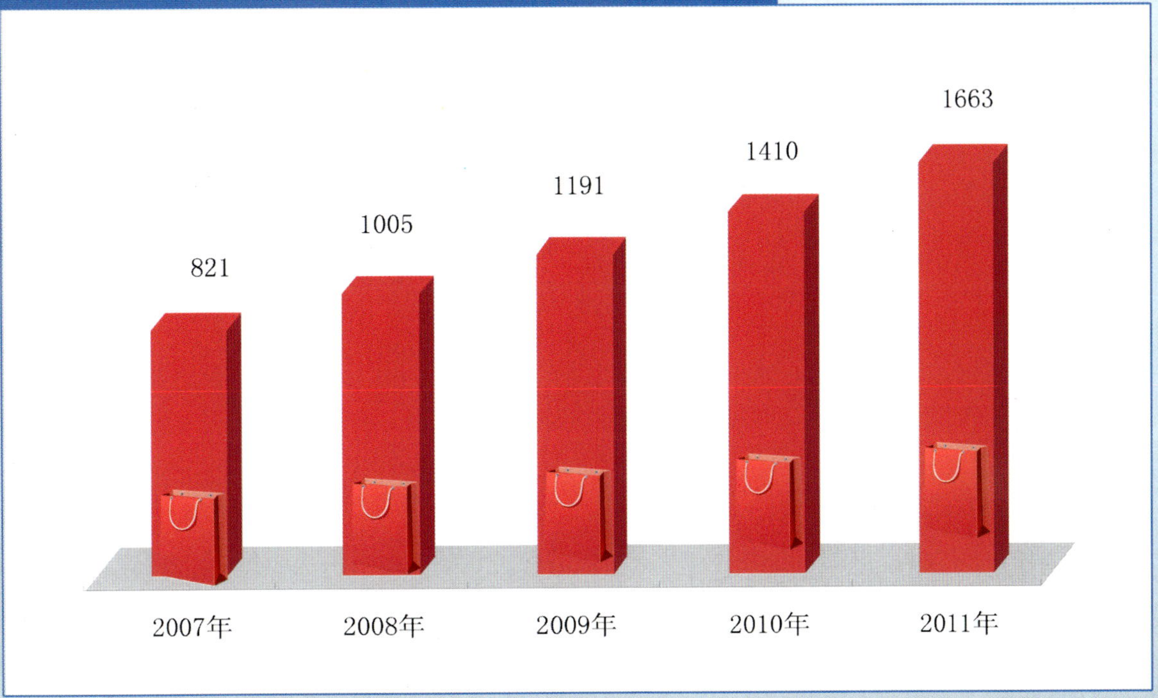

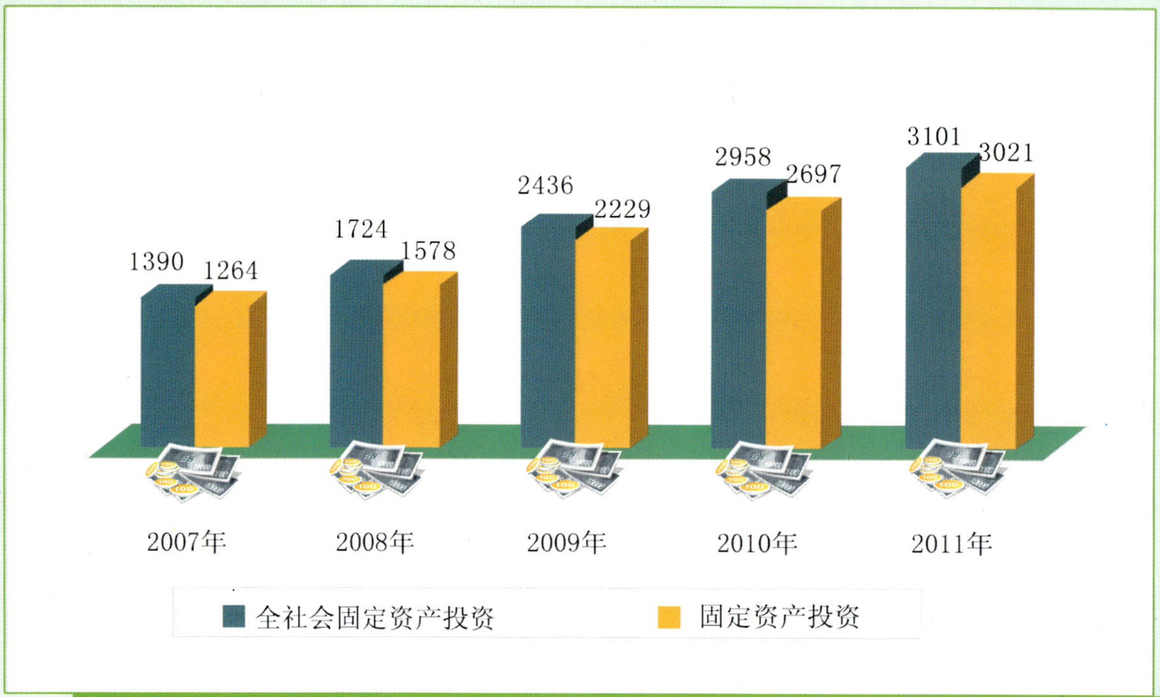

全社会固定资产投资与固定资产投资（亿元）

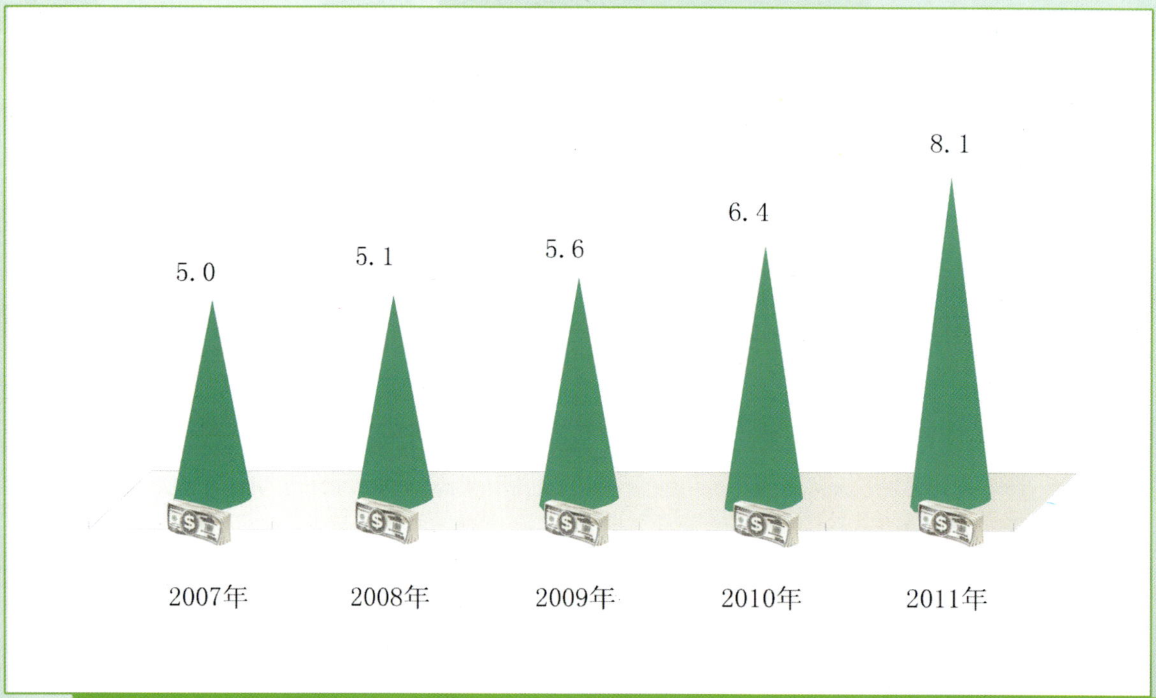

实际利用外资（亿美元）

进出口总值与出口总值（亿美元）

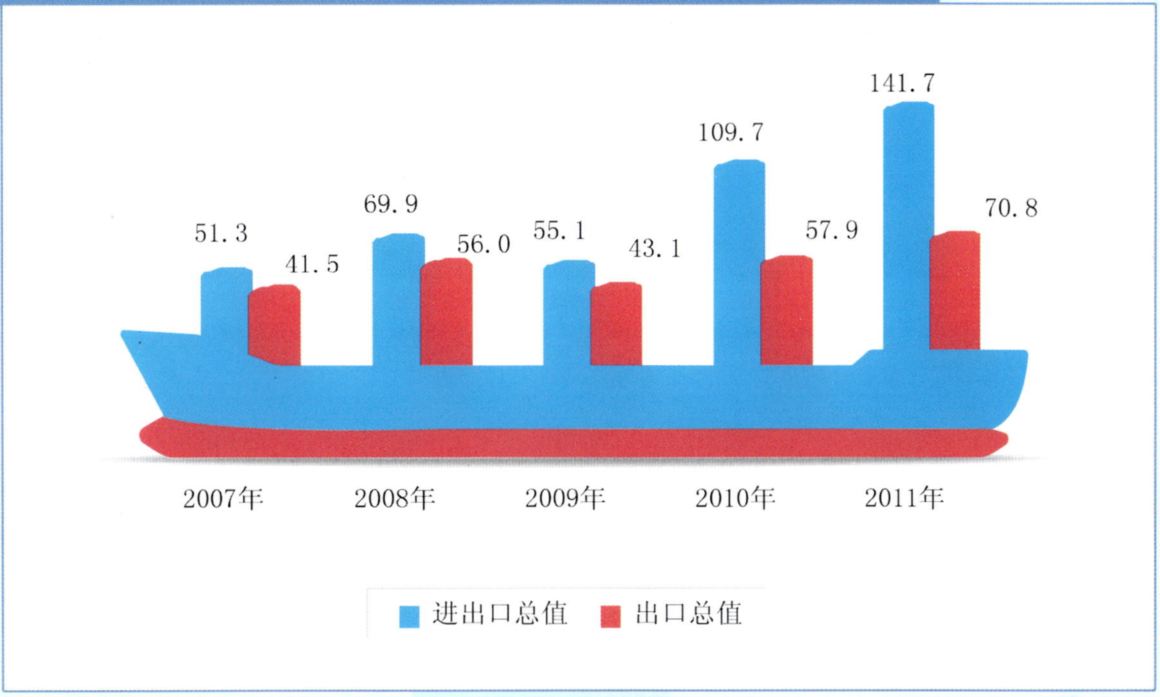

城市居民人均可支配收入与农民人均纯收入（元）

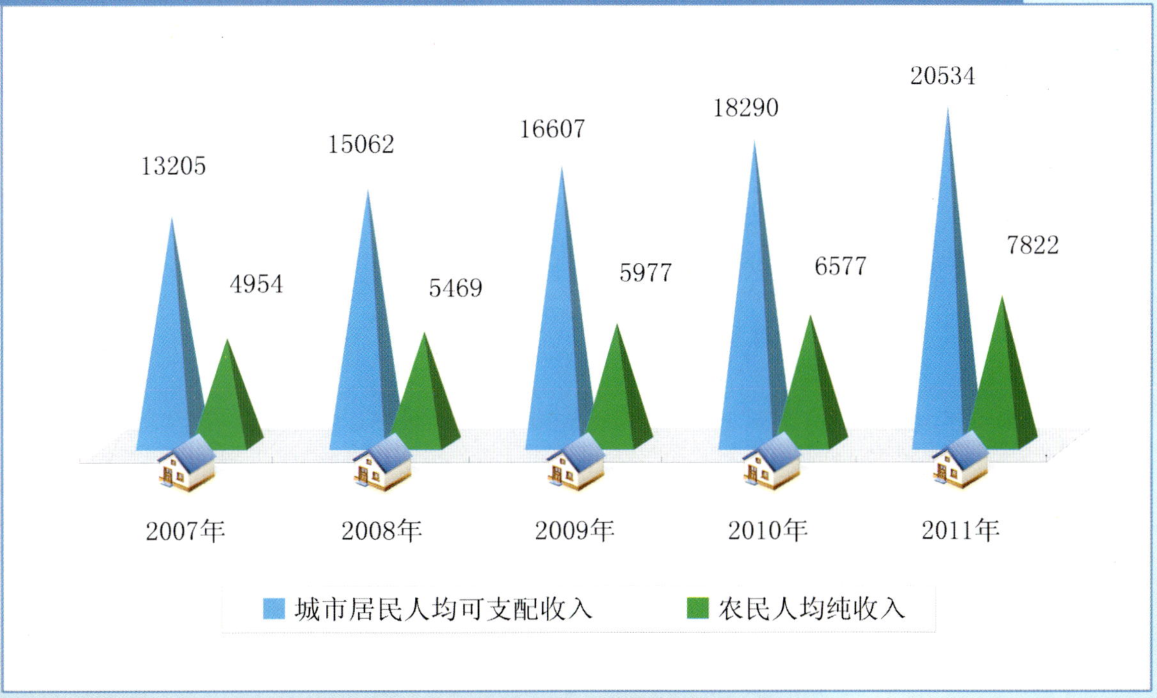

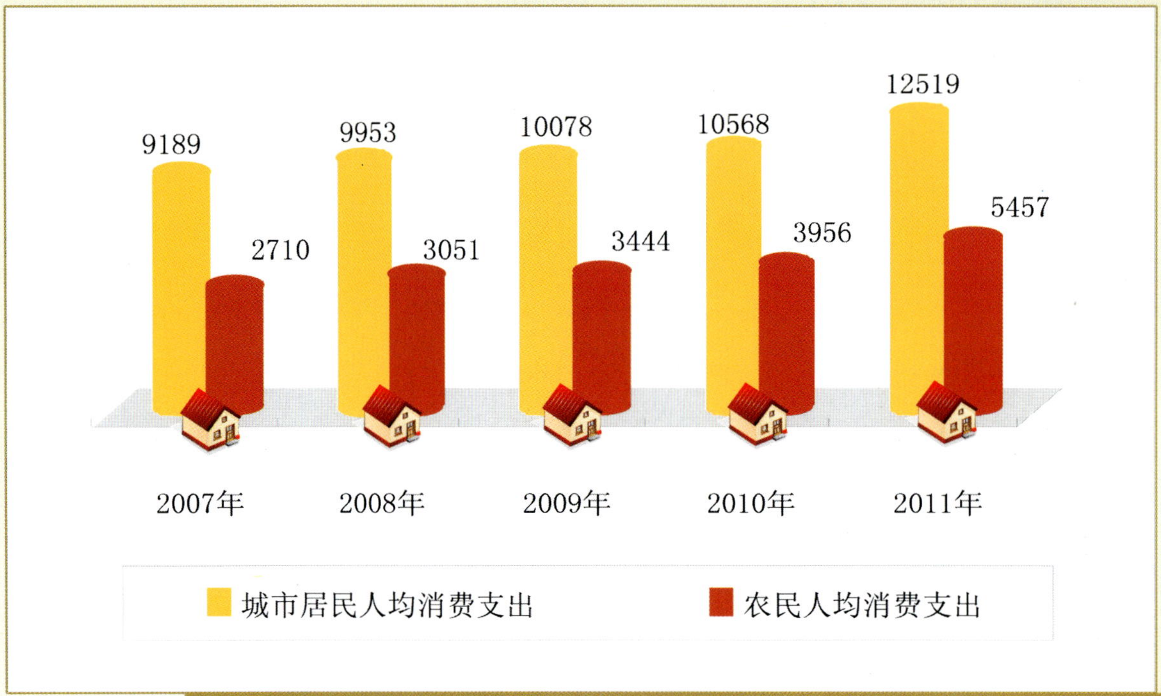

城市居民与农村居民人均消费支出（元）

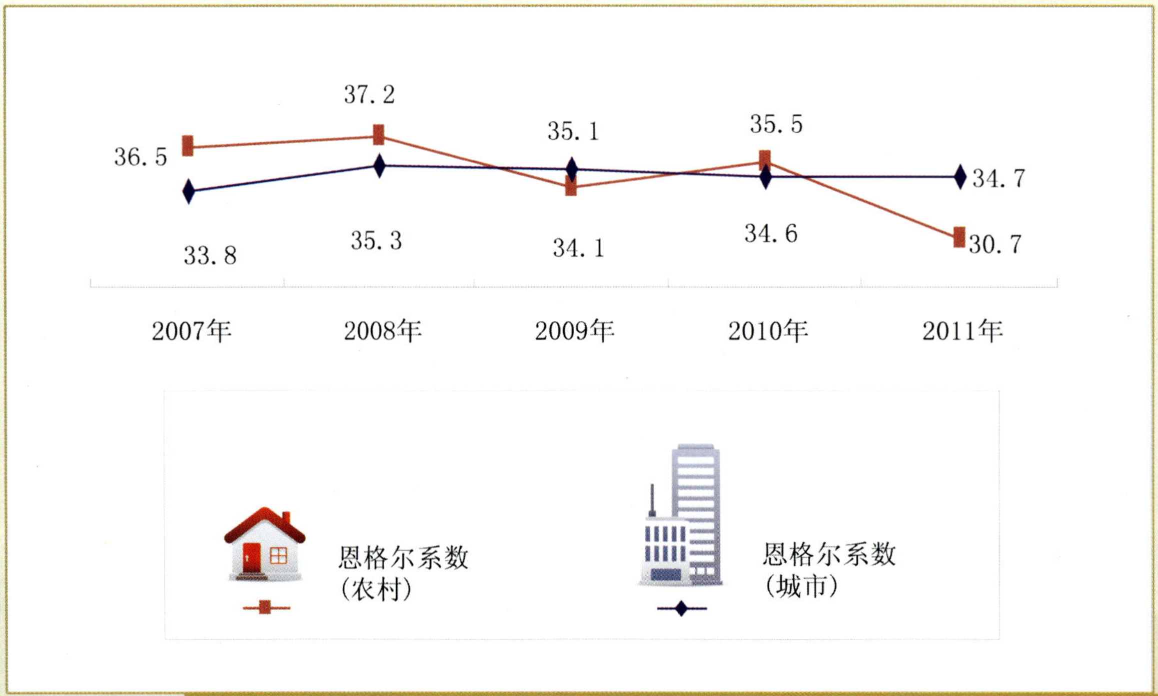

恩格尔系数（%）

2011年城市居民消费支出构成

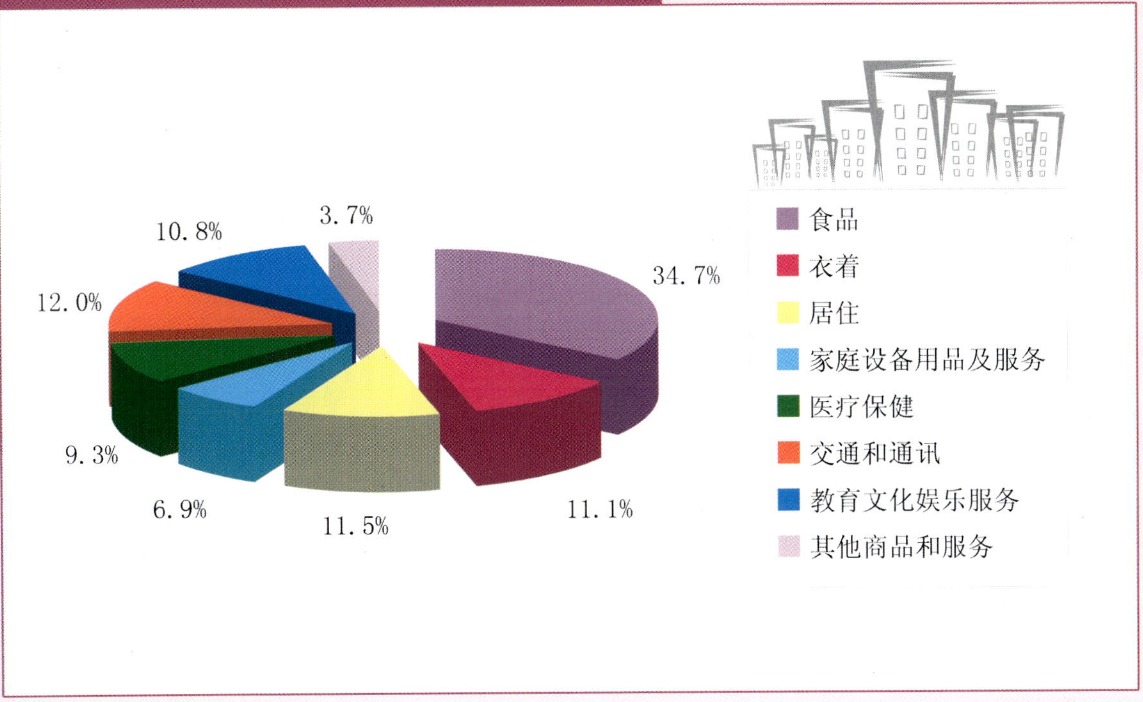

2010年城市居民消费支出构成

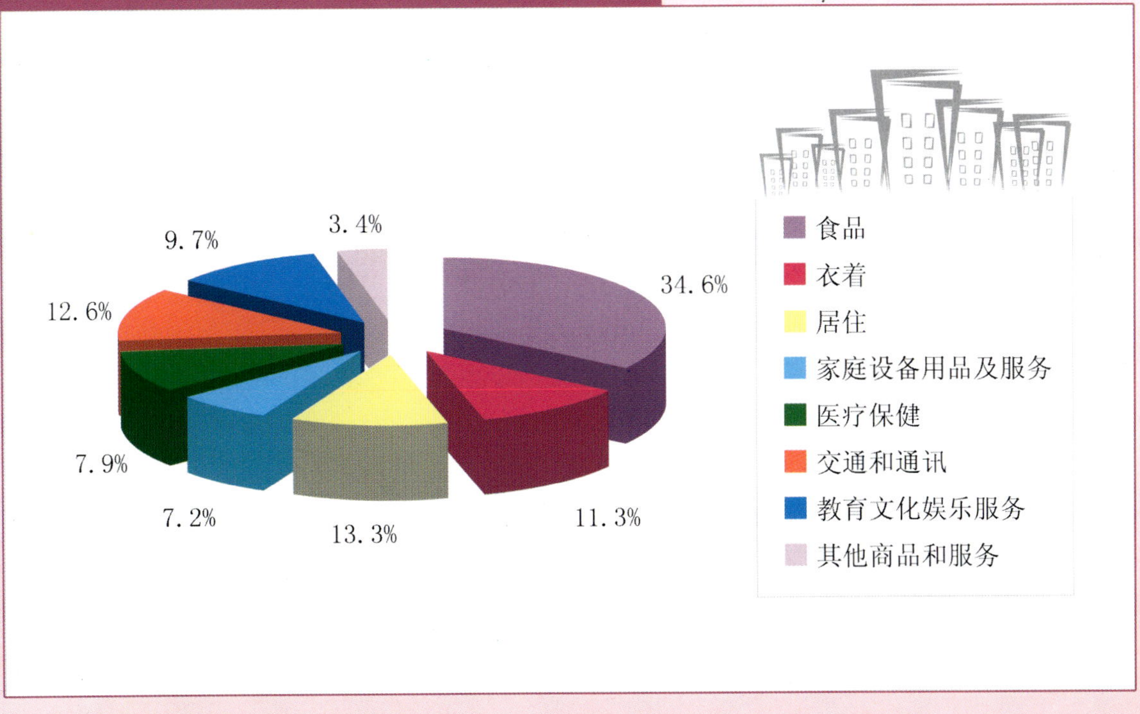

2011年农村居民消费支出构成

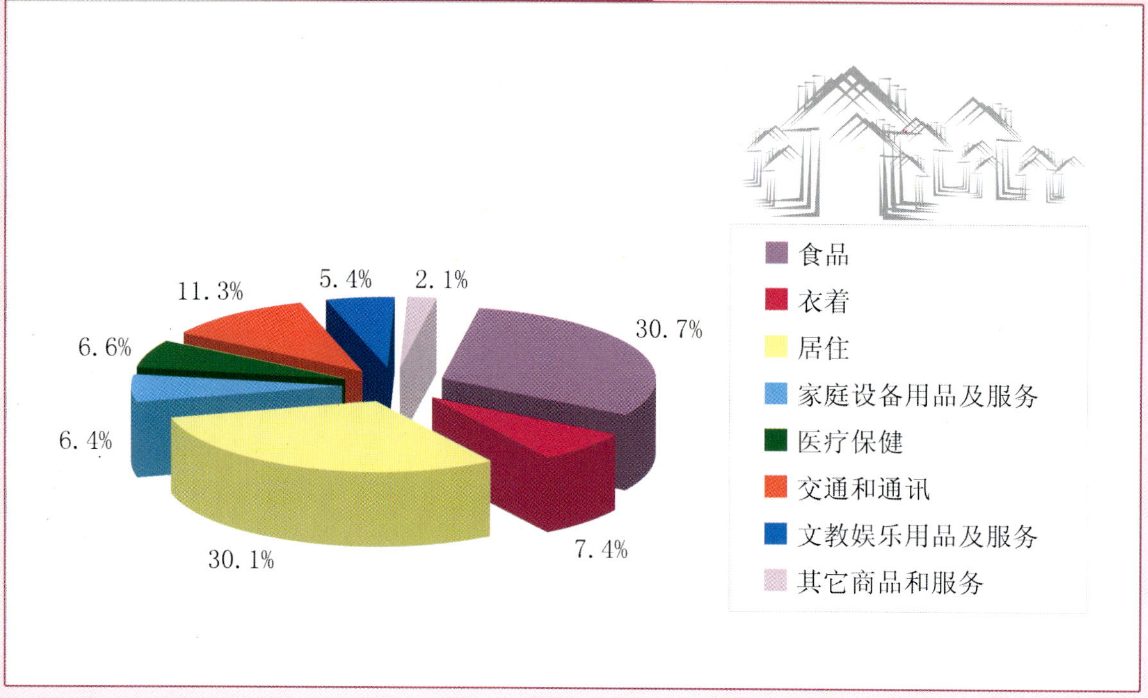

2010年农村居民消费支出构成

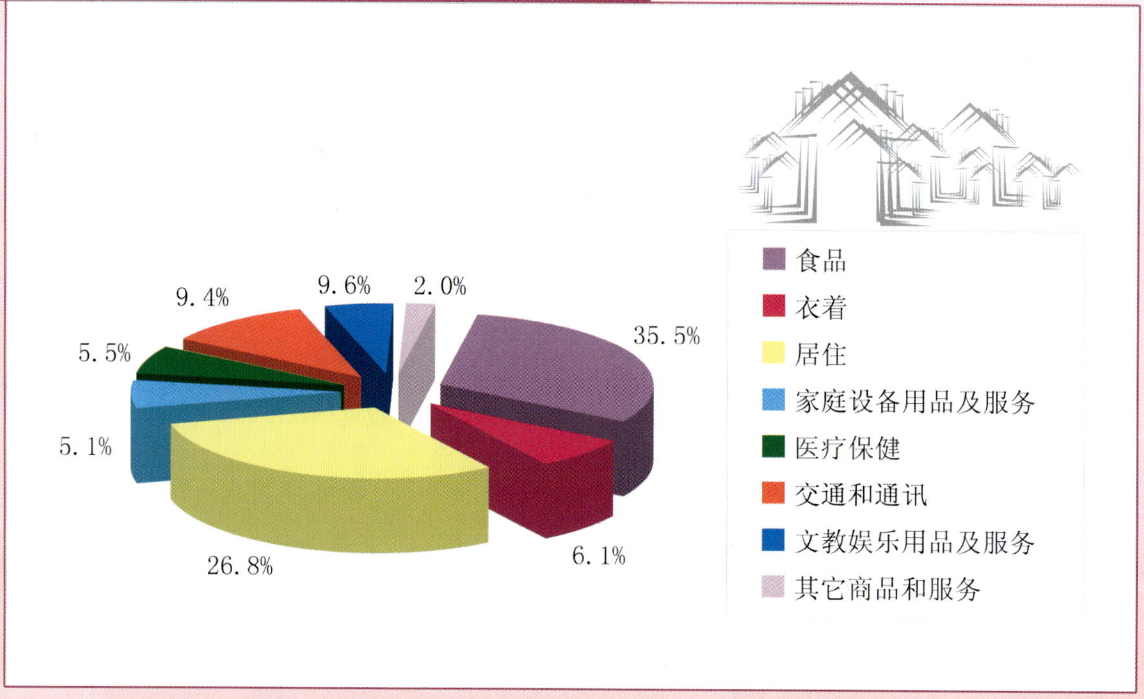

目　　录

四、能源消费

五、财政　金融

六、物价

七、居民生活

八、城市公用设施

九、农村经济

十、工业 交通 邮政

十一、贸易 外经 旅游

十二、教育　科技　文化

十三、体育　卫生　民政

附录　1995—2011 年分县（市）区主要经济指标

石家庄市 2011 年
国民经济和社会发展统计公报

石　家　庄　市　统　计　局
国家统计局石家庄调查队

2012 年 3 月 16 日

2011 年，全市人民在市委、市政府的坚强领导下，以邓小平理论和“三个代表”重要思想为指导，坚持以科学发展为主题、以加快转变经济发展方式为主线，紧紧围绕转型升级、跨越赶超两大任务，深入实施中东西三大区域经济协调发展战略，加快工业化、城镇化和农业现代化进程，全面贯彻落实中央、省各项宏观调控政策，着力稳增长、控物价、调结构、惠民生，国民经济保持平稳较快发展，各项社会事业取得新的进步，实现了“十二五”时期良好开局。

一、综　　合

初步核算，全年全市实现生产总值 4082. 6 亿元，比上年增长 12. 0%。其中，第一产业增加值 414. 9 亿元，增长 4. 3%；第二产业增加值 2031. 9 亿元，增长 13. 6%；第三产业增加值 1635. 8 亿元，增长 12. 1%。三次产业结构比例为 10. 1∶49. 8∶40. 1。

地区生产总值（亿元）

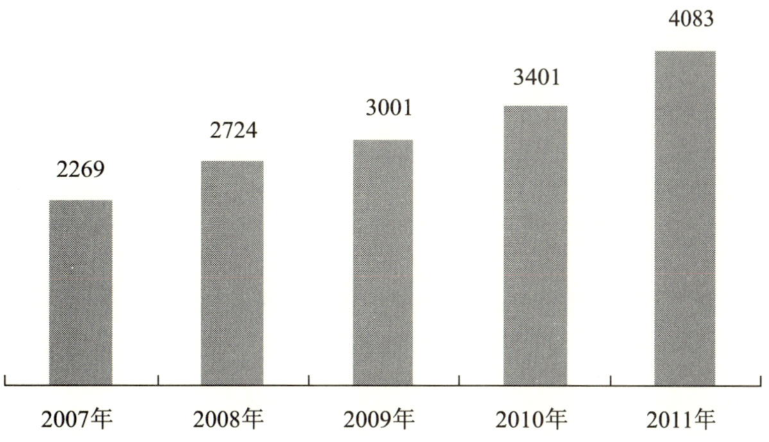

全年市区居民消费价格指数比上年上涨 5. 7%，其中食品价格上涨 10. 0%。工业生产者出厂价格指数比上年上涨 7. 7%，工业生产者购进价格指数比上年上涨 10. 4%。

市区居民消费价格涨跌幅度（%）

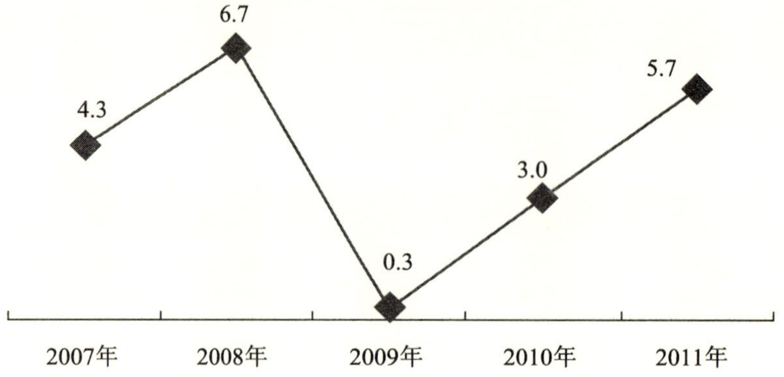

2011 年各类价格指数（以上年同期为 100）

指　　标	全　市	市　区
居民消费价格总指数		105.7
#食　品		110.0
烟　酒		101.1
衣　着		105.7
家庭设备用品及维修服务		101.7
医疗保健和个人用品		104.6
交通和通信		99.6
娱乐教育文化用品及服务		100.4
居　住		108.4
工业生产者出厂价格指数	107.7	
工业生产者购进价格指数	110.4	

年末城镇登记失业率为 3.81%，比上年回落 0.01 个百分点。

全年民营经济实现增加值 2698.5 亿元，比上年增长 13.9%，占全市生产总值的比重为 66.1%；实缴税金 303.3 亿元，增长 29.6%，占全部财政收入的比重为 62.0%。

二、农　　业

全年粮食播种面积 77.0 万公顷，比上年减少 0.3 万公顷，下降 0.4%；粮食总产量 531.7 万吨，增长 4.7%。其中夏粮总产 252.9 万吨，增长 7.4%；秋粮总产 278.8 万吨，增长 2.4%。

粮食总产量（万吨）

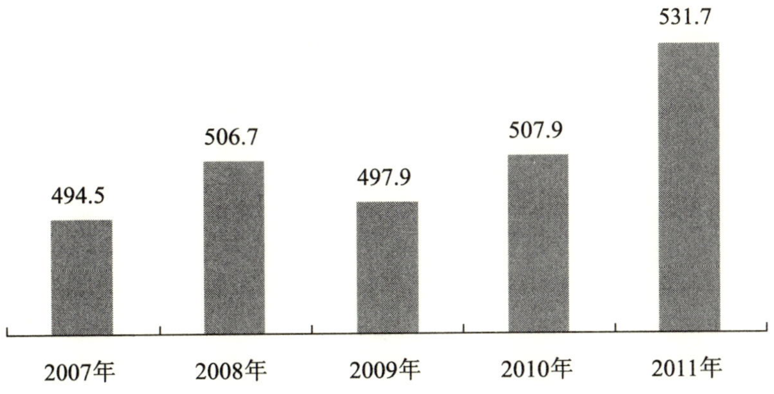

2011 年主要农产品产量及其增长速度

产品名称	单位	2011 年	比上年增长（%）
粮食	万吨	531.7	4.7
油料	万吨	21.5	0.8
棉花	万吨	1.3	-9.7
蔬菜	万吨	1222.0	1.8
园林水果	万吨	218.8	3.8
肉类总产量	万吨	76.2	2.0
# 猪肉	万吨	43.9	2.6
蛋类	万吨	106.5	2.5
奶类	万吨	119.0	4.5
水产品	万吨	3.5	1.1

畜牧业、蔬菜、果品三大优势产业产值达到 533.0 亿元，占农林牧渔业总产值的比重为 73.3%，比上年提高 1.0 个百分点。

农业产业化经营率达到 63.0%，提高 1.7 个百分点。

全年新增有效灌溉面积 2.1 万公顷，新增节水灌溉面积 2.8 万公顷。农业机械总动力 1977.0 万千瓦，比上年增长 0.9%。实际机耕面积 48.4 万公顷，占农作物播种面积的比重达 47.9%；当年机械播种面积 66.9 万公顷，占 66.2%，提高 1.1 个百分点；机械收获面积 48.9 万公顷，占 48.4%，提高 2.5 个百分点。农村用电量 74.7 亿千瓦小时，增长 4.8%。

三、工业和建筑业

全市规模以上工业企业 2367 个，实现工业增加值 1746.3 亿元，比上年增长 16.2%。其中，国有及国有控股企业增长 4.9%，集体企业增长 21.2%，股份制企业增长 15.5%，外商及港澳台企业增长 13.0%；轻工业增长 15.8%，重工业增长 16.5%。

规模以上工业增加值（亿元）

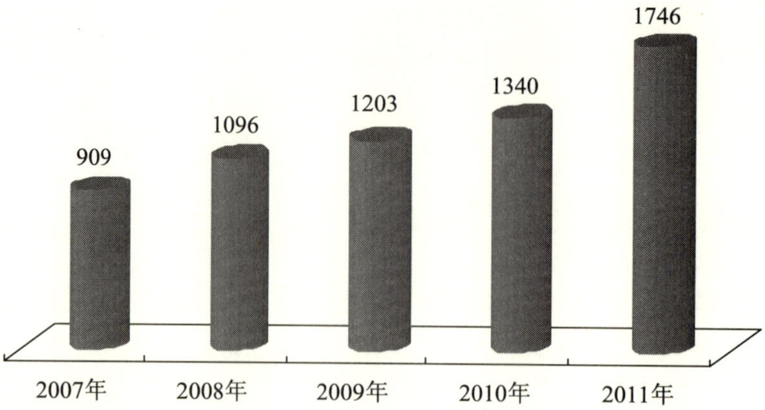

分行业看，装备制造业实现增加值274.9亿元，比上年增长20.8%；建材工业增长19.0%；食品工业增长17.5%；钢铁工业增长16.1%；纺织服装业增长14.1%；石化工业增长13.2%；医药工业增长10.2%。六大高耗能行业增长13.5%，低于全市规上工业增速2.7个百分点。

2011年主要工业产品产量及其增长速度

产品名称	单位	2011年	比上年增长（%）
原油加工量	万吨	412.2	-1.9
原　煤	万吨	64.0	-47.7
焦　炭	万吨	366.3	28.5
发电量	亿千瓦时	398.3	3.2
合成氨	万吨	118.5	-8.3
水　泥	万吨	5389.8	20.9
生　铁	万吨	989.8	34.0
钢　材	万吨	978.3	14.2
机制纸及纸板	万吨	92.3	17.8
化学药品原药	万吨	40.4	35.5
服　装	万件	16177	14.0
纱	万吨	50.7	21.0
棉　布	万米	34.1	0.8
乳制品	万吨	70.1	33.6
软饮料	万吨	33.1	2.1
卷　烟	亿支	243.5	4.7
交流电动机	万千瓦	409.5	-6.9
泵	万台	1.3	11.7
人造板	万立方米	305.2	-8.6

规模以上工业实现利润 496.5 亿元，比上年增长 24.4%。

规模以上工业利润（亿元）

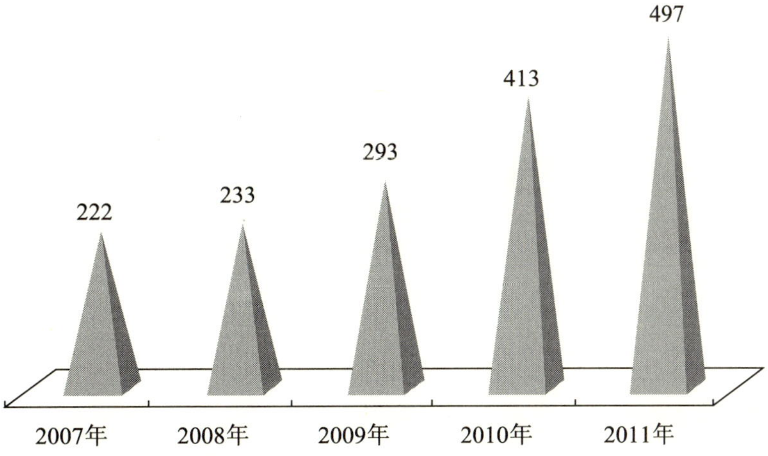

年末资质等级以上建筑企业 252 个，全年完成建筑业总产值 725.0 亿元，比上年增长 31.1%，其中建筑工程产值 656.2 亿元，增长 27.9%。

四、固定资产投资

全年全社会固定资产投资 3106.6 亿元，比上年增长 28.5 %，其中固定资产投资（不含农户）3027.0 亿元，比上年增长 26.0%。

在固定资产投资（不含农户）中，第一产业投资 57.7 亿元，与上年持平；第二产业投资 1081.9 亿元，增长 22.0%，其中工业投资 1067.9 亿元，增长 21.9%；第三产业投资 1887.4 亿元，增长 31.8%。

全社会固定资产投资（亿元）

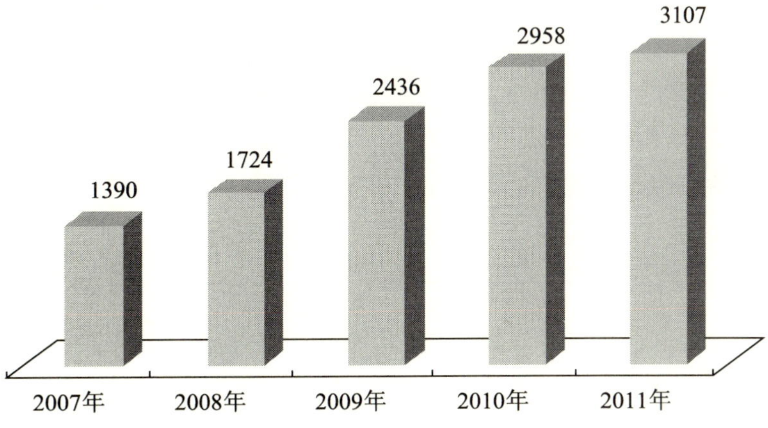

五、国内贸易

全年社会消费品零售总额完成 1663.0 亿元，比上年增长 18.0%。按经营地统计，城镇消费品零售额完成 1301.7 亿元，增长 18.6%；乡村消费品零售额完成 361.3 亿元，增长 15.6%。

社会消费品零售总额（亿元）

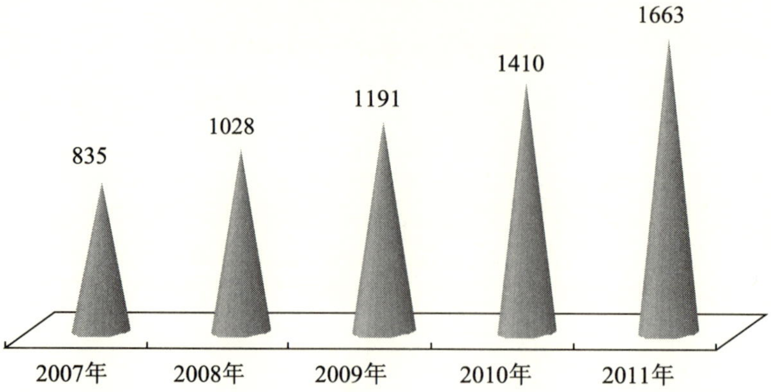

在限额以上批发和零售企业（单位）商品零售额中，粮油食品饮料烟酒类比上年增长 42. 2%；服装鞋帽针纺织品类增长 26. 0%；日用品类增长 28. 3%；家用电器及音像器材类增长 29. 5%；中西药品类增长 43. 0%；石油及制品类增长 29. 4%；汽车类增长 11. 1%。

六、对外开放和旅游

据石家庄海关统计，全年进出口总值实现 141. 7 亿美元，比上年增长 27. 7%。其中进口总值实现 70. 9 亿美元，增长 33. 7%；出口总值实现 70. 8 亿美元，增长 22. 3%。

进出口总值和出口总值（亿美元）

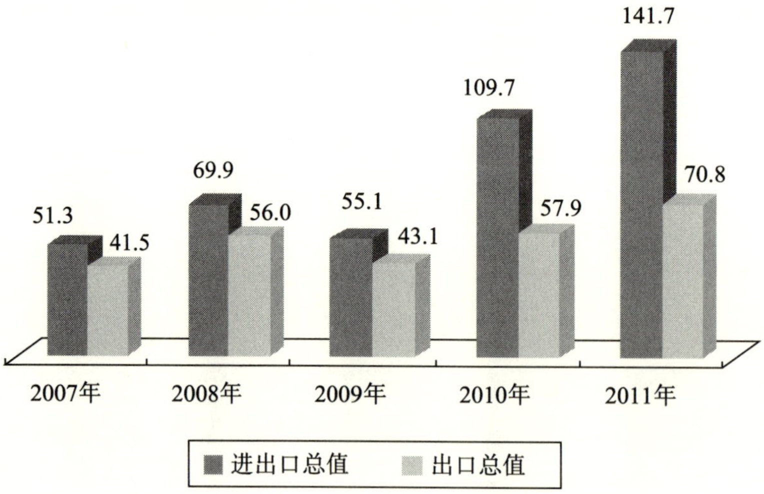

在出口中，私营企业出口 42. 2 亿美元，比上年增长 30. 2%，占出口总值的比重为 59. 6%；外商投资企业出口 12. 9 亿美元，下降 7. 6%；国有企业出口 13. 1 亿美元，增长 42. 3%。

全年实际利用外资完成 8. 1 亿美元，比上年增长 27. 1%，其中外商直接投资 3. 7 亿美元，增长 50. 4%。年内新批准设立外商投资企业 19 个，新增合同总金额 8. 7 亿美元，增长 36. 3%；合同外资额 4. 7 亿美元，增长 95. 7%。

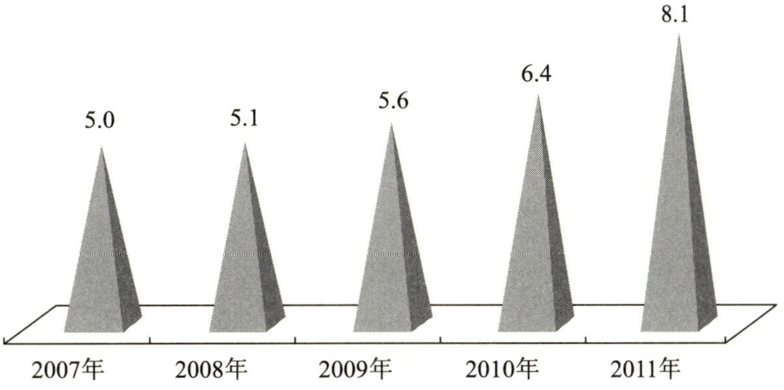

全年接待国际游客 13.6 万人次，旅游创汇收入 4942.6 万美元，分别比上年增长 15.9% 和 12.7%；接待国内游客 3247 万人次，旅游收入 197.4 亿元，分别增长 38.1% 和 52.6%。全年旅游总收入 200.6 亿元，增长 51.7%。

七、财政、金融

全年全部财政收入 489.0 亿元，比上年增长 26.1%，其中一般预算收入 221.2 亿元，增长 35.2%。

全市一般预算支出 393.2 亿元，增长 28.9%，其中一般公共服务支出 42.1 亿元，增长 18.6%；公共安全支出 25.3 亿元，增长 16.3%；教育支出 84.9 亿元，增长 21.3%；科学技术支出 6.0 亿元，增长 34.2%；社会保障和就业支出 29.0 亿元，增长 25.7%；医疗卫生支出 38.1 亿元，增长 38.2%；节能环保支出 10.7 亿元，增长 23.6%；城乡社区事务支出 31.9 亿元，增长 38.0%；农林水事务支出 31.6 亿元，增长 28.3%。

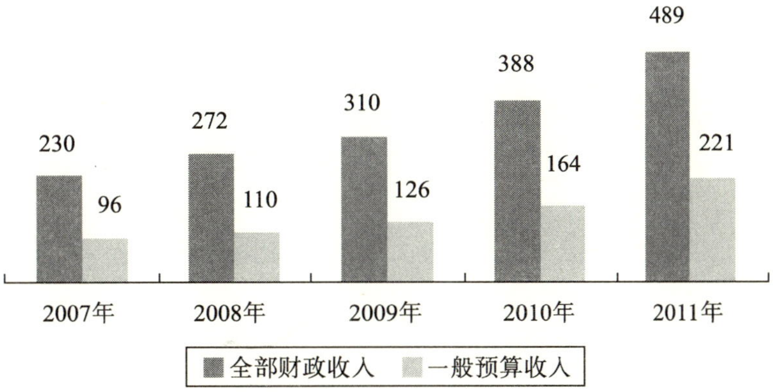

年末全市金融机构（人民币）各项存款余额 6715.3 亿元，比年初增加 637.8 亿元，其中储蓄存款余额 3243.6 亿元，比年初增加 332.0 亿元。金融机构（人民币）各项贷款余额 3659.8 亿元，比年初增加 405.9 亿元。

八、科学技术和教育

全年取得科技成果 271 项，其中达到国际领先水平 1 项，达到国际先进水平 43 项。全年申请专利

4035 项，授权 2487 项，分别比上年增长 22.1% 和 8.2%。

全市普通中学 427 所，招生 16.1 万人，在校生 49.7 万人，毕业生 18.0 万人；中等职业学校 163 所，招生 8.1 万人，在校生 24.7 万人，毕业生 8.0 万人；小学 1642 所，招生 13.1 万人，在校生 70.1 万人，毕业生 9.9 万人。全市幼儿园 823 所，在园人数 20.7 万人。

九、文化、卫生和体育

年末共有艺术表演团体 18 个，艺术表演场所 16 个，文化馆 24 个，公共图书馆 25 个。有线电视用户 103.5 万户，有线数字电视用户 85.2 万户。广播综合覆盖率 99.4%，电视综合覆盖率 99.4%。

年末全市共有医疗卫生机构（含诊所）6458 个，其中医院 174 个，疾病预防控制中心（防疫站）25 个，妇幼保健院（所、站）25 个，社区卫生服务中心（站）208 个，村卫生室 4031 个。卫生机构实有床位 40811 张，其中医院拥有床位 30893 张。全市拥有卫生技术人员 5.1 万人，其中执业医师 1.9 万人，注册护士 1.7 万人。

全年我市选手在省级以上比赛中共获金牌 185 枚，银牌 157 枚，铜牌 124 枚。

十、城市建设和环境保护

城市公共汽车营运线路达 184 条，比上年增加 18 条；营运车辆 3489 辆，比上年增加 329 辆；年客运总量 58556 万人次，比上年增加 7290 万人次。

全年市区优良天气达 320 天。年末全市有环境监测站 18 个，城市水环境功能区水质达标率达到 100%。

十一、人口、人民生活和社会保障

年末全市常住人口 1027.98 万人，比上年末增加 10.46 万人。出生人口 13.16 万人，出生率为 12.8‰；死亡人口 6.51 万人，死亡率为 6.13‰；自然增长率为 6.67‰，比上年下降 0.06 个千分点。

全年城市居民人均可支配收入 20534 元，比上年增长 12.3%，农民人均纯收入 7822 元，增长 18.9%；城市居民人均消费性支出 12519 元，增长 18.5%，农民人均生活消费支出 5457 元，增长 37.9%。

城市居民人均建筑面积为 29.3 平方米；农民人均住房居住面积 39.9 平方米。

城市居民人均可支配收入与农民人均纯收入（元）

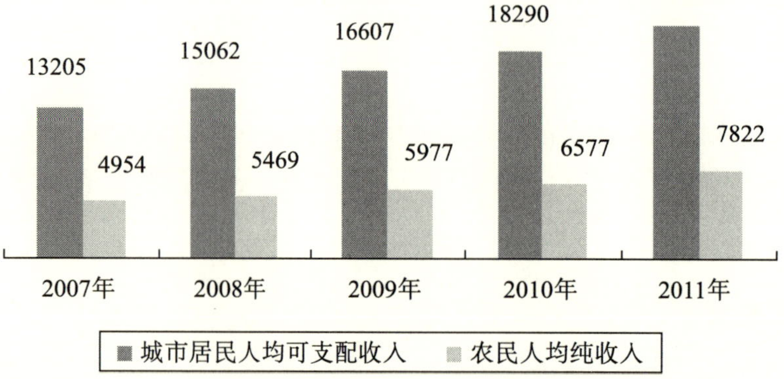

年末全市城镇职工参加基本养老保险人数为 162. 3 万人，比上年增加 11. 5 万人，其中离退休参保人数为 38. 4 万人。年末全市城镇参加基本医疗保险人数为 247. 6 万人，比上年增加 29. 0 万人，其中城镇职工参保人数为 129. 6 万人，城镇居民参保人数为 118. 0 万人。全市参加失业保险人数为 89. 8 万人，增加 0. 2 万人；工伤保险人数为 103. 8 万人，增加 9. 7 万人；生育保险人数为 120. 3 万人，增加 5. 2 万人。17 个县（市）开展了新型农村合作医疗，参加新型农村合作医疗的人数达 604. 4 万人，参合率达 96. 8%。

年末全市共有 20. 8 万人享受居民最低生活保障，其中城镇 5. 6 万人，农村 15. 2 万人。

注释：

1. 本公报 2011 年部分数据为快报数。部分数据因四舍五入的原因，存在着与分项合计不等的情况。

2. 全市生产总值、各产业增加值绝对数按现价计算，增长速度按不变价格计算。

3. 从 2011 年开始，纳入规模以上工业统计范围的工业企业起点标准从年主营业务收入 500 万元提高到 2000 万元。

4. 从 2011 年开始，固定资产投资统计的起点标准从计划总投资 50 万元提高到 500 万元，因此，2011 年全社会固定资产投资绝对数与 2010 年不可比，但比上年增速是按可比口径计算的。月度投资统计制度将统计范围从城镇扩大到城镇和农村企事业组织，并定义为“固定资产投资（不含农户）”。

5. 国家统计局从 2011 年 1 月开始实施新的工业生产者价格统计调查制度方法。“工业品价格统计”改称为“工业生产者价格统计”，相应地将“工业品出厂价格指数”和“原材料、燃料、动力购进价格指数”分别改称为“工业生产者出厂价格指数”和“工业生产者购进价格指数”。

一、综　合

行政组织机构及土地面积

1—1 (2011 年)

行政单位	镇政府（个）	乡政府（个）	街道办事处（个）	居民委员会（个）	村民委员会（个）	土地面积（平方公里）
石家庄市	124	96	54	556	4372	15848
市区合计	10	3	51	425	71	456
#长安区	3		8	61	33	
桥东区	1		9	67		
桥西区			12	80	15	
新华区	2	2	11	90	17	
裕华区	2		9	75	6	
矿 区	2	1	2	52		
井 陉 县	10	7		4	318	1381
正 定 县	3	5	2	14	174	470
栾 城 县	5	3		6	173	345
行 唐 县	4	11		8	322	1025
灵 寿 县	6	9		3	279	1546
高 邑 县	3	2		9	107	211
深 泽 县	3	3		3	125	286
赞 皇 县	2	9		8	212	1210
无 极 县	6	5		4	213	524
平 山 县	12	11		7	717	2951
元 氏 县	6	9		4	208	849
赵 县	7	4		9	281	714
辛 集 市	8	7		15	344	1100
藁 城 市	13	1		6	236	836
晋 州 市	9	1		10	224	716
新 乐 市	8	3	1	10	160	625
鹿 泉 市	9	3		11	208	603

全市常住人口基本情况

1—2 （2011 年） 计量单位：人

行政单位	年末常住人口	年平均人口
石家庄市	**10279800**	**10227500**
长 安 区	489948	485141
桥 东 区	421575	416020
桥 西 区	607097	601963
新 华 区	635383	630555
裕 华 区	504857	499594
高 新 区	164777	163330
矿　 区	96245	95713
井 陉 县	311316	310709
正 定 县	471887	469670
栾 城 县	337254	333307
行 唐 县	409179	408144
灵 寿 县	335064	334457
高 邑 县	187777	187243
深 泽 县	251886	251199
赞 皇 县	247012	246036
无 极 县	505300	504284
平 山 县	437441	435770
元 氏 县	422126	420532
赵　 县	572580	572152
辛 集 市	619067	617723
藁 城 市	781983	778964
晋 州 市	540120	539221
新 乐 市	493705	490962
鹿 泉 市	436221	434811

注：全市人口出生率为 12.80‰、死亡率为 6.13‰、自然增长率为 6.67‰。

地区生产总值构成项目

1—3　　　　(2011年)　　　　计量单位：万元

行业名称	增加值	劳动者报酬	生产税净额	固定资产折旧	营业盈余
地区生产总值	**40826833**	**17816958**	**5010260**	**5193033**	**12806582**
第一产业	4149966	3905426	228	244312	
农业	2521044	2372400	228	148416	
林业	53318	50179		3139	
畜牧业	1424710	1340836		83874	
渔业	24356	22922		1434	
农林牧渔服务业	126538	119089		7449	
第二产业	20318979	7088899	3447376	2199435	7583269
工业	18086633	5766019	2930035	2013042	7377537
采掘业	728902	370343	108592	53892	196075
制造业	16795782	5247738	2699611	1696596	7151837
电力、煤气及水的生产和供应业	561949	147938	121832	262554	29625
建筑业	2232346	1322880	517341	186393	205732
房屋和土木工程建筑业	1667687	1039819	367573	135631	124664
建筑安装业	468187	233661	133838	41338	59350
建筑装饰业	70810	39698	13901	241	16970
其他建筑业	25662	9702	2029	9183	4748
第三产业	16357888	6822633	1562656	2749286	5223313
交通运输、仓储及邮政业	3601587	1189609	296271	276216	1839491
铁路运输业	314231	97877	82510	49139	84705
道路运输业	2759835	809667	177789	193295	1579084
城市公共交通业	169892	84016	14321	9051	62504

1—3 续表 1　　(2011 年)　　计量单位：万元

行业名称	增加值	劳动者报酬	生产税净额	固定资产折旧	营业盈余
航空运输业	98187	31950	12760	6501	46976
装卸搬运和其他运输服务业	107244	65008	3655	4225	34356
仓储业	82587	53356	3237	11509	14485
邮政业	69611	47735	1999	2496	17381
信息传输、计算机服务和软件业	561424	134719	78808	179201	168696
电信和其他信息传输服务业	498826	106495	72285	175357	144689
计算机服务业	21904	11694	2288	1445	6477
软件业	40694	16530	4235	2399	17530
批发和零售业	3462156	1024381	390554	747937	1299284
批发业	1471674	389551	166168	293496	622459
零售业	1990482	634830	224386	454441	676825
住宿和餐饮业	640349	293786	105530	90026	151007
住宿业	121474	68675	26099	31875	-5175
餐饮业	518875	225111	79431	58151	156182
金融业	1824705	771332	240804	94499	718070
银行业	1542250	543920	209986	70424	717920
证券业	96657	49239	835	11948	34635
保险业	123780	165282	20677	10896	-73075
其他金融活动	62018	12891	9306	1231	38590
房地产业	1434635	143464	201366	911927	177878
房地产开发经营	385784	38578	184518	3858	158830
物业管理业	46975	4698	7093	470	34714
房地产中介服务	8515	852	1718	85	5860
其他房地产活动	31240	3124	8037	312	19767
居民自有住房服务	962121	96212		907202	-41293
租赁和商务服务业	571439	386683	95483	44110	45163

1—3 续表2　　(2011年)　　计量单位：万元

行业名称	增加值	劳动者报酬	生产税净额	固定资产折旧	营业盈余
租赁业	140099	20770	69710	2691	46928
商务服务业	431340	365913	25773	41419	-1765
科学研究、技术服务和地质勘查业	412570	234989	57277	30703	89601
研究与试验发展	232394	108929	34060	15007	74398
专业技术服务业	141052	93324	20763	11820	15145
科技交流和推广服务业	16727	13109	894	1466	1258
地质勘查业	22397	19627	1560	2410	-1200
水利、环境和公共设施管理业	167680	98762	6054	41561	21303
水利管理业	61736	34362	440	34989	-8055
环境管理业	24058	23448	95	961	-446
公共设施管理业	81886	40952	5519	5611	29804
居民服务和其他服务业	574270	169757	46383	13934	344196
居民服务业	428800	126718	29746	11537	260799
其他服务业	145470	43039	16637	2397	83397
教育	929515	830986	1861	80868	15800
卫生、社会保障和社会福利业	619105	438433	9742	103855	67075
卫生	463558	364357	4700	47049	47452
社会保障业	31286	22331	3	793	8159
社会福利业	124261	51745	5039	56013	11464
文化、体育和娱乐业	292736	180910	31449	26528	53849
新闻出版业	90076	42769	10968	5132	31207
广播、电视、电影和音像业	48983	59049	6336	13182	-29584
文化艺术业	60994	48826	2824	4246	5098
体育	14928	13790	288	1777	-927
娱乐业	77755	16476	11033	2191	48055
公共管理和社会组织	1265717	924822	1074	107921	231900

总产出、地区生产总值

1—4 (2011年) 计量单位：万元、%

行业名称	总产出		地区生产总值	
	绝对值	发展速度（以上年为100）	绝对值	发展速度（以上年为100）
总　计	**123843346**	**114.1**	**40826833**	**112.0**
第一产业	7272965	103.1	4149966	104.3
农业	3870787	103.3	2521044	104.4
林业	66753	108.6	53318	108.6
畜牧业	3030654	102.6	1424710	104.1
渔业	44243	100.4	24356	100.4
农林牧渔服务业	260528	105.0	126538	105.0
第二产业	87491879	115.8	20318979	113.6
工业	76867642	113.9	18086633	113.5
采掘业	2831721	111.6	728902	120.5
制造业	70506270	115.2	16795782	113.5
电力、煤气及水的生产和供应业	3529651	95.1	561949	105.5
建筑业	10624237	130.9	2232346	114.5
房屋和土木工程建筑业	8914327	129.0	1667687	100.0
建筑安装业	1246702	152.5	468187	366.5
建筑装饰业	354278	120.2	70810	55.7
其他建筑业	108930	120.2	25662	94.7
第三产业	29078502	112.3	16357888	112.1
交通运输、仓储及邮政业	8027462	112.8	3601587	113.3
铁路运输业	501406	107.4	314231	107.4
道路运输业	5756874	115.2	2759835	115.2
城市公共交通业	243570	103.7	169892	103.7

1—4 续表 1　　(2011 年)　　计量单位：万元、%

行业名称	总产出		地区生产总值	
	绝对值	发展速度（以上年为 100）	绝对值	发展速度（以上年为 100）
航空运输业	173880	105.8	98187	105.8
装卸搬运和其他运输服务业	249406	119.4	107244	119.4
仓储业	799372	103.4	82587	103.4
邮政业	302954	109.9	69611	109.9
信息传输、计算机服务和软件业	1154328	103.1	561424	102.2
电信和其他信息传输服务业	969535	100.7	498826	100.7
计算机服务业	48688	103.9	21904	103.9
软件业	136105	123.6	40694	123.6
批发和零售业	4752449	110.6	3462156	111.8
批发业	2268931	110.5	1471674	108.2
零售业	2483518	110.8	1990482	115.0
住宿和餐饮业	1422998	110.8	640349	110.8
住宿业	269943	107.8	121474	107.8
餐饮业	1153055	111.6	518875	111.6
金融业	3113210	117.2	1824705	118.9
银行业	2407686	124.0	1542250	124.0
证券业	124806	70.1	96657	70.1
保险业	501236	100.8	123780	100.8
其他金融活动	79482	225.7	62018	225.7
房地产业	2119984	140.2	1434635	126.1
房地产开发经营	914618	230.7	385784	230.7
物业管理业	101899	106.5	46975	106.5
房地产中介服务	18936	106.5	8515	106.5
其他房地产活动	52461	106.5	31240	106.5
居民自有住房服务	1032070	108.3	962121	108.3
租赁和商务服务业	1163194	103.9	571439	103.6

1—4 续表 2　　（2011 年）　　计量单位：万元、%

行业名称	总产出		地区生产总值	
	绝对值	发展速度（以上年为100）	绝对值	发展速度（以上年为100）
租赁业	207272	100.6	140099	100.6
商务服务业	955922	104.6	431340	104.6
科学研究、技术服务和地质勘查业	814921	99.1	412570	99.1
研究与试验发展	427338	98.6	232394	98.6
专业技术服务业	318872	100.1	141052	100.1
科技交流和推广服务业	29061	99.7	16727	99.7
地质勘查业	39650	96.6	22397	96.6
水利、环境和公共设施管理业	219005	109.5	167680	109.3
水利管理业	78311	103.3	61736	103.3
环境管理业	33443	126.0	24058	126.0
公共设施管理业	107251	109.8	81886	109.8
居民服务和其他服务业	1274000	103.6	574270	105.0
居民服务业	839702	109.0	428800	109.0
其他服务业	434298	94.6	145470	94.6
教育	1228670	109.2	929515	109.2
卫生、社会保障和社会福利业	1315777	114.0	619105	106.7
卫生	1086689	116.0	463558	108.2
社会保障业	48605	114.6	31286	104.1
社会福利业	180483	103.5	124261	102.4
文化、体育和娱乐业	609612	111.3	292736	112.5
新闻出版业	265835	105.0	90076	105.0
广播、电视、电影和音像业	92651	128.3	48983	128.3
文化艺术业	84494	108.7	60994	108.7
体育	20629	128.3	14928	128.3
娱乐业	146003	113.7	77755	113.7
公共管理和社会组织	1862892	110.6	1265717	110.6

分县（市）地区生产总值

1—5 （2011年） 计量单位：万元、%

行政单位	地区生产总值	发展速度（以上年为100）	第一产业		第二产业	
			绝对值	发展速度（以上年为100）	绝对值	发展速度（以上年为100）
石家庄市	**40826833**	**112.0**	**4149966**	**104.3**	**20318979**	**113.6**
市 区	14699610	112.5	63218	99.1	4621622	111.5
井陉县	1201654	112.7	93275	104.5	615742	114.9
正定县	1980979	108.7	269762	103.3	945553	106.8
栾城县	1446088	112.3	277853	103.1	835408	115.2
行唐县	1095571	112.6	205642	106.2	667162	115.6
灵寿县	727978	111.5	129005	104.2	415823	114.4
高邑县	545686	112.7	87924	104.4	318883	116.2
深泽县	677857	112.6	121820	106.0	415005	116.6
赞皇县	701028	112.8	125614	105.4	446113	115.7
无极县	1321149	111.8	215551	102.2	741618	114.9
平山县	1927428	110.6	203314	105.5	1311051	111.5
元氏县	1278985	112.2	200464	103.7	683176	115.0
赵 县	1627153	111.6	295039	103.3	1024318	115.9
辛集市	3181873	111.9	433276	101.5	2058761	115.4
藁城市	3905029	111.9	599692	103.7	2439422	115.9
晋州市	1779161	112.6	239012	100.0	962166	117.9
新乐市	1431748	111.5	225000	101.8	830394	116.4
鹿泉市	2614124	112.4	200111	102.5	1567280	113.6

1—5 续表 (2011 年) 计量单位：万元、%

行政单位	工业增加值		第三产业		人均地区生产总值（元）	
	绝对值	发展速度（以上年为100）	绝对值	发展速度（以上年为100）	绝对值	发展速度（以上年为100）
石家庄市	**18086633**	**113.5**	**16357888**	**112.1**	**39919**	**109.8**
市　　区	3443730	109.7	10014770	113.0	50823	
井 陉 县	557187	115.2	492637	111.6	36536	112.5
正 定 县	857489	105.6	765664	113.0	41988	106.8
栾 城 县	759421	115.5	332827	113.4	44454	110.2
行 唐 县	638912	116.0	222767	111.0	24455	111.1
灵 寿 县	367121	115.6	183150	110.5	21809	110.1
高 邑 县	271574	116.2	138879	112.0	28690	110.4
深 泽 县	359079	117.7	141032	108.0	27645	111.8
赞 皇 县	401704	117.0	129301	111.5	26994	109.8
无 极 县	702608	115.2	363980	111.3	16671	110.9
平 山 县	1247648	111.2	413063	110.7	39947	109.5
元 氏 县	630438	115.2	395345	112.3	30151	110.6
赵　　县	981302	116.4	307796	106.8	27654	111.1
辛 集 市	1978261	115.8	689836	109.3	50934	111.2
藁 城 市	2350136	115.8	865915	107.4	49238	110.1
晋 州 市	906551	118.0	577983	110.6	32923	111.5
新 乐 市	757011	118.1	376354	108.1	28883	109.9
鹿 泉 市	1473680	113.7	846733	112.8	67759	111.6

历年地区生产总值指数

1—6　　（上年 = 100）　　计量单位：%

年　份	地区生产总值	第一产业	第二产业	第三产业
1953	122. 8	98. 7	194. 9	101. 2
1954	109. 1	95. 3	128. 5	98. 8
1955	115. 9	120. 6	120. 6	104. 9
1956	103. 1	90. 6	107. 4	108. 2
1957	108. 3	116. 2	106. 9	104. 3
1958	152. 2	112. 8	209. 0	108. 6
1959	123. 9	95. 8	138. 3	113. 7
1960	83. 2	88. 6	79. 7	90. 7
1961	70. 4	86. 2	63. 4	77. 4
1962	86. 4	102. 1	79. 1	89. 0
1963	95. 5	73. 7	102. 1	106. 8
1964	119. 4	138. 4	115. 7	111. 6
1965	125. 5	128. 2	130. 3	111. 5
1966	111. 9	104. 2	114. 6	114. 0
1967	98. 8	97. 4	92. 3	118. 0
1968	120. 3	113. 3	129. 1	108. 0
1969	111. 5	99. 7	116. 0	111. 3
1970	103. 2	113. 1	100. 5	101. 4
1971	104. 3	102. 3	103. 8	107. 7
1972	98. 7	101. 7	95. 7	103. 6
1973	109. 7	111. 4	111. 5	103. 7
1974	108. 5	115. 5	106. 5	106. 0
1975	108. 0	100. 2	108. 1	116. 9
1976	104. 8	99. 1	107. 0	105. 2
1977	109. 9	97. 0	109. 7	122. 9
1978	104. 7	121. 6	100. 4	101. 5

1—6 续表 1　　（上年 = 100）　　计量单位：%

年　份	地区生产总值	第一产业	第二产业	第三产业
1979	106.7	101.5	105.0	115.4
1980	108.2	103.5	103.2	121.9
1981	104.1	106.0	104.8	100.8
1982	111.6	109.0	115.4	106.9
1983	118.9	128.6	107.0	133.7
1984	111.5	114.0	113.1	106.1
1985	106.8	102.6	112.0	101.9
1986	109.7	106.2	109.3	114.7
1987	113.5	103.3	124.7	102.9
1988	115.5	106.4	123.2	107.3
1989	100.8	105.0	102.0	92.9
1990	104.5	107.0	101.7	109.7
1991	109.8	103.5	110.2	116.6
1992	119.0	104.5	125.1	123.3
1993	120.5	105.7	131.7	112.5
1994	114.6	107.4	117.6	114.2
1995	121.8	110.1	125.8	122.3
1996	114.8	107.9	116.1	116.7
1997	114.9	110.9	115.3	116.6
1998	112.8	104.8	114.1	115.1
1999	109.8	103.7	111.0	110.6
2000	109.8	104.2	110.4	111.3
2001	108.5	103.4	108.5	110.2
2002	109.2	103.4	110.3	109.9
2003	111.1	104.1	114.4	109.6
2004	113.3	105.5	116.5	112.1
2005	113.8	104.3	118.3	110.9
2006	113.4	100.9	115.6	114.6
2007	113.2	102.2	115.7	113.1
2008	111.0	103.9	110.8	112.9
2009	111.1	100.2	111.0	113.8
2010	112.2	102.7	113.1	113.1
2011	112.0	104.3	113.6	112.1

二、单位从业人员和工资总额

全市单位从业人员和工资总额

2—1 （2011年） 计量单位：人、千元、个、元

行业名称	年末单位从业人员	#女性	#中专及以上学历人员	1. 在岗职工	2. 劳务派遣人员	3. 其他从业人员	离开本单位仍保留劳动关系的职工
总计	**848004**	**342482**	**552841**	**808500**	**15353**	**24151**	**62875**
# 国有控股	316929	109578	171644	302006	10320	4603	41691
一、按企业、事业、机关分组							
（一）企业	498102	184042	254876	469206	11712	17184	57968
（二）事业	247928	129192	207218	239695	3009	5224	1549
（三）机关	101730	29046	90503	99355	632	1743	3358
（四）其他	244	202	244	244			
二、按国民经济行业分组							
（一）农、林、牧、渔业	4050	1335	3098	4050			144
（二）采矿业	7264	1389	1980	6080	1184		147
（三）制造业	222630	88154	102723	218826	2338	1466	30414
（四）电力、煤气及水的生产和供应业	25110	9355	15480	24222	644	244	963
（五）建筑业	49955	8402	20039	44628	3731	1596	3797
（六）交通运输、仓储和邮政业	58890	15217	28883	56826	1353	711	3415
（七）信息传输、计算机服务和软件	9396	4304	8178	7994	1313	89	612
（八）批发和零售业	57267	24880	28269	56771	42	454	12798
（九）住宿和餐饮业	12817	6204	7028	12433	239	145	1735
（十）金融业	46140	23460	36998	33706	472	11962	1834
（十一）房地产业	3798	1338	2694	3731	24	43	647
（十二）租赁和商务服务业	9434	2452	4599	8662	245	527	1506
（十三）科研、技术服务和地质勘查业	24521	6993	20709	23269	961	291	473
（十四）水利、环境和公共设施管理业	17277	6841	7711	16323	3	951	98
（十五）居民服务和其他服务业	3128	1214	2565	3100		28	47
（十六）教育	128876	78387	114896	124881	1594	2401	378
（十七）卫生、社会保障和社会福利业	42381	24682	36932	41109	302	970	154
（十八）文化、体育和娱乐业	13048	5828	10677	12438	254	356	232
（十九）公共管理和社会组织	112022	32047	99382	109451	654	1917	3481

2—1 续表1　　(2011年)　　计量单位：人、千元、个、元

行业名称	单位从业人员平均人数	# 在岗职工	劳务派遣人员	其他从业人员	离开本单位仍保留劳动关系的职工平均人数
总　计	**850937**	**811994**	**15151**	**23792**	**61565**
# 国有控股	319789	305003	10230	4556	41407
一、按企业、事业、机关分组					
（一）企业	502454	474031	11577	16846	56893
（二）事业	246801	238610	2961	5230	1565
（三）机关	101448	99119	613	1716	3107
（四）其他	234	234			
二、按国民经济行业分组					
（一）农、林、牧、渔业	4086	4018		68	149
（二）采矿业	7320	6087	1233		162
（三）制造业	224790	220963	2397	1430	28858
（四）电力、煤气及水的生产和供应业	25078	24498	415	165	874
（五）建筑业	50542	45247	3727	1568	4572
（六）交通运输、仓储和邮政业	57597	55530	1346	721	3753
（七）信息传输、计算机服务和软件	9375	7942	1344	89	616
（八）批发和零售业	60741	60235	42	464	12316
（九）住宿和餐饮业	12912	12525	234	153	1828
（十）金融业	45461	33208	461	11792	1873
（十一）房地产业	3978	3917	18	43	526
（十二）租赁和商务服务业	9384	8653	244	487	1581
（十三）科研、技术服务和地质勘查业	24386	23149	950	287	506
（十四）水利、环境和公共设施管理业	17244	16317	3	924	92
（十五）居民服务和其他服务业	3033	3005		28	47
（十六）教育	128274	124349	1557	2368	248
（十七）卫生、社会保障和社会福利业	42030	40774	296	960	112
（十八）文化、体育和娱乐业	13040	12428	256	356	224
（十九）公共管理和社会组织	111666	109149	628	1889	3228

2—1 续表2 （2011年） 计量单位：人、千元、个、元

行业名称	单位从业人员工资总额	在岗职工工资总额	劳务派遣人员工资总额	其他从业人员工资总额	离开本单位仍保留劳动关系职工的生活费	单位数
总　计	**29619430**	**28526975**	**419897**	**672558**	**596933**	**9189**
# 国有控股	11630821	11207031	314570	109220	381182	1382
一、按企业、事业、机关分组						
（一）企业	16349891	15430886	361890	557115	478122	2527
（二）事业	9470854	9332466	47076	91312	27918	4713
（三）机关	3782928	3747866	10931	24131	90893	1948
（四）其他	15757	15757				1
二、按国民经济行业分组						
（一）农、林、牧、渔业	104863	104327		536	924	181
（二）采矿业	318553	267743	50810		1315	14
（三）制造业	5884909	5747004	100689	37216	188136	590
（四）电力、煤气及水的生产和供应业	1150121	1140447	6842	2832	24086	53
（五）建筑业	1446087	1317574	100057	28456	22529	110
（六）交通运输、仓储和邮政业	2385198	2343062	28630	13506	50033	228
（七）信息传输、计算机服务和软件	596758	558967	36061	1730	12535	62
（八）批发和零售业	1248911	1242774	1400	4737	80173	841
（九）住宿和餐饮业	255616	246249	7426	1941	12262	89
（十）金融业	2761204	2286377	18827	456000	61594	392
（十一）房地产业	134699	132594	367	1738	19806	88
（十二）租赁和商务服务业	233413	225242	2566	5605	4626	182
（十三）科研、技术服务和地质勘查业	1277137	1242314	26654	8169	4217	286
（十四）水利、环境和公共设施管理业	473328	460823	54	12451	1808	218
（十五）居民服务和其他服务业	76469	76035		434	182	72
（十六）教育	4999496	4934736	19006	45754	10465	2700
（十七）卫生、社会保障和社会福利业	1667135	1644727	4605	17803	1914	481
（十八）文化、体育和娱乐业	472879	462022	4481	6376	6199	296
（十九）公共管理和社会组织	4132654	4093958	11422	27274	94129	2306

2—1 续表3 （2011年） 计量单位：人、千元、个、元

行业名称	职　工	单位从业人员平均工资	# 在岗职工平均工资	劳务派遣人员平均工　资	其他从业人员平均工　资
总　计	**871375**	**34808**	**35132**	**27714**	**28268**
# 国有控股	343697	36370	36744	30750	23973
一、按企业、事业、机关分组					
（一）企业	527174	32540	32552	31259	33071
（二）事业	241244	38374	39112	15899	17459
（三）机关	102713	37289	37812	17832	14062
（四）其他	244	67338	67338		
二、按国民经济行业分组					
（一）农、林、牧、渔业	4194	25664	25965		7882
（二）采矿业	6227	43518	43986	41208	
（三）制造业	249240	26180	26009	42006	26025
（四）电力、煤气及水的生产和供应业	25185	45862	46553	16487	17164
（五）建筑业	48425	28612	29120	26847	18148
（六）交通运输、仓储和邮政业	60241	41412	42195	21270	18732
（七）信息传输、计算机服务和软件	8606	63654	70381	26831	19438
（八）批发和零售业	69569	20561	20632	33333	10209
（九）住宿和餐饮业	14168	19797	19661	31735	12686
（十）金融业	35540	60738	68850	40839	38670
（十一）房地产业	4378	33861	33851	20389	40419
（十二）租赁和商务服务业	10168	24874	26031	10516	11509
（十三）科研、技术服务和地质勘查业	23742	52372	53666	28057	28463
（十四）水利、环境和公共设施管理业	16421	27449	28242	18000	13475
（十五）居民服务和其他服务业	3147	25212	25303		15500
（十六）教育	125259	38975	39685	12207	19322
（十七）卫生、社会保障和社会福利业	41263	39665	40338	15557	18545
（十八）文化、体育和娱乐业	12670	36264	37176	17504	17910
（十九）公共管理和社会组织	112932	37009	37508	18188	14438

全市国有单位从业人员和工资总额

2—2 （2011年） 计量单位：人、千元、个、元

行业名称	年末单位从业人员	#女　性	#中专及以上学历人员	1. 在岗职工	2. 劳务派遣人员	3. 其他从业人员	离开本单位仍保留劳动关系的职工
总　计	**586585**	**237097**	**424093**	**564989**	**11978**	**9618**	**38585**
一、按隶属关系分组							
1. 中央	103348	29004	66785	95148	7473	727	5356
2. 地方	483237	208093	357308	469841	4505	8891	33229
二、按企业、事业、机关分组							
（一）企业	243868	82047	131254	232484	8340	3044	33754
1. 中央	86656	24021	53379	79343	6656	657	5145
2. 地方	157212	58026	77875	153141	1684	2387	28609
（二）事业	241363	126075	202656	233525	3006	4832	1475
1. 中央	10298	2927	7918	9526	768	4	59
2. 地方	231065	123148	194738	223999	2238	4828	1416
（三）机关	101354	28975	90183	98980	632	1742	3356
1. 中央	6394	2056	5488	6279	49	66	152
2. 地方	94960	26919	84695	92701	583	1676	3204
三、按国民经济行业分组							
（一）农、林、牧、渔业	3884	1316	3016	3884			144
（二）采矿业	7107	1368	1950	5923	1184		147
（三）制造业	84801	29266	45567	83257	675	869	16431
（四）电力、煤气及水的生产和供应业	15749	6725	10789	15536	5	208	702
（五）建筑业	27615	5659	13321	23481	3567	567	2096
（六）交通运输、仓储和邮政业	52854	12999	25622	50890	1349	615	2471
（七）信息传输、计算机服务和软件	7816	3552	6805	6429	1298	89	501
（八）批发和零售业	35118	17010	19456	34856	42	220	8730
（九）住宿和餐饮业	9335	4890	5362	9212	4	119	1259
（十）金融业	2432	836	1936	2364	64	4	2
（十一）房地产业	2658	898	1826	2613	23	22	605
（十二）租赁和商务服务业	4818	1084	2651	4326	2	490	678
（十三）科研、技术服务和地质勘查业	23658	6728	19938	22464	961	233	469
（十四）水利、环境和公共设施管理业	16073	6327	7174	15300	3	770	98
（十五）居民服务和其他服务业	1771	546	1317	1764		7	46
（十六）教育	127219	77192	113419	123287	1591	2341	378
（十七）卫生、社会保障和社会福利业	39763	23292	34723	38596	302	865	149
（十八）文化、体育和娱乐业	12334	5447	10204	11797	254	283	200
（十九）公共管理和社会组织	111580	31962	99017	109010	654	1916	3479

2—2 续表1　　(2011年)　　计量单位：人、千元、个、元

行业名称	单位从业人员平均人数	# 在岗职工	劳务派遣人员	其他从业人员	离开本单位仍保留劳动关系的职工平均人数
总　计	**588331**	**566827**	**11947**	**9557**	**38177**
一、按隶属关系分组					
1. 中央	103022	94775	7480	767	5583
2. 地方	485309	472052	4467	8790	32594
二、按企业、事业、机关分组					
(一) 企业	247020	235657	8376	2987	33581
1. 中央	86341	78976	6668	697	5381
2. 地方	160679	156681	1708	2290	28200
(二) 事业	240238	232425	2958	4855	1491
1. 中央	10288	9516	768	4	56
2. 地方	229950	222909	2190	4851	1435
(三) 机关	101073	98745	613	1715	3105
1. 中央	6393	6283	44	66	146
2. 地方	94680	92462	569	1649	2959
三、按国民经济行业分组					
(一) 农、林、牧、渔业	3921	3853		68	149
(二) 采矿业	7186	5953	1233		162
(三) 制造业	84990	83478	659	853	15303
(四) 电力、煤气及水的生产和供应业	15787	15642	5	140	588
(五) 建筑业	27830	23650	3563	617	2841
(六) 交通运输、仓储和邮政业	51572	49606	1342	624	2769
(七) 信息传输、计算机服务和软件	7793	6375	1329	89	504
(八) 批发和零售业	38958	38684	42	232	8766
(九) 住宿和餐饮业	9449	9323	4	122	1349
(十) 金融业	2435	2367	64	4	2
(十一) 房地产业	2836	2795	17	24	484
(十二) 租赁和商务服务业	4701	4248	2	451	847
(十三) 科研、技术服务和地质勘查业	23532	22350	950	232	502
(十四) 水利、环境和公共设施管理业	16083	15317	3	763	92
(十五) 居民服务和其他服务业	1682	1675		7	46
(十六) 教育	126628	122769	1554	2305	248
(十七) 卫生、社会保障和社会福利业	39397	38246	296	855	107
(十八) 文化、体育和娱乐业	12326	11787	256	283	192
(十九) 公共管理和社会组织	111225	108709	628	1888	3226

2—2 续表2　　(2011年)　　计量单位：人、千元、个、元

行业名称	单位从业人员工资总额	在岗职工工资总额	劳务派遣人员工资总额	其他从业人员工资总额	离开本单位仍保留劳动关系职工的生活费	单位数
总　计	**21709930**	**21242782**	**293086**	**174062**	**427244**	**7487**
一、按隶属关系分组						
1. 中央	4992032	4779563	190976	21493	90696	227
2. 地方	16717898	16463219	102110	152569	336548	7260
二、按企业、事业、机关分组						
（一）企业	8619094	8320378	235183	63533	308691	1016
1. 中央	4123675	3929970	172989	20716	84771	132
2. 地方	4495419	4390408	62194	42817	223920	884
（二）事业	9320163	9186781	46972	86410	27683	4532
1. 中央	630184	612704	17401	79	993	40
2. 地方	8689979	8574077	29571	86331	26690	4492
（三）机关	3770673	3735623	10931	24119	90870	1939
1. 中央	238173	236889	586	698	4932	55
2. 地方	3532500	3498734	10345	23421	85938	1884
三、按国民经济行业分组						
（一）农、林、牧、渔业	102853	102317		536	924	161
（二）采矿业	316836	266026	50810		1315	12
（三）制造业	2606970	2569102	13068	24800	137344	161
（四）电力、煤气及水的生产和供应业	653529	650865	52	2612	18562	36
（五）建筑业	999992	893995	95589	10408	20866	39
（六）交通运输、仓储和邮政业	2179989	2139354	28552	12083	46957	177
（七）信息传输、计算机服务和软件	531434	494076	35628	1730	11175	49
（八）批发和零售业	877381	873154	1400	2827	47943	442
（九）住宿和餐饮业	190528	189019	50	1459	2282	56
（十）金融业	154320	152924	1340	56	46	40
（十一）房地产业	99522	98918	343	261	19438	50
（十二）租赁和商务服务业	138462	133001	136	5325	1700	107
（十三）科研、技术服务和地质勘查业	1238101	1203867	26654	7580	4177	269
（十四）水利、环境和公共设施管理业	448932	438144	54	10734	1808	199
（十五）居民服务和其他服务业	46362	46090		272	160	51
（十六）教育	4939446	4875599	18902	44945	10465	2685
（十七）卫生、社会保障和社会福利业	1612216	1591655	4605	15956	1789	380
（十八）文化、体育和娱乐业	454350	444653	4481	5216	6187	280
（十九）公共管理和社会组织	4118707	4080023	11422	27262	94106	2293

2—2 续表 3　　(2011 年)　　计量单位：人、千元、个、元

行业名称	职　　工	单位从业人员平均工资	# 在岗职工平均工资	劳务派遣人员平均工　资	其他从业人员平均工　资
总　　计	**603574**	**36901**	**37477**	**24532**	**18213**
一、按隶属关系分组					
1. 中央	100504	48456	50431	25532	28022
2. 地方	503070	34448	34876	22859	17357
二、按企业、事业、机关分组					
（一）企业	266238	34892	35307	28078	21270
1. 中央	84488	47760	49762	25943	29722
2. 地方	181750	27978	28021	36413	18697
（二）事业	235000	38796	39526	15880	17798
1. 中央	9585	61254	64387	22658	19750
2. 地方	225415	37791	38464	13503	17797
（三）机关	102336	37306	37831	17832	14064
1. 中央	6431	37255	37703	13318	10576
2. 地方	95905	37310	37840	18181	14203
三、按国民经济行业分组					
（一）农、林、牧、渔业	4028	26231	26555		7882
（二）采矿业	6070	44091	44688	41208	
（三）制造业	99688	30674	30776	19830	29074
（四）电力、煤气及水的生产和供应业	16238	41397	41610	10400	18657
（五）建筑业	25577	35932	37801	26828	16869
（六）交通运输、仓储和邮政业	53361	42271	43127	21276	19364
（七）信息传输、计算机服务和软件	6930	68194	77502	26808	19438
（八）批发和零售业	43586	22521	22571	33333	12185
（九）住宿和餐饮业	10471	20164	20274	12500	11959
（十）金融业	2366	63376	64607	20938	14000
（十一）房地产业	3218	35092	35391	20176	10875
（十二）租赁和商务服务业	5004	29454	31309	68000	11807
（十三）科研、技术服务和地质勘查业	22933	52614	53864	28057	32672
（十四）水利、环境和公共设施管理业	15398	27913	28605	18000	14068
（十五）居民服务和其他服务业	1810	27564	27516		38857
（十六）教育	123665	39008	39714	12163	19499
（十七）卫生、社会保障和社会福利业	38745	40922	41616	15557	18662
（十八）文化、体育和娱乐业	11997	36861	37724	17504	18431
（十九）公共管理和社会组织	112489	37030	37532	18188	14440

全市城镇集体单位从业人员和工资总额

2—3　　(2011年)　　计量单位：人、千元、个、元

行业名称	年末单位从业人员	#女　性	#中专及以上学历人员	1. 在岗职工	2. 劳务派遣人员	3. 其他从业人员	离开本单位仍保留劳动关系的职工
总　　计	**49374**	**18985**	**26211**	**48416**	**9**	**949**	**10382**
一、按企业、事业、机关分组							
1. 企业	44200	16409	22276	43458	6	736	10315
2. 事业	4798	2505	3615	4583	3	212	65
3. 机关	376	71	320	375		1	2
二、按国民经济行业分组							
（一）农、林、牧、渔业	159	18	76	159			
（二）采矿业							
（三）制造业	16395	6865	8817	16296		99	5585
（四）电力、煤气及水的生产和供应业	175	59	36	175			
（五）建筑业	5581	484	859	5233		348	55
（六）交通运输、仓储和邮政业	2259	676	1133	2215	4	40	773
（七）信息传输、计算机服务和软件	74	30	72	74			
（八）批发和零售业	9581	3732	4793	9380		201	2570
（九）住宿和餐饮业	1231	381	497	1231			431
（十）金融业	5717	2774	3946	5715	2		269
（十一）房地产业	32	9	27	32			9
（十二）租赁和商务服务业	1679	658	726	1679			650
（十三）科研、技术服务和地质勘查业	155	66	149	155			
（十四）水利、环境和公共设施管理业	449	176	121	448		1	
（十五）居民服务和其他服务业	1317	648	1219	1296		21	1
（十六）教育	801	555	698	738	3	60	
（十七）卫生、社会保障和社会福利业	2618	1390	2209	2513		105	5
（十八）文化、体育和娱乐业	709	379	468	636		73	32
（十九）公共管理和社会组织	442	85	365	441		1	2

2—3 续表 1　　　　(2011 年)　　　　计量单位：人、千元、个、元

行业名称	单位从业人员平均人数	# 在岗职工	劳务派遣人员	其他从业人员	离开本单位仍保留劳动关系的职工平均人数
总　计	**50138**	**49264**	**9**	**865**	**9870**
一、按企业、事业、机关分组					
1. 企业	44946	44291	6	649	9803
2. 事业	4817	4599	3	215	65
3. 机关	375	374		1	2
二、按国民经济行业分组					
（一）农、林、牧、渔业	158	158			
（二）采矿业					
（三）制造业	16467	16365		102	5506
（四）电力、煤气及水的生产和供应业	175	175			
（五）建筑业	6155	5897		258	55
（六）交通运输、仓储和邮政业	2277	2233	4	40	809
（七）信息传输、计算机服务和软件	78	78			
（八）批发和零售业	9605	9404		201	2080
（九）住宿和餐饮业	1236	1236			433
（十）金融业	5710	5708	2		275
（十一）房地产业	32	32			9
（十二）租赁和商务服务业	1758	1758			663
（十三）科研、技术服务和地质勘查业	146	146			
（十四）水利、环境和公共设施管理业	446	445		1	
（十五）居民服务和其他服务业	1311	1290		21	1
（十六）教育	801	735	3	63	
（十七）卫生、社会保障和社会福利业	2633	2528		105	5
（十八）文化、体育和娱乐业	709	636		73	32
（十九）公共管理和社会组织	441	440		1	2

2—3 续表2　　（2011年）　　计量单位：人、千元、个、元

行业名称	单位从业人员工资总额	在岗职工工资总额	劳务派遣人员工资总额	其他从业人员工资总额	离开本单位仍保留劳动关系职工的生活费	单位数
总计	**1147081**	**1130149**	**208**	**16724**	**34443**	**873**
一、按企业、事业、机关分组						
1. 企业	1024699	1011069	104	13526	34275	694
2. 事业	110127	106837	104	3186	145	170
3. 机关	12255	12243		12	23	9
二、按国民经济行业分组						
（一）农、林、牧、渔业	1968	1968				19
（二）采矿业						
（三）制造业	266039	265278		761	14165	160
（四）电力、煤气及水的生产和供应业	3191	3191				1
（五）建筑业	161470	151353		10117	502	24
（六）交通运输、仓储和邮政业	50607	50265	78	264	2510	35
（七）信息传输、计算机服务和软件	1272	1272				2
（八）批发和零售业	145782	144191		1591	5485	326
（九）住宿和餐饮业	18019	18019			5154	19
（十）金融业	304502	304476	26		3805	39
（十一）房地产业	352	352			12	2
（十二）租赁和商务服务业	35394	35394			2628	65
（十三）科研、技术服务和地质勘查业	9513	9513				8
（十四）水利、环境和公共设施管理业	9191	9190		1		17
（十五）居民服务和其他服务业	29047	28885		162	22	19
（十六）教育	23375	22462	104	809		8
（十七）卫生、社会保障和社会福利业	54919	53072		1847	125	101
（十八）文化、体育和娱乐业	18493	17333		1160	12	15
（十九）公共管理和社会组织	13947	13935		12	23	13

2—3 续表3　　(2011年)　　计量单位：人、千元、个、元

行业名称	职　工	单位从业人员平均工资	#在岗职工平均工资	劳务派遣人员平均工　资	其他从业人员平均工　资
总　计	**58798**	**22878**	**22941**	**23111**	**19334**
一、按企业、事业、机关分组					
1. 企业	53773	22798	22828	17333	20841
2. 事业	4648	22862	23230	34667	14819
3. 机关	377	32680	32735		12000
二、按国民经济行业分组					
(一) 农、林、牧、渔业	159	12456	12456		
(二) 采矿业					
(三) 制造业	21881	16156	16210		7461
(四) 电力、煤气及水的生产和供应业	175	18234	18234		
(五) 建筑业	5288	26234	25666		39213
(六) 交通运输、仓储和邮政业	2988	22225	22510	19500	6600
(七) 信息传输、计算机服务和软件	74	16308	16308		
(八) 批发和零售业	11950	15178	15333		7915
(九) 住宿和餐饮业	1662	14578	14578		
(十) 金融业	5984	53328	53342	13000	
(十一) 房地产业	41	11000	11000		
(十二) 租赁和商务服务业	2329	20133	20133		
(十三) 科研、技术服务和地质勘查业	155	65158	65158		
(十四) 水利、环境和公共设施管理业	448	20608	20652		1000
(十五) 居民服务和其他服务业	1297	22156	22391		7714
(十六) 教育	738	29182	30561	34667	12841
(十七) 卫生、社会保障和社会福利业	2518	20858	20994		17590
(十八) 文化、体育和娱乐业	668	26083	27253		15890
(十九) 公共管理和社会组织	443	31626	31670		12000

全市城镇其他单位从业人员和工资总额

2—4　　(2011 年)　　计量单位：人、千元、个、元

行业名称	年末单位从业人员	# 女　性	# 中专及以上学历人员	1. 在岗职工	2. 劳务派遣人员	3. 其他从业人员	离开本单位仍保留劳动关系的职工
总　　计	**212045**	**86400**	**102537**	**195095**	**3366**	**13584**	**13908**
一、按经济注册类型分组							
(一) 内资	172323	68520	80670	155698	3176	13449	13122
1. 股份合作	7262	2692	4041	7152	50	60	496
2. 联营	195	56	10	195			
其中：国有联营	115	26		115			
3. 有限责任公司	55968	19040	24207	53720	1388	860	7022
其中：国有独资	10217	2809	4863	9027	1154	36	3377
4. 股份有限公司	108299	46206	51813	94032	1738	12529	5604
5. 其他	599	526	599	599			
(二) 港澳台投资经济	17935	8339	11335	17869	15	51	632
(三) 外商投资	21787	9541	10532	21528	175	84	154
二、按国民经济行业分组							
(一) 农、林、牧、渔业	7	1	6	7			
(二) 采矿业	157	21	30	157			
(三) 制造业	121434	52023	48339	119273	1663	498	8398
(四) 电力、煤气及水的生产和供应业	9186	2571	4655	8511	639	36	261
(五) 建筑业	16759	2259	5859	15914	164	681	1646
(六) 交通运输、仓储和邮政业	3777	1542	2128	3721		56	171
(七) 信息传输、计算机服务和软件	1506	722	1301	1491	15		111
(八) 批发和零售业	12568	4138	4020	12535		33	1498
(九) 住宿和餐饮业	2251	933	1169	1990	235	26	45
(十) 金融业	37991	19850	31116	25627	406	11958	1563
(十一) 房地产业	1108	431	841	1086	1	21	33
(十二) 租赁和商务服务业	2937	710	1222	2657	243	37	178
(十三) 科研、技术服务和地质勘查业	708	199	622	650		58	4
(十四) 水利、环境和公共设施管理业	755	338	416	575		180	
(十五) 居民服务和其他服务业	40	20	29	40			
(十六) 教育	856	640	779	856			
(十七) 卫生、社会保障和社会福利业							
(十八) 文化、体育和娱乐业	5	2	5	5			
(十九) 公共管理和社会组织							

2—4 续表1 （2011年） 计量单位：人、千元、个、元

行业名称	单位从业人员平均人数	#在岗职工	劳务派遣人员	其他从业人员	离开本单位仍保留劳动关系的职工平均人数
总计	**212468**	**195903**	**3195**	**13370**	**13518**
一、按经济注册类型分组					
（一）内资	172801	156549	3011	13241	12709
1. 股份合作	7253	7144	50	59	475
2. 联营	195	195			
其中：国有联营	115	115			
3. 有限责任公司	56621	54643	1144	834	6599
其中：国有独资	10205	9245	920	40	3415
4. 股份有限公司	108144	93979	1817	12348	5635
5. 其他	588	588			
（二）港澳台投资经济	18035	17972	15	48	653
（三）外商投资	21632	21382	169	81	156
二、按国民经济行业分组					
（一）农、林、牧、渔业	7	7			
（二）采矿业	134	134			
（三）制造业	123333	121120	1738	475	8049
（四）电力、煤气及水的生产和供应业	9116	8681	410	25	286
（五）建筑业	16557	15700	164	693	1676
（六）交通运输、仓储和邮政业	3748	3691		57	175
（七）信息传输、计算机服务和软件	1504	1489	15		112
（八）批发和零售业	12178	12147		31	1470
（九）住宿和餐饮业	2227	1966	230	31	46
（十）金融业	37316	25133	395	11788	1596
（十一）房地产业	1110	1090	1	19	33
（十二）租赁和商务服务业	2925	2647	242	36	71
（十三）科研、技术服务和地质勘查业	708	653		55	4
（十四）水利、环境和公共设施管理业	715	555		160	
（十五）居民服务和其他服务业	40	40			
（十六）教育	845	845			
（十七）卫生、社会保障和社会福利业					
（十八）文化、体育和娱乐业	5	5			
（十九）公共管理和社会组织					

2—4 续表 2　　(2011 年)　　计量单位：人、千元、个、元

行业名称	单位从业人员工资总额	在岗职工工资总额	劳务派遣人员工资总额	其他从业人员工资总额	离开本单位仍保留劳动关系职工的生活费	单位数
总　计	**6762419**	**6154044**	**126603**	**481772**	**135246**	**829**
一、按经济注册类型分组						
（一）内资	5578739	4979363	123317	476059	122851	712
1. 股份合作	286564	284869	587	1108	4333	60
2. 联营	32830	32830				2
其中：国有联营	30882	30882				1
3. 有限责任公司	1596915	1560219	22562	14134	18786	340
其中：国有独资	350760	334131	16225	404	12818	22
4. 股份有限公司	3630886	3069901	100168	460817	99732	307
5. 其他	31544	31544				3
（二）港澳台投资经济	474222	471716	433	2073	7074	50
（三）外商投资	709458	702965	2853	3640	5321	67
二、按国民经济行业分组						
（一）农、林、牧、渔业	42	42				1
（二）采矿业	1717	1717				2
（三）制造业	3011900	2912624	87621	11655	36627	269
（四）电力、煤气及水的生产和供应业	493401	486391	6790	220	5524	16
（五）建筑业	284625	272226	4468	7931	1161	47
（六）交通运输、仓储和邮政业	154602	153443		1159	566	16
（七）信息传输、计算机服务和软件	64052	63619	433		1360	11
（八）批发和零售业	225748	225429		319	26745	73
（九）住宿和餐饮业	47069	39211	7376	482	4826	14
（十）金融业	2302382	1828977	17461	455944	57743	313
（十一）房地产业	34825	33324	24	1477	356	36
（十二）租赁和商务服务业	59557	56847	2430	280	298	10
（十三）科研、技术服务和地质勘查业	29523	28934		589	40	9
（十四）水利、环境和公共设施管理业	15205	13489		1716		2
（十五）居民服务和其他服务业	1060	1060				2
（十六）教育	36675	36675				7
（十七）卫生、社会保障和社会福利业						
（十八）文化、体育和娱乐业	36	36				1
（十九）公共管理和社会组织						

2—4 续表3　　(2011年)　　计量单位：人、千元、个、元

行业名称	职　工	单位从业人员平均工资	# 在岗职工平均工资	劳务派遣人员平均工　资	其他从业人员平均工　资
总　计	**209003**	**31828**	**31414**	**39625**	**36034**
一、按经济注册类型分组					
（一）内资	168820	32284	31807	40955	35953
1. 股份合作	7648	39510	39875	11740	18780
2. 联营	195	168359	168359		
其中：国有联营	115	268539	268539		
3. 有限责任公司	60742	28204	28553	19722	16947
其中：国有独资	12404	34371	36142	17636	10100
4. 股份有限公司	99636	33575	32666	55128	37319
5. 其他	599	53646	53646		
（二）港澳台投资经济	18501	26295	26247	28867	43188
（三）外商投资	21682	32797	32876	16882	44938
二、按国民经济行业分组					
（一）农、林、牧、渔业	7	6000	6000		
（二）采矿业	157	12813	12813		
（三）制造业	127671	24421	24047	50415	24537
（四）电力、煤气及水的生产和供应业	8772	54125	56029	16561	8800
（五）建筑业	17560	17191	17339	27244	11444
（六）交通运输、仓储和邮政业	3892	41249	41572		20333
（七）信息传输、计算机服务和软件	1602	42588	42726	28867	
（八）批发和零售业	14033	18537	18558		10290
（九）住宿和餐饮业	2035	21136	19945	32070	15548
（十）金融业	27190	61700	72772	44205	38679
（十一）房地产业	1119	31374	30572	24000	77737
（十二）租赁和商务服务业	2835	20361	21476	10041	7778
（十三）科研、技术服务和地质勘查业	654	41699	44309		10709
（十四）水利、环境和公共设施管理业	575	21266	24305		10725
（十五）居民服务和其他服务业	40	26500	26500		
（十六）教育	856	43402	43402		
（十七）卫生、社会保障和社会福利业					
（十八）文化、体育和娱乐业	5	7200	7200		
（十九）公共管理和社会组织					

市区单位从业人员和工资总额

2—5　　(2011年)　　计量单位：人、千元、个、元

行业名称	年末单位从业人员	#女　性	#中专及以上学历人员	1. 在岗职工	2. 劳务派遣人员	3. 其他从业人员	离开本单位仍保留劳动关系的职工
总　计	**530083**	**211877**	**341639**	**499129**	**11574**	**19380**	**51354**
#国有控股	243770	83762	140803	233287	7890	2593	35730
一、按企业、事业、机关分组							
（一）企业	360064	136732	201204	337178	9011	13875	49200
（二）事业	122660	60690	98961	116164	2264	4232	984
（三）机关	47115	14253	41230	45543	299	1273	1170
（四）其他	244	202	244	244			
二、按国民经济行业分组							
（一）农、林、牧、渔业	2080	751	1804	2080			21
（二）采矿业	7107	1368	1950	5923	1184		147
（三）制造业	140692	58687	75473	138761	812	1119	26628
（四）电力、煤气及水的生产和供应业	18612	7509	11888	17863	639	110	933
（五）建筑业	34923	6784	17173	30084	3620	1219	3483
（六）交通运输、仓储和邮政业	49392	12426	22786	48141	569	682	3119
（七）信息传输、计算机服务和软件	7685	3694	6957	6414	1248	23	524
（八）批发和零售业	46130	19769	23004	45820	42	268	9557
（九）住宿和餐饮业	10874	5140	6275	10497	235	142	1714
（十）金融业	33664	17898	27574	23140	227	10297	1024
（十一）房地产业	2624	947	1886	2609	1	14	632
（十二）租赁和商务服务业	6328	2087	3898	6023	245	60	1399
（十三）科研、技术服务和地质勘查业	22149	6137	18758	20945	956	248	448
（十四）水利、环境和公共设施管理业	10520	4382	3834	9746	3	771	23
（十五）居民服务和其他服务业	2263	980	1981	2235		28	32
（十六）教育	51387	30575	43818	48578	956	1853	251
（十七）卫生、社会保障和社会福利业	21040	12492	17902	19989	294	757	102
（十八）文化、体育和娱乐业	10246	4536	8711	9657	237	352	151
（十九）公共管理和社会组织	52367	15715	45967	50624	306	1437	1166

2—5 续表1 （2011年） 计量单位：人、千元、个、元

行业名称	单位从业人员平均人数	# 在岗职工	劳务派遣人员	其他从业人员	离开本单位仍保留劳动关系的职工平均人数
总　计	**533064**	**502424**	**11414**	**19226**	**51049**
# 国有控股	246396	235945	7804	2647	35858
一、按企业、事业、机关分组					
（一）企业	363777	341198	8896	13683	49109
（二）事业	122003	115503	2223	4277	953
（三）机关	47050	45489	295	1266	987
（四）其他	234	234			
二、按国民经济行业分组					
（一）农、林、牧、渔业	2120	2052		68	29
（二）采矿业	7186	5953	1233		162
（三）制造业	141602	139649	850	1103	25446
（四）电力、煤气及水的生产和供应业	18622	18104	410	108	850
（五）建筑业	35663	30870	3616	1177	4258
（六）交通运输、仓储和邮政业	48118	46845	581	692	3420
（七）信息传输、计算机服务和软件	7719	6418	1278	23	525
（八）批发和零售业	49682	49358	42	282	9638
（九）住宿和餐饮业	11010	10630	230	150	1807
（十）金融业	33046	22672	233	10141	1054
（十一）房地产业	2820	2805	1	14	526
（十二）租赁和商务服务业	6400	6096	244	60	1474
（十三）科研、技术服务和地质勘查业	22039	20847	945	247	480
（十四）水利、环境和公共设施管理业	10522	9755	3	764	22
（十五）居民服务和其他服务业	2168	2140		28	32
（十六）教育	51029	48271	919	1839	128
（十七）卫生、社会保障和社会福利业	20804	19767	288	749	65
（十八）文化、体育和娱乐业	10249	9658	239	352	149
（十九）公共管理和社会组织	52265	50534	302	1429	984

2—5 续表2 （2011年） 计量单位：人、千元、个、元

行业名称	单位从业人员工资总额	在岗职工工资总额	劳务派遣人员工资总额	其他从业人员工资总额	离开本单位仍保留劳动关系职工的生活费	单位数
总计	**20687900**	**19763921**	**331294**	**592685**	**461022**	**3367**
# 国有控股	9594400	9288261	241953	64186	328430	815
一、按企业、事业、机关分组						
（一）企业	12761921	11978346	284662	498913	417507	1399
（二）事业	5699503	5584749	40535	74219	16450	1288
（三）机关	2210719	2185069	6097	19553	27065	679
（四）其他	15757	15757				1
二、按国民经济行业分组						
（一）农、林、牧、渔业	63032	62496		536	50	52
（二）采矿业	316836	266026	50810		1315	12
（三）制造业	3928208	3851483	44772	31953	171996	387
（四）电力、煤气及水的生产和供应业	801070	792126	6790	2154	23766	12
（五）建筑业	1193254	1071918	98541	22795	21903	56
（六）交通运输、仓储和邮政业	2134371	2107433	13893	13045	47861	91
（七）信息传输、计算机服务和软件	523591	488670	34453	468	10637	36
（八）批发和零售业	1090976	1086186	1400	3390	73835	363
（九）住宿和餐饮业	225446	216158	7376	1912	12059	58
（十）金融业	2160742	1728328	14897	417517	28875	206
（十一）房地产业	107234	105879	24	1331	19694	54
（十二）租赁和商务服务业	175770	172640	2566	564	4179	139
（十三）科研、技术服务和地质勘查业	1204180	1169936	26556	7688	4020	185
（十四）水利、环境和公共设施管理业	309332	298543	54	10735	690	79
（十五）居民服务和其他服务业	54618	54184		434	22	46
（十六）教育	2498505	2450111	13781	34613	6698	421
（十七）卫生、社会保障和社会福利业	1087666	1068503	4539	14624	836	154
（十八）文化、体育和娱乐业	399995	389251	4413	6331	5458	177
（十九）公共管理和社会组织	2413074	2384050	6429	22595	27128	839

2—5 续表3　　(2011 年)　　计量单位：人、千元、个、元

行业名称	职　　工	单位从业人员平均工资	# 在岗职工平均工资	劳务派遣人员平均工　资	其他从业人员平均工　资
总　　计	**550483**	**38809**	**39337**	**29025**	**30827**
# 国有控股	269017	38939	39366	31004	24249
一、按企业、事业、机关分组					
（一）企业	386378	35082	35107	31999	36462
（二）事业	117148	46716	48352	18234	17353
（三）机关	46713	46987	48035	20668	15445
（四）其他	244	67338	67338		
二、按国民经济行业分组					
（一）农、林、牧、渔业	2101	29732	30456		7882
（二）采矿业	6070	44091	44688	41208	
（三）制造业	165389	27741	27580	52673	28969
（四）电力、煤气及水的生产和供应业	18796	43017	43754	16561	19944
（五）建筑业	33567	33459	34724	27251	19367
（六）交通运输、仓储和邮政业	51260	44357	44987	23912	18851
（七）信息传输、计算机服务和软件	6938	67831	76141	26959	20348
（八）批发和零售业	55377	21959	22006	33333	12021
（九）住宿和餐饮业	12211	20476	20335	32070	12747
（十）金融业	24164	65386	76232	63936	41171
（十一）房地产业	3241	38026	37747	24000	95071
（十二）租赁和商务服务业	7422	27464	28320	10516	9400
（十三）科研、技术服务和地质勘查业	21393	54639	56120	28102	31126
（十四）水利、环境和公共设施管理业	9769	29399	30604	18000	14051
（十五）居民服务和其他服务业	2267	25193	25320		15500
（十六）教育	48829	48962	50757	14996	18822
（十七）卫生、社会保障和社会福利业	20091	52282	54055	15760	19525
（十八）文化、体育和娱乐业	9808	39028	40303	18464	17986
（十九）公共管理和社会组织	51790	46170	47177	21288	15812

市区国有单位从业人员和工资总额

2—6　　　　(2011 年)　　　　计量单位：人、千元、个、元

行业名称	年末单位从业人员	# 女　性	# 中专及以上学历人员	1. 在岗职工	2. 劳务派遣人员	3. 其他从业人员	离开本单位仍保留劳动关系的职工
总　　计	**369164**	**140548**	**252357**	**351964**	**9520**	**7680**	**31907**
一、按隶属关系分组							
1. 中央	87738	23261	59134	80686	6426	626	5021
2. 地方	281426	117287	193223	271278	3094	7054	26886
二、按企业、事业、机关分组							
(一) 企业	201761	67076	114059	192487	6957	2317	29795
1. 中央	74145	19097	48221	67886	5646	613	4845
2. 地方	127616	47979	65838	124601	1311	1704	24950
(二) 事业	120434	59251	97208	114080	2264	4090	942
1. 中央	9268	2588	7136	8520	748		51
2. 地方	111166	56663	90072	105560	1516	4090	891
(三) 机关	46969	14221	41090	45397	299	1273	1170
1. 中央	4325	1576	3777	4280	32	13	125
2. 地方	42644	12645	37313	41117	267	1260	1045
三、按国民经济行业分组							
(一) 农、林、牧、渔业	2080	751	1804	2080			21
(二) 采矿业	7107	1368	1950	5923	1184		147
(三) 制造业	58767	20279	36512	57840	127	800	14609
(四) 电力、煤气及水的生产和供应业	13652	6094	9832	13542		110	672
(五) 建筑业	27209	5591	13127	23075	3567	567	2091
(六) 交通运输、仓储和邮政业	44853	10697	20235	43682	569	602	2271
(七) 信息传输、计算机服务和软件	6467	3056	5784	5196	1248	23	427
(八) 批发和零售业	30136	14809	17076	29896	42	198	7101
(九) 住宿和餐饮业	7752	4025	4753	7636		116	1238
(十) 金融业	1491	545	1223	1462	29		
(十一) 房地产业	1854	631	1281	1850		4	590
(十二) 租赁和商务服务业	2975	751	2028	2950	2	23	577
(十三) 科研、技术服务和地质勘查业	21456	5918	18120	20271	956	229	444
(十四) 水利、环境和公共设施管理业	9811	3964	3519	9038	3	770	23
(十五) 居民服务和其他服务业	968	327	765	961		7	31
(十六) 教育	50378	29861	42923	47629	956	1793	251
(十七) 卫生、社会保障和社会福利业	20317	11979	17285	19302	294	721	97
(十八) 文化、体育和娱乐业	9677	4222	8320	9160	237	280	151
(十九) 公共管理和社会组织	52214	15680	45820	50471	306	1437	1166

2—6 续表 1　　　　(2011 年)　　　　计量单位：人、千元、个、元

行业名称	单位从业人员平均人数	# 在岗职工	劳务派遣人员	其他从业人员	离开本单位仍保留劳动关系的职工平均人数
总　计	**371639**	**354313**	**9551**	**7775**	**31576**
一、按隶属关系分组					
1. 中央	87469	80350	6453	666	5272
2. 地方	284170	273963	3098	7109	26304
二、按企业、事业、机关分组					
(一) 企业	204978	195568	7033	2377	29678
1. 中央	73867	67541	5673	653	5106
2. 地方	131111	128027	1360	1724	24572
(二) 事业	119756	113401	2223	4132	911
1. 中央	9271	8523	748		47
2. 地方	110485	104878	1475	4132	864
(三) 机关	46905	45344	295	1266	987
1. 中央	4331	4286	32	13	119
2. 地方	42574	41058	263	1253	868
三、按国民经济行业分组					
(一) 农、林、牧、渔业	2120	2052		68	29
(二) 采矿业	7186	5953	1233		162
(三) 制造业	58744	57824	127	793	13459
(四) 电力、煤气及水的生产和供应业	13801	13693		108	564
(五) 建筑业	27425	23245	3563	617	2836
(六) 交通运输、仓储和邮政业	43584	42392	581	611	2532
(七) 信息传输、计算机服务和软件	6494	5193	1278	23	428
(八) 批发和零售业	33952	33700	42	210	7158
(九) 住宿和餐饮业	7862	7743		119	1328
(十) 金融业	1495	1466	29		
(十一) 房地产业	2038	2032		6	484
(十二) 租赁和商务服务业	2984	2958	2	24	746
(十三) 科研、技术服务和地质勘查业	21352	20179	945	228	476
(十四) 水利、环境和公共设施管理业	9836	9070	3	763	22
(十五) 居民服务和其他服务业	879	872		7	31
(十六) 教育	50028	47333	919	1776	128
(十七) 卫生、社会保障和社会福利业	20066	19065	288	713	60
(十八) 文化、体育和娱乐业	9680	9161	239	280	149
(十九) 公共管理和社会组织	52113	50382	302	1429	984

2—6 续表 2　　（2011 年）　　计量单位：人、千元、个、元

行业名称	单位从业人员工资总额	在岗职工工资总额	劳务派遣人员工资总额	其他从业人员工资总额	离开本单位仍保留劳动关系职工的生活费	单位数
总　计	**15465200**	**15059819**	**257955**	**147426**	**331279**	**2479**
一、按隶属关系分组						
1. 中央	4527754	4334660	172956	20138	85405	121
2. 地方	10937446	10725159	84999	127288	245874	2358
二、按企业、事业、机关分组						
（一）企业	7642691	7375592	211323	55776	287987	589
1. 中央	3775135	3599699	155454	19982	80897	79
2. 地方	3867556	3775893	55869	35794	207090	510
（二）事业	5618904	5506272	40535	72097	16227	1212
1. 中央	587317	570255	17062		812	18
2. 地方	5031587	4936017	23473	72097	15415	1194
（三）机关	2203605	2177955	6097	19553	27065	678
1. 中央	165302	164706	440	156	3696	24
2. 地方	2038303	2013249	5657	19397	23369	654
三、按国民经济行业分组						
（一）农、林、牧、渔业	63032	62496		536	50	52
（二）采矿业	316836	266026	50810		1315	12
（三）制造业	1990564	1961777	5059	23728	125797	117
（四）电力、煤气及水的生产和供应业	593645	591491		2154	18242	8
（五）建筑业	992086	886089	95589	10408	20828	29
（六）交通运输、仓储和邮政业	1956512	1930789	13893	11830	45027	69
（七）信息传输、计算机服务和软件	473488	438567	34453	468	9601	28
（八）批发和零售业	807052	803048	1400	2604	43001	228
（九）住宿和餐饮业	165349	163919		1430	2079	33
（十）金融业	120958	120115	843			6
（十一）房地产业	81638	81563		75	19326	29
（十二）租赁和商务服务业	107415	106995	136	284	1348	70
（十三）科研、技术服务和地质勘查业	1168811	1134763	26556	7492	3980	173
（十四）水利、环境和公共设施管理业	292186	281398	54	10734	690	68
（十五）居民服务和其他服务业	26426	26154		272		28
（十六）教育	2453669	2406084	13781	33804	6698	413
（十七）卫生、社会保障和社会福利业	1066159	1047799	4539	13821	711	110
（十八）文化、体育和娱乐业	383465	373861	4413	5191	5458	169
（十九）公共管理和社会组织	2405909	2376885	6429	22595	27128	837

2—6 续表 3　　　　(2011 年)　　　　计量单位：人、千元、个、元

行业名称	职　工	单位从业人员平均工资	# 在岗职工平均工资	劳务派遣人员平均工资	其他从业人员平均工资
总　计	**383871**	**41614**	**42504**	**27008**	**18962**
一、按隶属关系分组					
1. 中央	85707	51764	53947	26802	30237
2. 地方	298164	38489	39148	27437	17905
二、按企业、事业、机关分组					
（一）企业	222282	37285	37714	30047	23465
1. 中央	72731	51107	53297	27402	30600
2. 地方	149551	29498	29493	41080	20762
（二）事业	115022	46920	48556	18234	17448
1. 中央	8571	63350	66908	22810	
2. 地方	106451	45541	47064	15914	17448
（三）机关	46567	46980	48032	20668	15445
1. 中央	4405	38167	38429	13750	12000
2. 地方	42162	47877	49034	21510	15480
三、按国民经济行业分组					
（一）农、林、牧、渔业	2101	29732	30456		7882
（二）采矿业	6070	44091	44688	41208	
（三）制造业	72449	33885	33927	39835	29922
（四）电力、煤气及水的生产和供应业	14214	43015	43197		19944
（五）建筑业	25166	36175	38120	26828	16869
（六）交通运输、仓储和邮政业	45953	44891	45546	23912	19362
（七）信息传输、计算机服务和软件	5623	72912	84453	26959	20348
（八）批发和零售业	36997	23770	23829	33333	12400
（九）住宿和餐饮业	8874	21031	21170		12017
（十）金融业	1462	80908	81934	29069	
（十一）房地产业	2440	40058	40139		12500
（十二）租赁和商务服务业	3527	35997	36171	68000	11833
（十三）科研、技术服务和地质勘查业	20715	54740	56235	28102	32860
（十四）水利、环境和公共设施管理业	9061	29706	31025	18000	14068
（十五）居民服务和其他服务业	992	30064	29993		38857
（十六）教育	47880	49046	50833	14996	19034
（十七）卫生、社会保障和社会福利业	19399	53133	54959	15760	19384
（十八）文化、体育和娱乐业	9311	39614	40810	18464	18539
（十九）公共管理和社会组织	51637	46167	47177	21288	15812

市区城镇集体单位从业人员和工资总额

2—7 （2011年） 计量单位：人、千元、个、元

行业名称	年末单位从业人员	#女性	#中专及以上学历人员	1. 在岗职工	2. 劳务派遣人员	3. 其他从业人员	离开本单位仍保留劳动关系的职工
总计	28504	12339	16439	27802		702	8458
一、按企业、事业、机关分组							
1. 企业	26670	11291	15081	26110		560	8425
2. 事业	1688	1016	1218	1546		142	33
3. 机关	146	32	140	146			
二、按国民经济行业分组							
（一）农、林、牧、渔业							
（二）采矿业							
（三）制造业	14277	6392	8136	14178		99	5515
（四）电力、煤气及水的生产和供应业							
（五）建筑业	886	125	363	538		348	33
（六）交通运输、仓储和邮政业	1288	451	822	1264		24	677
（七）信息传输、计算机服务和软件	74	30	72	74			
（八）批发和零售业	5103	1894	3170	5062		41	1041
（九）住宿和餐饮业	1111	327	457	1111			431
（十）金融业	798	651		798			102
（十一）房地产业	32	9	27	32			9
（十二）租赁和商务服务业	1603	643	667	1603			644
（十三）科研、技术服务和地质勘查业	142	62	140	142			
（十四）水利、环境和公共设施管理业	167	93	14	166		1	
（十五）居民服务和其他服务业	1255	633	1187	1234		21	1
（十六）教育	323	167	229	263		60	
（十七）卫生、社会保障和社会福利业	723	513	617	687		36	5
（十八）文化、体育和娱乐业	569	314	391	497		72	
（十九）公共管理和社会组织	153	35	147	153			

2—7 续表 1　　(2011 年)　　计量单位：人、千元、个、元

行业名称	单位从业人员平均人数	# 在岗职工	劳务派遣人员	其他从业人员	离开本单位仍保留劳动关系的职工平均人数
总　计	**29311**	**28693**		**618**	**8442**
一、按企业、事业、机关分组					
1. 企业	27456	26983		473	8409
2. 事业	1710	1565		145	33
3. 机关	145	145			
二、按国民经济行业分组					
（一）农、林、牧、渔业					
（二）采矿业					
（三）制造业	14367	14265		102	5434
（四）电力、煤气及水的生产和供应业					
（五）建筑业	1459	1201		258	33
（六）交通运输、仓储和邮政业	1308	1284		24	713
（七）信息传输、计算机服务和软件	78	78			
（八）批发和零售业	5141	5100		41	1055
（九）住宿和餐饮业	1116	1116			433
（十）金融业	798	798			102
（十一）房地产业	32	32			9
（十二）租赁和商务服务业	1681	1681			657
（十三）科研、技术服务和地质勘查业	133	133			
（十四）水利、环境和公共设施管理业	164	163		1	
（十五）居民服务和其他服务业	1249	1228		21	1
（十六）教育	326	263		63	
（十七）卫生、社会保障和社会福利业	738	702		36	5
（十八）文化、体育和娱乐业	569	497		72	
（十九）公共管理和社会组织	152	152			

2—7 续表 2　　(2011 年)　　计量单位：人、千元、个、元

行业名称	单位从业人员工资总额	在岗职工工资总额	劳务派遣人员工资总额	其他从业人员工资总额	离开本单位仍保留劳动关系职工的生活费	单位数
总　计	**590710**	**576394**		**14316**	**29242**	**429**
一、按企业、事业、机关分组						
1．企业	530942	518748		12194	29109	356
2．事业	52654	50532		2122	133	72
3．机关	7114	7114				1
二、按国民经济行业分组						
（一）农、林、牧、渔业						
（二）采矿业						
（三）制造业	232437	231676		761	13939	133
（四）电力、煤气及水的生产和供应业						
（五）建筑业	71672	61555		10117	76	11
（六）交通运输、仓储和邮政业	34489	34433		56	2268	12
（七）信息传输、计算机服务和软件	1272	1272				2
（八）批发和零售业	83939	83472		467	4157	100
（九）住宿和餐饮业	17146	17146			5154	16
（十）金融业	19008	19008			956	1
（十一）房地产业	352	352			12	2
（十二）租赁和商务服务业	33550	33550			2533	61
（十三）科研、技术服务和地质勘查业	9150	9150				7
（十四）水利、环境和公共设施管理业	4337	4336		1		10
（十五）居民服务和其他服务业	27132	26970		162	22	16
（十六）教育	11024	10215		809		4
（十七）卫生、社会保障和社会福利业	21507	20704		803	125	44
（十八）文化、体育和娱乐业	16530	15390		1140		8
（十九）公共管理和社会组织	7165	7165				2

2—7 续表 3　　（2011 年）　　计量单位：人、千元、个、元

行业名称	职　　工	单位从业人员平均工资	# 在岗职工平均工资	其他从业人员平均工　资
总　　计	**36260**	**20153**	**20088**	**23165**
一、按企业、事业、机关分组				
1. 企业	34535	19338	19225	25780
2. 事业	1579	30792	32289	14634
3. 机关	146	49062	49062	
二、按国民经济行业分组				
（一）农、林、牧、渔业				
（二）采矿业				
（三）制造业	19693	16179	16241	7461
（四）电力、煤气及水的生产和供应业				
（五）建筑业	571	49124	51253	39213
（六）交通运输、仓储和邮政业	1941	26368	26817	2333
（七）信息传输、计算机服务和软件	74	16308	16308	
（八）批发和零售业	6103	16327	16367	11390
（九）住宿和餐饮业	1542	15364	15364	
（十）金融业	900	23820	23820	
（十一）房地产业	41	11000	11000	
（十二）租赁和商务服务业	2247	19958	19958	
（十三）科研、技术服务和地质勘查业	142	68797	68797	
（十四）水利、环境和公共设施管理业	166	26445	26601	1000
（十五）居民服务和其他服务业	1235	21723	21963	7714
（十六）教育	263	33816	38840	12841
（十七）卫生、社会保障和社会福利业	692	29142	29493	22306
（十八）文化、体育和娱乐业	497	29051	30966	15833
（十九）公共管理和社会组织	153	47138	47138	

市区城镇其他单位从业人员和工资总额

2—8　　（2011 年）　　计量单位：人、千元、个、元

行业名称	年末单位从业人员	# 女　性	# 中专及以上学历人员	1. 在岗职工	2. 劳务派遣人员	3. 其他从业人员	离开本单位仍保留劳动关系的职工
总　　计	**132415**	**58990**	**72843**	**119363**	**2054**	**10998**	**10989**
一、按经济注册类型分组							
（一）内资	111572	49132	58742	98815	1879	10878	10359
1. 股份合作	3925	1892	2797	3867	50	8	342
2. 联营	195	56	10	195			
其中：国有联营	115	26		115			
3. 有限责任公司	24350	8775	13304	23329	838	183	5298
其中：国有独资	7787	2033	3411	6989	784	14	3377
4. 股份有限公司	82503	37883	42032	70825	991	10687	4719
5. 其他	599	526	599	599			
（二）港澳台投资经济	13215	6469	9686	13179		36	530
（三）外商投资	7628	3389	4415	7369	175	84	100
二、按国民经济行业分组							
（一）农、林、牧、渔业							
（二）采矿业							
（三）制造业	67648	32016	30825	66743	685	220	6504
（四）电力、煤气及水的生产和供应业	4960	1415	2056	4321	639		261
（五）建筑业	6828	1068	3683	6471	53	304	1359
（六）交通运输、仓储和邮政业	3251	1278	1729	3195		56	171
（七）信息传输、计算机服务和软件	1144	608	1101	1144			97
（八）批发和零售业	10891	3066	2758	10862		29	1415
（九）住宿和餐饮业	2011	788	1065	1750	235	26	45
（十）金融业	31375	16702	26351	20880	198	10297	922
（十一）房地产业	738	307	578	727	1	10	33
（十二）租赁和商务服务业	1750	693	1203	1470	243	37	178
（十三）科研、技术服务和地质勘查业	551	157	498	532		19	4
（十四）水利、环境和公共设施管理业	542	325	301	542			
（十五）居民服务和其他服务业	40	20	29	40			
（十六）教育	686	547	666	686			
（十七）卫生、社会保障和社会福利业							
（十八）文化、体育和娱乐业							
（十九）公共管理和社会组织							

2—8 续表1　　　　(2011 年)　　　　计量单位：人、千元、个、元

行业名称	单位从业人员平均人数	# 在岗职工	劳务派遣人员	其他从业人员	离开本单位仍保留劳动关系的职工平均人数
总　计	**132114**	**119418**	**1863**	**10833**	**11031**
一、按经济注册类型分组					
（一）内资	111467	99057	1694	10716	10388
1. 股份合作	3948	3889	50	9	360
2. 联营	195	195			
其中：国有联营	115	115			
3. 有限责任公司	24230	23453	603	174	5278
其中：国有独资	7658	7095	549	14	3415
4. 股份有限公司	82506	70932	1041	10533	4750
5. 其他	588	588			
（二）港澳台投资经济	13008	12972		36	542
（三）外商投资	7639	7389	169	81	101
二、按国民经济行业分组					
（一）农、林、牧、渔业					
（二）采矿业					
（三）制造业	68491	67560	723	208	6553
（四）电力、煤气及水的生产和供应业	4821	4411	410		286
（五）建筑业	6779	6424	53	302	1389
（六）交通运输、仓储和邮政业	3226	3169		57	175
（七）信息传输、计算机服务和软件	1147	1147			97
（八）批发和零售业	10589	10558		31	1425
（九）住宿和餐饮业	2032	1771	230	31	46
（十）金融业	30753	20408	204	10141	952
（十一）房地产业	750	741	1	8	33
（十二）租赁和商务服务业	1735	1457	242	36	71
（十三）科研、技术服务和地质勘查业	554	535		19	4
（十四）水利、环境和公共设施管理业	522	522			
（十五）居民服务和其他服务业	40	40			
（十六）教育	675	675			
（十七）卫生、社会保障和社会福利业					
（十八）文化、体育和娱乐业					
（十九）公共管理和社会组织					

2—8 续表2　　（2011 年）　　计量单位：人、千元、个、元

行业名称	单位从业人员工资总额	在岗职工工资总额	劳务派遣人员工资总额	其他从业人员工资总额	离开本单位仍保留劳动关系职工的生活费	单位数
总　计	**4631990**	**4127708**	**73339**	**430943**	**100501**	**459**
一、按经济注册类型分组						
（一）内资	3953625	3457740	70486	425399	88994	387
1. 股份合作	211673	210944	587	142	2494	20
2. 联营	32830	32830				2
其中：国有联营	30882	30882				1
3. 有限责任公司	828912	814094	9913	4905	17019	211
其中：国有独资	269755	262618	6937	200	12818	14
4. 股份有限公司	2848666	2368328	59986	420352	69481	151
5. 其他	31544	31544				3
（二）港澳台投资经济	365654	363750		1904	6214	35
（三）外商投资	312711	306218	2853	3640	5293	37
二、按国民经济行业分组						
（一）农、林、牧、渔业						
（二）采矿业						
（三）制造业	1705207	1658030	39713	7464	32260	137
（四）电力、煤气及水的生产和供应业	207425	200635	6790		5524	4
（五）建筑业	129496	124274	2952	2270	999	16
（六）交通运输、仓储和邮政业	143370	142211		1159	566	10
（七）信息传输、计算机服务和软件	48831	48831			1036	6
（八）批发和零售业	199985	199666		319	26677	35
（九）住宿和餐饮业	42951	35093	7376	482	4826	9
（十）金融业	2020776	1589205	14054	417517	27919	199
（十一）房地产业	25244	23964	24	1256	356	23
（十二）租赁和商务服务业	34805	32095	2430	280	298	8
（十三）科研、技术服务和地质勘查业	26219	26023		196	40	5
（十四）水利、环境和公共设施管理业	12809	12809				1
（十五）居民服务和其他服务业	1060	1060				2
（十六）教育	33812	33812				4
（十七）卫生、社会保障和社会福利业						
（十八）文化、体育和娱乐业						
（十九）公共管理和社会组织						

2—8 续表 3 (2011 年) 计量单位：人、千元、个、元

行业名称	职　　工	单位从业人员平均工资	# 在岗职工平均工资	劳务派遣人员平均工　资	其他从业人员平均工　资
总　　计	**130352**	**35061**	**34565**	**39366**	**39781**
一、按经济注册类型分组					
（一）内资	109174	35469	34907	41609	39698
1．股份合作	4209	53615	54241	11740	15778
2．联营	195	168359	168359		
其中：国有联营	115	268539	268539		
3．有限责任公司	28627	34210	34712	16439	28190
其中：国有独资	10366	35225	37015	12636	14286
4．股份有限公司	75544	34527	33389	57623	39908
5．其他	599	53646	53646		
（二）港澳台投资经济	13709	28110	28041		52889
（三）外商投资	7469	40936	41442	16882	44938
二、按国民经济行业分组					
（一）农、林、牧、渔业					
（二）采矿业					
（三）制造业	73247	24897	24542	54928	35885
（四）电力、煤气及水的生产和供应业	4582	43025	45485	16561	
（五）建筑业	7830	19103	19345	55698	7517
（六）交通运输、仓储和邮政业	3366	44442	44876		20333
（七）信息传输、计算机服务和软件	1241	42573	42573		
（八）批发和零售业	12277	18886	18911		10290
（九）住宿和餐饮业	1795	21137	19815	32070	15548
（十）金融业	21802	65710	77872	68892	41171
（十一）房地产业	760	33659	32340	24000	157000
（十二）租赁和商务服务业	1648	20061	22028	10041	7778
（十三）科研、技术服务和地质勘查业	536	47327	48641		10316
（十四）水利、环境和公共设施管理业	542	24538	24538		
（十五）居民服务和其他服务业	40	26500	26500		
（十六）教育	686	50092	50092		
（十七）卫生、社会保障和社会福利业					
（十八）文化、体育和娱乐业					
（十九）公共管理和社会组织					

分县（市）区单位从业人员和工资总额

2—9　　（2011 年）　　计量单位：人、千元、个、元

行政单位	年末单位从业人员	# 中专及以上学历人员	# 在岗职工	单位从业人员年平均人数	# 在岗职工	单位从业人员工资总额	# 在岗职工工资总额
全市总计	**848004**	**552841**	**808500**	**850937**	**811994**	**29619430**	**28526975**
市区合计	530083	341639	499129	533064	502424	20687900	19763921
#长安区	14788	8531	14383	14806	14418	488342	479803
桥东区	9132	6486	8867	9282	9024	425011	420137
桥西区	11948	7887	10909	11572	10538	596712	577995
新华区	14989	10678	14711	14905	14627	605132	597283
裕华区	9391	6995	8659	9381	8654	384255	372807
矿　区	12332	5736	11081	12455	11155	451743	399573
高新区	16217	13203	16045	15833	15664	543023	537968
井陉县	28774	11925	28146	28671	28044	822624	812609
正定县	25448	17493	24505	25386	24457	791075	771703
栾城县	19333	13891	19148	19276	19100	566176	562355
行唐县	12167	10122	12019	12151	12003	320107	317650
灵寿县	14388	10165	14299	14287	14202	385560	384074
高邑县	9543	5899	9393	9530	9380	212275	210906
深泽县	7244	6200	7060	7194	7010	167138	163175
赞皇县	14266	8424	14206	14498	14438	305390	304575
无极县	16685	12379	16192	16617	16121	406813	394018
平山县	19409	14680	18637	19557	18793	663080	655014
元氏县	15846	11029	15586	15605	15343	393833	388768
赵　县	14765	12133	14624	14820	14679	385057	383229
辛集市	25281	16541	24570	25513	24848	675094	666729
藁城市	34187	16025	33217	34177	33195	1125373	1083010
晋州市	16722	12215	16704	16717	16699	432474	432292
新乐市	16291	12607	15227	16184	15151	424592	406449
鹿泉市	27572	19474	25838	27690	26107	854869	826498

2—9 续表　　(2011 年)　　计量单位：人、千元、个、元

行政单位	单位数	职　工	单位从业人员平均工资	# 在岗职工平均工资
全市总计	**9189**	**871375**	**34808**	**35132**
市区合计	3367	550483	38809	39337
#长安区	197	15160	32983	33278
桥东区	140	9331	45789	46558
桥西区	273	11688	51565	54849
新华区	209	14789	40599	40834
裕华区	143	9489	40961	43079
矿　区	131	11243	36270	35820
高新区	57	16852	34297	34344
井陉县	339	29553	28692	28976
正定县	372	25294	31162	31553
栾城县	338	19351	29372	29443
行唐县	294	12341	26344	26464
灵寿县	287	14668	26987	27044
高邑县	225	9826	22274	22485
深泽县	207	7143	23233	23277
赞皇县	250	14251	21064	21095
无极县	269	16648	24482	24441
平山县	404	19377	33905	34854
元氏县	403	16090	25238	25338
赵　县	341	14969	25982	26107
辛集市	505	26584	26461	26832
藁城市	345	34513	32928	32626
晋州市	441	17742	25870	25887
新乐市	455	16104	26235	26827
鹿泉市	347	26438	30873	31658

三、固定资产投资　建筑业

全市全社会固定资产投资

3—1　　　　（2011 年）　　　　计量单位：万元

指标名称	合　计	固定资产投资			农村个人投　资
		建设项目投资	# 农村非农户	房地产开发	
一、全社会固定资产投资	31011626	22378365	1496133	7836613	796648
二、固定资产投资	30214978	22378365	1496133	7836613	
1. 按经济类型分					
国有经济	5330664	5202151		128513	
集体经济	3839008	3823347	723482	15661	
私营个体经济	9877056	6559341	550437	3317715	
股份合作	124724	124724	9050		
联营经济	21489	21489	66		
股份制经济	9285849	5215192	68509	4070657	
外商投资	606741	339400	2850	267341	
港澳台投资	184065	148017		36048	
其他	1201373	1200695	150789	678	
2. 按构成分					
建筑工程	16597017	11232764	731509	5364253	
安装工程	2637328	1859202	142996	778126	
设备工器具购置	6910117	6717646	460275	192471	
其他费用	4070516	2568753	161353	1501763	
3. 本年新增固定资产	20103528	16069047	1436535	4034481	
4. 按资金来源分					
资金来源合计	37331282	27596366	1572566	9734916	
上年末结余资金	2586544	1011053	19329	1575491	
本年资金来源小计	34744738	26585313	1553237	8159425	
国家预算内资金	1388675	1388675	600		
国内贷款	1756244	877997	20431	878247	
债券	4160	4160			
利用外资	38303	38303			
#外商直接投资					
自筹资金	27333824	22696700	1431408	4637124	
其他资金来源	4223532	1579478	100798	2644054	
5. 按三次产业分					
* 三次产业小计	30214978	22378365	1496133	7836613	
第一产业	577048	577048	243467		
第二产业	10815900	10815900	636425		
第三产业	18822030	10985417	616241	7836613	

注：* 三次产业小计不包含农村个人投资。

分县（市）区全社会固定资产投资

3—2 （2011 年） 计量单位：万元

行政单位	全社会固定资产投资	一、固定资产投资				二、农村个人
		合　计	建设项目投资	# 农村非农户	房地产开发	
全市总计	**31011626**	**30214978**	**22378365**	**1496133**	**7836613**	**796648**
市区合计	13472206	13472206	6850321	5734	6621885	
#长安区	2345558	2345558	649002		1696556	
桥东区	2386581	2386581	794577		1592004	
桥西区	2401015	2401015	1545883		855132	
新华区	2202962	2202962	1509076		693886	
裕华区	2617635	2617635	1029577		1588058	
矿　区	343203	343203	343203	5734		
高新区	1175252	1175252	979003		196249	
井陉县	1368000	1338726	1338726	123230		29274
正定县	1294000	1226186	1181060	90962	45126	67814
栾城县	1034420	1000182	903151	110085	97031	34238
行唐县	852000	782482	782482	93915		69518
灵寿县	564000	535437	506437	41480	29000	28563
高邑县	352000	342098	342098	30632		9902
深泽县	377000	361068	324855	82627	36213	15932
赞皇县	716000	693265	679905	112255	13360	22735
无极县	677000	619890	599828	190709	20062	57110
平山县	1076000	1016898	892505	67664	124393	59102
元氏县	1057000	990515	898515	21781	92000	66485
赵　县	792000	733568	728345	35970	5223	58432
辛集市	1463000	1402734	1254852	116068	147882	60266
藁城市	1786000	1711643	1711043	2413	600	74357
晋州市	1279000	1218304	1112035	106650	106269	60696
新乐市	1125000	1071887	896387	197531	175500	53113
鹿泉市	1727000	1697889	1375820	66427	322069	29111

注：市区合计数为跨区项目数据调整后数。

全市及市区建设项目投资情况

3—3　　（2011 年）　　计量单位：万元

项目名称	建设项目投资	# 市区	地方建设项目投资	# 市区
本年完成投资	**22378365**	**6951575**	**21608413**	**6431216**
# 住宅	1141257	850755	1141157	850755
1. 建筑工程	11232764	4854504	10881812	4632246
2. 安装工程	1859202	434683	1790860	379789
3. 设备工器具购置	6717646	706658	6480858	565838
4. 其他费用	2568753	955730	2454883	853343
本年新增固定资产	16069047	3639499	15697294	3374452
本年施工房屋面积（平方米）	36329836	17718328	35894119	17451409
# 住宅（平方米）	10066145	8018153	10059745	8018153
本年竣工房屋面积（平方米）	11666576	2019149	11633035	1985608
# 住宅（平方米）	1191517	270872	1191517	270872
本年竣工房屋价值	1806284	534487	1796931	525134
# 住宅	230890	76206	230890	76206
施工项目个数（个）	5308	564	5258	531
# 本年新开工（个）	4252	324	4218	303
本年投产项目个数（个）	4395	295	4360	274
本年实际征用和购置土地面积（平方米）	18163617	2155324	16415626	409533
本年实际征用和购置土地成交价款	254553	69398	234432	49397
本年资金来源合计	27596366	8802365	26837121	8322944
1. 上年末结余资金	1011053	839672	1000453	829572
2. 本年资金来源小计	26585313	7962693	25836668	7493372
（1）国家预算内资金	1388675	834623	1333024	782332
（2）国内贷款	877997	467945	791787	392235
（3）债券	4160	3000	4160	3000
（4）利用外资	38303		38303	
# 外商直接投资				
（5）自筹资金	22696700	5839953	22092976	5501433
# 企事业单位自有资金	2708944	728087	2592962	638974
（6）其他资金来源	1579478	817172	1576418	814372
本年各项应付款合计	568002	424468	490350	352758

注：建设项目投资包括城镇投资和农村非农户投资。

3—3 续表 1　　（2011 年）　　计量单位：万元

项目名称	建设项目投资	# 市区	地方建设项目投资	# 市区
# 工程款	91133	51033	87218	51033
总计中按登记注册类型分：				
内资企业	21752269	6892743	20991821	6372384
国有企业	5081637	2570737	4687585	2324188
集体企业	3687870	2215365	3687870	2215365
股份合作企业	124724	4220	124724	4220
联营企业	21489	5100	21489	5100
国有联营企业	5000	3600	5000	3600
国有与集体联营企业	3670	1500	3670	1500
其他联营企业	2066		2066	
有限责任公司	2807537	877332	2656961	811332
国有独资公司	115514	27142	33014	27142
其他有限责任公司	2692023	850190	2623947	784190
股份有限公司	2407655	983196	2195750	775386
私营企业	6420662	180787	6420662	180787
其他企业	1200695	56006	1196780	56006
港、澳、台商投资企业	148017	47800	148017	47800
合资经营企业（港或澳、台资）	72253	7336	72253	7336
合作经营企业（港或澳、台资）				
港、澳、台商独资经营企业	29864	29864	29864	29864
港、澳、台商投资股份有限公司	45900	10600	45900	10600
外商投资企业	339400	7912	329896	7912
中外合资经营企业	144724	4305	144724	4305
中外合作经营企业	7103		7103	
外资企业	149962		149962	
外商投资股份有限公司	37611	3607	28107	3607
个体经营	138679	3120	138679	3120
个体户	92328	1120	92328	1120
个人合伙	46351	2000	46351	2000
总计中按隶属关系分：				
中央	769952	520359		

3—3 续表2　　　　（2011年）　　　　计量单位：万元

项目名称	建设项目投资	# 市区	地方建设项目投资	# 市区
地方				
省	1621619	1144721	1621619	1144721
市	1643582	1509052	1643582	1509052
县（县级市）	3350854	689077	3350854	689077
其他	14992358	3088366	14992358	3088366
总计中按建设性质分：				
新建	13173591	5601432	12706575	5270630
扩建	3930832	175580	3838041	99426
改建	4128235	784131	4089743	758541
单纯建造生活设施	313337	35448	312537	35448
迁建	381564	17650	299064	17650
恢复	65841	59911	65841	59911
单纯购置	384965	277423	296612	189610
总计中按建设阶段分：				
筹建				
本年正式施工	21963340	6674152	21281741	6241606
本年收尾	22860		22860	
单纯购置	384965	277423	296612	189610
总计中按控股情况分：				
国有控股	5926620	3233564	5159363	2713205
集体控股	4170971	2475240	4170971	2475240
私人控股	10655129	1035401	10652434	1035401
港澳台商控股	29864	29864	29864	29864
外商控股	294193	16736	294193	16736
总计中按建设状态分：				
在建	9539272	4684469	9022222	4359774
全部投产	12831893	2267106	12578991	2071442
总计中按开发区级别式分：				
国务院批准的	971667	966352	912689	911469
省批准的	1500083	74598	1381673	49019
省以下批准的	436221	30142	426717	30142
不属于开发区的项目	19470394	5880483	18887334	5440586
总计中按行业分：				

3—3 续表 3　　　　（2011 年）　　　　计量单位：万元

项目名称	建设项目投资	# 市区	地方建设项目投资	# 市区
农、林、牧、渔业	577048	5750	577048	5750
农业	213904	5750	213904	5750
林业	49661		49661	
畜牧业	222437		222437	
渔业	4863		4863	
农、林、牧、渔服务业	86183		86183	
采矿业	499085	39590	499085	39590
煤炭开采和洗选业	158079	39590	158079	39590
黑色金属矿采选业	113021		113021	
有色金属矿采选业	5000		5000	
非金属矿采选业	222985		222985	
其他采矿业				
制造业	9669652	935580	9421617	844946
农副食品加工业	534270	7286	534270	7286
食品制造业	192092	1910	192092	1910
饮料制造业	164700		164700	
烟草制品业	6560		6560	
纺织业	806462	6270	806462	6270
纺织服装、鞋、帽制造业	126578	6760	125488	6760
皮革、毛皮、羽毛（绒）及其制品业	217434		217434	
木材加工及木、竹、藤、棕、草制品业	214529	2779	214529	2779
家具制造业	289713	9339	289713	9339
造纸及纸制品业	137890		137890	
印刷业和记录媒介的复制	79921	14718	67703	2500
文教体育用品制造业	4210		4210	
石油加工、炼焦及核燃料加工业	194481	150084	117062	72665
化学原料及化学制品制造业	1091466	31923	1091466	31923
医药制造业	999413	126071	998773	126071
化学纤维制造业	171033		171033	
橡胶制品业	111130	15850	111130	15850
塑料制品业	228698	15450	228698	15450
非金属矿物制品业	1111506	122545	1109430	122545
黑色金属冶炼及压延加工业	197182	87467	197182	87467
有色金属冶炼及压延加工业	80668		80668	

3—3 续表4　　（2011年）　　计量单位：万元

项目名称	建设项目投资	#市区	地方建设项目投资	#市区
金属制品业	435803	29428	435803	29428
通用设备制造业	500266		499584	
专用设备制造业	506313	47457	506313	47457
交通运输设备制造业	353232	11971	269735	10974
电气机械及器材制造业	580544	214829	524884	214829
通信设备、计算机及其他电子设备制造业	211505	20801	196752	20801
仪器仪表及文化、办公用机械制造业	27773	12642	27773	12642
工艺品及其他制造业	79046		79046	
废弃资源和废旧材料回收加工业	15234		15234	
电力、燃气及水的生产和供应业	506348	66680	484803	60420
电力、热力的生产和供应业	298844	28062	277299	21802
燃气生产和供应业	41425	9675	41425	9675
水的生产和供应业	166079	28943	166079	28943
建筑业	140815	3277	140815	3277
交通运输、仓储和邮政业	2094571	772964	1911690	663075
信息传输、计算机服务和软件业	214898	209098	202082	196282
批发和零售业	1126667	311628	1074376	259337
住宿和餐饮业	349259	127648	349259	127648
金融业	135463	131943	132663	129143
房地产业	3321289	2472548	3238303	2389562
租赁和商务服务业	233503	223619	229003	219119
科学研究、技术服务和地质勘查业	58348	40004	57348	39004
水利、环境和公共设施管理业	1997138	985740	1862040	854557
水利管理业	90877	5078	86962	5078
环境管理业	185098	114495	185098	114495
公共设施管理业	1721163	866167	1589980	734984
居民服务和其他服务业	187196	30221	187196	30221
教育	422176	174404	422176	174404
卫生、社会保障和社会福利业	273558	157511	257558	141511
文化、体育和娱乐业	270225	87413	265225	82413
公共管理和社会组织	301126	175957	296126	170957

分县（市）区建设项目城镇投资情况

3—4　　(2011年)　　计量单位：万元、平方米、个

指标名称	全　市	市　区	长安区	桥东区	桥西区
本年完成投资	**20882232**	**6945841**	**617869**	**794577**	**1545883**
# 住宅	1098690	850755	141886		170989
本年完成投资中：					
建筑工程	10501255	4852324	329157	481396	1328739
安装工程	1716206	433983	71430	65593	51530
设备工器具购置	6257371	706020	120144	67931	19450
本年新增固定资产	14632512	3636323	531893	468419	746211
本年施工房屋面积	33755542	17711328	1889423	424678	3906105
# 住宅	9747995	8018153	1496103		680866
本年竣工房屋面积	9782177	2019149	230054		330048
# 住宅	996367	270872			48829
本年竣工房屋价值	1551480	534487	34698		284876
# 住宅	204085	76206			13651
施工项目个数	4499	562	46	51	111
# 本年新开工	3526	322	24	35	59
本年投产项目个数	3646	294	31	33	37
规划用地面积	136149099	77358398	13128783	6161710	2983723
本年实际征用和购置土地面积	17601947	2155324	314341		38192
本年实际征用和购置土地成交价款	248858	69398	41461		5059
本年资金来源合计	26023800	8796631	784267	1139448	1398067
1. 上年末结余资金	991724	839672	43629	17832	29399
2. 本年资金来源小计	25032076	7956959	740638	1121616	1368668
（1）国家预算内资金	1388075	834623	79843	429289	187576
（2）国内贷款	857566	467945	98220		7000
（3）债券	4160	3000			
（4）利用外资	38303				
（5）自筹资金	21265292	5834219	481628	648508	1155496
（6）其他资金来源	1478680	817172	80947	43819	18596

3—4 续表 1　　　　（2011 年）　　　　计量单位：万元、平方米、个

指标名称	新华区	裕华区	矿　区	开发区	井陉县
本年完成投资	**1509076**	**1174394**	**337469**	**966573**	**1215496**
# 住宅	322135	210735	5010		20360
本年完成投资中：					
建筑工程	1006194	1032115	75493	599230	369150
安装工程	85672	61228	20197	78333	145969
设备工器具购置	251700	7241	117592	121962	582851
本年新增固定资产	478913	663202	273698	473987	1078313
本年施工房屋面积	7100953	3765533	112500	512136	264214
# 住宅	5365701	395883	79600		206080
本年竣工房屋面积	314642	1115298	19600	9507	178959
# 住宅	56560	145883	19600		125700
本年竣工房屋价值	51468	158945	2600	1900	18221
# 住宅	15120	44835	2600		10212
施工项目个数	134	66	68	86	431
# 本年新开工	86	21	50	47	426
本年投产项目个数	83	30	56	24	423
规划用地面积	10043322	40470874	605095	3964891	1008525
本年实际征用和购置土地面积	57000			1745791	293191
本年实际征用和购置土地成交价款	2877			20001	1997
本年资金来源合计	2099164	1609793	353461	1412431	1258795
1. 上年末结余资金	367167	315018		66627	13910
2. 本年资金来源小计	1731997	1294775	353461	1345804	1244885
（1）国家预算内资金	109815	24739		3361	23130
（2）国内贷款	346633	1000		15092	30380
（3）债券	3000				
（4）利用外资					
（5）自筹资金	1227943	946936	353461	1020247	1157895
（6）其他资金来源	44606	322100		307104	33480

3—4 续表 2　　　　（2011 年）　　　　计量单位：万元、平方米、个

指标名称	正定县	栾城县	行唐县	灵寿县
本年完成投资	**1078607**	**735207**	**688567**	**464957**
# 住宅	2950	7348	2800	7948
本年完成投资中：				
建筑工程	367133	461397	254646	104487
安装工程	24538	73478	110886	66583
设备工器具购置	634446	141935	266105	54489
本年新增固定资产	859247	458954	393476	395827
本年施工房屋面积	1855055	861442	145971	264352
# 住宅	23000	60342	14300	200000
本年竣工房屋面积	1730894	297658	25100	61800
# 住宅	23000		14300	20000
本年竣工房屋价值	212347	38196	4570	6459
# 住宅	2950		2800	1500
施工项目个数	399	145	241	127
# 本年新开工	338	110	228	104
本年投产项目个数	380	109	200	117
规划用地面积	799920	841498	3482529	1684327
本年实际征用和购置土地面积	799920	90473		872500
本年实际征用和购置土地成交价款	26840	2200		5695
本年资金来源合计	1078967	776870	710581	500026
1. 上年末结余资金		53744		15859
2. 本年资金来源小计	1078967	723126	710581	484167
（1）国家预算内资金	14060	1140	2224	5130
（2）国内贷款	3530		1500	28600
（3）债券		1160		
（4）利用外资			2000	
（5）自筹资金	1059307	716710	372828	427390
（6）其他资金来源	2070	4116	332029	23047

3—4 续表3　　（2011 年）　　计量单位：万元、平方米、个

指标名称	高邑县	深泽县	赞皇县	无极县
本年完成投资	**311466**	**242228**	**567650**	**409119**
# 住宅	8953	7056	16915	
本年完成投资中：				
建筑工程	135748	81756	189485	161400
安装工程	21802	28489	30275	46197
设备工器具购置	151874	116403	312358	156774
本年新增固定资产	374620	169159	543480	304021
本年施工房屋面积	379212	1091627	1119513	1269462
# 住宅	68869	95565	245860	
本年竣工房屋面积	303928	85329	498244	546425
# 住宅	68869	17997	164840	
本年竣工房屋价值	46434	8211	73046	73990
# 住宅	8953	2655	27292	
施工项目个数	80	109	289	161
# 本年新开工	71	86	198	141
本年投产项目个数	68	53	225	134
规划用地面积	3667812	2243918		789932
本年实际征用和购置土地面积		668357		680120
本年实际征用和购置土地成交价款		8048		8901
本年资金来源合计	323438	719584	567710	423272
1. 上年末结余资金				21339
2. 本年资金来源小计	323438	719584	567710	401933
（1）国家预算内资金	2905	16996	5298	6000
（2）国内贷款		4000	1550	4800
（3）债券				
（4）利用外资				
（5）自筹资金	320333	650386	471997	390933
（6）其他资金来源	200	48202	88865	200

3—4 续表 4　　（2011 年）　　计量单位：万元、平方米、个

指标名称	平山县	元氏县	赵　县	辛集市
本年完成投资	**1024841**	**876734**	**692375**	**1138784**
# 住宅	6500	4110	32055	
本年完成投资中：				
建筑工程	494061	359416	255655	649250
安装工程	52432	130429	85437	111952
设备工器具购置	267394	151221	265703	349260
本年新增固定资产	988371	572379	364057	911377
本年施工房屋面积	319505	121274	1706999	377470
# 住宅	15500	12200	86300	
本年竣工房屋面积	55705	117244	628654	108200
# 住宅		12200	71300	
本年竣工房屋价值	28280	10205	91720	24575
# 住宅		2140	24655	
施工项目个数	116	204	195	231
# 本年新开工	44	180	140	190
本年投产项目个数	90	171	144	196
规划用地面积	13043478	8026505	3054874	792507
本年实际征用和购置土地面积	458895	8024359		133333
本年实际征用和购置土地成交价款	406	56650		1800
本年资金来源合计	989699	2539086	994677	1198863
1. 上年末结余资金				
2. 本年资金来源小计	989699	2539086	994677	1198863
（1）国家预算内资金	375316	2010	9624	5557
（2）国内贷款	11308	128990	13000	
（3）债券				
（4）利用外资				
（5）自筹资金	603075	2359164	965904	1193306
（6）其他资金来源		48922	6149	

3—4 续表5　　　　（2011年）　　　　计量单位：万元、平方米、个

指标名称	藁城市	晋州市	新乐市	鹿泉市
本年完成投资	**1708630**	**1005385**	**698856**	**1077489**
#住宅	21900		61044	47996
本年完成投资中：				
建筑工程	621082	182844	386102	575319
安装工程	146189	83393	60976	63198
设备工器具购置	860537	701782	203295	334924
本年新增固定资产	1371395	888017	546616	776880
本年施工房屋面积	2510949	1307099	1263503	1186567
#住宅	83500		435866	182460
本年竣工房屋面积	1297886	578493	720226	528283
#住宅	29500		165789	12000
本年竣工房屋价值	121980	67590	121450	69719
#住宅	10100		32522	2100
施工项目个数	308	430	129	339
#本年新开工	262	343	121	222
本年投产项目个数	299	377	113	253
规划用地面积	7357857	3037221	5958834	3000964
本年实际征用和购置土地面积	1993462	611458	394275	426280
本年实际征用和购置土地成交价款	32874	12609	8260	13180
本年资金来源合计	1822017	1107758	846397	1369429
1. 上年末结余资金	500		7180	39520
2. 本年资金来源小计	1821517	1107758	839217	1329909
（1）国家预算内资金	48917	8820	5839	20486
（2）国内贷款	500		25713	135750
（3）债券				
（4）利用外资	32700	2580		1023
（5）自筹资金	1703720	1083626	801259	1153240
（6）其他资金来源	35680	12732	6406	19410

分县（市）区建设项目农村非农户投资情况

3—5　　（2011年）　　计量单位：万元、平方米、个

指标名称	全　市	市　区	矿　区	井陉县	正定县
本年完成投资	**1496133**	**5734**	**5734**	**123230**	**90962**
#住宅	42567			200	
本年完成投资中：					
建筑工程	731509	2180	2180	49130	70304
安装工程	142996	700	700	8520	745
设备工器具购置	460275	638	638	34920	13645
本年新增固定资产	1436535	3176	3176	109640	88762
本年施工房屋面积	2574294	7000	7000	52000	525288
#住宅	318150			2000	
本年竣工房屋面积	1884399			5000	511288
#住宅	195150			2000	
本年竣工房屋价值	254804			600	74287
#住宅	26805			200	
施工项目个数	809	2	2	76	41
#本年新开工	726	2	2	76	34
本年投产项目个数	749	1	1	76	40
规划用地面积	9694504	14000	14000	273000	
本年实际征用和购置土地面积	561670			73000	
本年实际征用和购置土地成交价款	5695			385	
一、本年资金来源合计	1572566	5734	5734	122930	90962
1. 上年末结余资金	19329				
2. 本年资金来源小计	1553237	5734	5734	122930	90962
（1）国家预算内资金	600				
（2）国内贷款	20431			300	
（3）利用外资					
（4）自筹资金	1431408	5734	5734	121680	90962
（5）其他资金来源	100798			950	

3—5 续表 1　　(2011 年)　　计量单位：万元、平方米、个

指标名称	栾城县	行唐县	灵寿县	高邑县	深泽县
本年完成投资	**110085**	**93915**	**41480**	**30632**	**82627**
# 住宅		300			154
本年完成投资中：					
建筑工程	37650	59391	6880	18657	18353
安装工程	20516	11514	6012	984	11032
设备工器具购置	45495	8067	5523	10391	51016
本年新增固定资产	109632	87537	33750	26932	82074
本年施工房屋面积	141833	23312	8570	54605	195413
# 住宅		11712			1680
本年竣工房屋面积	116173	14312	5570	24105	47818
# 住宅		1712			660
本年竣工房屋价值	20291	2717	465	3499	4286
# 住宅		2340			46
施工项目个数	43	87	15	20	67
# 本年新开工	41	82	15	20	50
本年投产项目个数	43	78	15	18	58
规划用地面积	8780	697869	7350	366746	210659
本年实际征用和购置土地面积			5200		72358
本年实际征用和购置土地成交价款			82		1044
一、本年资金来源合计	110035	96915	42050	30732	111122
1. 上年末结余资金	2800		1750		
2. 本年资金来源小计	107235	96915	40300	30732	111122
(1) 国家预算内资金					
(2) 国内贷款					1504
(3) 利用外资					
(4) 自筹资金	107235	17800	39600	30732	102668
(5) 其他资金来源		79115	700		6950

3—5 续表 2　　(2011 年)　　计量单位：万元、平方米、个

指标名称	赞皇县	无极县	平山县	元氏县	赵　县
本年完成投资	**112255**	**190709**	**67664**	**21781**	**35970**
# 住宅		4233	2500		
本年完成投资中：					
建筑工程	37841	71178	57000	6870	16098
安装工程	5500	23417	3260	3490	2905
设备工器具购置	65015	66930	4685	5223	10120
本年新增固定资产	116865	161186	67664	21781	35340
本年施工房屋面积	16795	519576	39760	5180	248990
# 住宅		62878	30000		
本年竣工房屋面积	13795	425426	30260	5180	247860
# 住宅		47278	30000		
本年竣工房屋价值	1760	59198	3026	2375	14201
# 住宅		4139	3000		
施工项目个数	58	81	38	12	36
# 本年新开工	50	76	19	12	31
本年投产项目个数	55	69	32	12	35
规划用地面积		430219	6503580	41200	220029
本年实际征用和购置土地面积		122529		41200	
本年实际征用和购置土地成交价款		1750		198	
一、本年资金来源合计	113255	210803	67664	21781	40145
1. 上年末结余资金		5570			
2. 本年资金来源小计	113255	205233	67664	21781	40145
（1）国家预算内资金			600		
（2）国内贷款			5700		
（3）利用外资					
（4）自筹资金	111055	205233	59064	17911	40145
（5）其他资金来源	2200		2300	3870	0

3—5 续表3　　　　（2011年）　　　　计量单位：万元、平方米、个

指标名称	辛集市	藁城市	晋州市	新乐市	鹿泉市
本年完成投资	**116068**	**2413**	**106650**	**197531**	**66427**
#住宅	9800		10940	11260	3180
本年完成投资中：					
建筑工程	89017	413	33138	120372	37037
安装工程	8038		4363	28440	3560
设备工器具购置	17579	2000	67347	40872	10809
本年新增固定资产	116068	4202	106240	197419	68267
本年施工房屋面积	131630		135508	432134	36700
#住宅	46800		61780	79100	22200
本年竣工房屋面积	69550		98928	257134	12000
#住宅			25200	79100	9200
本年竣工房屋价值	20642		13150	32487	1820
#住宅			4400	11260	1420
施工项目个数	36	1	56	105	35
#本年新开工	36		53	105	24
本年投产项目个数	36	1	53	101	26
规划用地面积	33335	38820	182538	312725	353654
本年实际征用和购置土地面积		38820	79528	127735	1300
本年实际征用和购置土地成交价款		290	316	1570	60
一、本年资金来源合计	116068	4202	110240	198731	79197
1. 上年末结余资金				4779	4430
2. 本年资金来源小计	116068	4202	110240	193952	74767
（1）国家预算内资金					
（2）国内贷款				8377	4550
（3）利用外资					
（4）自筹资金	116068	4202	110240	185212	65867
（5）其他资金来源				363	4350

全市按经济类型分房地产开发完成情况

3—6　　(2011 年)　　计量单位：个、万元、平方米

指标名称	总　计	国有	集体	私营	股份制	港澳台商投　资	外商投资	其他
项目个数	336	6	5	156	156	5	7	1
计划总投资	27618823	415327	93000	11800381	14335516	160232	812967	1400
自开始建设累计完成投资	15793834	356096	67200	7087154	7588603	88447	605656	678
本年完成投资	7836613	128513	15661	3317715	4070657	36048	267341	678
其中：配套工程投资	109669	12500		33639	63530			
按构成分								
建筑工程	5364253	76205	14661	2425763	2592084	29361	225556	623
安装工程	778126	14439	600	223558	505058	600	33871	
设备工器具购置	192471	1404	400	44107	143191		3314	55
其他费用	1501763	36465		624287	830324	6087	4600	
其中：旧建筑物购置费	131626			75658	52740		3228	
其中：土地购置费	742112			290266	445759	6087		
按工程用途分								
商品住宅	5470315	80485	15661	2320481	2935164	34938	82908	678
其中：90 平方米以下	1710020	49321	4453	727923	869286	8813	49931	293
其中：140 平方米以上	1034770	8095	1708	376248	600782	22977	24960	
其中：经济适用房								
其中：别墅、高档公寓	198427		608	83788	114031			
办公楼	377747			201223	176444	80		
商业营业用房	1404120	8673		552231	659894	290	183032	
其他	584431	39355		243780	299155	740	1401	
本年新增固定资产	4034481	279433	23876	1651462	1977833	81981	19000	896
一、本年资金来源合计	9734916	138438	15872	3937597	5146155	49281	446740	833
1. 上年末结余资金	1575491	38341	906	753280	587607	9968	185372	17
2. 本年资金来源小计	8159425	100097	14966	3184317	4558548	39313	261368	816
（1）国内贷款	878247	27905		461195	382147	7000		
银行贷款	728306	27905		431654	261747	7000		
非银行金融机构贷款	149941			29541	120400			

3—6 续表 1　　　　(2011 年)　　　　计量单位：个、万元、平方米

指标名称	总计	国有	集体	私营	股份制	港澳台商投资	外商投资	其他
（2）利用外资								
其中：外商直接投资								
（3）自筹资金	4637124	27546	14966	1866334	2480249	2940	245089	
其中：自有资金	1871849	6066	14966	532880	1256079	2940	58918	
（4）其他资金来源	2644054	44646		856788	1696152	29373	16279	816
其中：定金及预收款	1655160	31984		462728	1133030	13236	13366	816
其中：个人按揭贷款	509255	12662		143394	339335	11400	2464	
二、本年各项应付款合计	1050306	20937	1804	459470	367136	9175	191724	60
其中：工程款	222230	14010	1804	81860	121010	3525	11	10
待开发土地面积	271458			57637	170490	43331		
本年购置土地面积	4343479		6505	2454323	1816651		66000	
本年土地成交价款	771107		1100	309860	447147		13000	
其中：拆迁补偿费	18787			352	18435			
土地使用权出让金	131703		1100	42644	87959			
契税	1679			1386	293			
1、房屋施工面积	49500939	911042	239720	22638236	23949964	467669	1274976	19332
住宅	38901060	727860	239720	17358837	19221947	428388	904976	19332
90 平米以下住房	11909781	357497	124200	5486947	5524240	115419	293540	7938
140 平米以上住房	5679272	152908	27920	2254330	2979170	192894	72050	
经济适用房								
别墅、高档公寓	1143789		27920	525091	590778			
办公楼	2024285			867508	1155577	1200		
商业营业用房	5807168	84301		3305576	2096443	20848	300000	
其他房屋	2768426	98881		1106315	1475997	17233	70000	
1.1、其中：新开工面积	18176336	201079	32400	8986414	8699771	1960	235380	19332
住宅	14034581	183822	32400	6945370	6688277		165380	19332
90 平米以下住房	3555686	33586		1660037	1752745		101380	7938
140 平米以上住房	2044962	31620		840053	1109289		64000	
经济适用房								
别墅、高档公寓	566854			487757	79097			
办公楼	1007131			297367	708564	1200		
商业营业用房	2024953	8412		1259421	757120			

3—6 续表2　　　　（2011年）　　　　计量单位：个、万元、平方米

指标名称	总　计	国有	集体	私营	股份制	港澳台商投　资	外商投资	其他
其他房屋	1109671	8845		484256	545810	760	70000	
2、房屋竣工面积	10964990	563083	135320	4255042	5864267	140878		6400
住宅	8892216	477089	135320	3432181	4702308	138918		6400
90平米以下住房	3198142	210832	40800	1628887	1314983			2640
140平米以上住房	1666088	117154	6920	608470	862407	71137		
经济适用房								
别墅、高档公寓	42320		6920	35400				
办公楼	230912			34619	195093	1200		
商业营业用房	1163811	30984		535757	597070			
其他房屋	678051	55010		252485	369796	760		
2.1、其中：不可销售面积	253929	4160		136143	113626			
住宅	53060				53060			
90平米以下住房	13627				13627			
140平米以上住房								
经济适用房								
别墅、高档公寓								
办公楼	3200				3200			
商业营业用房	97504			68794	28710			
其他房屋	100165	4160		67349	28656			
3、商品住宅竣工套数								
住宅	83065	4314	1310	33472	43129	771		69
90平米以下住房	38865	2428	500	19640	16267			30
140平米以上住房	9680	642	48	3551	5176	263		
经济适用房								
别墅、高档公寓	136		48	88				
4、竣工房屋价值	3001285	246684	23876	1164917	1555756	9156		896
住宅	2367829	206126	23876	925080	1202858	8993		896
90平米以下住房	856649	91004	4488	436597	324190			370
140平米以上住房	367801	47650	2076	166251	148050	3774		
经济适用房								
别墅、高档公寓	20136		2076	18060				
办公楼	69381			13946	55343	92		

3—6 续表 3　　　　（2011 年）　　　　计量单位：个、万元、平方米

指标名称	总　计	国有	集体	私营	股份制	港澳台商投　资	外商投资	其他
商业营业用房	375814	15428		169778	190608			
其他房屋	188261	25130		56113	106947	71		
5、批准预售面积	10642536	327255	84000	4422175	5482165	243609	64000	19332
住宅	8735525	309366	84000	3440667	4581531	236629	64000	19332
90 平米以下住房	2346878	29186	40800	1246727	1022227			7938
140 平米以上住房	1655015	63486		658251	754192	115086	64000	
经济适用房								
别墅、高档公寓	166264			109709	56555			
办公楼	428137			116290	311847			
商业营业用房	864692	1372		539810	320051	3459		
其他房屋	614182	16517		325408	268736	3521		
6、批准预售住宅套数								
住宅	76906	2737	860	31012	40255	1627	200	215
90 平米以下住房	27777	375	500	14337	12475			90
140 平米以上住房	8112	378		3661	3312	561	200	
经济适用房								
别墅、高档公寓	574			342	232			
7、出租房屋面积	1000			1000				
住宅								
90 平米以下住房								
140 平米以上住房								
经济适用房								
别墅、高档公寓								
办公楼								
商业营业用房	1000			1000				
其他房屋								
8、商品房销售面积	9222363	193124	116400	4623465	3966792	67446	249311	5825
住宅	7832013	178280	116400	3897331	3323362	67446	243369	5825
90 平米以下住房	2844708	7549	40800	1620781	969949		202983	2646
140 平米以上住房	1242931	25117		569087	560492	53217	35018	
经济适用房								
别墅、高档公寓	146348			97418	48930			

3—6 续表 4　　　　（2011 年）　　　　计量单位：个、万元、平方米

指标名称	总　计	国有	集体	私营	股份制	港澳台商投　资	外商投资	其他
办公楼	121027			40892	80135			
商业营业用房	885373	8442		568378	302611		5942	
其他房屋	383950	6402		116864	260684			
8.1、其中：现房销售面积	3328658	3156	32400	2279694	924848		88560	
住宅	2639706	192	32400	1758220	760334		88560	
90 平米以下住房	953543			638626	226357		88560	
140 平米以上住房	383519			302739	80780			
经济适用房								
别墅、高档公寓	1240				1240			
办公楼	9970				9970			
商业营业用房	546678	2964		488933	54781			
其他房屋	132304			32541	99763			
8.2、其中：期房销售面积	5893705	189968	84000	2343771	3041944	67446	160751	5825
住宅	5192307	178088	84000	2139111	2563028	67446	154809	5825
90 平米以下住房	1891165	7549	40800	982155	743592		114423	2646
140 平米以上住房	859412	25117		266348	479712	53217	35018	
经济适用房								
别墅、高档公寓	145108			97418	47690			
办公楼	111057			40892	70165			
商业营业用房	338695	5478		79445	247830		5942	
其他房屋	251646	6402		84323	160921			
9、商品房销售额	4371858	114814	34200	1984210	2051809	54088	131921	816
住宅	3408610	102251	34200	1527935	1562529	54088	126791	816
90 平米以下住房	1192578	5618	12240	581835	485159		107356	370
140 平米以上住房	784833	18841		270961	426922	50785	17324	
经济适用房								
别墅、高档公寓	112535			92465	20070			
办公楼	114425			30624	83801			
商业营业用房	717216	11786		389152	311148		5130	
其他房屋	131607	777		36499	94331			
9.1、其中：现房销售额	1306230	4139	9000	925432	320722		46937	
住宅	892015	107	9000	590660	245311		46937	

3—6 续表 5　　　　（2011 年）　　　　计量单位：个、万元、平方米

指标名称	总　计	国有	集体	私营	股份制	港澳台商投　资	外商投资	其他
90 平米以下住房	297203			169567	80699		46937	
140 平米以上住房	147276			115057	32219			
经济适用房								
别墅、高档公寓	260				260			
办公楼	6418				6418			
商业营业用房	355976	4032		323236	28708			
其他房屋	51821			11536	40285			
9.2、其中：期房销售额	3065628	110675	25200	1058778	1731087	54088	84984	816
住宅	2516595	102144	25200	937275	1317218	54088	79854	816
90 平米以下住房	895375	5618	12240	412268	404460		60419	370
140 平米以上住房	637557	18841		155904	394703	50785	17324	
经济适用房								
别墅、高档公寓	112275			92465	19810			
办公楼	108007			30624	77383			
商业营业用房	361240	7754		65916	282440		5130	
其他房屋	79786	777		24963	54046			
10、商品住宅销售套数								
住宅	73546	1859	1160	37297	30031	420	2716	63
90 平米以下住房	34426	111	500	19229	12017		2539	30
140 平米以上住房	6544	171		3245	2699	300	129	
经济适用房								
别墅、高档公寓	482			308	174			
10.1、其中：现房销售套数								
住宅	24996	7	300	16823	6759		1107	
90 平米以下住房	11504			7739	2658		1107	
140 平米以上住房	2315			1845	470			
经济适用房								
别墅、高档公寓	5				5			
10.2、其中：期房销售套数								
住宅	48550	1852	860	20474	23272	420	1609	63
90 平米以下住房	22922	111	500	11490	9359		1432	30
140 平米以上住房	4229	171		1400	2229	300	129	

3—6 续表 6　　(2011 年)　　计量单位：个、万元、平方米

指标名称	总计	国有	集体	私营	股份制	港澳台商投资	外商投资	其他
经济适用房								
别墅、高档公寓	477			308	169			
11、待售面积	2288974	155277		690069	1342238	54523	33360	13507
住宅	1763532	72263		483199	1113660	47543	33360	13507
90 平米以下住房	768684	5543		216235	462492	45762	33360	5292
140 平米以上住房	207666	30600		60888	114397	1781		
经济适用房								
别墅、高档公寓	24542			15300	9242			
办公楼	33923			8000	25923			
商业营业用房	317596	44527		185613	83997	3459		
其他房屋	173923	38487		13257	118658	3521		
11.1、其中：待售 1－3 年面积	1250360	131878		364548	707067		33360	13507
住宅	975489	50120		204462	674040		33360	13507
90 平米以下住房	366401	5543		67800	254406		33360	5292
140 平米以上住房	77666	30600		25692	21374			
经济适用房								
别墅、高档公寓	242				242			
办公楼	23923				23923			
商业营业用房	199988	43271		151213	5504			
其他房屋	50960	38487		8873	3600			
11.2、其中：待售 3 年以上面积	11020			11020				
住宅	1020			1020				
90 平米以下住房								
140 平米以上住房								
经济适用房								
别墅、高档公寓								
办公楼								
商业营业用房	10000			10000				
其他房屋								

全市按隶属关系分房地产开发完成情况

3—7　　　　(2011 年)　　　　计量单位：个、万元、平方米

指标名称	总　计	地方	省	市	县
项目个数	336	335	8	15	28
计划总投资	27618823	27518823	1744243	891496	1221671
自开始建设累计完成投资	15793834	15767681	619097	694531	423530
本年完成投资	7836613	7826613	312882	308568	323888
其中：配套工程投资	109669	109669	27295		
按构成分					
建筑工程	5364253	5363353	173573	251296	205293
安装工程	778126	777426	47184	33308	28404
设备工器具购置	192471	192271	23913	7620	937
其他费用	1501763	1493563	68212	16344	89254
其中：旧建筑物购置费	131626	131626			45000
其中：土地购置费	742112	742112	45000		43886
按工程用途分					
商品住宅	5470315	5470315	98998	272181	245465
其中：90 平方米以下	1710020	1710020	37798	69690	41901
其中：140 平方米以上	1034770	1034770	39490	84739	2927
其中：经济适用房					
其中：别墅、高档公寓	198427	198427	3425	63950	
办公楼	377747	377747	12000	296	1707
商业营业用房	1404120	1394120	109637	10530	71818
其他	584431	584431	92247	25561	4898
本年新增固定资产	4034481	4034481	336780	250653	153562
一、本年资金来源合计	9734916	9723016	350723	371814	360819
1. 上年末结余资金	1575491	1563591	45440	84259	13538
2. 本年资金来源小计	8159425	8159425	305283	287555	347281
（1）国内贷款	878247	878247	4000	37805	6000
银行贷款	728306	728306		37805	6000
非银行金融机构贷款	149941	149941	4000		

3—7 续表 1　　(2011 年)　　计量单位：个、万元、平方米

指标名称	总 计	地方	省	市	县
（2）利用外资					
其中：外商直接投资					
（3）自筹资金	4637124	4637124	153517	126217	175039
其中：自有资金	1871849	1871849		44481	26431
（4）其他资金来源	2644054	2644054	147766	123533	166242
其中：定金及预收款	1655160	1655160	133872	54049	113129
其中：个人按揭贷款	509255	509255	13894	53093	24647
二、本年各项应付款合计	1050306	1050306	52372	21341	14358
其中：工程款	222230	222230	20967	14720	12954
待开发土地面积	271458	271458	40305		
本年购置土地面积	4343479	4343479	526140		25390
本年土地成交价款	771107	771107	5300		3650
其中：拆迁补偿费	18787	18787			
土地使用权出让金	131703	131703	4200		1100
契税	1679	1679			
1、房屋施工面积	49500939	49495939	1190651	1556599	1610042
住宅	38901060	38901060	975380	1372318	1348219
90 平米以下住房	11909781	11909781	510306	365139	502637
140 平米以上住房	5679272	5679272	175710	396556	9729
经济适用房					
别墅、高档公寓	1143789	1143789	10482	264113	
办公楼	2024285	2024285	2000	11000	10608
商业营业用房	5807168	5802168	134037	60511	206851
其他房屋	2768426	2768426	79234	112770	44364
1.1、其中：新开工面积	18176336	18171336	207474	321927	808065
住宅	14034581	14034581	176629	259876	760118
90 平米以下住房	3555686	3555686	25736	78846	238342
140 平米以上住房	2044962	2044962	47620	32410	4471
经济适用房					
别墅、高档公寓	566854	566854	9000	21676	
办公楼	1007131	1007131	2000		5235
商业营业用房	2024953	2019953	15000	15178	41305

3—7 续表 2　　(2011 年)　　计量单位：个、万元、平方米

指标名称	总　计	地方	省	市	县
其他房屋	1109671	1109671	13845	46873	1407
2、房屋竣工面积	10964990	10964990	640239	428193	683954
住宅	8892216	8892216	583960	346662	503096
90 平米以下住房	3198142	3198142	305754	56739	113662
140 平米以上住房	1666088	1666088	79066	76222	7502
经济适用房					
别墅、高档公寓	42320	42320			
办公楼	230912	230912	2000	836	
商业营业用房	1163811	1163811	22316	40405	163691
其他房屋	678051	678051	31963	40290	17167
2.1、其中：不可销售面积	253929	253929	7660		57401
住宅	53060	53060			30375
90 平米以下住房	13627	13627			13627
140 平米以上住房					
经济适用房					
别墅、高档公寓					
办公楼	3200	3200	1200		
商业营业用房	97504	97504	1700		27010
其他房屋	100165	100165	4760		16
3、商品住宅竣工套数					
住宅	83065	83065	5964	3154	4707
90 平米以下住房	38865	38865	3748	703	1438
140 平米以上住房	9680	9680	475	423	51
经济适用房					
别墅、高档公寓	136	136			
4、竣工房屋价值	3001285	3001285	265780	173837	123343
住宅	2367829	2367829	243433	140504	77684
90 平米以下住房	856649	856649	121920	22428	14654
140 平米以上住房	367801	367801	30668	28975	694
经济适用房					
别墅、高档公寓	20136	20136			
办公楼	69381	69381	1300	296	

3—7 续表 3　　　　（2011 年）　　　　计量单位：个、万元、平方米

指标名称	总　计				
		地方	省	市	县
商业营业用房	375814	375814	8240	16904	42227
其他房屋	188261	188261	12807	16133	3432
5、批准预售面积	10642536	10642536	381047	178716	345090
住宅	8735525	8735525	360913	159161	340503
90 平米以下住房	2346878	2346878	30718	26970	234984
140 平米以上住房	1655015	1655015	76286	16585	2074
经济适用房					
别墅、高档公寓	166264	166264	1482		
办公楼	428137	428137			2121
商业营业用房	864692	864692	3617	10273	
其他房屋	614182	614182	16517	9282	2466
6、批准预售住宅套数					
住宅	76906	76906	3075	1506	3696
90 平米以下住房	27777	27777	393	449	2772
140 平米以上住房	8112	8112	438	80	14
经济适用房					
别墅、高档公寓	574	574	6		
7、出租房屋面积	1000	1000			
住宅					
90 平米以下住房					
140 平米以上住房					
经济适用房					
别墅、高档公寓					
办公楼					
商业营业用房	1000	1000			
其他房屋					
8、商品房销售面积	9222363	9222363	424843	131915	733195
住宅	7832013	7832013	420083	113716	574323
90 平米以下住房	2844708	2844708	157909	15559	154364
140 平米以上住房	1242931	1242931	66963	6851	7386
经济适用房					
别墅、高档公寓	146348	146348	1240		

3—7 续表 4　　　　（2011 年）　　　　计量单位：个、万元、平方米

指标名称	总计	地方	省	市	县
办公楼	121027	121027			
商业营业用房	885373	885373	4760	6574	135916
其他房屋	383950	383950		11625	22956
8.1、其中：现房销售面积	3328658	3328658	51793		53931
住宅	2639706	2639706	47033		51465
90 平米以下住房	953543	953543	1335		8500
140 平米以上住房	383519	383519	9580		1500
经济适用房					
别墅、高档公寓	1240	1240	1240		
办公楼	9970	9970			
商业营业用房	546678	546678	4760		
其他房屋	132304	132304			2466
8.2、其中：期房销售面积	5893705	5893705	373050	131915	679264
住宅	5192307	5192307	373050	113716	522858
90 平米以下住房	1891165	1891165	156574	15559	145864
140 平米以上住房	859412	859412	57383	6851	5886
经济适用房					
别墅、高档公寓	145108	145108			
办公楼	111057	111057			
商业营业用房	338695	338695		6574	135916
其他房屋	251646	251646		11625	20490
9、商品房销售额	4371858	4371858	184694	60332	222029
住宅	3408610	3408610	180285	50673	160864
90 平米以下住房	1192578	1192578	57986	7405	57310
140 平米以上住房	784833	784833	32079	3119	2371
经济适用房					
别墅、高档公寓	112535	112535	260		
办公楼	114425	114425			
商业营业用房	717216	717216	4409	8094	54366
其他房屋	131607	131607		1565	6799
9.1、其中：现房销售额	1306230	1306230	13787		12759
住宅	892015	892015	9378		12350

3—7 续表 5　　　　（2011 年）　　　　计量单位：个、万元、平方米

指标名称	总　计	地方	省	市	县
90 平米以下住房	297203	297203	210		1605
140 平米以上住房	147276	147276	1945		345
经济适用房					
别墅、高档公寓	260	260	260		
办公楼	6418	6418			
商业营业用房	355976	355976	4409		
其他房屋	51821	51821			409
9.2、其中：期房销售额	3065628	3065628	170907	60332	209270
住宅	2516595	2516595	170907	50673	148514
90 平米以下住房	895375	895375	57776	7405	55705
140 平米以上住房	637557	637557	30134	3119	2026
经济适用房					
别墅、高档公寓	112275	112275			
办公楼	108007	108007			
商业营业用房	361240	361240		8094	54366
其他房屋	79786	79786		1565	6390
10、商品住宅销售套数					
住宅	73546	73546	4487	1207	5325
90 平米以下住房	34426	34426	2113	274	1838
140 平米以上住房	6544	6544	440	38	50
经济适用房					
别墅、高档公寓	482	482	5		
10.1、其中：现房销售套数					
住宅	24996	24996	322		482
90 平米以下住房	11504	11504	15		100
140 平米以上住房	2315	2315	48		10
经济适用房					
别墅、高档公寓	5	5	5		
10.2、其中：期房销售套数					
住宅	48550	48550	4165	1207	4843
90 平米以下住房	22922	22922	2098	274	1738
140 平米以上住房	4229	4229	392	38	40

3—7 续表 6　　(2011 年)　　计量单位：个、万元、平方米

指标名称	总　计	地方	省	市	县
经济适用房					
别墅、高档公寓	477	477			
11、待售面积	2288974	2288974	189033	42087	119836
住宅	1763532	1763532	86826	32488	115694
90 平米以下住房	768684	768684	19845	9411	71890
140 平米以上住房	207666	207666	41520	10568	2190
经济适用房					
别墅、高档公寓	24542	24542	9242		
办公楼	33923	33923	2000		2121
商业营业用房	317596	317596	58720	5540	2021
其他房屋	173923	173923	41487	4059	
11.1、其中：待售 1－3 年面积	1250360	1250360	137033		80736
住宅	975489	975489	54826		78615
90 平米以下住房	366401	366401	5845		58890
140 平米以上住房	77666	77666	32520		254
经济适用房					
别墅、高档公寓	242	242	242		
办公楼	23923	23923			2121
商业营业用房	199988	199988	43720		
其他房屋	50960	50960	38487		
11.2、其中：待售 3 年以上面积	11020	11020			
住宅	1020	1020			
90 平米以下住房					
140 平米以上住房					
经济适用房					
别墅、高档公寓					
办公楼					
商业营业用房	10000	10000			
其他房屋					

全市按资质等级分房地产开发完成情况

3—8 (2011 年) 计量单位：个、万元、平方米

指标名称	总 计	一级	二级	三级	四级
项目个数	336	11	37	62	90
计划总投资	27618823	1087967	4617555	3698147	4910205
自开始建设累计完成投资	15793834	603259	3434144	2676307	3597312
本年完成投资	7836613	224247	1293753	1100545	1804133
其中：配套工程投资	109669		32123	2032	3370
按构成分					
建筑工程	5364253	131635	982820	778047	1124511
安装工程	778126	16906	114056	152373	278886
设备工器具购置	192471	3634	16771	36970	69988
其他费用	1501763	72072	180106	133155	330748
其中：旧建筑物购置费	131626	20700	7952	7100	11758
其中：土地购置费	742112	50000	59768	42290	194323
按工程用途分					
商品住宅	5470315	217846	638743	832477	1219273
其中：90 平方米以下	1710020	29155	212687	423287	419272
其中：140 平方米以上	1034770	24960	88857	242077	249733
其中：经济适用房					
其中：别墅、高档公寓	198427			12039	36956
办公楼	377747	5000	72656	11139	92682
商业营业用房	1404120		375684	198733	318979
其他	584431	1401	206670	58196	173199
本年新增固定资产	4034481	21668	847023	727233	1003893
一、本年资金来源合计	9734916	302882	1404094	1485507	2626975
1. 上年末结余资金	1575491	67252	214407	230874	411229
2. 本年资金来源小计	8159425	235630	1189687	1254633	2215746
（1）国内贷款	878247	183850	123646	258995	121088
银行贷款	728306	173850	109646	193595	116368
非银行金融机构贷款	149941	10000	14000	65400	4720

3—8 续表1　　　　　　　　　　　　（2011年）　　　　　　　　　　计量单位：个、万元、平方米

指标名称	总　计	一级	二级	三级	四级
（2）利用外资					
其中：外商直接投资					
（3）自筹资金	4637124	30050	597780	676415	801591
其中：自有资金	1871849	30050	135673	222086	415737
（4）其他资金来源	2644054	21730	468261	319223	1293067
其中：定金及预收款	1655160	13366	326335	240169	762623
其中：个人按揭贷款	509255	8364	64844	34357	335235
二、本年各项应付款合计	1050306	9331	232404	219329	254338
其中：工程款	222230	650	27071	74246	24880
待开发土地面积	271458	53003		36010	
本年购置土地面积	4343479		125574	114950	565687
本年土地成交价款	771107		34268	23773	45857
其中：拆迁补偿费	18787				289
土地使用权出让金	131703		14200	20000	1100
契税	1679		568		
1、房屋施工面积	49500939	932086	7587457	7100983	11757878
住宅	38901060	842086	5821175	5419854	8789692
90平米以下住房	11909781	475650	1607263	2530664	2920863
140平米以上住房	5679272	72050	1017685	1209304	1167443
经济适用房					
别墅、高档公寓	1143789			308303	199344
办公楼	2024285	20000	344530	232439	537232
商业营业用房	5807168		1037391	824917	1220906
其他房屋	2768426	70000	384361	623773	1210048
1.1、其中：新开工面积	18176336	181876	2302253	1840248	3351323
住宅	14034581	111876	1535621	1348004	2142791
90平米以下住房	3555686	47876	449722	500492	745708
140平米以上住房	2044962	64000	189024	189588	316243
经济适用房					
别墅、高档公寓	566854			204881	12688
办公楼	1007131		237908	98853	385875
商业营业用房	2024953		347452	268375	281466

3—8 续表 2　　（2011 年）　　计量单位：个、万元、平方米

指标名称	总　计	一级	二级	三级	四级
其他房屋	1109671	70000	181272	125016	541191
2、房屋竣工面积	10964990		2112030	1787966	2663369
住宅	8892216		1794392	1416051	1976755
90 平米以下住房	3198142		576514	469840	715881
140 平米以上住房	1666088		417600	250962	134863
经济适用房					
别墅、高档公寓	42320				
办公楼	230912		22735	25969	22936
商业营业用房	1163811		251767	183732	259176
其他房屋	678051		43136	162214	404502
2.1、其中：不可销售面积	253929			141090	34740
住宅	53060			5647	6000
90 平米以下住房	13627			5647	6000
140 平米以上住房					
经济适用房					
别墅、高档公寓					
办公楼	3200				
商业营业用房	97504			68794	
其他房屋	100165			66649	28740
3、商品住宅竣工套数					
住宅	83065		16171	13423	18987
90 平米以下住房	38865		6969	5630	9023
140 平米以上住房	9680		2538	1371	580
经济适用房					
别墅、高档公寓	136				
4、竣工房屋价值	3001285		665243	457086	820777
住宅	2367829		533346	339035	618608
90 平米以下住房	856649		150401	127490	176390
140 平米以上住房	367801		104905	64133	38493
经济适用房					
别墅、高档公寓	20136				
办公楼	69381		6111	11686	6770

3—8 续表 3　　　　　　　　　　　　（2011 年）　　　　　　　　　　计量单位：个、万元、平方米

指标名称	总 计	一级	二级	三级	四级
商业营业用房	375814		110747	64779	88502
其他房屋	188261		15039	41586	106897
5、批准预售面积	10642536	64000	1803445	2692060	3722095
住宅	8735525	64000	1401617	2131745	2941616
90 平米以下住房	2346878		422725	599597	808273
140 平米以上住房	1655015	64000	244488	341738	763665
经济适用房					
别墅、高档公寓	166264			16124	42699
办公楼	428137		35990	130504	176371
商业营业用房	864692		252314	257903	299318
其他房屋	614182		113524	171908	304790
6、批准预售住宅套数					
住宅	76906	200	12293	19697	25216
90 平米以下住房	27777		4729	7286	9820
140 平米以上住房	8112	200	1433	1954	3328
经济适用房					
别墅、高档公寓	574			85	157
7、出租房屋面积	1000			1000	
住宅					
90 平米以下住房					
140 平米以上住房					
经济适用房					
别墅、高档公寓					
办公楼					
商业营业用房	1000			1000	
其他房屋					
8、商品房销售面积	9222363	60094	2314501	905015	2783357
住宅	7832013	54152	1983336	821434	2287483
90 平米以下住房	2844708	13766	670467	211058	979472
140 平米以上住房	1242931	35018	266215	172234	438119
经济适用房					
别墅、高档公寓	146348			16959	31971

3—8 续表 4　　(2011 年)　　计量单位：个、万元、平方米

指标名称	总　计	一级	二级	三级	四级
办公楼	121027		21518	25960	64079
商业营业用房	885373	5942	217082	39614	173796
其他房屋	383950		92565	18007	257999
8.1、其中：现房销售面积	3328658	3110	956929	410871	904456
住宅	2639706	3110	919729	378797	730212
90 平米以下住房	953543	3110	326045	121870	289925
140 平米以上住房	383519		184512	32846	63054
经济适用房					
别墅、高档公寓	1240				1240
办公楼	9970				500
商业营业用房	546678		32400	23877	54437
其他房屋	132304		4800	8197	119307
8.2、其中：期房销售面积	5893705	56984	1357572	494144	1878901
住宅	5192307	51042	1063607	442637	1557271
90 平米以下住房	1891165	10656	344422	89188	689547
140 平米以上住房	859412	35018	81703	139388	375065
经济适用房					
别墅、高档公寓	145108			16959	30731
办公楼	111057		21518	25960	63579
商业营业用房	338695	5942	184682	15737	119359
其他房屋	251646		87765	9810	138692
9、商品房销售额	4371858	28776	949399	390966	1682950
住宅	3408610	23646	751535	346075	1260742
90 平米以下住房	1192578	4211	227383	89558	528152
140 平米以上住房	784833	17324	101374	103731	374985
经济适用房					
别墅、高档公寓	112535			7445	12625
办公楼	114425		12474	19470	76321
商业营业用房	717216	5130	154711	14736	258858
其他房屋	131607		30679	10685	87029
9.1、其中：现房销售额	1306230	903	407181	158007	324546
住宅	892015	903	354101	141268	254997

3—8 续表5　　　　（2011年）　　　　计量单位：个、万元、平方米

指标名称	总　计	一级	二级	三级	四级
90平米以下住房	297203	903	80820	55360	126310
140平米以上住房	147276		72192	15970	22350
经济适用房					
别墅、高档公寓	260				260
办公楼	6418				258
商业营业用房	355976		49140	8542	29607
其他房屋	51821		3940	8197	39684
9.2、其中：期房销售额	3065628	27873	542218	232959	1358404
住宅	2516595	22743	397434	204807	1005745
90平米以下住房	895375	3308	146563	34198	401842
140平米以上住房	637557	17324	29182	87761	352635
经济适用房					
别墅、高档公寓	112275			7445	12365
办公楼	108007		12474	19470	76063
商业营业用房	361240	5130	105571	6194	229251
其他房屋	79786		26739	2488	47345
10、商品住宅销售套数					
住宅	73546	336	18754	7452	21328
90平米以下住房	34426	159	8275	2607	11956
140平米以上住房	6544	129	1678	992	1972
经济适用房					
别墅、高档公寓	482			62	112
10.1、其中：现房销售套数					
住宅	24996	35	8651	3731	7089
90平米以下住房	11504	35	3990	1502	3446
140平米以上住房	2315		1159	215	346
经济适用房					
别墅、高档公寓	5				5
10.2、其中：期房销售套数					
住宅	48550	301	10103	3721	14239
90平米以下住房	22922	124	4285	1105	8510
140平米以上住房	4229	129	519	777	1626

3—8 续表6　　　　（2011年）　　　　计量单位：个、万元、平方米

指标名称	总　计	一级	二级	三级	四级
经济适用房					
别墅、高档公寓	477			62	107
11、待售面积	2288974		273476	718658	672859
住宅	1763532		189076	553655	516433
90平米以下住房	768684		61633	300984	291799
140平米以上住房	207666		17673	44760	70642
经济适用房					
别墅、高档公寓	24542				242
办公楼	33923				10121
商业营业用房	317596		84400	85204	67296
其他房屋	173923			79799	79009
11.1、其中：待售1－3年面积	1250360		154077	515024	220349
住宅	975489		91077	470082	133882
90平米以下住房	366401		10080	235409	98274
140平米以上住房	77666		7777	34613	3676
经济适用房					
别墅、高档公寓	242				242
办公楼	23923				2121
商业营业用房	199988		63000	44942	43821
其他房屋	50960				40525
11.2、其中：待售3年以上面积	11020				1020
住宅	1020				1020
90平米以下住房					
140平米以上住房					
经济适用房					
别墅、高档公寓					
办公楼					
商业营业用房	10000				
其他房屋					

全市建筑业企业生产情况

3—9　　　　（2011 年）　　　　计量单位：个、万元

指标名称	企业个数		合同情况		承包工程完成情况	
	建筑业企业个数	亏损企业个数	签订的合同额	本年新签合同额	直接从建设单位承揽工程完成的产值	自行完成施工产值
总　计	**263**	**35**	**114188763**	**74189026**	**70697736**	**70694163**
其中：国有及国有控股企业	31	9	71145877	44185256	41554980	41554980
内资企业	261	35	113873936	73876274	70383448	70379875
国有企业	21	5	31969448	19855413	19356903	19356903
集体企业	6		298021	259951	376311	376311
有限责任公司	100	19	68829069	45666589	39382067	39378494
股份有限公司	26	1	2682448	1779166	1622022	1622022
私营企业	105	10	9944840	6264755	9541365	9541365
港、澳、台商投资企业	2		314827	312752	314288	314288
房屋和土木工程建筑业	169	21	104995431	66886075	63942798	63939405
建筑安装业	46	5	7256715	5607002	5035461	5035461
建筑装饰业	38	5	1655545	1450843	1470557	1470557
其他建筑业	10	4	281072	245106	248920	248740
施工总承包	168	20	109592958	70544866	67051095	67047702
特级	4	1	38918410	25129303	24017224	24017224
一级	40	12	59456288	39047116	35356745	35356745
二级	71	4	8814428	4453695	5757931	5754538
三级及以下	53	3	2403832	1914752	1919195	1919195
专业承包	95	15	4595805	3644160	3646641	3646461
一级	21	1	2402929	2138051	2223279	2223279
二级	38	9	1455835	1079735	942346	942166
三级及以下	36	5	737041	426374	481016	481016

3—9 续表 1　　　　（2011 年）　　　　计量单位：万元

指标名称	建筑业总产值					
	建筑业总产值	其中：装饰装修产值	其中：在外省完成的产值	按构成分：1. 建筑工程产值	2. 安装工程产值	3. 其他产值
总　计	**72987968**	**2979810**	**22936400**	**59504217**	**10652058**	**2831693**
其中：国有及国有控股企业	43117180	1236088	17826860	35938196	6336600	842384
内资企业	72673680	2683372	22936400	59207779	10642008	2823893
国有企业	20657463	492455	7621743	16355466	3896723	405274
集体企业	376311			363619	12692	
有限责任公司	40326873	1405983	14543400	32221179	5882350	2223344
股份有限公司	1622022	259302	300	1571853	29669	20500
私营企业	9586231	525632	770957	8590882	820574	174775
港、澳、台商投资企业	314288	296438		296438	10050	7800
房屋和土木工程建筑业	66070468	1454563	19498859	56757382	7167652	2145434
建筑安装业	5166429	73402	3125662	1526657	3384159	255613
建筑装饰业	1484356	1451845	285116	1085953	100247	298156
其他建筑业	266715		26763	134225		132490
施工总承包	69301086	1504563	22514123	57631202	9379081	2290803
特级	24285319	592640	11126090	21669340	2354194	261785
一级	36225590	735302	11253948	28025031	6300029	1900530
二级	6838211	144037	112169	6129981	587915	120315
三级及以下	1951966	32584	21916	1806850	136943	8173
专业承包	3686882	1475247	422277	1873015	1272977	540890
一级	2223279	1243004	357012	1137361	661272	424646
二级	981467	201055	50505	410720	469043	101704
三级及以下	482136	31188	14760	324934	142662	14540

3—9 续表 2　　（2011 年）　　计量单位：千元、平方米

指标名称	竣工产值	房屋建筑施工面积			
		房屋建筑施工面积	其中：本年新开工面积	其中：实行投标承包面积	其中：本年新开工
总　计	**36783816**	**48839171**	**19009284**	**39681621**	**18366079**
其中：国有及国有控股企业	19443240	19665112	6775879	19531854	6774868
内资企业	36469528	48839171	19009284	39681621	18366079
国有企业	10720097	5415589	1524096	5392488	1523085
集体企业	225977	467768	298431	429195	298431
有限责任公司	19484921	30447033	12710907	26404708	12646639
股份有限公司	1027400	2168473	1134276	1681117	891397
私营企业	4898813	10186508	3216974	5620313	2881927
港、澳、台商投资企业	314288				
房屋和土木工程建筑业	31587772	48683871	18943634	39527191	18300429
建筑安装业	3919452	155300	65650	154430	65650
建筑装饰业	1181296				
其他建筑业	95296				
施工总承包	33946206	48436867	18695453	39320327	18067248
特级	10687840	16763067	5209942	13881019	5209942
一级	17886232	22663911	8610420	18311797	8606020
二级	3801526	6410728	3034845	4846318	2677451
三级及以下	1570608	2599161	1840246	2281193	1573835
专业承包	2837610	402304	313831	361294	298831
一级	1844605	128746	81283	128746	81283
二级	682015	136028	95018	95018	80018
三级及以下	310990	137530	137530	137530	137530

3—9 续表 3　　(2011 年)　　计量单位：千元、台

指标名称	施工机械设备		施工机械设备	
	年末自有施工机械设备（净值）	年末自有施工机械设备（总台数）	年末自有施工机械设备（净值）	年末自有施工机械设备（总台数）
总　计	**2110581**	**79742**	**2110581**	**79742**
其中：国有及国有控股企业	927262	28422	927262	28422
内资企业	2110456	79730	2110456	79730
国有企业	605326	19829	605326	19829
集体企业	13184	802	13184	802
有限责任公司	967206	37030	967206	37030
股份有限公司	62385	5836	62385	5836
私营企业	461345	15923	461345	15923
港、澳、台商投资企业	125	12	125	12
房屋和土木工程建筑业	1943289	71700	1943289	71700
建筑安装业	93855	5562	93855	5562
建筑装饰业	26743	2033	26743	2033
其他建筑业	46694	447	46694	447
施工总承包	1907653	74873	1907653	74873
特级	252396	7687	252396	7687
一级	988197	31815	988197	31815
二级	549551	29303	549551	29303
三级及以下	117509	6068	117509	6068
专业承包	202928	4869	202928	4869
一级	125959	2839	125959	2839
二级	60332	1009	60332	1009
三级及以下	16637	1021	16637	1021

3—9 续表 4　（2011 年）　计量单位：人

指标名称	从业人员情况			
	计算建筑业劳动生产率的平均人数	年末从业人员数	其中：工程技术人员	其中：现场施工工人
总　计	**138895**	**131121**	**29403**	**76679**
其中：国有及国有控股企业	42273	41938	10585	18253
内资企业	138448	130665	29283	76569
国有企业	29022	28039	6440	12059
集体企业	3053	1273	127	400
有限责任公司	66194	59435	14406	37641
股份有限公司	7797	7868	1240	5125
私营企业	31561	33130	6880	20499
港、澳、台商投资企业	447	456	120	110
房屋和土木工程建筑业	126603	118439	25673	70083
建筑安装业	7754	8026	2361	3921
建筑装饰业	3576	3780	1025	2265
其他建筑业	962	876	344	410
施工总承包	124556	114454	25535	65626
特级	10732	11520	3593	5519
一级	57555	51206	12570	28961
二级	39612	35692	7334	22202
三级及以下	16657	16036	2038	8944
专业承包	14339	16667	3868	11053
一级	7560	7974	2179	5341
二级	3317	4315	1065	2417
三级及以下	3462	4378	624	3295

全市建筑业企业财务状况

3—10　　　　（2011 年）　　　　计量单位：千元

	固定资产原价	在建工程	资产合计	流动负债合计	流动资产合计	固定资产合计
总　计	**8406820**	**672860**	**42059096**	**29179586**	**33521857**	**6216645**
其中：国有及国有控股企业	4020197	80021	23336941	18717273	19822253	2653048
内资企业	8370210	672860	41892143	29074133	33377415	6196640
国有企业	2768428	79941	14735978	11885338	12537245	1566841
集体企业	33288	38518	207330	39628	128618	74129
有限责任公司	3474755	321662	20000298	14410340	16129894	2893051
股份有限公司	418366	21135	960901	405491	617157	281324
私营企业	1662792	207290	5869413	2260126	3862886	1364707
港、澳、台商投资企业	36610		166953	105453	144442	20005
房屋和土木工程建筑业	7509482	574874	37411080	26786371	29807980	5512552
建筑安装业	658635	82822	3190328	1907217	2520449	535165
建筑装饰业	120991	15154	1165647	423972	992218	91571
其他建筑业	117712	10	292041	62026	201210	77357
施工总承包	7686013	654738	38850057	27899478	30967893	5701288
特级	1019239	22895	8105639	6806644	7514031	553451
一级	4386586	403388	21706549	16805347	17261551	2926106
二级	1665500	168598	6743330	3086901	4560027	1659970
三级及以下	614688	59857	2294539	1200586	1632284	561761
专业承包	720807	18122	3209039	1280108	2553964	515357
一级	345833	10296	1584418	683349	1236174	232976
二级	229533	3119	984604	361842	787510	179102
三级及以下	145441	4707	640017	234917	530280	103279

3—10 续表 1　　(2011 年)　　计量单位：千元

	非流动负债合　计	负债合计	所有者权益合计	其中：实收资本	国家资本	集体资本
总　计	**655430**	**30427852**	**11631244**	**8083412**	**2043303**	**625908**
其中：国有及国有控股企业	581262	19683023	3653918	2659485	1997648	
内资企业	655430	30322399	11569744	8057177	2043303	625908
国有企业	512354	12409706	2326272	1512500	1132338	
集体企业		93193	114137	77000		63300
有限责任公司	86177	14956326	5043972	3809021	882310	423704
股份有限公司	1999	430784	530117	395353	28655	83104
私营企业	54900	2359180	3510233	2249293		55800
港、澳、台商投资企业		105453	61500	26235		
房屋和土木工程建筑业	417815	27772471	9638609	6765859	1954853	618708
建筑安装业	234010	2141440	1048888	738214	60650	7200
建筑装饰业	3605	433678	731969	454130	14800	
其他建筑业		80263	211778	125209	13000	
施工总承包	644253	29089405	9760652	6875785	1971032	588708
特级	189432	6996076	1109563	726000	715000	
一级	404808	17261347	4445202	3303734	1104900	374578
二级	48621	3507067	3236263	2131834	110447	133080
三级及以下	1392	1324915	969624	714217	40685	81050
专业承包	11177	1338447	1870592	1207627	72271	37200
一级	185	684051	900367	533111	63771	7200
二级	3420	392126	592478	407566	8500	30000
三级及以下	7572	262270	377747	266950		

3—10 续表2　　（2011年）　　计量单位：千元

	法人资本	个人资本	营业收入	主营业务收入	营业成本	主营业务成本
总　计	**1765927**	**3628074**	**65081994**	**63765711**	**60630378**	**59213287**
其中：国有及国有控股企业	566387	95450	39280521	38030922	37577102	36219017
内资企业	1759892	3628074	64759857	63443574	60365405	58948314
国有企业	309162	71000	17017356	16512888	16305887	15831890
集体企业	13700		372824	368206	309853	308853
有限责任公司	865094	1637913	38999780	38206630	36469352	35550069
股份有限公司	99757	183837	1501260	1499617	1334521	1334486
私营企业	466169	1727324	6770317	6757913	5868447	5855029
港、澳、台商投资企业	6035		322137	322137	264973	264973
房屋和土木工程建筑业	1192710	2999588	59461781	58157606	55814960	54407556
建筑安装业	317245	351052	3849857	3841728	3368477	3363920
建筑装饰业	206082	215115	1505135	1502302	1215166	1213395
其他建筑业	49890	62319	265221	264075	231775	228416
施工总承包	1299432	3016613	61331337	60031186	57499542	56098863
特级	11000		20860221	20124667	19898034	19015257
一级	539753	1284503	32019561	31569250	30289118	29866711
二级	520421	1367886	6658607	6547708	5814142	5728221
三级及以下	228258	364224	1792948	1789561	1498248	1488674
专业承包	466495	611461	3750657	3734525	3130836	3114424
一级	225863	218144	2269409	2263461	1856759	1855296
二级	131749	237317	1049246	1042018	901114	888553
三级及以下	108883	156000	432002	429046	372963	370575

3—10 续表 3　　　　（2011 年）　　　　计量单位：千元

	营业税金及附加	其他业务利　润	管理费用		财务费用	
				税金		利息收入
总　　计	**1868982**	**87884**	**1965045**	**64741**	**206267**	**32466**
其中：国有及国有控股企业	1035042	51364	1137665	22003	120450	26978
内资企业	1859905	87884	1941559	64459	205167	32217
国有企业	505478	35440	774952	20407	74568	22391
集体企业	14592	3730	15346	1709	1296	-33
有限责任公司	1071513	36653	857359	19732	90446	7427
股份有限公司	52302	717	36048	2498	10848	2777
私营企业	214326	11334	255750	19244	22023	-1000
港、澳、台商投资企业	9077		23486	282	1100	249
房屋和土木工程建筑业	1689522	79084	1663039	52099	195157	30723
建筑安装业	121635	5748	200532	10854	6451	1522
建筑装饰业	49504	1563	87953	1424	4781	378
其他建筑业	8321	1489	13521	364	-122	-157
施工总承包	1744327	79856	1734847	59896	196840	32016
特级	482965	2632	287795	1643	56071	6755
一级	965494	44674	1117520	31700	98464	19549
二级	229344	29898	272708	20485	24326	3997
三级及以下	66524	2652	56824	6068	17979	1715
专业承包	124655	8028	230198	4845	9427	450
一级	71154	5919	151423	1876	5676	165
二级	32511	1377	50679	1959	2201	74
三级及以下	20990	732	28096	1010	1550	211

3—10 续表4　　（2011年）　　计量单位：千元

	其中：利息支出	营业利润	利润总额	应交所得税	应付职工薪酬
总　计	**142893**	**466532**	**490905**	**237166**	**3608358**
其中：国有及国有控股企业	82243	-668505	-653375	59647	1588500
内资企业	141544	441038	465143	231202	3599768
国有企业	63568	-709242	-699467	35949	1122457
集体企业	268	27657	26243	2390	57793
有限责任公司	58717	455665	462273	106587	1609520
股份有限公司	3490	62626	62916	7771	130534
私营企业	14846	596440	605286	76211	666288
港、澳、台商投资企业	1349	25494	25762	5964	8590
房屋和土木工程建筑业	132784	193844	221120	190851	3220334
建筑安装业	5986	118895	117990	16516	298442
建筑装饰业	4099	139014	137020	26331	70685
其他建筑业	24	14779	14775	3468	18897
施工总承包	135611	222282	246960	182848	3359136
特级	22964	134839	140858	34410	287815
一级	91204	-357306	-342531	89188	1900022
二级	18293	308133	312415	45845	894553
三级及以下	3150	136616	136218	13405	276746
专业承包	7282	244250	243945	54318	249222
一级	5262	175669	180646	31795	153543
二级	779	54446	49941	20693	61155
三级及以下	1241	14135	13358	1830	34524

全市建筑业企业房屋建筑竣工面积情况

3—11 （2011年） 计量单位：平方米

项目	合计	住宅房屋	商业及服务用房屋	商厦房屋（批发和零售用房）	宾馆用房屋（住宿用房）	餐饮用房屋（餐饮用房）
总计	**13721677**	**8654529**	**488836**	**173394**	**81485**	**27732**
其中：国有及国有控股企业	4391114	1440708	296271	106110	81485	
内资企业	13721677	8654529	488836	173394	81485	27732
国有企业	1883614	496852	145036	106110		
集体企业	168420	104866				
有限责任公司	7469861	4623204	249494	15863	81485	
股份有限公司	1010333	713397	42885			27732
私营企业	3086059	2612820	51421	51421		
港、澳、台商投资企业						
房屋和土木工程建筑业	13682157	8654529	488836	173394	81485	27732
建筑安装业	39520					
建筑装饰业						
其他建筑业						
施工总承包	13429387	8423799	488836	173394	81485	27732
特级	2530529	1051997	150910		81485	
一级	6679509	3968905	197904	40421		27732
二级	2726192	2144531	135497	128773		
三级及以下	1493157	1258366	4525	4200		
专业承包	292290	230730				
一级	116922	94012				
二级	130718	130718				
三级及以下	44650	6000				

3—11 续表 1　　（2011 年）　　计量单位：平方米

项　　目	办公用房屋	科研、教育、医疗用房屋	科学研究用房屋	教育用房屋	医疗用房屋（卫生医疗用房）
总　　计	**610259**	**628391**	**60064**	**485295**	**83032**
其中：国有及国有控股企业	270033	280042	2469	215115	62458
内资企业	610259	628391	60064	485295	83032
国有企业	125713	87517		87517	
集体企业	7830	5580		5580	
有限责任公司	329368	435723	57544	300248	77931
股份有限公司	65814	30374		30374	
私营企业	81534	69197	2520	61576	5101
港、澳、台商投资企业					
房屋和土木工程建筑业	610259	628391	60064	485295	83032
建筑安装业					
建筑装饰业					
其他建筑业					
施工总承包	596349	622891	60064	479795	83032
特级	128505	127789	2469	77586	47734
一级	321129	268806	20633	233449	14724
二级	115162	149397	34442	99431	15524
三级及以下	31553	76899	2520	69329	5050
专业承包	13910	5500		5500	
一级	13910	5500		5500	
二级					
三级及以下					

3—11 续表 2　　　　(2011 年)　　　　计量单位：平方米

项　目	文化、体育和娱乐用房	厂房及建筑物	厂　房	仓　库	其他未列明的房屋建筑物
总　计	**126146**	**2583382**	**2376892**	**169171**	**460963**
其中：国有及国有控股企业	123200	1840551	1840551		140309
内资企业	126146	2583382	2376892	169171	460963
国有企业	61600	905195	905195		61701
集体企业		31164	6164		18980
有限责任公司	64546	1334811	1173099	169171	263544
股份有限公司		95313	95313		62550
私营企业		216899	197121		54188
港、澳、台商投资企业					
房屋和土木工程建筑业	126146	2583382	2376892	169171	421443
建筑安装业					39520
建筑装饰业					
其他建筑业					
施工总承包	126146	2583382	2376892	165671	422313
特级	61600	934120	934120		75608
一级	64546	1439442	1266952	160225	258552
二级		130920	130920	3446	47239
三级及以下		78900	44900	2000	40914
专业承包				3500	38650
一级				3500	
二级					
三级及以下					38650

全市建筑业企业房屋建筑竣工造价情况

3—12　　(2011 年)　　计量单位：千元

项　　目	合　　计	住宅房屋	商业及服务用房屋	商厦房屋（批发和零售用房）
总　　计	**18496286**	**9084698**	**1166717**	**259021**
其中：国有及国有控股企业	8775063	1833579	1004518	232878
内资企业	18496286	9084698	1166717	259021
国有企业	3851151	731152	280211	232878
集体企业	143742	78690		
有限责任公司	10377338	4934807	833045	11494
股份有限公司	960373	615036	38812	
私营企业	3065362	2626693	14649	14649
港、澳、台商投资企业				
房屋和土木工程建筑业	18480170	9084698	1166717	259021
建筑安装业	16116			
建筑装饰业				
其他建筑业				
施工总承包	18271863	8895379	1166717	259021
特级	4977507	1242478	724010	
一级	9153548	4510777	175435	2879
二级	2873608	2093745	263195	252362
三级及以下	1267200	1048379	4077	3780
专业承包	224423	189319		
一级	128900	109216		
二级	74523	74523		
三级及以下	21000	5580		

3—12 续表1　　（2011年）　　计量单位：千元

项　目	宾馆用房屋（住宿用房）	餐饮用房屋（餐饮用房）	办公用房屋	科研、教育、医疗用房屋
总　计	**611280**	**22682**	**873424**	**824229**
其中：国有及国有控股企业	611280		460543	402246
内资企业	611280	22682	873424	824229
国有企业			207872	113002
集体企业			7030	7250
有限责任公司	611280		524897	612494
股份有限公司		22682	49668	25180
私营企业			83957	66303
港、澳、台商投资企业				
房屋和土木工程建筑业	611280	22682	873424	824229
建筑安装业				
建筑装饰业				
其他建筑业				
施工总承包	611280	22682	862122	819734
特级	611280		242206	218450
一级		22682	474317	359964
二级			120333	168637
三级及以下			25266	72683
专业承包			11302	4495
一级			11302	4495
二级				
三级及以下				

3—12 续表 2

(2011 年)

计量单位：千元

项　　目	科学研究用房屋	教育用房屋	医疗用房屋（卫生医疗用房）	文化、体育和娱乐用房
总　　计	**81673**	**587169**	**155387**	**224160**
其中：国有及国有控股企业	4660	267776	129810	208340
内资企业	81673	587169	155387	224160
国有企业		113002		104170
集体企业		7250		
有限责任公司	79623	382593	150278	119990
股份有限公司		25180		
私营企业	2050	59144	5109	
港、澳、台商投资企业				
房屋和土木工程建筑业	81673	587169	155387	224160
建筑安装业				
建筑装饰业				
其他建筑业				
施工总承包	81673	582674	155387	224160
特级	4660	96370	117420	104170
一级	22850	324724	12390	119990
二级	52113	95859	20665	
三级及以下	2050	65721	4912	
专业承包		4495		
一级		4495		
二级				
三级及以下				

3—12 续表 3　　　　(2011 年)　　　　计量单位：千元

项　　目	厂房及建筑物	厂房	仓库	其他未列明的房屋建筑物
总　　计	**5391545**	**5093026**	**153482**	**778031**
其中：国有及国有控股企业	4539989	4539989		325848
内资企业	5391545	5093026	153482	778031
国有企业	2323247	2323247		91497
集体企业	34280	6780		16492
有限责任公司	2716334	2472159	153482	482289
股份有限公司	73839	73839		157838
私营企业	243845	217001		29915
港、澳、台商投资企业				
房屋和土木工程建筑业	5391545	5093026	153482	761915
建筑安装业				16116
建筑装饰业				
其他建筑业				
施工总承包	5391545	5093026	149595	762611
特级	2214942	2214942		231251
一级	2945072	2683553	146144	421849
二级	161956	161956	451	65291
三级及以下	69575	32575	3000	44220
专业承包			3887	15420
一级			3887	
二级				
三级及以下				15420

分县（市）区建筑业企业主要指标情况

3—13　　(2011 年)　　计量单位：个、千元、人

行政单位	建筑业企业个数	签订的合同额	建筑业总产值	装饰装修产值	在外省完成的产值	竣工产值
全市总计	**263**	**114188763**	**72987968**	**2979810**	**22936400**	**36783816**
#长安区	32	16180111	10937700	423580	3697193	5653212
桥东区	18	8110530	8958760	118879	1250493	4881880
桥西区	35	20948980	13263552	945913	3424396	5814056
新华区	30	43006059	24442905	1228552	11405137	12149219
裕华区	26	13183898	7424652	117992	2847542	3061027
矿　区	1	27692	26784	26784		17222
高新区	10	1953591	975514	20539	155779	359048
井陉县	8	420486	333535	3000		209244
正定县	9	1308896	858634			516506
栾城县	7	430926	331230	55950		254480
行唐县	1	95770	83200	16480		17874
灵寿县	3	216738	213238			40300
高邑县	4	217825	170451			146567
深泽县	5	776812	552090		145860	440400
赞皇县	7	416682	274846			209291
无极县	5	268267	363888			270921
平山县	5	309960	194762			168161
元氏县	2	438700	203200			175800
赵　县	6	539473	410763			303198
辛集市	9	2622151	1261011	5000		926065
藁城市	8	1552477	676731			368673
晋州市	4	170070	128300			119750
新乐市	5	340351	284441	661	10000	265060
鹿泉市	23	652318	617781	16480		415862

3—13 续表1　　　　(2011年)　　　　计量单位：个、千元、人

行政单位	计算建筑业劳动生产率的平均人数	年末从业人员数	房屋建筑竣工价值	所有者权益合计	其中：实收资本	营业收入
全市总计	**138895**	**131121**	**18496286**	**11631244**	**8083412**	**65081994**
#长安区	20792	21526	2297095	1386424	1105511	9536279
桥东区	18104	15391	726263	1552773	935181	6093290
桥西区	21140	13492	3678815	2509735	1756369	12476574
新华区	14305	14794	7108329	1391078	1071460	22996557
裕华区	10957	12046	286396	1016176	783026	6048675
矿　区	140	320	17222	7045	7000	26784
高新区	5251	4791	285711	681403	313996	1131084
井陉县	1676	2697	135346	134297	104404	338180
正定县	6201	6417	490177	406303	238411	729990
栾城县	2881	2458	224313	147847	129980	332133
行唐县	380	410	17874	56480	24000	83200
灵寿县	990	970	40200	51055	19700	205313
高邑县	2008	1912	146567	75560	67405	160451
深泽县	7557	9393	432730	233251	216160	552153
赞皇县	2364	2298	209291	134004	99372	170807
无极县	3396	2021	191479	147214	93205	305051
平山县	1383	2804	77641	144726	73676	284652
元氏县	1388	610	128500	68301	43330	197400
赵　县	2620	2454	303198	190997	114580	375426
辛集市	3485	3054	828522	284279	233214	1291701
藁城市	5787	5464	320824	415571	230541	701079
晋州市	1235	1250	118750	55565	46280	128300
新乐市	1714	1380	242184	119070	96843	284265
鹿泉市	3141	3169	188859	422090	279768	632650

3—13 续表 2　　(2011 年)　　计量单位：个、千元、人

行政单位	营业成本	营业税金及附加	管理费用	财务费用	营业利润	利润总额
全市总计	**60630378**	**1868982**	**1965045**	**206267**	**466532**	**490905**
#长安区	9625445	304566	278414	32454	-749381	-746585
桥东区	5344228	180398	347300	36647	383527	391215
桥西区	11474986	389512	395696	33168	154268	157331
新华区	21764560	542178	427813	33779	189837	196874
裕华区	5525096	175530	263211	21702	49867	51721
矿　区	25018	1650	31		74	74
高新区	979749	30800	65860	8660	47530	53214
井陉县	297798	13282	14913	1360	9906	9248
正定县	634313	26556	15134	4854	48267	48025
栾城县	250944	11039	5399	361	63378	63378
行唐县	73341	4867	2260	120	2612	2612
灵寿县	179568	10200	8235	620	5200	4930
高邑县	145999	5341	3219	879	4470	4471
深泽县	499184	16749	13432	3153	15154	15154
赞皇县	128609	2491	3682	8416	22896	22896
无极县	256084	6380	8598	1359	28888	28888
平山县	249146	10728	5076	846	18818	19518
元氏县	164684	6869	6265	515	18727	18491
赵　县	326579	12461	12845	4999	14730	14515
辛集市	1191682	42852	33078	3298	21781	19747
藁城市	605036	27977	24351	1500	41204	41229
晋州市	105142	5478	5740	3200	6725	6725
新乐市	237468	11266	2750	1398	30042	30042
鹿泉市	545719	29812	21743	2979	38012	37192

四、能源消费

全市规模以上工业企业能源购进、消费及库存

4—1 （2011年）

能源名称	计量单位	年初库存	购进量		消费量			年末库存
			实物量	金额（万元）	合计	1. 工业生产消费	2. 非工业生产消费	
能源合计	**吨标准煤**				**56698531**	**56522935**	**175596**	
原煤	吨	1897699	47891421	31889832	47624986	47515752	109234	2193584
洗精煤	吨	220419	5455550	7108101	5511813	5511703	110	214956
其它洗煤	吨	5406	129735	65653	125101	125101		10041
型煤	吨	40	891686	818718	819710	819577	133	72016
焦炭	吨	29529	3799501	6905077	4304878	4304686	193	100595
其它焦化产品	吨	8934	102253	292912	104597	104597		5810
焦炉煤气	万立方米		17730	68371	35790	35790		
其他煤气	万立方米		1489	14892	1164127	1164127		
天然气	万立方米		8044	208152	8117	7958	158	
原油	吨	410560	4204172	25542084	4130349	4130349		484383
汽油	吨	5685	70860	512626	72506	63379	9127	7955
煤油	吨	570	1353	8679	1311	1308	3	318
柴油	吨	18567	153993	932154	157957	147750	10207	29115
燃料油	吨	143	266	956	266	266		143
液化石油气	吨		394	2086	394	394		
炼厂干气	吨				158331	158331		
其它石油制品	吨	80	189008	934616	464020	464020		130
热力	百万千焦		26892283	1546588	31020841	30029041	991800	
电力	万千瓦时		2515300	15330464	3119572	3091311	28261	
其它燃料	吨标准煤	13						13

市区规模以上工业企业能源购进、消费及库存

4—2 （2011 年）

能源名称	计量单位	年初库存	购进量		消费量			年末库存
			实物量	金额（万元）	合计	1. 工业生产消费	2. 非工业生产消费	
能源合计	**吨标准煤**				**23697737**	**23637685**	**60051**	
原煤	吨	521910	15105742	10806654	14971254	14962721	8533	657800
洗精煤	吨		3425203	4686893	3474936	3474936		1067
其它洗煤	吨		77516	26484	77516	77516		
型煤	吨		7	4	7	7		
焦炭	吨	4601	962012	1608263	966434	966434		99
其它焦化产品	吨	8154	102253	292912	104597	104597		5810
焦炉煤气	万立方米		17730	68371	17730	17730		
其他煤气	万立方米		1489	14892	326515	326515		
天然气	万立方米		6753	178680	6753	6621	133	
汽油	吨	5558	4406	36868	4427	2895	1533	6548
煤油	吨	303	157	1193	164	164		1
柴油	吨	13549	10450	87624	10320	9231	1089	24499
液化石油气	吨		85	565	85	85		
热力	百万千焦		17975057	1103559	20656770	19820884	835885	
电力	万千瓦时		516573	3250728	799040	782852	16188	

全市规模以上工业企业产值综合能耗

4—3　　(2011 年)

行业名称	综合能源消费量（吨标准煤）		工业总产值（不变价）（万元）		产值能耗（吨标准煤/万元）	
	本年	去年同期	本年	去年同期	本年	去年同期
总　　计	**28830717**	**27066359**	**72594671**	**55690841**	**0.40**	**0.49**
煤炭采选业	630785	662492	1680748	1338430	0.38	0.49
食品制造业	169162	135578	1162861	788095	0.15	0.17
饮料制造业	112563	135212	669369	504802	0.17	0.27
烟草制品业	8865	8988	505006	433552	0.02	0.02
纺织业	598248	597310	5313389	3980731	0.11	0.15
纺织服装、鞋、帽制造业	50304	49389	1214873	942866	0.04	0.05
皮革、毛皮、羽毛（绒）及其制品业	321960	322425	5820567	4403200	0.06	0.07
木材加工及木、竹、藤、棕、草制品业	313835	310458	1249094	814311	0.25	0.38
造纸及纸制品业	229896	225637	1200154	916041	0.19	0.25
石油加工、炼焦及核燃料加工业	1190660	1068369	3552355	2849011	0.34	0.37
化学原料及化学制品制造业	3964121	3770634	6993912	5150019	0.57	0.73
医药制造业	1059989	1019657	3818077	3435355	0.28	0.30
化学纤维制造业	143996	154070	411818	291834	0.35	0.53
非金属矿物制品业	3455692	3143257	4990004	3793615	0.69	0.83
黑色金属冶炼及压延加工业	5547189	4745160	7318143	5846948	0.76	0.81
有色金属冶炼及压延加工业	65075	59482	478127	325471	0.14	0.18
通用设备制造业	579331	436585	3808618	2713408	0.15	0.16
专用设备制造业	185897	172197	1623534	1280025	0.11	0.13
交通运输设备制造业	102213	91266	1048042	880923	0.10	0.10
仪器仪表及文化、办公用机械制造业	6813	26452	203236	197766	0.03	0.13
电力、蒸汽、热水的生产和供应业	8165424	7972603	3275204	2983432	2.49	2.67
自来水的生产和供应业	6938	7095	55004	61343	0.13	0.12

全市主要能源调出调入情况

4—4 （2011 年） 计量单位：吨

能源名称	调出量	# 调出省外	调入量	# 省外调入
原　　煤	2552823	2552823	50922330	50922330
洗 精 煤	208550	208550	3814771	3814771
其它洗煤			396916	300815
焦　　炭	2623335	2623335	1004090	1004090
原　　油	89593	89593	2784453	663436
汽　　油	49883	49883	33949	33949
柴　　油	76211	76211	327074	327074
煤　　油				
天 然 气			18718	18718
燃 料 油	3003	3003	3003	3003

市区主要能源调出调入情况

4—5 （2011 年） 计量单位：吨

能源名称	调出量	# 调出省外	调入量	# 省外调入
原　　煤	2042258	2042258	40737864	40737864
洗 精 煤	166840	166840	3051817	3051817
其它洗煤			317533	240652
焦　　炭	2098668	2098668	803272	803272
原　　油	71675	71675	2227562	530749
汽　　油	39906	39906	27159	27159
柴　　油	60969	60969	261659	261659
天 然 气				
燃 料 油			14975	14975

全市规模以下工业企业主要能源消费情况

4—6 （2011 年）

行业名称	原煤（吨）	焦炭（吨）	汽油（吨）	柴油（吨）	电力（万千瓦时）
总计	**13135182**	**876808**	**421613**	**317458**	**1516624**
轻工业	3935066	112555	233206	139104	808574
重工业	9200116	764253	188407	178354	708050
（一）采矿业	631521	458	9079	29721	52463
煤炭开采和洗选业	94836		53	547	6219
黑色金属矿采选业	5214		876	8415	17911
有色金属矿采选业	5690	310	77	1437	601
非金属矿采选业	503320	148	7425	18191	24810
其他采矿业	22460		648	1131	2922
（二）制造业	12498236	876350	411565	286965	1463459
农副食品加工业	575790	223	26650	22154	211641
食品制造业	232706	754	7458	10925	22979
饮料制造业	42586	656	1471	1510	23111
烟草制品业	3063	346	161	728	1026
纺织业	372348	10662	18878	12010	104315
纺织服装、鞋、帽制造业	129311		100668	5868	127083
皮革、毛皮、羽毛（绒）及其制品业	405119	36	6389	9854	28618
木材加工及木、竹、藤、棕、草制品业	201387	35	1762	2011	18333
家具制造业	310492	4378	31154	37850	173180
造纸及纸制品业	399555	226	9471	2845	79229
印刷业和记录媒介的复制	12311	1741	1878	624	12163

4—6 续表　　(2011 年)

行业名称	原煤（吨）	焦炭（吨）	汽油（吨）	柴油（吨）	电力（万千瓦时）
文教体育用品制造业	19615		303	29	5548
石油加工、炼焦及核燃料加工业	169033	3111	2259	1726	12786
化学原料及化学制品制造业	1682394	28204	90894	62042	169761
医药制造业	31590	211	1635	342	2018
化学纤维制造业	6669		524	368	1041
橡胶制品业	29779	3247	686	433	6046
塑料制品业	374817	8610	9628	6916	50501
非金属矿物制品业	5067312	79705	26816	34321	140095
黑色金属冶炼及压延加工业	1075122	508965	17355	33974	98759
有色金属冶炼及压延加工业	119047	30567	5035	2113	17725
金属制品业	466112	103518	8660	4759	74678
通用设备制造业	315590	39378	17896	16649	21684
专用设备制造业	66579	10801	2313	1121	9048
交通运输设备制造业	17553	36	1516	1483	1031
电气机械及器材制造业	15682	18656	180	139	576
通信设备、计算机及其他电子设备制造业	6936	11764	748	2070	2317
仪器仪表及文化、办公用机械制造业	2031		332	690	637
工艺品及其他制造业	204	469	1580	1826	7565
废弃资源和废旧材料回收加工业	347502	10048	17268	9585	39966
（三）电力、燃气及水的生产和供应业	5425		969	772	702
电力、热力的生产和供应业	2862		969	772	702
燃气生产和供应业	966				
水的生产和供应业	1598				

市区规模以下工业企业主要能源消费情况

4—7　　(2011 年)

行业名称	原煤(吨)	焦炭(吨)	汽油(吨)	柴油(吨)	电力(万千瓦时)
总计	13135182	876808	421613	317458	1516624
轻工业	3935066	112555	233206	139104	808574
重工业	9200116	764253	188407	178354	708050
(一) 采掘业	631521	458	9079	29721	52463
煤炭开采和洗选业	94836		53	547	6219
有色金属矿采选业	5690	310	77	1437	601
非金属矿采选业	503320	148	7425	18191	24810
其它矿采选业	22460		648	1131	2922
(二) 制造业	12498236	876350	411565	286965	1463459
农副食品加工业	575790	223	26650	22154	211641
食品制造业	232706	754	7458	10925	22979
饮料制造业	42586	656	1471	1510	23111
烟草制品业	3063	346	161	728	1026
纺织业	372348	10662	18878	12010	104315
纺织服装、鞋、帽制造业	129311		100668	5868	127083
皮革、毛皮、羽毛(绒)及其制品业	405119	36	6389	9854	28618
木材加工及木、竹、藤、棕、草制品业	201387	35	1762	2011	18333
家具制造业	310492	4378	31154	37850	173180
造纸及纸制品业	399555	226	9471	2845	79229
印刷业及记录媒介的复制	12311	1741	1878	624	12163
文教体育用品制造业	19615		303	29	5548
石油加工、炼焦及核燃料加工业	169033	3111	2259	1726	12786
化学原料及化学制品制造业	1682394	28204	90894	62042	169761
医药制造业	31590	211	1635	342	2018
化学纤维制造业	6669		524	368	1041
橡胶制品业	29779	3247	686	433	6046
塑料制品业	374817	8610	9628	6916	50501
非金属矿物制品业	5067312	79705	26816	34321	140095
黑色金属冶炼及压延加工业	1075122	508965	17355	33974	98759
有色金属冶炼及压延加工业	119047	30567	5035	2113	17725
金属制品业	466112	103518	8660	4759	74678
通用设备制造业	315590	39378	17896	16649	21684
专用设备制造业	66579	10801	2313	1121	9048
交通运输设备制造业	17553	36	1516	1483	1031
通信设备、计算机及其他电子设备制造业	6936	11764	748	2070	2317
仪器仪表及文化、办公用机械制造业	2031		332	690	637
工艺品及其他制造业	204	469	1580	1826	7565
废弃资源和废旧材料回收加工业	347502	10048	17268	9585	39966
(三) 电力、燃气及水的生产和供应业	5425		969	772	702
电力、热力的生产和供应业	2862		969	772	702
水的生产和供应业	1598				

全市有关行业能源消费量

4—8　　(2011 年)

能源名称	计量单位	本年消费量	# 农林牧渔水利业	建筑业	批发零售贸易餐饮业	公路运输业
煤　　炭	吨	2703393	23906	51506	376043	91881
煤 制 品	吨	21713	499	98	1923	7
焦　　炭	吨	2468		624		
焦炉煤气	万立方米	118			112	
汽　　油	吨	360897	12814	23882	29334	20193
煤　　油	吨	5735	123	250	356	3558
柴　　油	吨	278795	1667	68228	18014	144681
燃 料 油	吨	15410	364	14239	102	
液化石油气	吨	8023	203	6012	816	401
热　　力	百万千焦	23259535	15808	432116	8269387	4307
电　　力	万千瓦时	1428161	48370	50200	203106	87203

市区有关行业能源消费量

4—9　　(2011 年)

能源名称	计量单位	本年消费量	# 农林牧渔水利业	建筑业	批发零售贸易餐饮业	公路运输业
煤　　炭	吨	2162714	19125	41204	300834	73505
煤 制 品	吨	17370	399	78	1539	5
焦　　炭	吨	1974		499		
焦炉煤气	万立方米	95			90	
汽　　油	吨	288718	10251	19106	23467	16154
煤　　油	吨	4588	98	200	284	2847
柴　　油	吨	223036	1333	54582	14411	115745
燃 料 油	吨	12328	291	11391	81	
液化石油气	吨	6418	163	4810	653	321
热　　力	百万千焦	18607628	12646	345693	6615510	3445
电　　力	万千瓦时	1142529	38696	40160	162485	69762

全市行业用电分类情况

4—10　　(2011 年)　　计量单位：万千瓦时

指标名称	全　市	# 市区
全社会用电总计	**4132762**	**1421732**
A、全行业用电合计	3586475	1240491
第一产业	135036	12261
第二产业	2992671	907202
第三产业	458768	321028
B、城乡居民生活用电合计	546287	181241
城镇居民	246657	154499
乡村居民	299630	26742
全行业用电分类	3586475	1240491
一、农、林、牧、渔、水利业	135036	12261
1. 农业	23832	1072
2. 林业	1064	516
3. 畜牧业	8766	1433
4. 渔业	204	36
5. 农、林、牧、渔服务业	101170	9204
# 排灌	85479	8690
二、工业	2955338	891197
1. 轻工业	736653	238439
2. 重工业	2218685	652758
（一）采矿业	55098	11660
1. 煤炭开采和洗选业	13247	11055
2. 石油和天然气开采业	4669	380
3. 黑色金属矿采选业	14898	
4. 有色金属矿采选业	2336	29
5. 非金属矿采选业	16928	159
6. 其他采矿业	3020	37
（二）制造业	2285620	458106
1. 食品、饮料和烟草制造业	77722	6827
# 农副食品加工业	31108	2948
2. 纺织业（轻）	206146	36757
3. 服装鞋帽、皮革羽绒及其制品业	32079	3117
4. 木材加工及制品和家具制品业	36208	1921

4—10 续表 1　　（2011 年）　　计量单位：万千瓦时

指标名称	全　市	# 市区
# 轻工业	3392	931
5. 造纸及纸制品业	55673	4286
6. 印刷业和记录媒介的复制	4074	2138
7. 文体用品制造业	380	26
8. 石油加工、炼焦及核燃料加工业	41725	38724
9. 化学原料及化学制品制造业	407961	14236
# 轻工业	6237	1334
# 肥料制造	245903	1627
10. 医药制造业	243494	153404
11. 化学纤维制造业	37128	17322
12. 橡胶和塑料制品业	70459	5563
# 轻工业	16971	1349
13. 非金属矿物制品业	312173	19668
# 轻工业	29906	538
# 水泥制造	154715	13895
14. 黑色金属冶炼及压延加工业	445749	93415
# 铁合金冶炼	33169	655
15. 有色金属冶炼及压延加工业	45472	7548
# 铝冶炼	17956	
16. 金属制品业	152695	20716
# 轻工业	3581	419
17. 通用及专用设备制造业	61498	14804
# 轻工业	1675	31
18. 交通运输、电气、电子设备制造业	44202	15001
# 轻工业	3719	2013
# 交通运输设备制造业	10961	4430
19. 工艺品及其他制造业（轻）	6641	2383
20. 废弃资源和废旧材料回收加工业	4141	250
（三）电力、燃汽及水的生产和供应业	614620	421431
1. 电力、热力的生产和供应业	584473	409518
# 电厂生产全部耗用电量	334523	303017
线路损失电量	232897	93140

4—10 续表2　　(2011 年)　　计量单位：万千瓦时

指标名称	全 市	# 市区
2. 燃气生产和供应业	6160	4265
3. 水的生产和供应业	23987	7648
# 轻工业	7835	5564
三、建筑业	37333	16005
四、交通运输、仓储和邮政业	109520	80446
1. 交通运输业	92730	77409
# 城市公共交通	497	358
管道运输业	8160	
电气化铁路	46981	46425
2. 仓储业	15391	2049
3. 邮政业	1399	988
五、信息传输、计算机服务和软件业	28717	17718
1. 电信和其他信息传输服务业	27920	17232
2. 计算机服务和软件业	797	486
六、商业、住宿和餐饮业	117732	67541
1. 批发和零售业	91813	49185
2. 住宿和餐饮业	25919	18356
七、金融、房地产、商务及居民服务业	91423	75417
1. 金融业	8579	6786
2. 房地产业	47264	44027
3. 租赁和商务服务业、居民服务和其它服务	35580	24604
八、公共事业及管理组织	111376	79906
1. 科学研究、技术服务和地质勘查业	6934	6292
# 地质勘查业	316	147
2. 水利、环境和公共设施管理业	17323	9699
# 水利管理业	2609	938
# 公共照明	12347	8452
3. 教育、文化、体育和娱乐业	42248	31579
# 教育	31745	23502
4. 卫生、社会保障和社会福利业	18676	13841
5. 公共管理和社会组织、国际组织	26195	18495

分县（市）用电情况

4—11　　计量单位：万千瓦时

行政单位	2007 年	2008 年	2009 年	2010 年	2011 年
全市总计	**3212588**	**3246087**	**3404834**	**3835366**	**4132762**
市区合计	1214163	1224331	1270267	1346076	1421732
井 陉 县	66054	54796	47727	64289	73776
正 定 县	140602	146182	155718	182648	195842
栾 城 县	103145	101212	107413	118557	132874
行 唐 县	33845	33983	36337	46003	50135
灵 寿 县	81429	81614	83262	90719	104491
高 邑 县	60959	59904	67192	83258	91400
深 泽 县	46190	46494	49014	83258	60933
赞 皇 县	41138	45884	53910	67834	80274
无 极 县	61160	62778	70039	86889	99095
平 山 县	210096	248840	226256	268878	304127
元 氏 县	100776	115953	120923	137451	146479
赵　　县	102583	97701	98862	123154	139105
辛 集 市	190741	200905	231405	288778	306946
藁 城 市	196527	192297	201419	263335	286905
晋 州 市	202470	191616	220207	238508	255629
新 乐 市	75231	82182	88362	94954	111089
鹿 泉 市	285479	259415	255410	278379	271930

五、财政 金融

财政收入情况

5—1　　（2011年）　　计量单位：万元

行政单位	全部财政收入	#一般预算收入	#增值税	营业税
石家庄市	**4889697**	**2212284**	**181348**	**743196**
市区合计	2765631	1449754	96477	521229
#长安区	445185	220384	21593	106924
桥东区	416050	178668	9432	71112
桥西区	600034	260853	17635	112401
新华区	287559	155395	8959	75169
裕华区	358649	225399	8253	127160
矿　区	50229	19782	4374	4997
高新区	251159	89867	16531	23229
井陉县	102298	44620	6368	16324
正定县	101216	61735	4210	26214
栾城县	92612	50425	5578	12699
行唐县	32087	18367	1517	7199
灵寿县	33276	15805	2412	3397
高邑县	30600	16065	1783	5554
深泽县	30401	19645	1140	7040
赞皇县	33202	15132	2233	5013
无极县	43030	22307	2283	7011
平山县	183092	82985	14821	20106
元氏县	70026	32759	4406	8145
赵　县	45666	24264	2748	6760
辛集市	140800	70551	9147	18594
藁城市	882959	120317	11423	25302
晋州市	80021	42933	4520	10789
新乐市	51223	31140	2689	8618
鹿泉市	171557	93480	7593	33202

5—1 续表　　(2011 年)　　计量单位：万元

行政单位	一般预算收入中:				
	企业所得税	个人所得税	城市维护建设税	耕地占用税	契　税
石家庄市	**164611**	**86661**	**141007**	**25972**	**122369**
市区合计	129081	70070	90163	2803	88249
#长安区	16127	10907	15833		
桥东区	36286	8539	14168		
桥西区	40189	14681	20022	100	
新华区	8305	16692	10765	317	
裕华区	11207	11674	14180	1330	
矿　区	733	776	2214	110	234
高新区	12527	6340	8763	946	
井陉县	1817	1059	2846	257	709
正定县	2962	1195	2382	1434	6047
栾城县	2223	538	2125	2199	1173
行唐县	963	499	457	683	492
灵寿县	684	336	441	678	707
高邑县	456	179	624	597	427
深泽县	576	824	596	166	345
赞皇县	1126	161	428	1335	102
无极县	1628	494	835	205	508
平山县	2892	1528	5879	197	1386
元氏县	2692	457	1178	1475	1276
赵　县	1139	406	1038	347	544
辛集市	3613	1313	4912	1746	6408
藁城市	3888	2592	18017	3859	3883
晋州市	2288	860	2591	1557	1076
新乐市	744	590	1084	132	2712
鹿泉市	5839	3560	5411	6302	6325

财政支出情况

5—2　　　　（2011 年）　　　　计量单位：万元

行政单位	财政支出	# 一般公共服务	公共安全	教　育	科学技术
石家庄市	**4035381**	**415799**	**255249**	**875153**	**63205**
市区合计	2020229	200333	154294	378529	40167
#长安区	83141	10910	3925	42653	1459
桥东区	97752	15147	3510	45142	1269
桥西区	118959	16636	3377	47705	1450
新华区	98130	20931	4481	48018	1460
裕华区	88500	16316	3441	37213	1000
矿　区	46495	6636	2945	10564	867
高新区	75166	12203	1514	11310	7163
井陉县	99145	10998	6279	23629	1231
正定县	127517	16871	7849	33005	1422
栾城县	95391	10710	5038	23028	3027
行唐县	102063	11613	4731	24423	990
灵寿县	96699	9399	5271	22211	599
高邑县	60807	8112	3810	14772	712
深泽县	68803	4949	3442	14778	770
赞皇县	77617	6644	3910	14788	325
无极县	100263	12203	4619	27830	958
平山县	188811	16381	7474	41467	2733
元氏县	104424	10691	6021	24417	922
赵　县	124151	10029	5630	35869	559
辛集市	160420	19145	6809	38593	1188
藁城市	224392	19120	8105	56361	2422
晋州市	123193	16540	6562	34558	1388
新乐市	104538	9372	5488	25300	1558
鹿泉市	156918	22689	9917	41595	2234

5—2 续表　　(2011 年)　　计量单位：万元

行政单位	财政支出中：				
	文化体育与传媒	社会保障和就业	医疗卫生	城乡社区事务	农林水事务
石家庄市	**58727**	**293026**	**395996**	**383635**	**331412**
市区合计	36910	120064	119744	295794	58599
#长安区	302	7135	5174	5357	1508
桥东区	410	7563	4454	4847	405
桥西区	284	7733	3763	6773	478
新华区	532	7287	3732	3442	881
裕华区	385	3371	6713	8967	631
矿　区	736	3622	3531	8904	3089
高新区	634	1242	1792	24134	1083
井陉县	1444	7249	14313	2388	12270
正定县	1402	9704	16568	3034	14646
栾城县	850	7654	10356	3317	15294
行唐县	686	9726	14936	1888	13072
灵寿县	1019	11168	14544	778	15507
高邑县	371	6157	7314	3469	7825
深泽县	376	5758	8302	4472	7150
赞皇县	579	6198	10485	2600	12436
无极县	710	6491	21911	858	13139
平山县	5496	14553	22342	16503	28266
元氏县	808	8373	13963	4720	17177
赵　县	1588	11412	19469	3060	17321
辛集市	1687	15213	21241	3907	16596
藁城市	1160	23808	26548	24211	28856
晋州市	1161	10355	18740	3110	14442
新乐市	917	7564	17814	1323	16011
鹿泉市	1563	11579	17406	8203	22805

全市金融机构本外币信贷收支情况

5—3　　（2011年）　　计量单位：万元

指标名称	本年度余额	比年初	
		今　年	去　年
一、各项存款	67557889	6234783	9494277
1. 单位存款	32272337	2619397	5216106
# 活期存款	15219811	-1222701	9844
定期存款	7753785	3739932	635
2. 个人存款	32833203	3486774	3514903
# 储蓄存款	32577996	3329344	3436602
3. 财政性存款	779979	-80876	150385
4. 临时性存款	123334	18948	-33315
5. 委托存款	191738	-22482	51721
6. 其他存款	1357297	213020	594477
二、所有者权益	1809124	289172	453688
# 实收资本	717346	-580	106833
三、其他	-3205362	557493	1446320
资金来源总计	71063375	4691618	12607820
一、各项贷款	36980562	4282459	3723571
1. 短期贷款	14923015	1936947	1468992
#单位贷款及透支	11952311	1195776	264824
2. 中长期贷款	20781756	2226414	3179908
#单位贷款	14211844	922017	1746119
3. 票据融资	1242423	119751	-932204
4. 各项垫款	32874	-606	6875
二、有价证券	2302696	533893	-65365
资金运用总计	71063375	4691618	12607820

全市金融机构人民币信贷收支情况

5—4　　　　（2011 年）　　　　计量单位：万元

指标名称	本年余额	指标名称	本年余额
一、各项存款	67153408		
1. 单位存款	32028640	（1）个人贷款及透支	1795185
# 活期存款	14994067	# 个人消费贷款	374623
定期存款	7753444	（2）单位贷款及透支	11767099
保证金存款	5644930	# 经营贷款	11500512
2. 个人存款	32680877	固定资产贷款	240648
# 储蓄存款	32435792	（4）银团贷款	205000
结构性存款	232046	（5）贸易融资	784900
3. 财政性存款	779978	2. 中长期贷款	20769885
4. 临时性存款	116902	（1）个人贷款	5119257
5. 委托存款	190142	# 个人消费贷款	3990380
6. 其他存款	1356869	（2）单位贷款	14211844
二、金融债券	79541	（3）银团贷款	1430884
三、应付及暂收款	1347330	3. 票据融资	1242423
# 应付利息	641978	4. 各项垫款	32874
四、同业往来	848915	二、有价证券	2302696
五、外汇买卖	1045629	三、股权及其他投资	27085
六、各项准备	958839	四、应收及预付款	410339
# 贷款损失准备	927780	# 应收利息	148916
七、所有者权益	1798590	五、同业往来	348
# 实收资本	717346	六、系统内资金往来	28633118
八、其他	－3288041	七、外汇买卖	1048372
资金来源总计	69945081	八、固定资产	581876
一、各项贷款	36597860	九、库存现金	343386
1. 短期贷款	14552184	资金运用总计	69945081

市区金融机构人民币信贷收支情况

5—5　　　　（2011 年）　　　　计量单位：万元

指标名称	本年余额	指标名称	本年余额
一、各项存款	48787267		
1. 单位存款	28222002	（1）个人贷款及透支	732410
# 活期存款	12137948	# 个人消费贷款	298125
定期存款	7210703	（2）单位贷款及透支	8685768
保证金存款	5378468	# 经营贷款	8419851
2. 个人存款	18438467	固定资产贷款	239978
# 储蓄存款	18196341	（4）银团贷款	205000
结构性存款	229088	（5）贸易融资	677554
3. 财政性存款	485875	2. 中长期贷款	18192557
4. 临时性存款	96022	（1）个人贷款	3957784
5. 委托存款	189362	# 个人消费贷款	3222678
6. 其他存款	1355539	（2）单位贷款	12813207
二、应付及暂收款	1017308	（3）银团贷款	1413667
# 应付利息	397519	3. 票据融资	770439
三、同业往来	847261	4. 各项垫款	32595
四、外汇买卖	1045629	二、有价证券	1989577
五、各项准备	654512	三、股权及其他投资	20877
# 贷款损失准备	624866	四、应收及预付款	363370
六、所有者权益	1245961	# 应收利息	122985
# 实收资本	375579	五、系统内资金往来	19713432
七、其他	－632130	六、外汇买卖	1048372
资金来源总计	53045353	七、固定资产	395370
一、各项贷款	29296795	八、库存现金	217558
1. 短期贷款	10300733	资金运用总计	53045353

全市金融机构外汇信贷收支情况

5—6　　　　(2011年)　　　　计量单位：万美元

指标名称	本年余额	比年初	
		今　年	去　年
一、各项存款	64194	-18561	29534
1. 单位存款	38676	-20937	31148
# 活期存款	35827	-18279	
定期存款	54	-145	
保证金存款	2795	-2077	
2. 个人存款	24175	2881	-1764
# 储蓄存款	22569	2534	-2277
保证金存款	50	20	11
结构性存款	1553	327	501
3. 临时性存款	1021	-328	225
4. 委托存款	253	-218	-89
5. 其他存款	68	41	14
二、金融债券	340	-77	-107
三、应付及暂收款	8039	-677	7181
# 应付利息	134	36	-78
四、同业往来	271	12	-1383
五、外汇买卖	89481	-206226	113802
六、各项准备	363	214	81
# 贷款损失准备	363	214	81
七、所有者权益	1672	933	562
八、其他	13122	3676	22705
资金来源总计	177482	-220706	172375
一、各项贷款	60738	36657	9292
1. 短期贷款	58854	36847	10611
（1）个人贷款及透支	15	8	7
（2）单位贷款及透支	29395	13858	9045
（3）贸易融资	29444	22981	1560
2. 中长期贷款	1884	-190	
二、应收及预付款	6052	-1673	6875
# 应收利息	517	317	171
三、同业往来	2365	-577	2509
四、系统内资金往来	18020	-49488	40139
五、外汇买卖	89029	-205901	113468
六、库存现金	1278	276	92
资金运用总计	177482	-220706	172375

分县（市）金融机构人民币信贷情况

5—7　　（2011年）　　计量单位：万元

行政单位	各项存款	# 单位存款	# 活期存款	定期存款
全市总计	**67153408**	**32028640**	**14994067**	**7753444**
市区合计	48787267	28222002	12137948	7210703
井 陉 县	960502	207094	144436	32634
正 定 县	2206751	649999	544980	77885
栾 城 县	986233	294138	152341	13933
行 唐 县	690583	74406	58724	13120
灵 寿 县	681355	129709	90507	20445
高 邑 县	422097	67567	61483	4867
深 泽 县	661251	75297	64108	2733
赞 皇 县	454469	91502	86717	3801
无 极 县	972318	127540	104696	18805
平 山 县	1126485	266691	209130	44413
元 氏 县	757197	163392	144923	12326
赵　 县	775544	122723	106334	8502
辛 集 市	2083484	304783	257077	38286
藁 城 市	1670952	339096	255859	63673
晋 州 市	1399499	242485	103907	64474
新 乐 市	805741	119502	91434	26573
鹿 泉 市	1711680	530714	379463	96271

5—7 续表 1　　　　（2011 年）　　　　计量单位：万元

行政单位	各项存款中：				
	保证金存款	# 个人存款	# 储蓄存款	财政性存款	其他存款
全市总计	**5644930**	**32680877**	**32435792**	**779978**	**1356869**
市区合计	5378468	18438467	18196341	485875	1355539
井 陉 县	27673	713976	713976	37163	106
正 定 县	13203	1542221	1540692	13570	144
栾 城 县	52722	649548	649548	38034	79
行 唐 县	2444	606989	606989	9090	32
灵 寿 县	18757	546620	546620	3985	210
高 邑 县	1217	342282	342282	11987	51
深 泽 县	8456	561209	561101	23789	38
赞 皇 县	984	347289	347289	15636	30
无 极 县	4035	832315	832315	11685	45
平 山 县	13147	842290	842290	16678	36
元 氏 县	6143	579652	579652	13910	43
赵　 县	3105	637962	637962	14752	32
辛 集 市	5462	1757322	1756448	18574	122
藁 城 市	13569	1303439	1303369	26457	110
晋 州 市	50606	1143858	1143758	11952	77
新 乐 市	934	685595	685595	513	128
鹿 泉 市	44005	1149843	1149565	26328	47

5—7 续表 2 （2011 年） 计量单位：万元

行政单位	各项贷款	# 短期贷款		
			# 个人贷款及透支	单位贷款及透支
全市总计	**36597860**	**14552184**	**1795185**	**11767099**
市区合计	29296795	10300733	732410	8685768
井 陉 县	351469	230660	28825	174005
正 定 县	1121021	449710	46859	392859
栾 城 县	385572	296770	64867	229443
行 唐 县	219346	127767	64583	63184
灵 寿 县	214281	126461	67392	58109
高 邑 县	175698	94417	16950	71667
深 泽 县	172584	130727	51885	76742
赞 皇 县	208548	131087	53757	61839
无 极 县	262898	206839	97778	108306
平 山 县	374274	170423	14360	154384
元 氏 县	282462	211747	66156	142578
赵　　县	336898	202070	69105	130075
辛 集 市	691120	469957	65642	404315
藁 城 市	719903	477655	147024	308561
晋 州 市	504791	360130	61620	296470
新 乐 市	320353	231436	96178	135258
鹿 泉 市	959847	333595	49794	273536

5—7 续表 3 (2011 年) 计量单位：万元

行政单位	各项贷款中：			
	短期贷款中：		中长期贷款	
	银团贷款	贸易融资		# 个人贷款
全市总计	**205000**	**784900**	**20769885**	**5119257**
市区合计	205000	677554	18192557	3957784
井 陉 县		27830	43107	14130
正 定 县		9992	636247	208657
栾 城 县		2460	70759	45442
行 唐 县			58909	10367
灵 寿 县		960	52833	26201
高 邑 县		5800	65474	24430
深 泽 县		2100	39057	20200
赞 皇 县		15490	53221	40020
无 极 县		755	56059	35557
平 山 县		1680	185682	122620
元 氏 县		3014	60696	42745
赵 县		2890	74188	38314
辛 集 市			175406	97909
藁 城 市		22070	171062	29817
晋 州 市		2040	137639	46377
新 乐 市			87839	58889
鹿 泉 市		10265	609150	299798

六、物　价

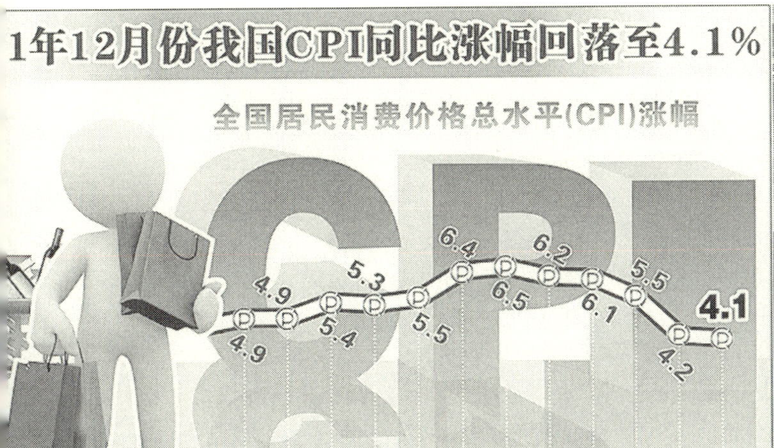
1年12月份我国CPI同比涨幅回落至4.1%
全国居民消费价格总水平(CPI)涨幅
CPI
4.9
4.9
5.4
5.3
5.5
6.4
6.5
6.2
6.1
5.5
4.2
4.1
同比涨幅(%)
2011年1 2 3 4 5 6 7 8 9 10 11 12月

电下乡产品
国家补贴13%
CHANGHONG长虹
KONKA
智能云电视
温馨提示:

居民消费价格指数

6—1　　(2011年)

类别及品名	以上年同期价格为100		
	全 市	城 市	农 村
居民消费价格总指数	**105.7**	**105.7**	**105.8**
一、食品	110.0	110.0	110.1
1. 粮食	106.6	106.3	107.2
2. 淀粉及制品	132.9	139.1	124.7
3. 干豆类及豆制品	100.1	97.8	107.0
4. 油脂	110.4	107.9	115.5
5. 肉禽及其制品	119.9	119.5	120.8
6. 蛋	113.3	113.4	113.0
7. 水产品	113.9	113.4	115.4
8. 菜	96.2	95.7	98.1
9. 调味品	105.3	105.8	104.4
10. 糖	113.1	114.7	109.3
11. 茶及饮料	103.7	103.6	103.9
12. 干鲜瓜果	123.9	125.9	117.1
13. 糕点饼干面包	112.5	114.5	106.8
14. 液体乳及乳制品	103.0	102.8	103.8
15. 在外用膳食品	105.3	106.2	102.2
16. 其他食品	113.9	117.3	106.2
二、烟酒	100.8	101.1	100.3
1. 烟草	100.1	100.0	100.3
2. 酒	101.5	102.2	100.4
三、衣着	105.4	105.7	104.5
1. 服装	106.1	106.6	104.7

6—1 续表　　(2011 年)

类别及品名	以上年同期价格为 100		
	全　市	城　市	农　村
2. 衣着材料	115.2	117.7	110.4
3. 鞋 袜 帽	103.2	103.0	103.7
4. 衣着加工服务费	117.9	123.0	105.2
四、家庭设备用品及维修服务	101.7	101.7	101.7
1. 耐用消费品	99.4	98.6	100.8
2. 室内装饰品	100.4	100.3	100.9
3. 床上用品	105.4	105.5	105.3
4. 家庭日用杂品	102.6	103.0	101.7
5. 家庭服务及加工维修服务	113.0	116.4	105.4
五、医疗保健和个人用品	104.5	104.6	104.1
1. 医疗保健	104.3	104.2	104.6
2. 个人用品及服务	105.1	106.1	103.1
六、交通和通信	100.1	99.6	101.3
1. 交通	101.7	101.2	102.4
2. 通信	98.6	98.4	99.6
七、娱乐教育文化用品及服务	100.3	100.4	100.0
1. 文娱用耐用消费品及服务	93.8	92.4	96.8
2. 教育	100.4	100.1	101.1
3. 文化娱乐类	104.3	105.4	100.6
4. 旅游	102.6	103.5	97.8
八、居住	108.6	108.4	109.1
1. 建房及装修材料	104.9	102.9	105.7
2. 住房租金	113.1	115.0	104.5
3. 自有住房	110.6	109.9	113.5
4. 水、电、燃料	104.9	103.1	107.0

商品零售价格指数

6—2　　（2011年）

类别及品名	以上年同期价格为100		
	全 市	城 市	农 村
商品零售价格总指数	**105.1**	**104.9**	**106.0**
一、食品	110.5	110.4	110.8
1. 粮食	106.6	106.3	107.7
2. 淀粉及制品	134.7	139.1	127.0
3. 干豆类及豆制品	99.7	97.8	108.4
4. 油脂	109.4	107.7	116.1
5. 肉禽及其制品	120.1	119.0	124.1
6. 蛋	112.7	113.4	111.0
7. 水产品	114.2	113.6	116.1
8. 菜	96.2	95.7	98.3
9. 调味品	105.3	105.6	104.4
10. 糖	113.0	115.1	108.8
11. 干鲜瓜果	124.1	126.0	116.7
12. 糕点饼干面包	113.1	114.7	106.2
13. 液体乳及乳制品	103.0	102.8	103.7
14. 在外用膳食品	105.4	106.2	102.1
15. 其他食品	114.9	117.3	108.1
二、饮料、烟酒	101.7	101.9	101.1
1. 茶及饮料	103.9	103.8	104.1
2. 烟草	100.1	100.0	100.3
3. 酒	101.6	102.2	100.2
三、服装、鞋帽	105.1	105.3	104.3
1. 服装	106.2	106.6	104.8
2. 鞋袜帽	103.1	103.0	103.6
3. 其他	98.2	97.5	100.2
四、纺织品	109.1	110.1	106.1
1. 衣着材料	115.8	117.7	110.5
2. 床上用品	106.8	107.5	104.5
五、家用电器及音像器材	95.9	95.0	99.0
1. 家庭设备	98.2	97.7	100.3
2. 文娱用耐用消费品	93.4	92.0	97.7

6—2 续表

(2011 年)

类别及品名	以上年同期价格为 100		
	全　市	城　市	农　村
3. 专业音像器材	93.1	92.2	99.6
六、文化办公用品	97.4	96.9	98.9
七、日用品	102.6	102.3	104.0
1. 日用百货	102.5	101.1	106.7
2. 日用杂品	101.6	101.8	100.8
3. 洗涤用品	103.7	103.6	104.4
4. 其他日用品	102.4	102.6	101.5
八、体育娱乐用品	103.1	103.8	101.3
1. 体育用品	105.1	106.6	101.4
2. 娱乐用品	101.3	101.4	101.1
九、交通、通信用品	96.6	96.0	99.3
1. 交通运输机械	98.8	98.6	99.5
2. 通信器材	92.0	90.6	98.7
十、家具	101.5	101.5	101.6
十一、化妆品	102.1	102.5	100.7
十二、金银珠宝	112.6	111.9	116.0
十三、中西药品及医疗保健用品	105.8	105.0	108.6
1. 医疗器具及用品	103.7	104.0	101.9
2. 中药材及中成药	118.5	117.0	124.0
3. 西药	99.0	98.0	101.9
4. 保健器具及用品	103.7	103.9	102.5
十四、书报杂志及电子出版物	100.9	101.2	99.8
1. 教材及参考书	100.0	100.0	99.9
2. 书报杂志	101.6	102.0	100.0
3. 电子音像制品	101.8	102.5	98.6
十五、燃料	109.7	109.1	111.5
1. 煤炭及制品	105.8	103.4	112.9
2. 石油及制品	111.3	111.5	110.7
十六、建筑材料及五金电料	103.7	102.7	105.5
1. 建筑装璜材料	104.4	103.2	106.8
2. 五金电料	101.3	101.3	101.5

农业生产资料价格指数

6—3

（2011 年）

类别及品名	以上年同期价格为 100	类别及品名	以上年同期价格为 100
农业生产资料价格指数	**110.4**		
一、农用手工工具	100.5	1. 化学农药	105.2
二、饲料	105.5	2. 农药器械	100.9
三、产品畜	171.1	八、农用机油	109.7
四、半机械化农具	104.0	九、其他农业生产资料	118.8
五、机械化农具	102.6	1. 农用种子	122.6
六、化学肥料	113.0	2. 其他	105.4
七、农药及农药器械	104.6	十、农业生产服务	108.5

工业生产者出厂价格指数

6—4

（2011 年）

类别及品名	以上年同期为 100	类别及名称	以上年同期为 100
全部工业品	**107.7**		
轻工业	109.2	工业部门	
以农产品为原料	109.7	冶金工业	110.2
以非农产品为原料	106.5	电力工业	101.8
重工业	106.8	煤炭及炼焦工业	113.9
采掘	106.7	石油工业	115.2
原料	107.0	化学工业	104.0
加工	106.7	机械工业	104.5
生产资料	108.8	建筑材料工业	108.6
采掘	106.7	森林工业	102.1
原料	109.5	食品工业	108.2
加工	108.5	纺织工业	117.5
生活资料	104.2	缝纫工业	102.2
食品	107.2	皮革工业	109.1
衣着	101.4	造纸工业	103.3
一般日用品	100.9	文教艺术用品工业	101.2
耐用消费品	111.5	其它工业	105.4

工业生产者购进价格指数

6—5

（2011 年）

行业名称	以上年同期为100	行业名称	以上年同期为100
全部原材料	**110.4**	（四）化工原料类	109.0
（一）燃料、动力类	114.4	（五）木材及纸浆类	102.1
（二）黑色金属材料	106.8	（六）建筑材料及非金属矿类	104.5
#钢　材	107.0	（七）其它工业原材料及半成品类	106.9
其　它	106.5	（八）农副产品类	124.3
（三）有色金属材料和电线类	108.9	（九）纺织原料类	115.8

城市房地产价格指数

6—6

（2011 年）

项　目	以上年同期为100	项　目	以上年同期为100
住宅销售价格指数	–	**房地产租赁价格指数**	**103.6**
一、新建住宅	107.5	一、住宅	104.2
#商品住宅	107.6	#普通住宅	104.2
（一）90平方米以下	106.5	高档住宅	100.2
（二）90－144平方米	108.2	**土地交易价格指数**	**104.6**
（三）144平方米以上	107.0	一、居民住宅用地	104.1
二、二手住宅	102.1	#普通住宅用地	104.1
（一）90平方米以下	102.2	二、工业用地	100.2
（二）90－144平方米	101.8	三、商业营业用地	104.0
（三）144平方米以上	102.4	四、其他用地	100.0

七、居民生活

城镇居民家庭基本情况

7—1　　(2011 年)

指标名称	计量单位		总　　计	按相对收入等距 5 组分组				
				低收入组	较　低收入组	中　等收入组	较　高收入组	高收入组
调查户数	户		300	60.33	59.67	61	59.33	59.67
一、住房情况								
1. 家庭居住人口	人	户	2.71	3.18	2.82	2.64	2.7	2.2
2. 现住房总建筑面积	平方米	人	29.33	21.85	25.97	29.08	32.25	41.33
3. 房屋产权（合计）	-							
租赁公房	-	%	4.64	4.92	5	3.28	1.67	8.33
租赁私房	-	%	4.97	6.56	5		3.33	10
原有私房	-	%	15.56	22.95	11.67	11.48	21.67	10
房改私房	-	%	53.31	49.18	63.33	60.66	48.33	45
商品房	-	%	21.52	16.39	15	24.59	25	26.67
其他	-	%						
4. 住宅建筑式样（合计）	-							
单栋住宅	-	%	0.66			1.64		1.67
四居室	-	%	6.29	1.64	6.67	4.92	11.67	6.67
三居室	-	%	32.45	27.87	33.33	21.31	33.33	46.67
二居室	-	%	55.63	63.93	51.67	70.49	50	41.67
一居室	-	%	4.97	6.56	8.33	1.64	5	3.33
普通楼房	-	%						
平房及其他	-	%						
5. 建筑年份	-	户	19.09	19.95	19.9	19.08	17.62	18.9
6. 装修状况（合计）	-							
有装修	-	%	52.65	47.54	43.33	54.1	60	58.33
未装修	-	%	47.35	52.46	56.67	45.9	40	41.67
（1）如果装修过最近一次装修年份	年	户	4.62	3.89	3.65	5.08	4.97	5.53
（2）如果装修过最近一次装修花费	元	户	14644.37	11081.97	11613.33	13373.77	18566.67	18666.67

7—1 续表1　　（2011 年）

指标名称	计量单位		总　计	按相对收入等距5组分组				
				低收入组	较　低收入组	中　等收入组	较　高收入组	高收入组
7. 现有住房按市场价估计值	元	户	377940.4	363606.56	330350	346918.03	417250	432333.33
8. 租赁房房租	元	户	445.72	486.1	411.89	46.82	294.88	996.54
（1）租赁公房房租	元	户	78.52	88.31	69.99	46.82	21.84	165.92
（2）租赁私房房租	元	户	367.2	397.79	341.9		273.03	830.61
9. 现住房房租折算	元	户	9539.03	8685.08	8497.47	9568.13	10663.42	10296.2
10. 购房时间	年	户	9.11	8.28	10.13	9.93	8.3	8.88
11. 购房总金额	元	户	82077.55	57713.25	70541.53	96932.1	91026.03	94333.33
购房实际支出金额	元	户	80577.96	55959.15	69916.67	95188.11	87659.37	94333.33
12. 饮水情况（合计）	–							
自来水	–	%	99.67	100	98.33	100	100	100
纯净水	–	%	0.33		1.67			
13. 用水情况（合计）	–							
独用自来水	–	%	100	100	100	100	100	100
14. 卫生设备（合计）	–							
无卫生设备	–	%						
有厕所浴室	–	%	92.72	86.89	93.33	95.08	95	93.33
有厕所无浴室	–	%	7.28	13.11	6.67	4.92	5	6.67
公用	–	%						
15. 取暖设备（合计）	–							
无取暖设备	–	%						
空调设备	–	%						
暖气	–	%	100	100	100	100	100	100
其他	–	%						
16. 炊用燃料使用情况（合计）	–							
煤炭	–	%						
罐装液化石油气	–	%	28.15	29.51	31.67	21.31	26.67	31.67
管道液化石油气	–	%						

7—1 续表 2　　(2011 年)

指标名称	计量单位		总　计	按相对收入等距 5 组分组				
				低收入组	较　低 收入组	中　等 收入组	较　高 收入组	高收入组
管道煤气	-	%						
管道天然气	-	%	71.85	70.49	68.33	78.69	73.33	68.33
柴油	-	%						
其他燃料	-	%						
17. 除了现住房，还有几处其他住房	套	户	0.12	0.1	0.1	0.08	0.15	0.18
（1）出租房	套	户	0.09	0.07	0.05	0.03	0.15	0.15
#建筑面积	平方米	户	6.46	5.33	3.95	1.62	10.43	11.05
（2）偶尔居住房	套	户	0.03	0.03	0.05	0.03		0.02
#建筑面积	平方米	户	1.76	2.21	3.3	2.1		1.17
（3）其他用途房	套	户	0.01			0.02		0.02
#建筑面积	平方米	户	0.7			1.48		2
二、人口就业情况（按月平均）	户							
（一）家庭人口数	人	户	2.72	3.19	2.83	2.64	2.73	2.21
1. 有收入者人数	人	户	2.15	2.02	2.16	2.17	2.31	2.06
（1）就业人口数	人	户	1.33	1.52	1.31	1.18	1.44	1.19
①国有经济单位职工人数	人	户	0.62	0.62	0.49	0.64	0.72	0.62
②城镇集体经济单位职工人数	人	户	0.06	0.17	0.02	0.03	0.03	0.04
③其他经济类型单位职工人数	人	户	0.27	0.35	0.41	0.23	0.31	0.04
④城镇个体或私营企业主人数	人	户	0.14	0.08	0.14	0.07	0.11	0.29
⑤城镇个体或私营企业被雇人数	人	户	0.21	0.27	0.21	0.19	0.24	0.12
⑥离退休再就业人数	人	户	0.02		0.02			0.07
⑦其他就业人数	人	户	0.02	0.03	0.02	0.02	0.02	0.02
（2）离退休人数	人	户	0.8	0.44	0.84	0.99	0.87	0.86
（3）其他有收入者人数	人	户	0.01	0.06				0.01
2. 无收入者人数	人	户	0.58	1.17	0.67	0.47	0.42	0.15
（二）在外就学人数	人	户	0.03	0.02	0.02	0.02	0.06	0.03
（三）非家庭人口在家用餐	人次	户	1.73	0.79	0.87	2.13	1.65	3.2
（四）家庭人口在外用餐	人次	户	4.36	2.95	3.6	6.7	3.77	4.72

城镇居民家庭现金收支情况

7—2　　（2011 年）　　计量单位：元/人

指标名称	总　计	按相对收入等距 5 组分组				
		低收入组	较低收入组	中等收入组	较高收入组	高收入组
一、期初手存现金	1410.9	767.33	1332.77	1345.91	2014.35	1796.17
二、家庭总收入	22230.4	11440.51	17121.57	20726.76	26598.65	40951.13
#可支配收入	20533.96	9737.3	15600.84	19183.62	24550.36	39285.36
（一）工资性收入	11994.16	8129.58	9383.63	11868.89	15497.87	16807.96
1. 工资及补贴收入	11973.82	8111.41	9356.11	11867.65	15497.19	16746.14
2. 其他劳动收入	20.34	18.17	27.52	1.24	0.68	61.82
（二）经营净收入	2103.59	697.01	1405.57	835.97	1864.66	6887.61
（三）财产性收入	333.74	164.05	164.2	119.96	327.69	1066.21
1. 利息收入	60.88	41.4	33.7	57.32	49.66	142.11
2. 股息与红利收入	5.77			3.1		31.9
3. 保险收益	17.64		21.35	22.33	22.19	27.27
4. 出租房屋收入	249.45	122.65	109.14	37.21	255.84	864.92
（四）转移性收入	7798.92	2449.87	6168.17	7901.94	8908.44	16189.35
1. 养老金或离退休金	7295.53	2113.82	5780.67	7665.51	7831.96	15672.3
2. 社会救济收入	14.33	60.82				
# 最低生活保障收入	13.48	57.18				
3. 赡养收入	68.17	14.55	15.13		125.79	226.52
# 来自城镇居民的赡养收入	0.24	1.04				
4. 捐赠收入	121.94	15.07	37.13	23.57	511.56	27.27
# 来自城镇居民的捐赠收入	102.33	4.42	1.19	11.78	496.76	
5. 记帐补贴	87.57	74.94	84.71	89.92	87.15	107.27
6. 其它转移性收入	211.39	170.67	250.53	122.95	351.97	155.98
三、出售财物收入	4.45	5.99	1	1.25	7.38	6.92
1. 出售住房收入						
2. 出售其它物品收入	4.45	5.99	1	1.25	7.38	6.92
四、借贷收入	2159.48	1842.88	2234.26	2825.04	1555.01	2455.45
1. 提取储蓄存款	2085.75	1837.68	2234.26	2459.14	1553.78	2455.45
2. 借入款	0.24				1.23	
3. 收回借出款	1.22	5.2				
4. 汽车贷款	72.26			365.89		

7—2 续表　　（2011 年）　　计量单位：元/人

指标名称	总　计	按相对收入等距 5 组分组				
		低收入组	较低收入组	中等收入组	较高收入组	高收入组
五、家庭总支出	15833.17	10599.49	14595.95	16421.85	17579.23	22177.09
（一）消费性支出	12518.93	7940.02	11021.4	13904.36	13585.74	18102.45
（二）财产性支出	4.76		0.53	14.51	9	
1. 非生产性贷款利息支出	4.65			14.51	9	
2. 其他	0.11		0.53			
（三）转移性支出	1191.93	541.05	1396.77	880.59	1267.48	2166.58
1. 交纳所得税	42.19	3.58	18.05	35.47	50.19	127.71
# 来自工资性收入的个税	42.18	3.58	18.05	35.47	50.19	127.6
2. 捐赠支出	686.11	323.67	821.41	607.76	613.65	1226.45
3. 购买彩票	0.5	0.34		0.42	0.36	1.67
4. 赡养支出	290.78	193.13	233.9	139.18	451.83	492.98
# 在外就学子女费用	118.74	110.18	9.97	7.44	267.29	223.48
5. 各种非储蓄性保险支出	99.68	18.71	15.23	92.29	141	283.81
# 车辆保险支出	58.34	16.63		80.63	58.11	166.7
6. 其他转移性支出	72.66	1.62	308.18	5.46	10.46	33.97
（四）社会保障支出	1566.68	1624.69	1417.97	1417.74	1910.96	1430.79
1. 个人交纳的养老基金	769.65	975.6	848.79	687.72	839.21	382.9
2. 个人交纳的住房公积金	474.28	278.03	247.31	451.71	695.25	806.17
3. 个人交纳的医疗基金	270.89	300.39	273.63	235.39	319.22	208.34
4. 个人交纳的失业基金	39.98	38.24	45.45	42.93	43.16	28.03
5. 其他社会保障支出	11.89	32.43	2.79		14.11	5.34
（五）购房与建房支出	550.87	493.72	759.27	204.65	806.05	477.27
1. 购房	550.87	493.72	759.27	204.65	806.05	477.27
2. 建房						
六、借贷支出	5225.9	1189.61	2402.18	4183.88	6305.14	14662.29
1. 存入储蓄款	5093.18	1156.52	2268.68	3856.13	6157.01	14642.51
2. 借出款	0.37			1.86		
3. 归还借款	1.59	1.56	5.93			
4. 储蓄性保险支出	56.32	31.54	127.57	33.44	64.14	19.78
5. 其他投资支出	38.23			185.05	8.49	
6. 归还住房贷款	28.3			67.35	75.5	
7. 归还汽车贷款	5.46			27.65		
8. 其他借贷支出	2.45			12.4		
七、期末手存现金	4769.75	2267.22	3693.54	4321.93	6331.43	8455.21

城镇居民家庭消费支出情况

7—3　　　　（2011 年）

指标名称	计量单位		总　计	按相对收入等距 5 组分组				
				低收入组	较低收入组	中等收入组	较高收入组	高收入组
消费支出	元	人	12518.93	7940.02	11021.4	13904.36	13585.74	18102.45
#服务性消费支出	元	人	2784.25	1617.74	2369.4	2534.03	3476.75	4468.94
通过互联网购买商品或服务支出	元	人	18.42	3.66	17.06	37.94	15.36	21.61
旅游人次	人次	户	1	0.73	0.57	0.75	1.23	1.71
旅游花费总额	元	人	382.67	115.53	150.96	255.62	803.53	705.88
有价证券收入	元	人	-11			-6.21		-60.61
一、食品	元	人	4341.32	3032.9	4016.98	4456.98	4697.14	6084.19
（一）粮油类	元	人	699.98	610.94	707.5	705.99	700.2	812.57
1. 粮食	元	人	443.57	378.47	434.6	465.24	452.33	512.69
. 数量	千克	人	102.52	91.43	103.66	103.68	103.41	114.73
（1）大米 . 单价	元/千克		4.72	4.64	4.48	4.8	4.74	5
. 数量	千克	人	21.62	19.65	22.65	23.03	19.94	23.5
. 金额	元	人	102.02	91.18	101.48	110.45	94.44	117.51
（2）面粉 . 单价	元/千克		3.39	3.4	3.3	3.42	3.39	3.47
. 数量	千克	人	23.99	23.51	25.02	21.21	25.91	24.41
. 金额	元	人	81.33	79.84	82.51	72.53	87.82	84.76
（3）其他粮食及制品	元	人	260.22	207.44	250.62	282.25	270.07	310.42
. 数量	千克	人	56.92	48.26	55.99	59.45	57.57	66.82
2. 淀粉及薯类	元	人	35.52	28.52	39.06	33.41	37.92	40.85
. 数量	千克	人	8.37	6.72	9.67	8.31	8.68	8.81
3. 干豆类及豆制品	元	人	74.55	59.62	83.71	66.37	77.6	90.88
4. 油脂类	元	人	146.34	144.32	150.13	140.97	132.35	168.16
. 数量	千克	人	9.57	9.87	10.16	8.74	8.94	10.16
（1）食用植物油 . 单价	元/千克		15.29	14.62	14.77	16.13	14.8	16.56
. 数量	千克	人	9.56	9.87	10.16	8.73	8.94	10.15
. 金额	元	人	146.27	144.31	150.02	140.88	132.32	168.06
（2）食用动物油	元	人	0.07	0.02	0.11	0.09	0.03	0.1
（二）肉禽蛋水产品类	元	人	1070.92	784.93	1011.92	1093.15	1120.28	1475.3
1. 肉类	元	人	640.91	467.1	604.21	667.48	652.23	894.77
. 数量	千克	人	24.17	17.87	23.82	24.71	24.8	32.38
（1）猪肉 . 单价	元/千克		24.64	23.93	24.04	25.01	24.68	25.52
. 数量	千克	人	14.01	11.09	14.79	12.84	13.81	18.96
. 金额	元	人	345.31	265.34	355.57	321.14	340.82	483.82
（2）牛肉 . 单价	元/千克		31	31.49	30.07	31.35	30.29	31.58
. 数量	千克	人	3.88	2.82	3.21	5.04	3.82	4.97
. 金额	元	人	120.36	88.67	96.43	157.85	115.67	157.06

7—3 续表1　　　　(2011年)

指标名称	计量单位		总　计	按相对收入等距5组分组				
				低收入组	较　低 收入组	中　等 收入组	较　高 收入组	高收入组
（3）羊肉．单价	元/千克		33.75	36.38	31.43	33.24	33.42	34.24
．数量	千克	人	1.57	1.06	1.2	1.68	1.66	2.53
．金额	元	人	52.98	38.63	37.79	55.86	55.61	86.55
（4）其他肉及制品	元	人	122.26	74.46	114.41	132.62	140.13	167.34
．数量	千克	人	4.75	2.93	4.66	5.19	5.54	5.97
2. 禽类	元	人	154.43	115.3	152.87	155.62	158.44	207.1
．数量	千克	人	6.78	5.14	6.88	7.04	6.85	8.63
（1）鸡．单价	元/千克		20.83	21.06	20.13	20.46	20.51	22.18
．数量	千克	人	3.33	2.28	3.57	3.96	3.13	4.04
．金额	元	人	69.39	47.95	71.82	81.1	64.27	89.54
（2）鸭．单价	元/千克		21.34	22.4	20.35	21.87	20.37	22.39
．数量	千克	人	0.37	0.17	0.46	0.6	0.34	0.33
．金额	元	人	7.99	3.81	9.39	13.02	6.92	7.46
（3）其他禽类及制品	元	人	77.05	63.54	71.66	61.51	87.25	110.1
．数量	千克	人	3.08	2.7	2.86	2.49	3.38	4.28
3. 蛋类	元	人	150.77	118.05	141.47	144.54	169.06	195.46
．数量	千克	人	16.17	12.91	15.75	15.15	18.07	20.35
（1）鲜蛋．单价	元/千克		9.14	9	8.83	9.33	9.12	9.44
．数量	千克	人	15.53	12.51	15.27	14.53	17.18	19.47
．金额	元	人	142.01	112.59	134.9	135.58	156.74	183.75
（2）蛋制品	元	人	8.75	5.46	6.57	8.96	12.32	11.71
．数量	千克	人	0.64	0.41	0.49	0.63	0.89	0.89
4. 水产品类	元	人	124.81	84.49	113.38	125.51	140.55	177.97
（1）鱼．单价	元/千克		15.51	15.36	15.53	15.58	15.26	15.77
．数量	千克	人	4.59	3.38	4.34	4.51	5.07	6.2
．金额	元	人	71.21	51.98	67.36	70.27	77.35	97.76
（2）虾．单价	元/千克		35.18	34.46	32.74	35.89	36.08	36.33
．数量	千克	人	0.99	0.57	1.01	1.04	1.03	1.46
．金额	元	人	34.75	19.59	32.91	37.48	37.12	52.96
（3）其他水产品及制品	元	人	18.85	12.92	13.11	17.76	26.08	27.25
．数量	千克	人	0.68	0.56	0.57	0.67	0.81	0.83
（三）蔬菜类	元	人	467.85	379.7	471.39	459.76	456.73	615.39
1. 鲜菜．单价	元/千克		3.17	3.06	3.15	3.22	2.99	3.44
．数量	千克	人	133.84	114.53	131.96	132.73	137	161.85
．金额	元	人	424.16	350.55	416	427.2	409.19	556.58
2. 干菜	元	人	27.83	18.03	34.5	20.38	30.78	39.1
3. 菜制品	元	人	15.86	11.12	20.89	12.19	16.75	19.71
（四）调味品	元	人	77.82	57.87	69.24	87.92	85.29	96.35

7—3 续表 2　　(2011 年)

指标名称	计量单位		总　计	按相对收入等距 5 组分组				
				低收入组	较　低收入组	中　等收入组	较　高收入组	高收入组
(五) 糖烟酒饮料类	元	人	442.72	267.19	374.12	480.29	511.04	656.35
1. 糖类	元	人	38.76	31.12	31.63	43.18	45.24	45.62
2. 烟草类	元	人	119.06	56.46	91.43	141.52	161.65	165.83
3. 酒类	元	人	157.08	99.5	139.44	146.66	170.08	260.28
. 数量	千克	人	6.37	5.1	6.32	6.85	6.61	7.42
(1) 白酒 . 单价	元/千克		64.19	55.97	50.23	67.43	69.94	77.28
. 数量	千克	人	1.94	1.39	2.23	1.67	1.89	2.79
. 金额	元	人	124.75	77.63	112.17	112.69	131.91	215.45
(2) 果酒 . 单价	元/千克		72.77	41.65	58.39	82.82	87.01	97.72
. 数量	千克	人	0.07	0.07	0.07	0.04	0.07	0.11
. 金额	元	人	5.04	2.92	3.81	3.34	6.17	10.36
(3) 啤酒 . 单价	元/千克		4.9	4.72	4.91	4.97	4.92	4.99
. 数量	千克	人	4.36	3.64	4.02	5.14	4.66	4.52
. 金额	元	人	21.38	17.17	19.78	25.54	22.91	22.58
(4) 其他酒	元	人	5.91	1.78	3.68	5.09	9.09	11.89
4. 饮料	元	人	127.82	80.11	111.62	148.93	134.06	184.62
(1) 碳酸饮料 . 单价	元/千克	人	7.32	6.78	7.92	7.38	6.77	7.76
. 数量	千克	人	1.06	1.01	0.8	1.1	0.9	1.58
. 金额	元	人	7.72	6.88	6.35	8.11	6.08	12.25
(2) 瓶装饮用水 . 单价	元/千克		2.6	1.63	2.98	3.43	2.57	2.44
. 数量	千克	人	2.09	1.35	2.35	1.3	3.04	2.61
. 金额	元	人	5.43	2.2	7.03	4.45	7.82	6.37
(3) 茶叶 . 单价	元/千克		201.98	150.92	170.12	239.66	189.49	230.97
. 数量	千克	人	0.25	0.14	0.25	0.28	0.25	0.38
. 金额	元	人	50.19	20.47	41.78	66.58	46.83	88.36
(4) 其他饮料	元	人	64.48	50.56	56.46	69.79	73.33	77.64
(六) 干鲜瓜果类	元	人	396.54	256.18	390	391.52	442.57	559.06
1. 鲜果 . 单价	元/千克		5.94	5.71	5.73	6.02	5.81	6.36
. 数量	千克	人	38.23	25.94	36.66	37.43	43.29	52.91
. 金额	元	人	227.14	148.09	209.93	225.2	251.57	336.68
2. 鲜瓜 . 单价	元/千克		2.43	2.29	2.41	2.43	2.44	2.53
. 数量	千克	人	12	8.5	10.77	10.82	14.69	16.8
. 金额	元	人	29.15	19.49	25.97	26.33	35.87	42.44
3. 其他干鲜瓜果类及制品	元	人	140.25	88.6	154.09	139.99	155.12	179.94
(七) 糕点、奶及奶制品	元	人	387.63	304.33	345.58	393.62	460.36	466.04
1. 糕点 . 单价	元/千克		19.78	17.64	19.4	19.64	19.86	22.39
. 数量	千克	人	6.47	4.81	6.23	6.8	7.91	7
. 金额	元	人	127.9	84.85	120.97	133.59	157.04	156.77

7—3 续表 3　　(2011 年)

指标名称	计量单位		总计	按相对收入等距 5 组分组				
				低收入组	较低收入组	中等收入组	较高收入组	高收入组
2. 奶及奶制品	元	人	259.73	219.48	224.62	260.02	303.32	309.28
(1) 鲜乳品．单价	元/千克		6.18	6.46	5.52	6.08	6.27	6.62
．数量	千克	人	24.22	16.55	22.45	30.4	26.1	27.81
．金额	元	人	149.58	106.89	123.87	184.94	163.64	184.16
(2) 奶粉．单价	元/千克		122.99	132.8	171.7	92.74	80.84	205.85
．数量	千克	人	0.31	0.49	0.2	0.02	0.63	0.17
．金额	元	人	38.53	65.5	33.61	1.96	50.82	35.09
(3) 酸奶．单价	元/千克		7.22	8.08	6.58	7.42	6.93	7.63
．数量	千克	人	7.64	3.82	8.84	7.21	9.62	9.77
．金额	元	人	55.15	30.87	58.16	53.47	66.73	74.53
(4) 其他奶制品	元	人	16.46	16.23	8.98	19.66	22.13	15.5
(八) 其他食品	元	人	156.45	110.46	150.13	135.99	176.93	231.39
(九) 饮食服务	元	人	641.4	261.31	497.09	708.73	743.74	1171.74
1. 食品加工服务费	元	人	2.34	1.54	1.33	2.69	1.96	4.84
2. 在外饮食	元	人	639.06	259.76	495.75	706.04	741.78	1166.9
二、衣着	元	人	1392.63	829.44	1211.46	1436.83	1508.15	2248.99
(一) 服装．单价	元/件		133.98	105.55	137.27	140.77	119.28	163.79
．数量	件	人	7.27	5.21	6.21	6.75	9.12	10.01
．金额	元	人	974.67	550.3	852.55	949.82	1088.08	1640.18
(二) 衣着材料	元	人	11.2	8.4	12.44	12.25	8.27	16.03
(三) 鞋类．单价	元/双		126.87	106.9	112.83	139.45	121.06	153.75
．数量	双	人	2.59	2.05	2.56	2.66	2.77	3.14
．金额	元	人	328.94	218.9	288.45	370.99	335.01	482.22
(四) 其他衣着用品	元	人	71.46	48.26	51.22	97.22	66.93	105.25
(五) 衣着加工服务费	元	人	6.36	3.58	6.8	6.54	9.87	5.31
三、居住	元	人	1439.52	1015.84	1448.46	1357.43	1565.02	1991.74
(一) 住房	元	人	217.93	72.54	380.12	83.43	234.82	366.27
1. 租赁房房租	元	人	94.21	37.24	138.23	26.37	3.81	315.05
2. 住房装潢支出	元	人	23.55	4.78	79.32	5.74	21.02	4.55
3. 维修用建筑材料	元	人	45.62	9.47	82.86		120.38	14.58
4. 其他住房支出	元	人	54.55	21.05	79.71	51.32	89.61	32.09
(二) 水电燃料及其他	元	人	1133.69	906	991.05	1187.44	1220.24	1475.72
1. 水．单价	元/吨		3.59	3.49	3.67	3.53	3.63	3.64
．数量	吨	人	25.43	22.19	24.93	32.99	20.89	27.14
．金额	元	人	91.16	77.37	91.44	116.48	75.92	98.71
2. 电．单价	元/度		0.52	0.52	0.52	0.52	0.52	0.52
．数量	度	人	589.32	512.71	525.22	547.28	631.04	782.91
．金额	元	人	307.32	268.06	273.75	285.18	328.18	408.81

7—3 续表4 (2011年)

指标名称	计量单位		总计	按相对收入等距5组分组				
				低收入组	较低收入组	中等收入组	较高收入组	高收入组
3. 燃料	元	人	148.76	134.86	129.46	174.62	134.13	180.07
(1) 煤炭. 单价	元/千克		1.29	1.29				
. 数量	千克	人	0.21	0.89				
. 金额	元	人	0.27	1.14				
(2) 罐装液化石油气. 单价	元/千克		5.67	5.49	5.94	5.9	5.91	5.24
. 数量	千克	人	5.68	5	5.15	6.21	4.59	8.06
. 金额	元	人	32.22	27.45	30.55	36.63	27.09	42.22
(3) 管道煤气. 单价	元/立方米		2.28	2.09			2.32	2.4
. 数量	立方米	人	0.36	0.3			1.37	0.09
. 金额	元	人	0.81	0.62			3.17	0.23
(4) 管道天然气. 单价	元/立方米		2.41	2.41	2.4	2.41	2.41	2.4
. 数量	立方米	人	47.97	43.85	41.17	57.32	43.11	57.21
. 金额	元	人	115.44	105.64	98.91	137.99	103.87	137.52
(5) 其他燃料	元	人	0.02					0.11
4. 取暖费	元	人	558.93	392.36	482.93	575.18	642.56	776.17
5. 其他相关支出	元	人	27.52	33.36	13.47	35.97	39.45	11.97
(三) 居住服务费	元	人	87.91	37.3	77.29	86.56	109.97	149.75
1. 物业管理费	元	人	61.12	31.5	32.02	68.96	88.21	98.59
2. 维修服务费	元	人	9.85	5.19	4.84	6.2	12.95	23.67
3. 其他居住服务费	元	人	16.94	0.61	40.43	11.41	8.81	27.5
四、家庭设备用品及服务	元	人	861.66	418.66	791.98	836.07	1043.81	1403.81
(一) 耐用消费品	元	人	343.18	129.78	319.73	345.09	558.09	417.7
1. 家具	元	人	44.84	32.78	63.47	28.4	89.62	3.64
2. 家庭设备	元	人	298.34	96.99	256.26	316.68	468.47	414.06
(1) 洗衣机. 单价	元/台		1354.46	774.5	1213	1523.67	1253	2045
. 数量	台	百户	4.33	3.31	5.03	4.92	5.06	3.35
. 金额	元	人	21.57	8.05	21.59	28.35	23.17	30.98
(2) 电冰箱. 单价	元/台		3111.9	1800	4700	3100	1090	3157.25
. 数量	台	百户	3.33	1.66	3.35	3.28	1.69	6.7
. 金额	元	人	38.11	9.35	55.76	38.45	6.72	95.67
(3) 微波炉. 单价	元/台		476.75	520	549.5			288
. 数量	台	百户	1.33	1.66	3.35			1.68
. 金额	元	人	2.34	2.7	6.52			2.18
(4) 空调器. 单价	元/台		3177.45	2166.33	3035	3106.75	3777.38	2649.5
. 数量	台	百户	6.67	4.97	5.03	6.56	13.48	3.35
. 金额	元	人	77.83	33.78	54.01	77.07	186.25	40.14
(5) 淋浴热水器. 单价	元/台		1567.23	1300		1122.25	1897.6	1699
. 数量	台	百户	4.33	1.66		6.56	8.43	5.03
. 金额	元	人	24.95	6.76		27.84	58.48	38.61

7—3 续表 5　　　　(2011 年)

指标名称	计量单位		总　计	按相对收入等距5组分组				
				低收入组	较低收入组	中等收入组	较高收入组	高收入组
(6) 消毒碗柜．单价	元/台		1680			1680		
．数量	台	百户	0.33			1.64		
．金额	元	人	2.06			10.42		
(7) 其他家庭设备	元	人	131.49	36.35	118.39	134.56	193.86	206.46
(二) 室内装饰品	元	人	7.71	1.56	7.04	18.53	3.86	9.03
(三) 床上用品	元	人	61.02	36.96	55.05	70.93	52.77	101.74
(四) 家庭日用杂品	元	人	371.39	240.98	397.68	377.94	402.93	481.14
(五) 家具材料	元	人	0.11			0.24	0.16	0.21
(六) 家庭服务	元	人	78.26	9.39	12.48	23.35	26	394
1. 家政服务	元	人	63.76		1.48	5.02	10.22	373.77
2. 加工维修服务费	元	人	14.51	9.39	10.99	18.33	15.77	20.23
五、医疗保健	元	人	1165.78	746.32	999.33	1144.26	936.67	2297.72
(一) 医疗器具	元	人	7.51	10.26	4.82	9.42	6.67	5.66
(二) 保健器具	元	人	91.65	43.65	22.46	7.01	0.92	464.91
(三) 药品费	元	人	627.64	468.17	544.52	698.04	561.61	961.42
(四) 滋补保健品	元	人	67.98	24.21	51.03	122.56	42.71	117.82
(五) 医疗费	元	人	358.39	196.97	372.77	300.54	286.11	734.86
(六) 其他医疗保健支出	元	人	12.6	3.06	3.73	6.69	38.65	13.05
六、交通和通信	元	人	1497.61	756.02	800.71	3065.88	1451.92	1609.07
(一) 交通	元	人	901.46	351.16	212.85	2357.31	834.01	887.54
1. 家庭交通工具	元	人	455.28	197.96	58.84	1917.49	79.35	12.55
(1) 助力车．单价	元/辆		1723.5		2200	1517.8	1548	
．数量	辆	百户	4.67		6.7	8.2	8.43	
．金额	元	人	29.55		52.2	47.06	47.7	
(2) 家用汽车．单价	元/辆		3194.17	343.43		73750		
．数量	辆	百户	34.33	164.09		6.56		
．金额	元	人	402.94	176.7		1829.46		
(3) 其他交通工具	元	人	22.79	21.26	6.64	40.97	31.64	12.55
2. 车辆用燃料及零配件	元	人	212.93	48.74	65.33	145.01	376.68	522.49
(1) 燃料	元	人	186.92	43.23	51.5	116.76	336.21	471.52
# 汽油．单价	元/升		7.23	6.86	7.27	7.35	7.27	7.2
．数量	升	人	25.85	6.3	7.08	15.88	46.25	65.45
．金额	元	人	186.92	43.23	51.5	116.76	336.21	471.52
(2) 零配件	元	人	10.99	5.51	10.94	4.71	30.92	2.23
(3) 其他	元	人	15.02		2.89	23.54	9.55	48.73
3. 交通工具服务支出	元	人	84.83	34.54	17.59	173.64	107.21	108.03
(1) 维修费	元	人	31.92	13.29	15.08	12.38	65.78	62.81
(2) 车辆使用税费	元	人	47.57	19.41	0.77	158.86	24.23	41.12
(3) 其他车辆使用费用	元	人	5.35	1.84	1.73	2.4	17.21	4.1

7—3 续表 6　　　　（2011 年）

指标名称	计量单位		总　计	按相对收入等距 5 组分组				
				低收入组	较低收入组	中等收入组	较高收入组	高收入组
4. 交通费	元	人	148.41	69.92	71.09	121.17	270.78	244.47
（1）飞机	元	人	42.46			4.96	120.85	108.01
（2）火车	元	人	36.51	22.69	14.43	31.84	62.4	58.77
（3）长途汽车	元	人	12.49	7.58	7.74	25.1	13.26	9.38
（4）市内公共交通	元	人	26.28	18.13	23.42	30.78	34.74	25.9
（5）出租汽车费	元	人	26.72	17.08	24.73	25.85	31.52	38.46
（6）其他交通费	元	人	3.96	4.43	0.79	2.64	8.01	3.97
（二）通信	元	人	596.15	404.86	587.86	708.57	617.9	721.53
1. 通信工具	元	人	111.24	61.46	151.92	164.07	111.37	67.17
（1）电话机．单价	元/部		153.33				200	130
．数量	部	百户	1				1.69	3.35
．金额	元	人	0.56				1.23	1.97
（2）移动电话．单价	元/部		1072.76	981.25	984.69	1259.86	1191.33	840.8
．数量	部	百户	28	19.89	43.58	34.43	25.28	16.76
．金额	元	人	110.36	61.2	151.87	164.07	110.14	63.7
（3）其他通信工具	元	人	0.32	0.26	0.06			1.5
2. 通信服务	元	人	484.91	343.4	435.93	544.49	506.53	654.36
（1）电信费	元	人	483.52	342.82	432.65	544.11	505.74	652.27
#上网费	元	人	93.34	68.04	79.17	132.81	85.34	109.95
（2）邮费	元	人	0.77	0.39	0.73	0.14	0.8	2.1
（3）其他通信服务费	元	人	0.62	0.18	2.55	0.25		
七、教育文化娱乐服务	元	人	1355.86	948.89	1227.22	1170.12	1926.27	1639.18
（一）文化娱乐用品	元	人	318.02	206.29	304.37	330.67	309.63	493.2
1. 彩色电视机．单价	元/台		3939.88	4386.67	5195	2579.5	4469.75	3398.33
．数量	台	百户	5.67	4.97	3.35	3.28	6.74	10.06
．金额	元	人	82.03	68.39	61.63	31.99	110.19	154.47
2. 家用电脑	元	人	79.21	31.02	80.09	109.87	50.5	146.17
（1）购买整机	元/台		3314.88	2614.5	3566.67	3189.8	3150	3602
．数量	台	百户	5.33	3.31	5.03	8.2	1.69	8.38
．金额	元	人	64.96	27.18	63.47	98.91	19.41	136.44
（2）计算机外部设备	元	人	9.71	0.81	15.54	5.64	22.79	4.13
（3）各种零配件及耗材	元	人	4.54	3.04	1.08	5.32	8.29	5.61
3. 组合音响．单价	元/台		950	5977.07				150
．数量	台	百户	0.33					1.68
．金额	元	人	1.16	4.16				1.14
4. 照相机．单价	元/架		2248.29	1399	998	2495.25		3360
．数量	架	百户	2.33	1.66	1.68	6.56		1.68
．金额	元	人	19.27	7.27	5.92	61.9		25.45
5. 其他中高档乐器．单价	元/件		3675		4500	2850		
．数量	件	百户	0.67		1.68	1.64		
．金额	元	人	9		26.69	17.67		

7—3 续表7　　　　(2011年)

指标名称	计量单位		总计	按相对收入等距5组分组				
				低收入组	较低收入组	中等收入组	较高收入组	高收入组
6. 电子辞典．单价	元/部		1163.25		2000			884.33
．数量	部	百户	1.33		1.68			5.03
．金额	元	人	5.7		11.86			20.1
7. 音像制品及软件	元	人	4.99	6.99	8.28	1.62	5.26	1.63
8. 体育用品	元	人	6.58	2.58	19.36	4.57	2.89	3.08
9. 书报杂志	元	人	38.59	34.95	29.08	36.21	45.08	50.96
10. 纸张文具	元	人	12.27	16.05	12.56	7.01	13.11	11.81
11. 其他文娱用品	元	人	59.21	34.88	48.89	59.82	82.59	78.39
（二）文化娱乐服务	元	人	448.55	157.41	276.83	373.58	800.55	751.19
1. 参观游览	元	人	90.25	19.35	59.29	68.48	194.63	131.45
2. 健身活动	元	人	8.53	3.38	2.22	1.21	4.07	38.48
3. 团体旅游	元	人	240.85	75.75	97.68	181.01	486.35	435.67
4. 其他文娱活动	元	人	104.23	58.12	108.99	115.44	111.32	142.95
5. 文娱用品修理服务费	元	人	4.7	0.81	8.63	7.44	4.18	2.64
（三）教育	元	人	589.29	585.2	646.02	465.87	816.09	394.79
1. 教材	元	人	40.93	62.28	35.19	44.68	29.93	26.1
（1）课本及参考书	元	人	37.49	58.51	32.99	37.52	28.01	24.24
（2）教育软件	元	人	0.73	0.44		2.58	0.01	0.73
（3）其他教材	元	人	2.7	3.32	2.2	4.58	1.91	1.13
2. 教育费用	元	人	548.36	522.92	610.83	421.19	786.15	368.7
（1）非义务教育学杂费	元	人	134.91	115.92	111.82	94.39	244.69	106.62
（2）义务教育学杂费	元	人	15.75	19.17	20.45	5.02	20.23	12.36
（3）托幼费	元	人	96.58	59.15	71.95	136.12	180.35	31.29
（4）成人教育费	元	人	24.37	22.35	15.42	18.29	39.72	27.27
（5）家教费	元	人	34.99	23.91	13.79	1.86	124.76	8.33
（6）培训班	元	人	146.64	223.93	114.58	122.59	137.74	115.24
（7）学校住宿费	元	人	13.76	5.74	29.96	7.13	14.36	12.12
（8）其他教育费用	元	人	81.37	52.76	232.86	35.78	24.3	55.46
八、其他商品和服务	元	人	464.53	191.95	525.25	436.8	456.75	827.75
（一）其他商品	元	人	351.77	120.21	456.63	338.21	268.24	674.64
1. 金银珠宝饰品	元	人	114.44	20.46	185.77	158.46	68.21	163.42
2. 手表．单价	元/只		214.19	99.33	121.78	312	267.92	183.6
．数量	只	人	0.04	0.02	0.05	0.04	0.07	0.04
．金额	元	人	9.44	1.55	6.5	13.54	19.82	6.95
3. 理发美容用具	元	人	6.28	3.33	3.95	1.38	4.6	21.64
4. 化妆品	元	人	99.28	53	98.25	109.95	88.86	167.84
5. 其他杂品	元	人	122.32	41.88	162.16	54.88	86.76	314.79
（二）服务	元	人	112.75	71.73	68.62	98.58	188.51	153.11
1. 旅馆住宿费	元	人	11.06	0.52	5.69	12.6	30	8.14
2. 理发洗澡费	元	人	47.6	27.04	40.49	46.59	68.74	61.88
3. 美容费	元	人	34.44	11.73	14.22	26.85	72.24	56.16
4. 其他服务	元	人	19.66	32.45	8.21	12.56	17.53	26.93

城镇居民家庭非现金收入情况

7—4 (2011 年) 计量单位：元/人

指标名称	总　计	按相对收入等距5组分组				
		低收入组	较低收入组	中等收入组	较高收入组	高收入组
非现金（实物与服务）收入总计	**471.95**	**104.69**	**203.53**	**515.31**	**272.84**	**1541.9**
一、食品	33.44	36.41	10.59	51.46	21.99	50.37
（一）粮油类	12.56	9.91	5.27	25.84	8.87	14.08
（二）肉禽蛋水产品类	2.64	1.7	0.89	6.28	1.94	2.68
（三）蔬菜类	0.71		0.59	0.92		2.5
（四）糖烟酒饮料类	6.16	2.78	1.17	10.07	2.47	17.22
（五）干鲜瓜果类	1.63	1.46	1.12	0.43	1.66	3.94
（六）糕点、奶及奶制品	2.87	2.57	0.89	3.51	3.89	3.79
（七）其他食品	1.04	0.63		1.3	0.45	3.39
（八）饮食服务	5.82	17.36	0.65	3.1	2.71	2.77
二、衣着	2.47	3.12	0.68			9.85
三、居住	0.12		0.59			
水电燃料及其他	0.12		0.59			
四、家庭设备用品及服务						
五、医疗保健	405.92	44.39	189.27	462.55	196.5	1397.85
#医疗基金	176.02	15.07	134.67	222.74	50.73	560.36
（一）医疗器具	0.11					0.68
（二）保健器具	0.44			2.23		
（三）药品费	257.99	31.92	112.33	367.14	45.62	901.26
（四）滋补保健品	1.01			0.16		6.06
（五）医疗费	132.96	12.47	76.94	93.02	83.39	489.86
（六）其他医疗保健	13.41				67.49	
六、交通和通信						
七、教育文化娱乐服务	18.22	20.37	0.59		48.57	22.58
（一）文化娱乐用品	1.59					9.85
（二）文化娱乐服务	16.63	20.37	0.59		48.57	12.73
八、其他商品和服务	11.78	0.4	1.81	1.3	5.78	61.25

城镇居民每百户家庭耐用消费品拥有量

7—5　　（2011 年）

指标名称	计量单位	总　计	按相对收入等距 5 组分组				
			低收入组	较 低 收入组	中 等 收入组	较 高 收入组	高收入组
1. 摩托车	辆	6.29	8.2	1.67	4.92	5	11.67
2. 助力车	辆	42.72	34.43	51.67	50.82	36.67	40
3. 家用汽车	辆	19.21	16.39	6.67	19.67	18.33	35
4. 洗衣机	台	98.68	96.72	100	98.36	98.33	100
5. 电冰箱	台	101.66	96.72	100	103.28	100	108.33
6. 彩色电视机	台	114.57	106.56	106.67	111.48	123.33	125
7. 家用电脑	台	78.15	73.77	80	75.41	85	76.67
8. 组合音响	套	21.52	19.67	26.67	14.75	21.67	25
9. 摄像机	架	9.93	4.92	10	4.92	20	10
10. 照相机	架	50	37.7	48.33	49.18	56.67	58.33
11. 钢琴	架	1.32		3.33	1.64		1.67
12. 其他中高档乐器	件	1.66	1.64	1.67	1.64	1.67	1.67
13. 微波炉	台	69.87	59.02	73.33	60.66	80	76.67
14. 空调器	台	134.11	109.84	113.33	131.15	155	161.67
15. 淋浴热水器	台	92.72	86.89	93.33	95.08	95	93.33
16. 消毒碗柜	台	3.97	3.28	3.33	3.28	3.33	6.67
17. 洗碗机	台	0.99				1.67	3.33
18. 健身器材	套	5.63	3.28		3.28	6.67	15
19. 固定电话	部	52.65	37.7	58.33	50.82	50	66.67
20. 移动电话	部	187.42	188.52	180	183.61	205	180
21. 接入互联网的移动电话	部	33.44	42.62	41.67	19.67	35	28.33
22. 接入有线电视网络的电视机	台	92.72	95.08	80	98.36	95	95
23. 接入互联网的计算机	台	62.91	60.66	60	60.66	70	63.33

农村住户调查基本情况

7—6　　(2011 年)

指标名称	计量单位	全　市	长安区	桥东区	桥西区	新华区
一、调查户数	户	1900	20	20	20	20
二、调查人口	人	7198	85	61	63	72
1. 整半劳动力数	人	5285	52	46	49	62
# 整劳动力	人	3325	41	32	24	43
2. 劳动力文化程度		5073	49	45	47	45
(1) 不识字或识字很少	人	113				2
(2) 小学程度	人	611			3	
(3) 初中程度	人	2998	25	14	12	13
(4) 高中程度	人	1018	12	20	24	20
(5) 中专以上	人	333	12	11	8	10
三、年末生产用固定资产原值	元/人	5394	5882			
农业	元/人	1540	5882			
林业	元/人					
牧业	元/人	271				
采矿业	元/人	16				
制造业	元/人	1536				
建筑业	元/人	81				
交通运输业、仓储和邮政业	元/人	961				
批发和零售贸易业	元/人	526				
住宿和餐饮业	元/人	19				
居民服务与其他服务业	元/人	178				
卫生、社会保障和福利业	元/人	32				
文化、体育和娱乐业	元/人					
其他	元/人	233				
四、年末拥有主要固定资产						
房屋及建筑物	平方米/人	39712		1541		
小型和手扶拖拉机	台/人	415				
五、经营耕地面积	亩/人	1				
# 有效灌溉面积	亩/人	1				
六、年内新建(购)房屋面积	平方米/人	1				7
年末住房面积	平方米/人	40	45	42	56	41
年内新建(购)房屋价值	元/人	1231				20421
年末住房价值	元/人	24902	44588	121618	30397	86909

7—6 续表1 （2011年）

指标名称	计量单位	裕华区	矿　区	井陉县	正定县	栾城县
一、调查户数	户	20	100	100	100	100
二、调查人口	人	92	374	413	413	445
1. 整半劳动力数	人	66	248	290	316	320
# 整劳动力	人	42	169	188	206	214
2. 劳动力文化程度		63	220	281	315	318
（1）不识字或识字很少	人	1	1	2	1	6
（2）小学程度	人		11	24	32	40
（3）初中程度	人	28	120	183	199	171
（4）高中程度	人	19	69	49	58	67
（5）中专以上	人	15	19	23	25	34
三、年末生产用固定资产原值	元/人		1499	3891	10538	2139
农业	元/人		39	1111	6	1549
林业	元/人					
牧业	元/人		13	401	2885	180
采矿业	元/人			24		
制造业	元/人			175	2072	33
建筑业	元/人		297	24	85	22
交通运输业、仓储和邮政业	元/人		1132	1734	2315	241
批发和零售贸易业	元/人		7	228	2017	39
住宿和餐饮业	元/人				11	
居民服务与其他服务业	元/人			155	1062	22
卫生、社会保障和福利业	元/人			39	36	52
文化、体育和娱乐业	元/人		4			
其他	元/人		7		48	
四、年末拥有主要固定资产						
房屋及建筑物	平方米/人			2021	6416	180
小型和手扶拖拉机	台/人		2	38	1	57
五、经营耕地面积	亩/人			1	1	1
# 有效灌溉面积	亩/人				1	1
六、年内新建（购）房屋面积	平方米/人		1	1	1	3
年末住房面积	平方米/人	66	44	38	36	56
年内新建（购）房屋价值	元/人		1124	726	1076	1629
年末住房价值	元/人	41413	20174	19955	23072	28130

7—6 续表 2　　(2011 年)

指标名称	计量单位	行唐县	灵寿县	高邑县	深泽县	赞皇县
一、调查户数	户	100	100	100	100	100
二、调查人口	人	344	336	386	332	345
1. 整半劳动力数	人	251	256	272	269	271
# 整劳动力	人	150	165	152	120	157
2. 劳动力文化程度		251	256	270	268	271
(1) 不识字或识字很少	人	16	9	17		14
(2) 小学程度	人	29	53	43	31	74
(3) 初中程度	人	167	129	150	181	148
(4) 高中程度	人	29	48	47	34	24
(5) 中专以上	人	10	17	13	22	11
三、年末生产用固定资产原值	元/人	1823	2492	8433	3866	624
农业	元/人	1136	894	6654	1481	622
林业	元/人					1
牧业	元/人			70	90	
采矿业	元/人					
制造业	元/人			1036	359	
建筑业	元/人				75	
交通运输业、仓储和邮政业	元/人		1280	570	1100	
批发和零售贸易业	元/人				422	
住宿和餐饮业	元/人					
居民服务与其他服务业	元/人			104	211	
卫生、社会保障和福利业	元/人				60	
文化、体育和娱乐业	元/人					
其他	元/人	686	317		68	
四、年末拥有主要固定资产						
房屋及建筑物	平方米/人		1110	2850	1330	
小型和手扶拖拉机	台/人	18	30	36	8	5
五、经营耕地面积	亩/人	1	1	1	1	1
# 有效灌溉面积	亩/人	1	1	1	1	1
六、年内新建房屋面积	平方米/人	1		1	1	5
年末住房面积	平方米/人	34	34	38	42	30
年内新建房屋价值	元/人	582		647	860	3875
年末住房价值	元/人	10830	11689	20184	19705	15330

7—6 续表 3　　（2011 年）

指标名称	计量单位	无极县	平山县	元氏县	赵　县	辛集市
一、调查户数	户	100	100	100	100	100
二、调查人口	人	373	412	387	399	347
1. 整半劳动力数	人	268	295	275	299	254
# 整劳动力	人	191	189	181	186	141
2. 劳动力文化程度		231	295	262	291	248
（1）不识字或识字很少	人	3	16	1	8	4
（2）小学程度	人	35	37	30	41	29
（3）初中程度	人	141	184	169	160	157
（4）高中程度	人	49	47	58	62	43
（5）中专以上	人	3	11	4	20	15
三、年末生产用固定资产原值	元/人	30138	1897	5059	3017	3164
农业	元/人	1224	826	1248	2035	2204
林业	元/人		6			
牧业	元/人	190	164	23	8	314
采矿业	元/人		18			
制造业	元/人	21962		13		
建筑业	元/人			101	226	43
交通运输业、仓储和邮政业	元/人	416	245	2964	572	234
批发和零售贸易业	元/人	3757	24	47	159	340
住宿和餐饮业	元/人			258		
居民服务与其他服务业	元/人	403	85			14
卫生、社会保障和福利业	元/人	13	36	96	6	14
文化、体育和娱乐业	元/人					
其他	元/人	2172	494	310	13	
四、年末拥有主要固定资产						
房屋及建筑物	平方米/人	9850	105	2070	706	1202
小型和手扶拖拉机	台/人	11	43	38	47	27
五、经营耕地面积	亩/人	1	1	1	1	2
# 有效灌溉面积	亩/人	1		1	1	2
六、年内新建房屋面积	平方米/人	1	3		2	2
年末住房面积	平方米/人	41	33	32	39	38
年内新建房屋价值	元/人	912	1747		1091	1673
年末住房价值	元/人	24174	11736	30749	27154	34664

7—6 续表3　(2011 年)

指标名称	计量单位	藁城市	晋州市	新乐市	鹿泉市
一、调查户数	户	100	100	100	100
二、调查人口	人	360	374	379	408
1. 整半劳动力数	人	296	287	253	290
# 整劳动力	人	175	202	183	174
2. 劳动力文化程度		286	273	239	249
（1）不识字或识字很少	人	6	3	2	1
（2）小学程度	人	33	26	23	17
（3）初中程度	人	163	211	155	118
（4）高中程度	人	73	26	52	88
（5）中专以上	人	11	7	7	25
三、年末生产用固定资产原值	元/人	10600	5625	1941	4165
农业	元/人	4956	1115	873	163
林业	元/人				
牧业	元/人		144		339
采矿业	元/人				245
制造业	元/人	189	3332	224	
建筑业	元/人	444		106	123
交通运输业、仓储和邮政业	元/人	3478	40	699	1124
批发和零售贸易业	元/人	698	968	40	1129
住宿和餐饮业	元/人	83			
居民服务与其他服务业	元/人	335			844
卫生、社会保障和福利业	元/人		27		196
文化、体育和娱乐业	元/人				
其他	元/人	415			2
四、年末拥有主要固定资产					
房屋及建筑物	平方米/人	5556	2934		1841
小型和手扶拖拉机	台/人	16	22	7	9
五、经营耕地面积	亩/人	1	1	1	1
# 有效灌溉面积	亩/人	1	1	1	1
六、年内新建房屋面积	平方米/人			3	
年末住房面积	平方米/人	46	43	41	40
年内新建房屋价值	元/人	266	588	2760	
年末住房价值	元/人	29412	30662	19211	31956

农村居民每百户家庭耐用消费品拥有量

7—7 (2011年)

指标名称	计量单位	全　市	长安区	桥东区	桥西区	新华区
洗衣机	件	89	120	100	105	145
电冰箱	台	73	120	105	100	145
空调机	台	54	105	150	160	195
抽油烟机	台	17	65	95	100	145
吸尘器	台	2	20	50	10	30
微波炉	台	15	70	70	70	25
热水器	台	53	85	100	90	100
# 太阳能热水器	台	48	85	75	85	100
自行车	辆	182	205	175	225	275
# 电动自行车	台	78	135	80	80	135
摩托车	台	50	15			
汽车（生活用）	部	9	35	25	5	25
固定电话机	部	26	50	40	30	50
移动电话	台	198	250	180	220	300
# 接入互联网的	台	19	105	70		30
彩色电视机	台	123	130	50	100	180
# 接入有线电视网的	台	46	130	50	100	180
黑白电视机	台	1				
摄像机	台	2		15		
影碟机	台	15				30
照相机	台	8	35	30	35	35
家用计算机	台	33	70	95	95	50
# 接入互联网的	架	27	60	90	45	50
中高档乐器	台					

7—7 续表 1　　（2011 年）

指标名称	计量单位	裕华区	矿　区	井陉县	正定县	栾城县
洗衣机	件	100	99	95	101	105
电冰箱	台	100	61	76	96	100
空调机	台	130	34	34	101	52
抽油烟机	台	70	32	9	42	10
吸尘器	台	5	1		1	
微波炉	台	50	4	19	33	20
热水器	台	95	61	57	84	94
# 太阳能热水器	台	95	54	49	84	84
自行车	辆	300	144	118	205	281
# 电动自行车	台	165	60	23	123	166
摩托车	台	15	89	59	52	19
汽车（生活用）	部	20	4	8	13	8
固定电话机	部	55	4	37	36	40
移动电话	台	330	234	251	232	257
# 接入互联网的	台		4	24	28	39
彩色电视机	台	185	116	125	141	155
# 接入有线电视网的	台	150	89	71	92	39
黑白电视机	台			1		
摄像机	台			1	3	2
影碟机	台	100	1	42	12	30
照相机	台	40	8	11	6	7
家用计算机	台	95	33	36	37	33
# 接入互联网的	架	95	24	31	22	21
中高档乐器	台		1	3		2

7—7 续表2 （2011年）

指标名称	计量单位	行唐县	灵寿县	高邑县	深泽县	赞皇县
洗衣机	件	37	59	92	102	10
电冰箱	台	12	51	75	77	5
空调机	台	5	11	62	65	6
抽油烟机	台		1	8	5	
吸尘器	台			4	1	
微波炉	台		5	9	22	
热水器	台	7	14	45	57	5
# 太阳能热水器	台	4	13	43	54	3
自行车	辆	124	93	201	197	108
# 电动自行车	台		35	83	86	15
摩托车	台	45	64	66	34	58
汽车（生活用）	部		4	9	3	
固定电话机	部		2	43	30	24
移动电话	台	137	134	179	178	53
# 接入互联网的	台			57		
彩色电视机	台	103	103	133	120	89
# 接入有线电视网的	台	1	2	20	10	
黑白电视机	台	1	4	5		
摄像机	台				1	
影碟机	台	3	1	12		9
照相机	台	1			3	2
家用计算机	台	11	3	30	41	8
# 接入互联网的	架			10	29	
中高档乐器	台					

7—7 续表3 (2011年)

指标名称	计量单位	无极县	平山县	元氏县	赵　县	辛集市
洗衣机	件	106	92	84	101	104
电冰箱	台	69	64	56	81	81
空调机	台	60	25	33	35	49
抽油烟机	台	15	3	20	2	14
吸尘器	台				1	3
微波炉	台	20	1	3	1	13
热水器	台	59	26	53	26	54
# 太阳能热水器	台	56	26	31	23	53
自行车	辆	176	148	139	245	237
# 电动自行车	台	72	59	59	105	90
摩托车	台	51	76	38	69	37
汽车（生活用）	部	16	8	3	10	5
固定电话机	部	35	9	48	16	18
移动电话	台	176	222	114	237	220
# 接入互联网的	台	22	10	76	1	24
彩色电视机	台	119	109	97	127	132
# 接入有线电视网的	台	46	27	49	41	109
黑白电视机	台	2	1			
摄像机	台	7	1			2
影碟机	台	15	29		12	8
照相机	台	5	1	43	3	6
家用计算机	台	30	12	46	39	40
# 接入互联网的	架	30	6	45	35	40
中高档乐器	台	2				

7—7 续表4　　（2011年）

指标名称	计量单位	藁城市	晋州市	新乐市	鹿泉市
洗衣机	件	100	99	101	98
电冰箱	台	96	98	86	92
空调机	台	75	63	76	92
抽油烟机	台	24	6	12	31
吸尘器	台	4	3		
微波炉	台	25	18	14	23
热水器	台	73	91	66	41
# 太阳能热水器	台	68	90	61	34
自行车	辆	176	265	170	197
# 电动自行车	台	98	91	84	106
摩托车	台	40	55	59	35
汽车（生活用）	部	20	9	13	11
固定电话机	部	45	16	37	17
移动电话	台	220	195	210	254
# 接入互联网的	台	19	16	2	5
彩色电视机	台	137	126	136	142
# 接入有线电视网的	台	103	33	2	20
黑白电视机	台	1			
摄像机	台	1		12	
影碟机	台	47	1	27	3
照相机	台	7	4	2	4
家用计算机	台	40	67	24	24
# 接入互联网的	架	40	62	21	20
中高档乐器	台				

农村住户粮食收支情况

7—8　　(2011 年)　　计量单位：千克/人

指标名称	全　市	长安区	桥东区	桥西区
一、期初粮食结存	275			16
二、期内粮食收入合计	931	315	92	135
（一）家庭经营生产粮食	827	269		
# 谷物	823	269		
（二）购入粮食	103	46	92	135
# 谷物	101	45	86	126
三、期内粮食支出合计	606	355	92	135
（一）主食用粮	160	145	92	135
# 谷物	157	144	86	126
（三）出售粮食	385	197		
# 谷物	384	196		
（四）种籽用粮食	11	11		
（五）饲料用粮食	51	3		
四、期末粮食结存实际调查数	546	83		16

7—8 续表 1　　(2011 年)　　计量单位：千克/人

指标名称	新华区	裕华区	矿　区	井陉县
一、期初粮食结存	95		57	254
二、期内粮食收入合计	207	331	207	610
（一）家庭经营生产粮食	117	226	110	311
# 谷物	117	226	109	306
（二）购入粮食	89	105	97	298
# 谷物	87	102	94	293
三、期内粮食支出合计	212	131	179	513
（一）主食用粮	84	103	136	151
# 谷物	82	101	132	146
（三）出售粮食	123	26	37	117
# 谷物	123	26	37	116
（四）种籽用粮食	5	1	1	7
（五）饲料用粮食			4	237
四、期末粮食结存实际调查数	81	87	86	458

7—8 续表 2　　（2011 年）　　计量单位：千克/人

指标名称	正定县	栾城县	行唐县	灵寿县
一、期初粮食结存	345	214	376	303
二、期内粮食收入合计	1008	1262	1474	759
（一）家庭经营生产粮食	884	1169	1393	706
# 谷物	882	1168	1389	688
（二）购入粮食	124	93	81	54
# 谷物	122	88	79	52
三、期内粮食支出合计	580	636	700	401
（一）主食用粮	143	122	147	160
# 谷物	140	117	145	158
（三）出售粮食	348	488	536	166
# 谷物	348	488	536	159
（四）种籽用粮食	16	19	10	6
（五）饲料用粮食	73	7	4	67
四、期末粮食结存实际调查数	772	651	1029	598

7—8 续表 3　　（2011 年）　　计量单位：千克/人

指标名称	高邑县	深泽县	赞皇县	无极县
一、期初粮食结存	671	626	195	100
二、期内粮食收入合计	953	1274	655	1014
（一）家庭经营生产粮食	906	1182	613	913
# 谷物	906	1182	611	912
（二）购入粮食	47	92	42	100
# 谷物	42	87	40	99
三、期内粮食支出合计	1060	935	257	465
（一）主食用粮	230	213	203	173
# 谷物	225	209	201	172
（三）出售粮食	810	640	47	246
# 谷物	809	640	46	246
（四）种籽用粮食	14	24	4	9
（五）饲料用粮食	7	57	3	37
四、期末粮食结存实际调查数	522	965	541	380

7—8 续表 4　　（2011 年）　　计量单位：千克/人

指标名称	平山县	元氏县	赵　县	辛集市
一、期初粮食结存	241	174	473	545
二、期内粮食收入合计	445	1094	1391	1451
（一）家庭经营生产粮食	320	1074	1307	1212
# 谷物	306	1074	1307	1202
（二）购入粮食	124	20	84	235
# 谷物	123	18	81	232
三、期内粮食支出合计	346	1058	886	1117
（一）主食用粮	154	99	160	187
# 谷物	153	97	157	184
（三）出售粮食	90	956	701	729
# 谷物	88	956	701	725
（四）种籽用粮食	2	2	21	22
（五）饲料用粮食	100	1	4	175
四、期末粮食结存实际调查数	331	207	877	839

7—8 续表 5　　（2011 年）　　计量单位：千克/人

指标名称	藁城市	晋州市	新乐市	鹿泉市
一、期初粮食结存	25	226	448	
二、期内粮食收入合计	909	1066	1263	691
（一）家庭经营生产粮食	858	852	1226	629
# 谷物	844	852	1223	629
（二）购入粮食	51	215	37	62
# 谷物	51	211	36	59
三、期内粮食支出合计	271	708	767	462
（一）主食用粮	148	255	118	141
# 谷物	148	251	117	139
（三）出售粮食	113	298	612	301
# 谷物	112	298	609	301
（四）种籽用粮食	10	15	11	7
（五）饲料用粮食		139	25	13
四、期末粮食结存实际调查数	349	467	821	510

农村住户收入情况

7—9 （2011 年） 计量单位：元/人

指标名称	全　市	长安区	桥东区	桥西区	新华区
一、全年总收入	10453	10941	11525	14581	11029
（一）工资性收入	4668	8383	9776	11376	5301
1. 在非企业组织中劳动得到收入	298	526	3309		
2. 在本乡地域内劳动得到收入	3460	4125	4931	11376	5301
3. 外出从业得到收入	910	3733	1536		
（二）家庭经营收入	5157	1947	220	44	686
1. 第一产业收入	3258	806			218
# 农业收入	2417	569			218
牧业收入	824	237			
2. 第二产业收入	673				5
（1）工业收入	542				
（2）建筑业收入	130				5
3. 第三产业收入	1226	1141	220	44	464
# 交通．运输．邮电业收入	431	880	98		
批零贸易业．饮食业收入	488	261	42	44	464
社会服务业收入	153				
（三）财产性收入	224	382	1061	302	4794
（四）转移性收入	405	228	469	2858	248
二、全年纯收入	7822	10199	11525	14553	10762
（一）工资性收入	4668	8383	9776	11376	5301
（二）家庭经营纯收入	2555	1347	220	17	419
1. 第一产业纯收入	1701	206			-36
# 农业收入	1558	-5			-36
牧业收入	137	210			
2. 非农产业纯收入	854	1141	220	18	455
A. 第二产业纯收入	257				5
（1）工业收入	186				
（2）建筑业收入	71				5
B. 第三产业纯收入	597	1141	220	18	450
（1）交通．运输．邮电业收入	209	880	98	-1	
（2）批零贸易业．饮食业收入	229	261	42	44	452
（3）社会服务业收入	72				
（4）文教卫生业收入	36			-25	
（5）其他行业收入	51		80		-3
（三）财产性纯收入	224	382	1061	302	4794
（四）转移性纯收入	374	87	469	2858	248

7—9 续表 1　　(2011 年)　　计量单位：元/人

指标名称	裕华区	矿　区	井陉县	正定县	栾城县
一、全年总收入	13415	11216	10474	16703	11110
（一）工资性收入	11051	7364	5091	5936	5443
1. 在非企业组织中劳动得到收入	1039	807	311	302	252
2. 在本乡地域内劳动得到收入	10012	6412	2964	4046	3410
3. 外出从业得到收入		145	1815	1587	1781
（二）家庭经营收入	394	2561	4983	10224	5138
1. 第一产业收入	394	366	3239	4719	4603
# 农业收入	394	240	1098	1852	3911
牧业收入		126	2136	2843	692
2. 第二产业收入		807	268	1348	47
（1）工业收入			237	1282	19
（2）建筑业收入		807	31	66	28
3. 第三产业收入		1389	1477	4158	488
# 交通．运输．邮电业收入		1234	740	840	179
批零贸易业．饮食业收入		19	373	2514	171
社会服务业收入			302	670	114
（三）财产性收入	1735	5	123	228	70
（四）转移性收入	236	1285	276	316	459
二、全年纯收入	13247	9817	6961	9459	9226
（一）工资性收入	11051	7364	5091	5936	5443
（二）家庭经营纯收入	306	1164	1496	3052	3306
1. 第一产业纯收入	306	249	461	1459	2848
# 农业收入	306	168	682	1087	2619
牧业收入		82	-224	357	229
2. 非农产业纯收入		915	1035	1593	458
A. 第二产业纯收入		276	155	423	38
（1）工业收入			126	394	15
（2）建筑业收入		276	29	29	22
B. 第三产业纯收入		639	880	1170	421
（1）交通．运输．邮电业收入		535	437	352	125
（2）批零贸易业．饮食业收入		11	124	754	163
（3）社会服务业收入			262	-1	111
（4）文教卫生业收入			57	68	22
（5）其他行业收入		93		-3	
（三）财产性纯收入	1735	5	123	228	70
（四）转移性纯收入	155	1283	250	244	407

7—9 续表2　　（2011年）　　计量单位：元/人

指标名称	行唐县	灵寿县	高邑县	深泽县	赞皇县
一、全年总收入	5521	4837	8439	9143	4361
（一）工资性收入	1060	1690	4341	3783	1518
1．在非企业组织中劳动得到收入	51	123	292	303	64
2．在本乡地域内劳动得到收入	641	1222	3683	1644	1397
3．外出从业得到收入	368	345	366	1836	56
（二）家庭经营收入	4142	2873	3692	4699	2694
1．第一产业收入	3782	2701	2946	3162	2011
# 农业收入	3328	1702	2784	2608	1704
牧业收入	447	956	163	554	157
2．第二产业收入	8	35	109	505	290
（1）工业收入		35	31	418	241
（2）建筑业收入	8		78	87	48
3．第三产业收入	352	137	636	1032	393
# 交通．运输．邮电业收入	89	56	215	261	335
批零贸易业．饮食业收入	179	44	151	476	41
社会服务业收入	53	11	142	64	
（三）财产性收入	55	16	197	30	45
（四）转移性收入	264	257	210	630	104
二、全年纯收入	3995	3455	7204	6671	3405
（一）工资性收入	1060	1690	4341	3783	1518
（二）家庭经营纯收入	2622	1499	2458	2231	1746
1．第一产业纯收入	2440	1478	1855	1464	1462
# 农业收入	2345	1092	1771	1532	1232
牧业收入	107	347	86	18	105
2．非农产业纯收入	182	21	603	767	285
A．第二产业纯收入	-45	29	38	114	12
（1）工业收入		29	-38	140	-22
（2）建筑业收入	-45		77	-26	34
B．第三产业纯收入	226	-8	565	653	273
（1）交通．运输．邮电业收入	89	-45	174	121	227
（2）批零贸易业．饮食业收入	179	42	144	328	29
（3）社会服务业收入	53	3	131	28	
（4）文教卫生业收入	12		5	-4	
（5）其他行业收入	-107	-8	110	180	16
（三）财产性纯收入	55	16	197	30	45
（四）转移性纯收入	258	250	208	627	96

7—9 续表 3　(2011 年)　计量单位：元/人

指标名称	无极县	平山县	元氏县	赵　县	辛集市
一、全年总收入	12425	5702	9417	10040	12859
（一）工资性收入	3774	2918	3998	3453	3749
1. 在非企业组织中劳动得到收入	118	113	310	225	414
2. 在本乡地域内劳动得到收入	2587	1817	3054	2362	2339
3. 外出从业得到收入	1069	988	634	866	996
（二）家庭经营收入	8341	2406	5175	5887	7926
1. 第一产业收入	2211	1990	2654	5181	7120
# 农业收入	1776	1234	2654	4801	5028
牧业收入	434	669		380	2068
2. 第二产业收入	3745	21	447	141	102
（1）工业收入	3745	20	195		
（2）建筑业收入		1	252	141	102
3. 第三产业收入	2385	396	2074	566	704
# 交通．运输．邮电业收入	224	283	1511	210	66
批零贸易业．饮食业收入	1289	16	343	201	472
社会服务业收入	172	40		9	147
（三）财产性收入	107	37	134	206	284
（四）转移性收入	204	341	110	494	899
二、全年纯收入	7876	4168	7656	7910	8789
（一）工资性收入	3774	2918	3998	3453	3749
（二）家庭经营纯收入	3798	878	3414	3868	3896
1. 第一产业纯收入	1372	753	2185	3509	3313
# 农业收入	1222	687	2186	3362	2911
牧业收入	151	32	-2	147	377
2. 非农产业纯收入	2426	125	1230	360	583
A. 第二产业纯收入	1242	9	317	109	96
（1）工业收入	1253	10	125		
（2）建筑业收入	-11	-1	192	109	96
B. 第三产业纯收入	1184	116	913	250	488
（1）交通．运输．邮电业收入	144	102	575	131	50
（2）批零贸易业．饮食业收入	566	11	194	40	293
（3）社会服务业收入	65	14		4	127
（4）文教卫生业收入	37	14	170	32	17
（5）其他行业收入	372	-24	-26	43	
（三）财产性纯收入	107	37	134	206	284
（四）转移性纯收入	197	336	110	383	859

7—9 续表 4 （2011 年） 计量单位：元/人

指标名称	藁城市	晋州市	新乐市	鹿泉市
一、全年总收入	14935	14405	10902	12265
（一）工资性收入	5613	6891	5264	6458
1. 在非企业组织中劳动得到收入	246	276	201	322
2. 在本乡地域内劳动得到收入	5328	6615	4245	4152
3. 外出从业得到收入	38		817	1984
（二）家庭经营收入	8818	7366	5228	4684
1. 第一产业收入	5754	3610	3267	2219
# 农业收入	3955	2931	2861	1339
牧业收入	1800	679	406	880
2. 第二产业收入	528	2986	1210	225
（1）工业收入	308	2986	622	195
（2）建筑业收入	220		588	29
3. 第三产业收入	2536	770	750	2241
# 交通．运输．邮电业收入	324	139	456	635
批零贸易业．饮食业收入	1368	552	199	564
社会服务业收入	305		9	748
（三）财产性收入	170	26	237	601
（四）转移性收入	334	122	174	522
二、全年纯收入	9999	9675	9035	10063
（一）工资性收入	5613	6891	5264	6458
（二）家庭经营纯收入	3993	2636	3369	2532
1. 第一产业纯收入	2640	1585	1988	1213
# 农业收入	2325	1419	1962	962
牧业收入	315	166	26	262
2. 非农产业纯收入	1353	1051	1380	1318
A. 第二产业纯收入	249	748	942	124
（1）工业收入	146	748	480	121
（2）建筑业收入	103		461	3
B. 第三产业纯收入	1104	303	439	1194
（1）交通．运输．邮电业收入	1	67	211	360
（2）批零贸易业．饮食业收入	707	176	148	284
（3）社会服务业收入	122		-6	396
（4）文教卫生业收入		61	86	88
（5）其他行业收入	274		-1	66
（三）财产性纯收入	170	26	237	601
（四）转移性纯收入	224	122	166	473

农村住户现金收支情况

7—10 (2011年) 计量单位：元/人

指标名称	全　市	长安区	桥东区	桥西区	新华区
一、期内现金收入	9471	11116	11525	14581	11011
（一）工资性收入	4666	8383	9776	11376	5301
1. 在非企业组织中劳动得到收入	298	526	3309		
2. 在本乡地域内劳动得到收入	3458	4125	4931	11376	5301
3. 外出从业得到收入	910	3733	1536		
（二）家庭经营现金收入	4208	2185	220	44	622
1. 第一产业现金收入	2312	1044			153
# 农业现金收入	1460	584			153
牧业现金收入	833	460			
2. 第二产业现金收入	671				5
（1）工业收入	541				
（2）建筑业收入	130				5
3. 第三产业现金收入	1226	1141	220	44	464
# 交通．运输．邮电业收入	431	880	98		
批零贸易业．饮食业收入	488	261	42	44	464
社会服务业收入	153				
（三）财产性收入	198	319	1061	302	4840
（四）转移性收入	399	228	469	2858	248
# 粮食直接补贴收入	58	4		329	143
二．非收入现金所得	551	417	27	200	1
（一）非借贷性现金所得	187	223	27	73	1
（二）借贷性现金所得	365	194		127	
三．期内现金支出	8125	6943	7513	5320	23492
（一）生产费用支出	2486	196		27	309
# 家庭经营费用支出	2203	187		27	268
购置生产性固定资产支出	281	8			42
（二）税费支出	16				
（三）生活消费支出	5212	6297	7156	5176	22843
（四）财产性支出	11				
（五）转移性支出	399	450	357	116	340
四．非消费性支出	659	1322	647	127	1096
五．期末金融资产余额	11332	10100	12529	25200	32085

7—10 续表 1　　（2011 年）　　计量单位：元/人

指标名称	裕华区	矿　区	井陉县	正定县	栾城县
一、期内现金收入	13047	11035	10002	15669	9841
（一）工资性收入	11051	7337	5089	5935	5440
1. 在非企业组织中劳动得到收入	1039	802	311	302	252
2. 在本乡地域内劳动得到收入	10012	6391	2963	4046	3408
3. 外出从业得到收入		145	1815	1587	1780
（二）家庭经营现金收入	26	2416	4547	9234	3910
1. 第一产业现金收入	26	220	2803	3729	3375
# 农业现金收入	26	94	666	866	2685
牧业现金收入		126	2130	2839	690
2. 第二产业现金收入		807	268	1348	47
（1）工业收入			237	1282	19
（2）建筑业收入		807	31	66	28
3. 第三产业现金收入		1389	1477	4158	488
# 交通．运输．邮电业收入		1234	740	840	179
批零贸易业．饮食业收入		19	373	2514	171
社会服务业收入			302	670	114
（三）财产性收入	1735	5	97	218	52
（四）转移性收入	235	1277	269	282	439
# 粮食直接补贴收入	7	5	3	16	20
二．非收入现金所得	2	737	972	783	653
（一）非借贷性现金所得	2	157	150	660	487
（二）借贷性现金所得		580	822	123	166
三．期内现金支出	5701	9236	8650	15100	9480
（一）生产费用支出	88	1306	3961	6800	1915
# 家庭经营费用支出	88	1298	3216	6334	1675
购置生产性固定资产支出		8	742	436	240
（二）税费支出			1	107	
（三）生活消费支出	5350	7468	4327	7399	6779
（四）财产性支出				11	
（五）转移性支出	263	462	361	784	786
四．非消费性支出	518	1152	989	1797	605
五．期末金融资产余额	9924	5744	9283	11776	7929

7—10 续表 2　　(2011 年)　　计量单位：元/人

指标名称	行唐县	灵寿县	高邑县	深泽县	赞皇县
一、期内现金收入	3562	3688	8323	8243	2981
（一）工资性收入	1057	1690	4341	3781	1518
1. 在非企业组织中劳动得到收入	49	123	292	302	64
2. 在本乡地域内劳动得到收入	641	1222	3683	1643	1397
3. 外出从业得到收入	368	345	366	1836	56
（二）家庭经营现金收入	2196	1724	3728	3804	1306
1. 第一产业现金收入	1835	1552	2983	2267	623
# 农业现金收入	1382	580	2668	1716	292
牧业现金收入	447	943	315	548	156
2. 第二产业现金收入	8	35	109	505	290
（1）工业收入		35	31	418	241
（2）建筑业收入	8		78	87	48
3. 第三产业现金收入	352	137	636	1032	393
# 交通．运输．邮电业收入	89	56	215	261	335
批零贸易业．饮食业收入	179	44	151	476	41
社会服务业收入	53	11	142	64	
（三）财产性收入	47	16	44	28	54
（四）转移性收入	263	257	210	630	104
# 粮食直接补贴收入	98	8	94	107	46
二．非收入现金所得	266	112	6	194	31
（一）非借贷性现金所得	61	56	6	105	21
（二）借贷性现金所得	205	56		89	10
三．期内现金支出	5690	5350	3721	8186	3410
（一）生产费用支出	1553	1883	902	2291	912
# 家庭经营费用支出	1391	1120	668	2133	904
购置生产性固定资产支出	162	763	234	140	8
（二）税费支出			2	28	
（三）生活消费支出	3887	3176	2662	5382	2217
（四）财产性支出					1
（五）转移性支出	249	291	155	485	280
四．非消费性支出	304	220	61	1126	81
五．期末金融资产余额	4701	1600	9063	8397	3735

7—10 续表 3　　（2011 年）　　计量单位：元/人

指标名称	无极县	平山县	元氏县	赵　县	辛集市
一、期内现金收入	11181	5040	9190	8019	11747
（一）工资性收入	3774	2915	3998	3452	3748
1. 在非企业组织中劳动得到收入	118	113	310	225	414
2. 在本乡地域内劳动得到收入	2587	1814	3054	2361	2339
3. 外出从业得到收入	1069	988	634	866	996
（二）家庭经营现金收入	7104	1762	4966	4006	6889
1. 第一产业现金收入	1009	1346	2445	3301	6083
# 农业现金收入	574	563	2445	2924	3994
牧业现金收入	434	689		376	2064
2. 第二产业现金收入	3710	21	447	141	102
（1）工业收入	3710	20	195		
（2）建筑业收入		1	252	141	102
3. 第三产业现金收入	2385	396	2074	565	704
# 交通．运输．邮电业收入	224	283	1511	210	66
批零贸易业．饮食业收入	1289	16	343	201	472
社会服务业收入	172	40		9	147
（三）财产性收入	102	25	116	67	235
（四）转移性收入	201	338	110	494	874
# 粮食直接补贴收入	30	58	110	34	22
二．非收入现金所得	1566	736	678	1879	622
（一）非借贷性现金所得	38	526	6	357	455
（二）借贷性现金所得	1528	211	672	1522	167
三．期内现金支出	9823	5561	5532	8216	11126
（一）生产费用支出	2724	1348	2885	1837	3985
# 家庭经营费用支出	2488	1306	1386	1779	3740
购置生产性固定资产支出	236	43	1499	58	245
（二）税费支出	44		37	19	14
（三）生活消费支出	6887	3957	2559	5784	6019
（四）财产性支出				11	158
（五）转移性支出	167	255	52	566	950
四．非消费性支出	165	557		840	479
五．期末金融资产余额	38369	4643	5685	10311	15845

7—10 续表 4 （2011 年） 计量单位：元/人

指标名称	藁城市	晋州市	新乐市	鹿泉市
一、期内现金收入	12890	13418	9584	11533
（一）工资性收入	5613	6891	5264	6458
1. 在非企业组织中劳动得到收入	246	276	201	322
2. 在本乡地域内劳动得到收入	5328	6615	4245	4152
3. 外出从业得到收入	38		817	1984
（二）家庭经营现金收入	6777	6380	3944	3964
1. 第一产业现金收入	3713	2625	1983	1498
# 农业现金收入	1914	1946	1582	622
牧业现金收入	1799	678	401	876
2. 第二产业现金收入	528	2986	1210	225
（1）工业收入	308	2986	622	195
（2）建筑业收入	220		588	29
3. 第三产业现金收入	2536	770	750	2241
# 交通．运输．邮电业收入	324	139	456	635
批零贸易业．饮食业收入	1368	552	199	564
社会服务业收入	305		9	748
（三）财产性收入	166	24	203	589
（四）转移性收入	334	122	174	522
# 粮食直接补贴收入	78	94	148	64
二．非收入现金所得	1	176	265	337
（一）非借贷性现金所得	1	8	42	173
（二）借贷性现金所得		168	223	164
三．期内现金支出	9383	9387	8097	7712
（一）生产费用支出	4208	4350	1801	2069
# 家庭经营费用支出	4119	4326	1680	1857
购置生产性固定资产支出	89	25	121	213
（二）税费支出		26	5	18
（三）生活消费支出	4973	4713	6019	5017
（四）财产性支出			42	
（五）转移性支出	203	298	229	608
四．非消费性支出	196	2066	438	504
五．期末金融资产余额	23370	16605	8881	12313

农村住户支出情况

7—11 （2011年） 计量单位：元/人

指标名称	全　市	长安区	桥东区	桥西区	新华区
总　支　出	**8393**	**7207**	**7513**	**5320**	**23492**
一、家庭经营费用支出	2225	209		27	268
1. 第一产业生产费用支出	1436	209			254
# 农业生产费用支出	756	182			254
牧业生产费用支出	669	27			
2. 第二产业生产费用支出	303				
（1）工业生产费用支出	250				
（2）建筑业生产费用支出	53				
3. 第三产业生产费用支出	487			27	14
（1）交通运输邮电业生产费用支出	156			1	
（2）批零贸易餐饮业生产费用支出	215				11
（3）社会服务业生产费用支出	69				
（4）文教卫生业生产费用支出	16			25	
（5）其他行业生产费用支出	31				3
二、购置生产性固定资产支出	281	8			42
三、建造生产性固定资产雇工支出	3				
四、税费支出	16				
五、生活消费支出	5457	6541	7156	5176	22843
# 服务性支出	1154	1481	2400	802	2040
1. 食品消费支出	1675	2411	3058	2269	2091
2. 衣着消费支出	403	617	971	796	524
3. 居住消费支出	1644	645	393	418	18032
4. 家庭设备．用品消费支出	351	503	300	507	622
5. 交通和通讯消费支出	618	1174	497	579	429
6. 文化教育．娱乐消费支出	291	735	1043	435	751
7. 医疗保健消费支出	359	285	403	104	288
8. 其他商品和服务消费支出	115	170	491	68	105
六、财产性支出	11				
七、转移性支出	401	450	357	116	340

7—11 续表 1 （2011 年） 计量单位：元/人

指标名称	裕华区	矿　区	井陉县	正定县	栾城县
总　支　出	**5701**	**9327**	**8891**	**15324**	**9595**
一、家庭经营费用支出	88	1298	3226	6363	1689
1. 第一产业生产费用支出	88	114	2675	3064	1640
# 农业生产费用支出	88	69	341	761	1189
牧业生产费用支出		43	2334	2293	451
2. 第二产业生产费用支出		511	98	760	5
（1）工业生产费用支出			98	730	1
（2）建筑业生产费用支出		511		31	4
3. 第三产业生产费用支出		673	453	2539	44
（1）交通运输邮电业生产费用支出		623	188	322	38
（2）批零贸易餐饮业生产费用支出		8	234	1564	4
（3）社会服务业生产费用支出			29	590	2
（4）文教卫生业生产费用支出			2	62	
（5）其他行业生产费用支出		42			
二、购置生产性固定资产支出		8	742	436	240
三、建造生产性固定资产雇工支出			3	29	
四、税费支出			1	107	
五、生活消费支出	5350	7558	4551	7594	6875
# 服务性支出	1710	1183	1158	1526	1804
1. 食品消费支出	2107	1659	1653	2108	2023
2. 衣着消费支出	592	603	339	629	483
3. 居住消费支出	598	1674	1160	2288	1866
4. 家庭设备．用品消费支出	354	638	339	515	653
5. 交通和通讯消费支出	544	1962	326	923	779
6. 文化教育．娱乐消费支出	729	453	208	479	496
7. 医疗保健消费支出	360	470	447	513	478
8. 其他商品和服务消费支出	67	99	77	139	98
六、财产性支出				11	
七、转移性支出	263	462	367	784	791

7—11 续表 2　　　　（2011 年）　　　　计量单位：元/人

指标名称	行唐县	灵寿县	高邑县	深泽县	赞皇县
总　支　出	**5888**	**5766**	**4093**	**8589**	**3894**
一、家庭经营费用支出	1399	1208	670	2182	906
1. 第一产业生产费用支出	1266	1163	643	1593	508
# 农业生产费用支出	907	550	568	978	430
牧业生产费用支出	340	609	73	530	52
2. 第二产业生产费用支出	53	6	1	360	278
（1）工业生产费用支出		6		253	264
（2）建筑业生产费用支出	53		1	107	14
3. 第三产业生产费用支出	80	39	26	229	120
（1）交通运输邮电业生产费用支出		15	2	59	108
（2）批零贸易餐饮业生产费用支出		2	6	109	12
（3）社会服务业生产费用支出		8	4	20	
（4）文教卫生业生产费用支出			13		
（5）其他行业生产费用支出	80	13		40	1
二、购置生产性固定资产支出	162	763	234	140	8
三、建造生产性固定资产雇工支出				19	
四、税费支出			2	28	
五、生活消费支出	4073	3502	3033	5736	2699
# 服务性支出	793	714	479	1309	392
1. 食品消费支出	1228	1283	1307	1817	1220
2. 衣着消费支出	169	216	221	467	179
3. 居住消费支出	1809	997	699	1345	665
4. 家庭设备．用品消费支出	138	229	138	292	183
5. 交通和通讯消费支出	222	297	475	508	243
6. 文化教育．娱乐消费支出	106	168	65	828	64
7. 医疗保健消费支出	328	284	79	428	78
8. 其他商品和服务消费支出	73	27	49	52	66
六、财产性支出					1
七、转移性支出	254	294	155	485	280

7—11 续表3 （2011年） 计量单位：元/人

指标名称	无极县	平山县	元氏县	赵　县	辛集市
总　支　出	**10044**	**6041**	**5681**	**8416**	**11480**
一、家庭经营费用支出	2490	1402	1386	1799	3805
1. 第一产业生产费用支出	744	1170	384	1536	3636
# 农业生产费用支出	472	492	384	1303	1967
牧业生产费用支出	271	627		232	1668
2. 第二产业生产费用支出	1022	11	121	17	3
（1）工业生产费用支出	1011	9	67		
（2）建筑业生产费用支出	11	2	53	17	3
3. 第三产业生产费用支出	723	220	881	247	167
（1）交通运输邮电业生产费用支出	49	164	734	38	
（2）批零贸易餐饮业生产费用支出	466	4	109	140	148
（3）社会服务业生产费用支出	78	21		6	19
（4）文教卫生业生产费用支出	12	19	39	10	
（5）其他行业生产费用支出	118	13		53	
二、购置生产性固定资产支出	236	43	1499	58	245
三、建造生产性固定资产雇工支出					
四、税费支出	44		37	19	14
五、生活消费支出	7107	4341	2708	5964	6300
# 服务性支出	898	1263	372	1731	1802
1. 食品消费支出	1744	1480	1260	1761	1814
2. 衣着消费支出	492	276	321	382	412
3. 居住消费支出	3746	933	357	1904	1716
4. 家庭设备．用品消费支出	173	302	183	374	536
5. 交通和通讯消费支出	686	413	354	712	566
6. 文化教育．娱乐消费支出	96	199	53	235	299
7. 医疗保健消费支出	47	614	33	454	862
8. 其他商品和服务消费支出	123	124	147	141	96
六、财产性支出				11	158
七、转移性支出	167	256	52	566	957

7—11 续表 3　　(2011 年)　　计量单位：元/人

指标名称	藁城市	晋州市	新乐市	鹿泉市
总　支　出	**9581**	**9748**	**8391**	**8008**
一、家庭经营费用支出	4119	4328	1724	1857
1. 第一产业生产费用支出	2784	1941	1221	972
# 农业生产费用支出	1299	1438	841	366
牧业生产费用支出	1485	503	380	596
2. 第二产业生产费用支出	237	2002	246	76
(1) 工业生产费用支出	150	2002	126	58
(2) 建筑业生产费用支出	87		120	18
3. 第三产业生产费用支出	1098	385	257	809
(1) 交通运输邮电业生产费用支出	91	69	193	198
(2) 批零贸易餐饮业生产费用支出	609	300	49	199
(3) 社会服务业生产费用支出	160		15	286
(4) 文教卫生业生产费用支出		16		108
(5) 其他行业生产费用支出	238		1	18
二、购置生产性固定资产支出	89	25	121	213
三、建造生产性固定资产雇工支出				
四、税费支出		26	5	18
五、生活消费支出	5171	5071	6269	5312
# 服务性支出	1111	809	1370	1292
1. 食品消费支出	1625	1943	1527	1847
2. 衣着消费支出	420	462	420	426
3. 居住消费支出	1276	1289	2365	1205
4. 家庭设备．用品消费支出	242	342	395	439
5. 交通和通讯消费支出	460	619	900	521
6. 文化教育．娱乐消费支出	450	191	149	261
7. 医疗保健消费支出	327	131	408	480
8. 其他商品和服务消费支出	370	93	105	132
六、财产性支出			42	
七、转移性支出	203	298	229	608

分县（市）区农民人均纯收入

7—12 计量单位：元

行政单位	2007年	2008年	2009年	2010年	2011年
石家庄市	**4954**	**5469**	**5977**	**6577**	**7822**
长安区					10199
桥东区					11525
桥西区					14553
新华区					10762
裕华区					13247
矿　区	6328	7025	7657	8461	9817
井陉县	4527	5051	5557	6006	6961
正定县	5952	6726	7399	8139	9459
栾城县	5788	6541	7215	7938	9226
行唐县	3287	3468	3470	3647	3995
灵寿县	2898	2956	2960	3167	3455
高邑县	4551	4970	5448	6105	7204
深泽县	4611	4920	5316	5745	6671
赞皇县	2798	2886	2910	3082	3405
无极县	5321	5806	6272	6790	7876
平山县	2842	2945	3312	3681	4168
元氏县	4658	5226	5878	6600	7656
赵　县	5005	5553	6116	6815	7910
辛集县	5514	6291	6890	7652	8789
藁城市	6184	6990	7731	8603	9999
晋州市	6012	6794	7495	8327	9675
新乐市	5984	6642	7360	8169	9035
鹿泉市	6460	7106	7834	8638	10063

八、城市公用设施

城市市政公用设施水平

8—1

指标名称	计量单位	2011 年	指标名称	计量单位	2011 年
人均日生活用水量	升	118.00	污水处理率	%	95.46
用水普及率	%	100.00	# 污水处理厂集中处理率	%	95.46
燃气普及率	%	100.00	人均公园绿地面积	平方米	14.50
每万人拥有公交车辆	标台	17.50	建成区绿化覆盖率	%	47.12
人均城市道路面积	平方米	16.95	建成区绿地率	%	41.60
排水管道密度	公里/平方公里	10.22	生活垃圾无害化处理率	%	100.00

城市建设用地情况

8—2

指标名称	计量单位	2011 年	指标名称	计量单位	2011 年
市区土地面积	平方公里	455.80	仓储用地	平方公里	7.87
建成区土地面积	平方公里	210.47	对外交通用地	平方公里	11.13
城市建设用地面积	平方公里	213.76	道路广场用地	平方公里	48.54
# 居住用地	平方公里	61.00	市政公用设施用地	平方公里	6.28
公共设施用地	平方公里	24.81	绿地	平方公里	27.89
工业用地	平方公里	21.53	特殊用地	平方公里	4.71

城市供水情况

8—3

指标名称	计量单位	2011 年	指标名称	计量单位	2011 年
综合生产能力	万立方米/日	127	公共服务用水	万立方米	4099
# 地下水	万立方米/日	76	居民家庭用水	万立方米	6587
供水管道长度	公里	1462	用水户数	户	96837
供水总量	万立方米	34521	# 家庭用户	户	89969
# 生产运营用水	万立方米	10188	用水人口	万人	248

城市节约用水情况

8—4

指标名称	计量单位	2011 年	指标名称	计量单位	2011 年
实际用水量	万立方米	98438	重复利用量	万立方米	95071
# 工业	万立方米	98164	# 工业	万立方米	95071
新水取水量	万立方米	3367	节约用水量	万立方米	6300
# 工业	万立方米	3093	# 工业	万立方米	6300

城市燃气情况

8—5

指标名称	计量单位	2011 年	指标名称	计量单位	2011 年
一、人工煤气					
生产能力	万立方米/日	6.00	# 销售气量	万立方米	21290
储气能力	万立方米	2.50	# 居民家庭	万立方米	9895
供气管道长度	公里	9.80	用气户数	户	762994
供气总量	万立方米	1238	# 家庭用户	户	762478
# 销售气量	万立方米	1003	用气人口	万人	229
# 居民家庭	万立方米	255	三、液化石油气		
用气户数	户	11468	储气能力	吨	800
# 家庭用户	户	11359	供气总量	吨	33457
用气人口	万人	2.70	# 销售气量	吨	33405
二、天然气			# 家庭用户	吨	7171
储气能力	万立方米	94.47	用气户数	户	170000
供气管道长度	公里	1316.69	# 家庭用户	户	21700
供气总量	万立方米	23330	用气人口	万人	17

城市集中供热情况

8—6

指标名称	计量单位	2011 年	指标名称	计量单位	2011 年
一、蒸汽			供热能力	兆瓦	3158
供热能力	吨/小时	3657	供热总量	万吉焦	2880
供热总量	万吉焦	3993	管道长度	公里	611
管道长度	公里	470	三、供热面积	万平方米	11085
二、热水			# 住宅	万平方米	7295

城市公共汽车和出租汽车情况

8—7

指标名称	计量单位	2011 年	指标名称	计量单位	2011 年
一、公共汽车			运营线路长度	公里	2833.3
公共汽车数	辆	3489	公交专用车道长度	公里	26.8
# 天然气燃料车	辆	2402	客运总量	万人次	58556
柴油车	辆	1087	二、出租汽车		
标准运营车数	标台	4519	出租车数量	辆	6710
运营线路条数	条	184	客运总量	万人次	18036

城市市政设施情况

8—8

指标名称	计量单位	2011 年	指标名称	计量单位	2011 年
道路长度	公里	1503	# 污水管道	公里	1021.46
道路面积	万平方米	4212	污水排放量	万立方米	32043
# 人行道面积	万平方米	688	污水处理厂	座	5
桥梁数	座	292	污水处理能力	万立方米/日	102.7
# 立交桥	座	53	污水处理量	万立方米	30589
路灯盏数	千盏	98800	污水处理总量	万立方米	30589
安装路灯的道路长度	公里	1355	防洪堤长度	公里	32
排水管道长度	公里	2150.73	# 百年一遇	公里	12

城市园林绿化及风景名胜区情况

8—9

指标名称	计量单位	2011 年	指标名称	计量单位	2011 年
绿化覆盖面积	公顷	10687	公园个数	个	48
# 建成区	公顷	9917	公园面积	公顷	1412
园林绿地面积	公顷	9275	风景名胜区面积	平方公里	439
# 建成区	公顷	8756	# 可游览面积	平方公里	254
公园绿地面积	公顷	3603	游人量	万人次	516

城市市容环境卫生情况

8—10

指标名称	计量单位	2011 年	指标名称	计量单位	2011 年
道路清扫保洁面积	万平方米	3229	# 卫生填埋	吨/日	700
# 机械化	万平方米	3122	无害化处理量	万吨	75
生活垃圾清运量	万吨	75	# 卫生填埋	万吨	25
无害化处理厂（场）数	座	3	粪便清运量	万吨	0. 06
# 卫生填埋	座	1	公厕数	座	750
堆肥	座	1	市容环卫专用车辆总数	台	344
无害化处理能力	吨/日	2500			

全市工业污染排放及处理利用情况

8—11

指标名称	计量单位	2011 年
一、工业废水		
工业废水治理设施	套	621
工业废水治理设施处理能力	万吨/日	136.57
工业废水处理量	万吨	60234.43
工业废水排放量	万吨	25591.26
# 排入污水处理厂的	万吨	13084.22
化学需氧量排放量	吨	43683.05
氨氮排放量	吨	6459.67
石油类排放量	吨	174.75
挥发酚排放量	千克	4423.00
氰化物排放量	千克	1631.76
铅排放量	千克	13.37
汞排放量	千克	0.21
镉排放量	千克	0.58
六价铬排放量	千克	4.85
总铬排放量	千克	2139.99
砷排放量	千克	0.87
二、工业废气		
1. 工业废气排放总量	亿立方米	6606.44
2. 废气治理设施数	套	2382
# 脱硫设施数	套	281
脱硝设施数	套	2
除尘设施数	套	1952
3. 废气治理设施处理能力	万标立方米/时	13862.96
# 脱硫设施处理能力	万标立方米/时	4004.23
脱硝设施处理能力	万标立方米/时	36.00
除尘设施处理能力	万标立方米/时	9383.35

8—11 续表1

指标名称	计量单位	2011年
二氧化硫排放量	吨	196763.44
氮氧化物排放量	吨	215199.87
烟（粉）尘排放量	吨	96122.64
铅排放量	千克	577.09
汞排放量	千克	0.07
六价铬排放量	千克	47.31
总铬排放量	千克	47.80
三、工业固体废物		
一般工业固体废物产生量	万吨	1520.23
一般工业固体废物综合利用量	万吨	1516.66
一般工业固体废物处置量	万吨	9.05
一般工业固体废物贮存量	万吨	123.69
一般工业固体废物倾倒丢弃量	万吨	0.00
危险废物产生量	万吨	24.67
危险废物综合利用量	万吨	12.45
危险废物处置量	万吨	12.25
危险废物倾倒丢弃量	万吨	0.00
四、农业源污染排放情况		
农业源合计：		
化学需氧量排放量	万吨	18.07
氨氮排放量	万吨	0.71
其中：畜禽养殖业		
化学需氧量排放量	万吨	18.06
氨氮排放量	万吨	0.69
五、机动车污染物排放情况		
氮氧化物排放量	万吨	6.70
总颗粒物排放量	万吨	0.76

8—11 续表 2

指标名称	计量单位	2011 年
六、城镇生活污染物排放情况		
城镇生活污水排放量	万吨	28631.22
城镇生活化学需氧量产生量	吨	118334.04
城镇生活化学需氧量排放量	吨	11687.05
城镇生活氨氮产生量	吨	16172.32
城镇生活氨氮排放量	吨	3133.76
生活二氧化硫排放量	吨	10233.13
生活氮氧化物排放量	吨	3191.49
生活烟尘排放量	吨	1759.00
七、城镇污水处理情况		
污水处理厂处理能力	万吨/日	180.57
污水处理量	万吨	52401.86
# 处理工业废水量	万吨	23121.78
污水再生利用量	万吨	1099.56
化学需氧量去除量	吨	183442.36
氨氮去除量	吨	18454.42
总磷去除量	吨	1447.54
污泥产生量	万吨	35.56
污泥处置量	万吨	35.56
污泥倾倒丢弃量	万吨	
八、危险废物（医疗废物）集中处置情况		
危险废物实际处置能力	吨/日	72.20
危险废物处置量	吨	8774.71
# 处置工业危险废物量	吨	8557.31
焚烧残渣安全填埋处置量	吨	76.70

九、农村经济

农村基层组织和基础设施情况

9—1　　　(2011 年)　　　计量单位：个

行政单位	一、农村基层组织情况			二、农村基础设施		
	乡镇个数	# 镇个数	村委会个数	自来水受益村	通汽车村数	通电话村数
石家庄市	**220**	**124**	**4386**	**4017**	**4386**	**4385**
长 安 区	3	3	26	26	26	26
桥 东 区	1	1				
桥 西 区			15	15	15	15
新 华 区	4	2	19	19	19	19
裕 华 区	1	1	6	6	6	6
矿　 区	3	2				
高 新 区	2	2	28	28	28	28
井 陉 县	17	10	318	275	318	317
正 定 县	8	3	154	154	154	154
栾 城 县	7	4	173	173	173	173
行 唐 县	15	4	330	256	330	330
灵 寿 县	15	6	279	183	279	279
高 邑 县	5	3	107	107	107	107
深 泽 县	6	3	125	125	125	125
赞 皇 县	11	2	212	135	212	212
无 极 县	11	6	213	213	213	213
平 山 县	23	12	717	690	717	717
元 氏 县	15	6	208	157	208	208
赵　 县	11	7	281	281	281	281
辛 集 市	15	8	344	344	344	344
藁 城 市	14	13	239	239	239	239
晋 州 市	10	9	224	224	224	224
新 乐 市	11	8	160	160	160	160
鹿 泉 市	12	9	208	207	208	208

乡村人口与乡村从业人员情况

9—2　　　　(2011年)　　　　计量单位：户、人

行政单位	一、乡村户数	二、乡村劳动力资源数	三、乡村从业人员					
			合计	(一)按性别分		(二)按国民经济行业分		
				1. 男	2. 女	1. 农林牧渔业从业人员	2. 工业从业人员	#采矿业
石家庄市	**1784496**	**4028595**	**3694823**	**1964502**	**1730321**	**1445283**	**1055209**	**43322**
长安区	18538	32823	32297	16115	16182	6997	14801	13
桥东区								
桥西区	9309	20464	17724	8606	9118	1643	4379	
新华区	20090	46139	27708	14066	13642	3590	13164	
裕华区	6589	14490	13517	8109	5408	4980	4652	
矿区								
高新区	18899	38225	37772	19899	17873	7477	22800	
井陉县	82312	165829	146633	82134	64499	62126	40517	14002
正定县	98835	242274	224297	119099	105198	69516	52175	1482
栾城县	72209	177801	163956	86023	77933	44109	49498	34
行唐县	106661	189855	187638	96007	91631	87530	35917	4310
灵寿县	72445	145421	135836	74615	61221	82130	24928	2981
高邑县	44213	98745	97067	50822	46245	47070	22176	55
深泽县	61161	133506	127365	66890	60475	49664	38472	663
赞皇县	60920	132549	124993	68746	56247	49372	20859	3025
无极县	115694	262193	248574	124517	124057	116374	76875	
平山县	115763	256455	235183	139485	95698	152675	39276	10720
元氏县	97261	285300	239413	127417	111996	159238	25194	1528
赵县	124115	309408	288365	150757	137608	102549	88805	
辛集市	153313	336571	301476	161367	140109	97749	115401	
藁城市	186499	431467	396468	213897	182571	82080	136729	175
晋州市	123980	276589	259123	136126	122997	94236	105899	
新乐市	102161	233566	221169	112785	108384	53320	82020	391
鹿泉市	93529	198925	168249	87020	81229	70858	40672	3943

9—2 续表 1 （2011 年） 计量单位：户、人

行政单位	三、乡村从业人员（续）					
	（二）按国民经济行业分（续）					
	2. 工业从业人员（续）		3. 建筑业从业人员	4. 交通运输业、仓储业和邮电通讯业从业人员	5. 信息传输、计算机服务和软件业从业人员	6. 批发和零售业从业人员
	制造业	电力、煤气及水的生产和供应业				
石家庄市	**986612**	**25275**	**376489**	**213828**	**15141**	**252048**
长安区	14474	314	4551	737	128	1884
桥东区						
桥西区	3362	1017	1780	1012	141	2577
新华区	13164		1513	1154		2707
裕华区	4642	10	1401	571	35	842
矿区						
高新区	22800		3401	345		1610
井陉县	25869	646	9775	10795	328	5998
正定县	47798	2895	39405	16704	2007	15564
栾城县	48461	1003	25479	12372	321	13504
行唐县	30553	1054	20850	10985	288	9530
灵寿县	21584	363	6090	4606	4154	4536
高邑县	21750	371	7539	4046	262	5232
深泽县	36916	893	15800	8000	226	8570
赞皇县	17536	298	10394	12220	865	13099
无极县	75975	900	18484	8564	120	18241
平山县	26306	2250	11614	7420	306	11406
元氏县	22923	743	23186	8088	724	5787
赵县	87129	1676	30207	19464	890	15775
辛集市	114523	878	34762	11894	602	13338
藁城市	133978	2576	53343	37861	2179	40456
晋州市	104795	1104	17125	11256	30	17001
新乐市	77698	3931	25302	14683	818	28637
鹿泉市	34376	2353	14488	11051	717	15754

9—2 续表 2　　　　(2011 年)　　　　计量单位：户、人

行政单位	三、乡村从业人员（续）					
	（二）按国民经济行业分（续）					
	7. 住宿和餐饮业从业人员	8. 金融业从业人员	9. 房地产业从业人员	10. 租赁和商务服务业从业人员	11. 科学研究、技术服务和地质勘查业从业人员	12. 水利、环境和公共设施管理业从业人员
石家庄市	**88534**	**13267**	**3182**	**35473**	**5127**	**5888**
长安区	1576	136	35	106	40	36
桥东区						
桥西区	705	122	120	721	12	145
新华区	1876	47	42	725		112
裕华区	117	29		40		14
矿　区						
高新区	552	63	37	75	28	34
井陉县	2629	241	74	624	147	138
正定县	9333	612	269	3112	107	882
栾城县	3796	125		2362		22
行唐县	5500	817	81	1760	200	465
灵寿县	1412	374	34	242	22	660
高邑县	3769	526	8	263	45	89
深泽县	1772	373	15	339	44	40
赞皇县	10598	900	412	498	1592	160
无极县	1212	1183	50	600		104
平山县	853	449	485	2597	1441	178
元氏县	4602	452	530	7497	164	330
赵　县	8176	1557		440	475	485
辛集市	3036	1519	292	1284	161	600
藁城市	14217	1325	308	8745	269	691
晋州市	3790	782		762	95	237
新乐市	5789	983	357	697	192	163
鹿泉市	3224	652	33	1984	93	303

9—2 续表 3 （2011 年） 计量单位：户、人

行政单位	三、乡村从业人员（续）					
	（二）按国民经济行业分（续）					（三）按文化程度分
	13. 居民服务和其他服务业从业人员	14. 教育从业人员	15. 卫生、社会保障和社会福利业从业人员	16. 文化、体育和娱乐业从业人员	17. 公共管理和社会组织从业人员	1. 文盲、半文盲从业人员
石家庄市	**83722**	**30452**	**23962**	**20990**	**26228**	**47861**
长安区	674	249	123	23	201	9
桥东区						
桥西区	3404	209	273	183	298	14
新华区	1173	442	72	50	1041	316
裕华区	632	102	45		57	2
矿区						
高新区	776	98	313	27	136	
井陉县	6691	1210	980	2696	1664	4
正定县	3762	2547	3239	2441	2622	3310
栾城县	6300	2582	2128	586	772	
行唐县	7618	1564	1848	835	1850	28
灵寿县	3737	1232	760	524	395	4054
高邑县	5055	350	310	88	239	55
深泽县	1080	684	745	513	1028	584
赞皇县	267	398	896	785	1678	2638
无极县	2836	100	300	1980	1551	9074
平山县	919	1540	2014	165	1845	15518
元氏县	551	1216	619	431	804	6910
赵县	6717	3033	2725	4902	2165	1872
辛集市	14215	2592	1205	917	1909	1347
藁城市	7439	4338	1632	1469	3387	878
晋州市	3248	1336	1280	1159	887	172
新乐市	1840	3720	1680	534	434	236
鹿泉市	4788	910	775	682	1265	840

9—2 续表4　　(2011年)　　计量单位：户、人

行政单位	三、乡村从业人员（续）				
	（三）按文化程度分（续）				
	2. 小学文化程度从业人员	3. 初中文化程度从业人员	4. 高中文化程度从业人员	5. 中专文化程度从业人员	6. 大专及大专以上文化程度从业人员
石家庄市	**791721**	**1776656**	**871666**	**126238**	**80681**
长安区	5047	15394	8943	1898	1006
桥东区					
桥西区	1200	5623	5285	2943	2659
新华区	4212	8166	10128	3327	1559
裕华区	2691	6103	3738	678	305
矿区					
高新区	2236	14008	14999	4509	2020
井陉县	27263	70184	38403	7055	3724
正定县	45059	108122	52402	6840	8564
栾城县	25522	78106	42553	11677	6098
行唐县	37150	96620	50550	2510	780
灵寿县	40107	60624	27900	2256	895
高邑县	17209	38597	34930	4295	1981
深泽县	37839	60106	26049	1552	1235
赞皇县	23568	77140	19896	1275	476
无极县	93849	96465	45599	2337	1250
平山县	49329	106396	40387	16188	7365
元氏县	63114	108295	44510	10807	5777
赵县	48992	165255	54744	9520	7982
辛集市	67540	153835	67231	7858	3665
藁城市	75859	209704	96968	8109	4950
晋州市	62079	125584	68512	2189	587
新乐市	32281	103257	68948	9243	7204
鹿泉市	29575	69072	48991	9172	10599

农业机械化情况

9—3　　（2011 年）

行政单位	农用机械总动力（千瓦）			
	合　计	1. 柴油发动机动　力	2. 汽油发动机动　力	3. 电动机动力
石家庄市	**19770068**	**14446023**	**80958**	**5242671**
长 安 区	19157	10577	2570	6010
桥 东 区	4771	3131	190	1450
桥 西 区	15816	13670	855	1291
新 华 区	31831	18416	465	12950
裕 华 区	1506			1506
矿　区	26811	19641	94	7076
高 新 区	63717	46673	5790	11254
井 陉 县	460248	357032	193	103023
正 定 县	1443378	1007417	6350	429611
栾 城 县	605425	365595	1069	238761
行 唐 县	1360450	978958	899	380593
灵 寿 县	544896	444015	8037	92844
高 邑 县	396195	330163		66032
深 泽 县	633149	546108		87041
赞 皇 县	462350	414455		47895
无 极 县	968091	841963	1390	124738
平 山 县	946763	751785	9898	185080
元 氏 县	627929	530796	594	96539
赵　县	2582982	1713631	3486	865865
辛 集 市	1974358	1496629	20196	457533
藁 城 市	2247926	1468569	10596	768761
晋 州 市	1370854	1096873	2302	271679
新 乐 市	2350763	1569464	5438	775445
鹿 泉 市	630702	420462	546	209694

9—3 续表 1　　(2011 年)

行政单位	一、拖拉机及配套农具			
	大中型拖拉机	小型拖拉机	大中型拖拉机配套农具	小型拖拉机配套农具
	(台)	(台)	(台)	(台)
石家庄市	**28514**	**173181**	**58213**	**166408**
长 安 区	53	174	50	60
桥 东 区	89	75	8	23
桥 西 区	17	22		
新 华 区	138	213	227	68
裕 华 区				
矿 区	119	740	168	376
高 新 区	171	303	171	301
井 陉 县	538	19435	377	16962
正 定 县	1913	7646	3561	5925
栾 城 县	1354	5962	2567	13666
行 唐 县	1413	5824	4293	10848
灵 寿 县	1116	7636	1188	5208
高 邑 县	916	9100	1217	6564
深 泽 县	945	2446	3622	1568
赞 皇 县	1874	16602	2603	16800
无 极 县	1760	11535	2882	2626
平 山 县	1263	9505	8972	4630
元 氏 县	1307	12631	4799	13056
赵 县	1629	9248	4299	31116
辛 集 市	1646	17380	3414	10864
藁 城 市	4674	6587	5323	4895
晋 州 市	1476	17829	3081	9751
新 乐 市	2789	4500	3300	5800
鹿 泉 市	1314	7788	2091	5301

9—3 续表2

(2011年)

行政单位	二、农用排灌机械				
	1. 农用排灌动力机械	#（1）电动机	#（2）柴油机	2. 农用水泵	3. 节水灌溉机械
	（台）	（台）	（台）	（台）	（套）
石家庄市	**430984**	**234325**	**196659**	**210766**	**7714**
长安区	565	565		874	
桥东区	100	100		100	
桥西区	88	88		88	3
新华区	667	660	7	659	39
裕华区	153	153		153	
矿区	127	120	7	120	
高新区	620	620		30	
井陉县	3723	2446	1277	2146	134
正定县	31493	17438	14055	14274	126
栾城县	17200	11348	5852	7171	51
行唐县	21812	10988	10824	14068	724
灵寿县	17770	7580	10190	6050	15
高邑县	10615	5986	4629	3664	
深泽县	7214	4412	2802	5457	31
赞皇县	8202	3502	4700	7028	
无极县	28900	12780	16120	12780	
平山县	22537	11492	11045	5198	52
元氏县	20551	10809	9742	9286	124
赵县	36655	28774	7881	28999	4
辛集市	47907	20626	27281	22959	19
藁城市	27985	21627	6358	21627	6107
晋州市	21526	12170	9356	11002	192
新乐市	96041	42201	53840	31720	21
鹿泉市	8533	7840	693	5313	72

9—3 续表 3

(2011 年)

行政单位	三、收获机械		四、农用运输车(包括机动三轮车)	五、农业机械化项目水平(公顷)		
	联合收割机	机动脱粒机		(一)当年实际机耕地面积	(二)当年机械播种面积	(三)当年机械收获面积
	(台)	(台)	(辆)			
石家庄市	**20347**	**31108**	**477961**	**483511**	**669358**	**489459**
长 安 区	31		457	5995	6943	4993
桥 东 区	11		45	415	480	415
桥 西 区	16	3	134	272	272	272
新 华 区	30	52	129	3299	3299	2007
裕 华 区				1520	1520	760
矿 区	118	58	267	1000	1800	1300
高 新 区	50		2043	3071	5882	5882
井 陉 县	391	6156	8539	12300	9000	4900
正 定 县	1105		36548	29770	45940	28750
栾 城 县	975	2910	5066	20000	28100	26000
行 唐 县	1401		41211	38860	45400	25400
灵 寿 县	904	485	17211	15330	13680	9910
高 邑 县	651		2786	16600	18400	10100
深 泽 县	900		18686	5501	26142	17882
赞 皇 县	667	3837	7202	15440	20315	12200
无 极 县	1106		28463	33090	45983	32777
平 山 县	555	6562	15068	15950	20390	11800
元 氏 县	1616		7194	32967	40200	37132
赵 县	1811	1155	63528	42580	58720	56260
辛 集 市	1709	3030	41276	57582	89684	56418
藁 城 市	2089	747	64020	30000	61999	53333
晋 州 市	1465		57800	40500	51327	35594
新 乐 市	2076	1300	52862	43272	43272	32460
鹿 泉 市	670	4813	7426	18197	30610	22914

农业主要能源及物资消耗情况

9—4 (2011 年)

行政单位	一、农村用电量（万千瓦时）	二、农用化肥施用量（吨）				
		按实物量计算				
		合 计	氮肥	磷肥	钾肥	复合肥
石家庄市	**747484**	**1713196**	**938286**	**470681**	**58222**	**246007**
长 安 区	1000	15917	10239	3807	652	1219
桥 东 区	5126	522	287	76		159
桥 西 区	5567	670	343	92	56	179
新 华 区	10200	3001	1177	515	391	918
裕 华 区	880	2372	1010	440	232	690
矿 区	15401	4469	3037	372	60	1000
高 新 区	4400	13031	7200	2585	1026	2220
井 陉 县	17903	39220	20909	10215	801	7295
正 定 县	17035	167516	99228	39940	4078	24270
栾 城 县	14440	49604	21871	17021	1628	9084
行 唐 县	21977	101443	80550	7750	758	12385
灵 寿 县	26508	56472	32456	15465	867	7684
高 邑 县	12183	28935	12109	4770	1241	10815
深 泽 县	24960	50947	24555	13676	1196	11520
赞 皇 县	38335	35629	15399	6385		13845
无 极 县	38572	111639	63399	35810	2930	9500
平 山 县	15148	67312	39776	20310	24	7202
元 氏 县	19002	115910	56068	37610	2182	20050
赵 县	45737	148746	68783	38482	12817	28664
辛 集 市	34096	224025	109629	85355	8394	20647
藁 城 市	91740	226241	124407	68129	7951	25754
晋 州 市	215006	105446	65268	22886	2316	14976
新 乐 市	23538	101637	59310	28903	6416	7008
鹿 泉 市	48730	42492	21276	10087	2206	8923

9—4 续表 1　　(2011 年)

行政单位	二、农用化肥施用量（吨）（续）				
	按折纯法计算				
	合　计	氮肥	磷肥	钾肥	复合肥
石家庄市	**486890**	**269573**	**81966**	**27172**	**108179**
长 安 区	3578	1539	1144	312	583
桥 东 区	134	66	11		57
桥 西 区	246	103	18	28	97
新 华 区	1194	286	124	168	616
裕 华 区	792	310	93	94	295
矿　 区	1350	911	77	2	360
高 新 区	4994	2869	700	281	1144
井 陉 县	11272	5016	2144	319	3793
正 定 县	45067	25475	6604	2135	10853
栾 城 县	16438	8275	3581	765	3817
行 唐 县	24250	16467	1166	384	6233
灵 寿 县	10038	6463	2036	295	1244
高 邑 县	11690	4433	845	434	5978
深 泽 县	15512	7759	1858	600	5295
赞 皇 县	12674	3848	1917		6909
无 极 县	28740	18122	5517	1405	3696
平 山 县	14434	7955	4183	13	2283
元 氏 县	32450	16816	7520	1105	7009
赵　 县	58121	30559	9326	6219	12017
辛 集 市	63473	39387	13187	3212	7687
藁 城 市	58879	31102	10924	3976	12877
晋 州 市	32733	19751	3263	1116	8603
新 乐 市	23175	14412	3180	3131	2452
鹿 泉 市	15656	7649	2548	1178	4281

9—4 续表 2

(2011 年)

行政单位	三、农用塑料薄膜使用情况			四、农用柴油消耗量（吨）	五、农　药使用量（吨）
	塑料薄膜使用量（吨）	# 地膜使用量	地膜覆盖面积（公顷）		
石家庄市	**7299**	**3145**	**51767**	**383209**	**13729**
长安区	136	17	229	195	480
桥东区	6	1	28	39	16
桥西区	5	5	80	131	23
新华区	30	30	571	390	500
裕华区	4	4	56	84	8
矿　区	10	2	28	134	44
高新区	35	11	154	1493	40
井陉县	86	28	404	9670	203
正定县	796	262	3896	9601	513
栾城县	144	78	1055	9098	289
行唐县	268	200	4255	79185	535
灵寿县	109	47	656	8498	145
高邑县	424	67	890	3100	307
深泽县	74	35	586	3538	234
赞皇县	368	145	1985	28600	403
无极县	470	125	2140	18784	584
平山县	142	138	2588	7687	209
元氏县	600	380	6445	67710	550
赵　县	189	73	1488	20113	2092
辛集市	1101	581	10013	38695	3549
藁城市	1009	334	5299	28677	622
晋州市	96	35	491	19245	1015
新乐市	584	482	7555	20050	648
鹿泉市	613	65	875	8492	720

农田水利建设情况

9—5　　(2011 年)

行政单位	一、有效灌溉面积（公顷）	二、旱涝保收面积（公顷）	三、机电排灌面积（公顷）	四、机电井年末达到数(眼)
石家庄市	**501124**	**474664**	**466614**	**142251**
长 安 区	4160	4160	4160	1446
桥 东 区	377	377	377	140
桥 西 区	250	250	250	89
新 华 区	1870	1870	1870	506
裕 华 区	760	760	760	259
矿　区	1840	810	990	142
高 新 区	3370	3370	3370	1650
井 陉 县	12000	8640	3960	642
正 定 县	29890	29890	29890	11299
栾 城 县	24880	24880	24880	7710
行 唐 县	28270	26270	26270	8825
灵 寿 县	18490	9150	10960	2424
高 邑 县	16110	16110	16110	3173
深 泽 县	18880	18880	18880	6303
赞 皇 县	10330	3100	8100	3091
无 极 县	35190	35190	35190	10826
平 山 县	17400	13900	8650	2824
元 氏 县	26540	26540	26540	5980
赵　县	48220	48220	48220	12579
辛 集 市	55857	55857	55857	14637
藁 城 市	54440	54440	54440	18219
晋 州 市	40740	40740	40740	12054
新 乐 市	27500	27500	27820	12418
鹿 泉 市	23760	23760	18330	5015

农业主要产品生产情况

9—6　　(2011 年)　　计量单位：公顷、公斤/公顷、吨

行政单位	农作物总播种面积	一、粮食作物合计			(一) 夏收粮食		
		播种面积	单　产	总产量	播种面积	单　产	总产量
石家庄市	**1011117**	**769860**	**6907**	**5317179**	**381277**	**6635**	**2529675**
长安区	9568	8062	5680	45791	4604	5172	23811
桥东区	631	382	5927	2264	183	5552	1016
桥西区	1248	328	6229	2043	198	6061	1200
新华区	5048	3098	6652	20608	1564	6020	9415
裕华区	1979	1529	6440	9846	805	5845	4705
矿　区	2964	2454	5608	13762	999	4907	4902
高新区	7048	5882	6824	40138	3001	6572	19724
井陉县	32226	25579	4485	114734	8586	4368	37507
正定县	55737	42300	7851	332078	20991	7363	154566
栾城县	48895	34474	8009	276118	17867	7364	131579
行唐县	59250	46311	6668	308788	20000	5990	119802
灵寿县	36869	30670	5023	154058	12884	4648	59887
高邑县	31018	22911	6845	156826	11760	6574	77316
深泽县	35014	27372	7063	193342	12698	6828	86696
赞皇县	35176	25877	4873	126093	11445	4763	54511
无极县	64461	49262	7366	362863	25667	7115	182622
平山县	46371	36611	5882	215351	16618	6247	103808
元氏县	63185	53333	6379	340214	26866	5815	156220
赵　县	85834	71452	7935	566976	39344	7583	298329
辛集市	102718	76814	7060	542272	41204	6794	279926
藁城市	109568	71446	7993	571041	35657	7567	269815
晋州市	63720	54185	6924	375179	27594	6867	189480
新乐市	64937	44563	7585	337997	24280	6794	164950
鹿泉市	47652	34965	5972	208797	16462	5946	97888

9—6 续表1　　（2011年）　　计量单位：公顷、公斤/公顷、吨

行政单位	夏收粮食中：冬小麦			（二）秋收粮食		
	播种面积	单　产	总产量	播种面积	单　产	总产量
石家庄市	**380421**	**6643**	**2527071**	**388583**	**7174**	**2787504**
长安区	4604	5172	23811	3458	6356	21980
桥东区	183	5552	1016	199	6271	1248
桥西区	198	6066	1201	130	6485	843
新华区	1564	6020	9415	1534	7297	11193
裕华区	805	5845	4705	724	7101	5141
矿　区	999	4907	4902	1455	6089	8860
高新区	3001	6572	19724	2881	7086	20414
井陉县	8586	4368	37507	16993	4545	77227
正定县	20991	7363	154566	21309	8330	177512
栾城县	17731	7393	131080	16607	8703	144539
行唐县	20000	5990	119802	26311	7183	188986
灵寿县	12450	4734	58935	17786	5295	94171
高邑县	11760	6574	77316	11151	7130	79510
深泽县	12655	6837	86528	14674	7268	106646
赞皇县	11445	4763	54511	14432	4960	71582
无极县	25667	7115	182622	23595	7639	180241
平山县	16441	6282	103285	19993	5579	111543
元氏县	26866	5815	156220	26467	6952	183994
赵　县	39344	7583	298329	32108	8367	268647
辛集市	41204	6794	279926	35610	7367	262346
藁城市	35591	7568	269352	35789	8417	301226
晋州市	27594	6867	189480	26591	6984	185699
新乐市	24280	6794	164950	20283	8532	173047
鹿泉市	16462	5946	97888	18503	5994	110909

9—6 续表 2　　(2011 年)　　计量单位：公顷、公斤/公顷、吨

行政单位	1. 谷物			# (1) 玉米		
	播种面积	单　产	总产量	播种面积	单　产	总产量
石家庄市	**730976**	**7123**	**5206951**	**339912**	**7816**	**2656871**
长安区	8032	5695	45746	3428	6399	21935
桥东区	382	5927	2264	199	6271	1248
桥西区	309	6356	1964	111	6874	763
新华区	3094	6655	20591	1530	7305	11176
裕华区	1529	6440	9846	724	7101	5141
矿　区	2416	5628	13597	1417	6136	8695
高新区	5882	6824	40138	2881	7086	20414
井陉县	22296	4819	107441	12261	5539	67909
正定县	41034	8006	328506	20043	8678	173940
栾城县	34161	8060	275345	16430	8781	144265
行唐县	40283	7191	289663	19469	8635	168106
灵寿县	26766	5358	143422	13966	5990	83658
高邑县	22313	6912	154226	10503	7305	76725
深泽县	25833	7314	188949	12998	7831	101787
赞皇县	23652	5122	121134	11667	5625	65625
无极县	46951	7594	356533	20317	8474	172162
平山县	33635	6216	209087	15524	6677	103651
元氏县	50333	6508	327556	22334	7568	169023
赵　县	71222	7942	565663	31878	8386	267334
辛集市	74421	7195	535462	32040	7860	251840
藁城市	68874	8189	564028	33283	8854	294676
晋州市	51005	7238	369171	21497	8094	173995
新乐市	43214	7690	332308	18934	8839	167358
鹿泉市	33339	6128	204311	16478	6399	105445

9—6 续表3　　(2011年)　　计量单位：公顷、公斤/公顷、吨

行政单位	(2) 谷子			(3) 高粱		
	播种面积	单　产	总产量	播种面积	单　产	总产量
石家庄市	**9624**	**2054**	**19771**	**194**	**3469**	**673**
长 安 区						
桥 东 区						
桥 西 区						
新 华 区						
裕 华 区						
矿　 区						
高 新 区						
井 陉 县	1335	1268	1693	23	2391	55
正 定 县						
栾 城 县						
行 唐 县	688	1968	1354	54	3704	200
灵 寿 县	279	2348	655			
高 邑 县	50	3700	185			
深 泽 县	180	3522	634			
赞 皇 县	500	1924	962	2	1500	3
无 极 县	917	1666	1528	20	2750	55
平 山 县	1231	548	674	66	4167	275
元 氏 县	1000	1826	1826			
赵　 县						
辛 集 市	1177	3140	3696			
藁 城 市						
晋 州 市	1890	2975	5623	24	3042	73
新 乐 市						
鹿 泉 市	377	2496	941	5	2400	12

9—6 续表4 （2011年） 计量单位：公顷、公斤/公顷、吨

行政单位	2. 豆类			# 大豆		
	播种面积	单 产	总产量	播种面积	单 产	总产量
石家庄市	**15466**	**1300**	**20102**	**12795**	**1269**	**16237**
长安区	30	1500	45	30	1500	45
桥东区						
桥西区	19	4158	79	19	4158	79
新华区	4	4250	17	4	4250	17
裕华区						
矿 区	23	1913	44	5	2400	12
高新区						
井陉县	1887	606	1144	1146	628	720
正定县	989	1740	1721	989	1740	1721
栾城县	304	2385	725	177	1548	274
行唐县	568	1403	797	538	1385	745
灵寿县	120	1333	160	108	1241	134
高邑县	163	2245	366	128	2188	280
深泽县	952	1189	1132	878	1091	958
赞皇县	600	1153	692	530	1192	632
无极县	1020	1314	1340			
平山县	646	1813	1171	552	1792	989
元氏县	1000	995	995	867	832	721
赵 县						
辛集市	1445	1462	2112	1445	1462	2112
藁城市	1727	1389	2399	1720	1382	2377
晋州市	2420	1045	2529	2284	988	2256
新乐市	580	1929	1119	580	1929	1119
鹿泉市	969	1563	1515	795	1316	1046

9—6 续表5 （2011年） 计量单位：公顷、公斤/公顷、吨

行政单位	3. 薯类			二、油料		
	播种面积	单　产	总产量	播种面积	单　产	总产量
石家庄市	**23418**	**3849**	**90126**	**61205**	**3514**	**215067**
长安区				188	3553	668
桥东区						
桥西区						
新华区				98	3296	323
裕华区						
矿　区	15	8067	121	51	2216	113
高新区						
井陉县	1396	4405	6149	2654	2251	5975
正定县	277	6682	1851	4587	4291	19685
栾城县	9	5333	48	420	3410	1432
行唐县	5460	3357	18328	6319	3213	20301
灵寿县	3784	2768	10476	2506	2063	5169
高邑县	435	5136	2234	1240	3760	4663
深泽县	587	5555	3261	1725	3828	6603
赞皇县	1625	2626	4267	6800	2295	15605
无极县	1291	3865	4990	4645	3520	16350
平山县	2330	2186	5093	3695	2419	8937
元氏县	2000	5832	11663	2833	2690	7622
赵　县	230	5709	1313	883	4390	3876
辛集市	948	4956	4698	7911	4515	35719
藁城市	845	5460	4614	2445	4716	11530
晋州市	760	4578	3479	3071	3158	9699
新乐市	769	5943	4570	8000	4612	36893
鹿泉市	657	4522	2971	1134	3443	3904

9—6 续表 6　　(2011 年)　　计量单位：公顷、公斤/公顷、吨

行政单位	油料作物中：花生			三、棉花		
	播种面积	单　产	总产量	播种面积	单　产	总产量
石家庄市	**54622**	**3658**	**199784**	**11965**	**1055**	**12629**
长安区	156	3897	608	143	951	136
桥东区				6	1167	7
桥西区						
新华区	78	3295	257	22	2364	52
裕华区						
矿　区	11	2455	27			
高新区						
井陉县	728	2574	1874	154	786	121
正定县	4356	4333	18876	302	834	252
栾城县	175	4103	718	61	607	37
行唐县	6113	3242	19818	667	678	452
灵寿县	2412	2115	5101	237	717	170
高邑县	1200	3800	4560	95	1137	108
深泽县	1725	3828	6603	603	1005	606
赞皇县	5200	2400	12480	147	653	96
无极县	4645	3520	16350	370	676	250
平山县	2931	2387	6995	670	955	640
元氏县	2400	2833	6800	667	1049	700
赵　县	883	4390	3876	120	908	109
辛集市	7732	4553	35206	7023	1140	8006
藁城市	2445	4716	11530	234	1812	424
晋州市	3056	3169	9683	60	900	54
新乐市	8000	4612	36893	183	967	177
鹿泉市	376	4066	1529	201	1154	232

9—6 续表 7　　(2011 年)　　计量单位：公顷、公斤/公顷、吨

行政单位	四、蔬菜、瓜类			(一) 蔬菜 (含菜用瓜)		
	播种面积	单　产	总产量	播种面积	单　产	总产量
石家庄市	**163662**	**78090**	**12780320**	**153535**	**79588**	**12219605**
长 安 区	1175	62399	73319	1155	62510	72199
桥 东 区	243	49490	12026	226	50181	11341
桥 西 区	920	68804	63300	920	68804	63300
新 华 区	1830	57790	105755	1760	58000	102080
裕 华 区	450	72587	32664	450	72587	32664
矿　　区	450	42731	19229	450	42731	19229
高 新 区	1166	69147	80625	1166	69147	80625
井 陉 县	3772	52020	196221	3772	52020	196221
正 定 县	8510	99313	845155	7928	102716	814334
栾 城 县	12113	97748	1184026	11834	98704	1168067
行 唐 县	4652	68360	318010	4231	71508	302550
灵 寿 县	3036	60609	184008	2878	62957	181189
高 邑 县	6742	71550	482393	6319	71849	454015
深 泽 县	5314	75967	403687	5179	76280	395056
赞 皇 县	2226	55617	123803	1896	61903	117368
无 极 县	10184	74450	758194	9664	74581	720754
平 山 县	5142	44265	227611	4691	45982	215700
元 氏 县	6342	68720	435821	5527	72195	399022
赵　　县	13286	76039	1010259	12211	77431	945504
辛 集 市	10870	89359	971331	10834	89487	969507
藁 城 市	35406	80353	2844971	34885	80707	2815464
晋 州 市	6404	73415	470151	6341	73791	467909
新 乐 市	12191	86149	1050248	8235	97202	800460
鹿 泉 市	11238	78974	887513	10983	79673	875047

9—6 续表8　　(2011年)　　计量单位：公顷、公斤/公顷、吨

行政单位	(二) 瓜类			瓜类中：西瓜		
	播种面积	单　产	总产量	播种面积	单　产	总产量
石家庄市	**10127**	**55368**	**560715**	**8857**	**58804**	**520829**
长 安 区	20	56000	1120	20	56000	1120
桥 东 区	17	40294	685	13	45000	585
桥 西 区						
新 华 区	70	52500	3675	70	52500	3675
裕 华 区						
矿　区						
高 新 区						
井 陉 县						
正 定 县	582	52957	30821	365	62912	22963
栾 城 县	279	57201	15959	152	65908	10018
行 唐 县	421	36722	15460	235	42043	9880
灵 寿 县	158	17842	2819	158	17842	2819
高 邑 县	423	67087	28378	423	67087	28378
深 泽 县	135	63933	8631	105	72219	7583
赞 皇 县	330	19500	6435	90	24567	2211
无 极 县	520	72000	37440	520	72000	37440
平 山 县	451	26410	11911	329	25465	8378
元 氏 县	815	45152	36799	600	50750	30450
赵　县	1075	60237	64755	1075	60237	64755
辛 集 市	36	50667	1824	21	62571	1314
藁 城 市	521	56635	29507	521	56635	29507
晋 州 市	63	35587	2242	42	27833	1169
新 乐 市	3956	63142	249788	3865	63689	246158
鹿 泉 市	255	48886	12466	253	49115	12426

9—6 续表 9　　(2011 年)　　计量单位：公顷、公斤/公顷、吨

行政单位	五、粮食作物占用耕地		六、蔬菜作物占用耕地
	面　积	单　产	
石家庄市	**406026**	**13096**	**74998**
长 安 区	4031	11360	578
桥 东 区	382	5927	226
桥 西 区	197	10371	424
新 华 区	1564	13176	634
裕 华 区	805	12231	150
矿　　区	1353	10171	287
高 新 区	2941	13648	306
井 陉 县	16992	6752	1856
正 定 县	21598	15375	3964
栾 城 县	17237	16019	4696
行 唐 县	23156	13335	2350
灵 寿 县	17786	8662	2878
高 邑 县	11520	13613	3153
深 泽 县	13704	14108	2590
赞 皇 县	13860	9098	948
无 极 县	26584	13650	5360
平 山 县	24250	8880	2660
元 氏 县	27571	12340	5525
赵　　县	39225	14454	5230
辛 集 市	38407	14119	5417
藁 城 市	35789	15956	15308
晋 州 市	27093	13848	3150
新 乐 市	22338	15131	2910
鹿 泉 市	17643	11835	4398

水果生产情况

9—7 （2011年）

行政单位	一、水果产量（不含果用瓜）（吨）	# 1. 苹果	红富士苹果	国光苹果	2. 梨
石家庄市	**2188003**	**307756**	**244837**	**14970**	**1408130**
长安区	2680				
桥东区	3059				3059
桥西区	80	80	50	30	
新华区	2680	515			1780
裕华区	50				
矿　区	4832	4300	2100	150	100
高新区					
井陉县	36694	24991	24208	116	316
正定县	12000	1000	200		3000
栾城县	3072	720	459		900
行唐县	108585	6000	5650	79	1950
灵寿县	19427	5800	3800		5500
高邑县	1614				660
深泽县	82140	53254	47533	2629	18215
赞皇县	141800	3900	3700		3000
无极县	32960	15000	12000	3000	16000
平山县	53374	18390	12320	107	4190
元氏县	13580	5400	3550		3700
赵　县	524058				524000
辛集市	440376	114813	98237	2477	260293
藁城市	190455	28507	13500	4200	149732
晋州市	444755	6549	4684		387372
新乐市	30010	3100	2480	620	23000
鹿泉市	39722	15437	10366	1562	1363

9—7 续表1 （2011年）

行政单位	一、水果产量（吨）（续）				
	梨产量（续）		3. 桃	4. 葡萄	5. 红枣
	雪花梨	鸭梨			
石家庄市	**466092**	**582165**	**88596**	**70238**	**247232**
长安区			2680		
桥东区					
桥西区					
新华区			150	220	
裕华区				50	
矿区	40	20	100	10	12
高新区					
井陉县	221	78	682	75	2312
正定县			7500	300	
栾城县	567	187	14	1400	21
行唐县	980	320	190	255	100000
灵寿县	3100		250	110	400
高邑县			150	80	340
深泽县	368	156	1862	7819	227
赞皇县	3000		100		125000
无极县	9000	7000	1500	400	60
平山县	1540	2650	5650	300	6000
元氏县	1223	1020	200	100	1980
赵县	324000	200000	10	29	12
辛集市	13014	78086	44867	7282	1891
藁城市	56416	85707	4925	4957	1885
晋州市	45947	189258	14136	36630	28
新乐市	5750	17250	3200	400	10
鹿泉市	926	433	430	9821	7054

9—7 续表 2 （2011 年）

行政单位	二、果园面积（公顷）	# 苹果园	梨园	桃园	葡萄园
石家庄市	**165424**	**17563**	**49899**	**4372**	**4798**
长安区	108			108	
桥东区	115		115		
桥西区	3	3			
新华区	67	15	39	4	7
裕华区	2				2
矿　区	267	250	4	6	1
高新区					
井陉县	2481	1334	6	72	2
正定县	1300	334	333	467	33
栾城县	140	32	24	2	68
行唐县	41959	400	63	48	53
灵寿县	3242	180	130	30	30
高邑县	170		9	7	4
深泽县	3923	2174	767	114	770
赞皇县	30513	1210	953	53	
无极县	2000	1000	867	80	40
平山县	9235	1992	231	468	40
元氏县	4648	200	180	12	10
赵　县	16717		16716		1
辛集市	20844	5796	11967	1994	313
藁城市	6568	1298	4789	159	158
晋州市	16066	545	12055	589	2872
新乐市	940	140	600	133	13
鹿泉市	4116	660	51	26	381

林业生产情况

9—8 (2011年)

行政单位	一、营林情况（公顷）					
	1. 当年造林面积	# 当年人工造林面积	2. 封山育林面积	3. 当年零星（四旁）植树（万株）	4. 育苗面积	5. 当年苗木产量（万株）
石家庄市	**24677**	**16076**	**52640**	**1602**	**2764**	**8754**
长安区	56	56			10	5
桥东区					6	97
桥西区				11		
新华区				8	94	55
裕华区				1		
矿　区	27	27	1333	4	13	60
高新区						
井陉县	1820	1153	2567	201	173	437
正定县	753	753		12	50	300
栾城县	547	547		62	262	197
行唐县	1326	793	1466	150	67	280
灵寿县	2026	1093	7932	56	60	500
高邑县	476	476		26	133	20
深泽县	767	767		77	38	82
赞皇县	3367	700	15398	85	800	5300
无极县	1033	1033		21	25	16
平山县	4667	2000	10333	400	230	95
元氏县	2973	2306	3066	70	40	210
赵　县	393	393		57	33	51
辛集市	200	200		79	218	380
藁城市	1533	1533		75	299	180
晋州市	486	486		71	35	63
新乐市	887	887		65	50	225
鹿泉市	1340	873	10545	71	128	200

9—8 续表

（2011 年）

行政单位	一、营林情况（公顷）（续）		二、主要林产品产量		三、木材采伐量（立方米）	
	6. 当年幼林抚育作业面积	7. 当年成林抚育面积	干果（吨）	# 核桃		# 村及村以下
石家庄市	**91376**	**63899**	**38560**	**31613**	**37694**	**37412**
长 安 区					1370	1370
桥 东 区		33				
桥 西 区						
新 华 区						
裕 华 区						
矿　 区	1333	200	55	55	70	70
高 新 区						
井 陉 县	21535	21957	1353	1353	938	656
正 定 县					3018	3018
栾 城 县	4528				2000	2000
行 唐 县	5000	1533	129	100	1284	1284
灵 寿 县	2000	5000	9990	5800	5123	5123
高 邑 县			10	10	83	83
深 泽 县	774	504	5	5	2499	2499
赞 皇 县	9999	6666	13000	12000	2000	2000
无 极 县	4200	2800			6000	6000
平 山 县	30000	14000	11768	10050	5000	5000
元 氏 县	3100	4200	1110	1100	988	988
赵　 县	1840					
辛 集 市	1865	1561			1600	1600
藁 城 市					945	945
晋 州 市					766	766
新 乐 市	167	100			2885	2885
鹿 泉 市	5035	5345	1140	1140	1125	1125

畜牧业生产情况

9—9　　(2011 年)

行政单位	一、当年出售和自宰的（百头、百只）					
	（一）大牲畜	1. 牛	2. 马	3. 驴	4. 骡	（二）猪
石家庄市	**6878**	**6080**	**172**	**478**	**148**	**57705**
长安区	15	15				239
桥东区						30
桥西区	2	2				34
新华区						78
裕华区						60
矿　区	1	1				295
高新区	13	13				72
井陉县	438	421	5	8	4	1367
正定县	760	760				5668
栾城县	457	457				3410
行唐县	716	670	8	28	10	2670
灵寿县	221	203	5	9	4	2762
高邑县	21	21				1009
深泽县	100	90	1	7	2	2120
赞皇县	741	736	2	2	1	1271
无极县	708	623	17	28	40	3426
平山县	127	127				1973
元氏县	584	548		36		2904
赵　县	165	156		9		4261
辛集市	344	135	66	95	48	6830
藁城市	608	576	7	16	9	5851
晋州市	244	195	20	19	10	4190
新乐市	483	202	41	220	20	4544
鹿泉市	130	129		1		2641

9—9 续表1 (2011年)

行政单位	一、当年出售和自宰的（百头、百只）（续）				
	（三）羊	（四）家禽	# 鸡	鸭	（五）兔
石家庄市	**15235**	**1556260**	**1544140**	**11831**	**59918**
长安区	31	2462	2462		
桥东区	9	310	310		
桥西区	5	900	900		100
新华区	21	750	750		
裕华区	3	820	820		
矿区	20	1910	1910		
高新区	5	351	351		
井陉县	1429	39674	38518	1156	3415
正定县	512	197019	197019		
栾城县	528	179055	178924	131	780
行唐县	635	43880	43880		800
灵寿县	614	27183	27166	17	3183
高邑县	242	28080	28080		6360
深泽县	1004	24469	24039	357	954
赞皇县	553	28010	28010		4000
无极县	1541	109874	109874		4850
平山县	690	16700	16450	250	10000
元氏县	1703	77632	77534	98	3600
赵县	736	93016	93016		1196
辛集市	1514	211495	211495		4871
藁城市	1616	219921	213945	5976	3130
晋州市	1242	101268	99162	1890	6276
新乐市	198	105650	105240	410	5985
鹿泉市	384	45831	44285	1546	418

9—9 续表2　　(2011 年)

行政单位	二、期末存栏（百头、百只）							
	(一)大牲畜	1. 牛	(1) 肉牛	(2) 奶牛	(3) 役用牛	2. 马	3. 驴	4. 骡
石家庄市	**8939**	**8203**	**3744**	**4211**	**248**	**154**	**469**	**113**
长安区	27	27		27				
桥东区	4	4		4				
桥西区	1	1	1					
新华区								
裕华区	1	1		1				
矿区	2	2	2					
高新区	18	18	9	9				
井陉县	556	526	479	32	15	6	21	3
正定县	961	961	471	490				
栾城县	612	612	165	447				
行唐县	893	880	30	840	10	2	7	4
灵寿县	449	362	114	201	47	19	51	17
高邑县	31	31	7	24				
深泽县	156	133	9	124		5	13	5
赞皇县	818	807	787		20	4	4	3
无极县	953	830	426	404		16	70	37
平山县	222	222	150	42	30			
元氏县	716	676	294	261	121		40	
赵县	198	193	83	110			5	
辛集市	577	437	181	256		33	105	2
藁城市	693	671	312	359		3	12	7
晋州市	293	241	178	63		16	18	18
新乐市	506	318	23	295		50	122	16
鹿泉市	252	250	23	222	5		1	1

9—9 续表 3

(2011 年)

行政单位	二、期末存栏（百头、百只）（续）				
	（二）猪	（三）羊	（四）家禽	# 鸡	（五）兔
石家庄市	**35632**	**12757**	**1224124**	**1215907**	**31008**
长安区	205	37	1450	1450	
桥东区	20	22	295	295	
桥西区	40	2	910	900	30
新华区	31	28	1416	1416	
裕华区	40	4	908	908	
矿　区	210	22	2150	2150	
高新区	103	8	2519	2516	
井陉县	890	1172	34540	33152	2187
正定县	3579	439	151017	151017	
栾城县	1930	436	126477	126402	455
行唐县	1710	590	35572	35572	400
灵寿县	1680	506	20512	20476	1825
高邑县	616	180	17895	17895	1659
深泽县	1198	763	18878	18561	761
赞皇县	857	521	23331	23331	900
无极县	2235	1231	83870	83870	3910
平山县	1380	680	14109	13859	2300
元氏县	1849	1367	58865	58815	2300
赵　县	2396	535	64938	64938	710
辛集市	3896	1527	186866	186866	1808
藁城市	3272	1132	173635	170080	1945
晋州市	2872	1065	78408	77668	4177
新乐市	3300	169	83542	83138	5310
鹿泉市	1323	321	42021	40632	331

9—9 续表4

(2011 年)

行政单位	三、肉类产量(吨)	#1. 牛肉	2. 驴肉	3. 猪肉	4. 羊肉	5. 家禽肉	6. 兔肉
石家庄市	**762293**	**98107**	**4049**	**438727**	**20925**	**187060**	**9007**
长 安 区	2410	240		1816	45	309	
桥 东 区	284			228	10	46	
桥 西 区	493	32		258	7	180	15
新 华 区	755			600	32	123	
裕 华 区	567			456	4	107	
矿 区	2441	11		2212	27	191	
高 新 区	884	215		623	2	44	
井 陉 县	24606	6768	70	10393	1928	4792	562
正 定 县	79738	12274		43077	666	23721	
栾 城 县	55821	7301		25575	721	21441	103
行 唐 县	37625	10623	224	20287	835	5359	102
灵 寿 县	28889	3289	66	20992	809	3233	389
高 邑 县	12637	336		7561	331	3392	1017
深 泽 县	22167	1440	69	16112	1406	2940	152
赞 皇 县	26286	11918	18	9660	693	3361	600
无 极 县	52794	10075	168	25986	2127	13223	714
平 山 县	22054	2080		15440	1022	2012	1500
元 氏 县	43239	8873	270	22073	2262	9222	539
赵 县	47412	2521	70	32388	1029	11139	250
辛 集 市	84467	2166	857	51911	2118	25380	697
藁 城 市	83281	9261	100	44460	2246	26353	471
晋 州 市	50721	3310	142	31844	1786	12356	943
新 乐 市	54337	3273	1991	34598	278	12641	889
鹿 泉 市	28385	2101	4	20177	541	5495	64

9—9 续表 5 (2011 年)

行政单位	四、其他畜产品产量（吨）				
	1. 奶类产量	# 牛奶产量	2. 蜂蜜产量	3. 禽蛋产量	# 鸡蛋
石家庄市	**1190059**	**1187733**	**2386**	**1063007**	**1055752**
长 安 区	7010	7010		1305	1305
桥 东 区	321	321		265	265
桥 西 区				790	790
新 华 区	10	10		1133	1133
裕 华 区	500	500		731	731
矿　　区			4	1960	1960
高 新 区	1976	1976		1834	1834
井 陉 县	10280	10280	84	30822	29378
正 定 县	109162	109162		127626	127626
栾 城 县	124501	124501		105949	105849
行 唐 县	273196	272446	3	31100	31100
灵 寿 县	43392	43392	98	18461	18409
高 邑 县	7561	7561		14588	14588
深 泽 县	40396	40396		17873	17545
赞 皇 县			1050	19120	19120
无 极 县	95100	95100	70	73811	73811
平 山 县	13393	13393	700	12480	12288
元 氏 县	79250	79250	175	51798	51742
赵　　县	40050	40050	150	60600	60600
辛 集 市	69352	69352		160221	160221
藁 城 市	95224	95184		148114	145049
晋 州 市	21789	21789	26	71185	70895
新 乐 市	91015	89542		74424	73826
鹿 泉 市	66581	66518	26	36817	35687

渔业生产情况

9—10　　(2011 年)

行政单位	水产品总产量（吨）	# 内陆养殖	# 鱼类	水产品养殖面积（公顷）	# 池塘养殖	水库养殖
石家庄市	**34619**	**24180**	**22859**	**15546**	**834**	**14609**
长安区	9	9	7	10	10	
桥东区	4	4	4	1	1	
桥西区						
新华区	52	52	46	10	10	
裕华区	4	4	4	1	1	
矿　区	30	30	30	7	4	3
高新区	15	15	15	1	1	
井陉县	553	553	553	164	60	104
正定县	1580	1580	1480	233	133	
栾城县	6	6	6	1	1	
行唐县	1997	1717	1624	827	12	815
灵寿县	8050	3750	3747	2749	52	2697
高邑县						
深泽县	104	104	36	10	10	
赞皇县	1100	751	751	457	4	450
无极县	60	60		3	3	
平山县	13680	9280	8560	8850	137	8713
元氏县	1032	1022	1022	254	4	250
赵　县	3	3		2	2	
辛集市	42	42	42	12	12	
藁城市	54	54	54	1	1	
晋州市						
新乐市	21	21		2	2	
鹿泉市	6223	5123	4878	1951	374	1577

农林牧渔业总产值

9—11　(2011年)　计量单位：万元

行政单位	农林牧渔业总产值	一、农业产值	(一)谷物及其他作物产值				
			总计	1. 谷物	2. 薯类	3. 油料	4. 豆类
石家庄市	**7272965**	**3870787**	**1365579**	**1050112**	**68344**	**148776**	**8958**
长安区	32448	21668	10584	9224		457	20
桥东区	7188	2902	500	455			
桥西区	15974	13650	461	397			35
新华区	25790	19658	4798	4143		217	7
裕华区	10303	6283	2062	1983			
矿区	12701	6037	2955	2657	70	50	22
高新区	22805	18533	8407	8085			
井陉县	162262	58125	31999	21676	4765	3380	518
正定县	564592	224300	86652	66126	1435	13937	756
栾城县	507418	230473	59759	55436	29	674	435
行唐县	386495	157017	92431	58314	14204	14376	360
灵寿县	238326	121464	43541	28861	7957	3663	70
高邑县	156893	111546	39382	31091	1352	3282	183
深泽县	225147	130747	48294	38061	2516	4675	523
赞皇县	209595	110911	40151	24426	3307	10356	301
无极县	417627	179825	92207	71958	3867	11576	588
平山县	333215	204349	56672	42281	3646	5908	510
元氏县	371169	168887	85796	66080	8830	5264	471
赵县	502332	323836	123711	113555	794	2744	
辛集市	809687	444024	171309	108232	3641	25197	927
藁城市	1084171	698254	132084	113563	3501	8163	1061
晋州市	442060	247836	89944	74809	2696	6872	1181
新乐市	407850	208501	101416	66952	3406	26120	491
鹿泉市	339730	193806	48809	41205	2303	2202	782

9—11 续表1 （2011年） 计量单位：万元

行政单位	一、农业产值（续）					
	(一)谷物及其他作物产值(续)		（二）蔬菜园艺作物		（三）水果、坚果、饮料和香料	（四）中药材
	5. 棉花	6. 烟草	1. 蔬菜	2. 花卉		
石家庄市	**33606**	**737**	**1709577**	**3134**	**677581**	**23727**
长安区	362		10399		685	
桥东区	19		1677		725	
桥西区			10507	2655	27	
新华区	138		13141	602	991	
裕华区			3688	510	23	
矿　区			1863	5	1092	25
高新区			9895			
井陉县	322		12220		13828	78
正定县	671		113876	176	6228	171
栾城县	98		151214	140	3082	264
行唐县	1203	345	23981		34845	3195
灵寿县	452	808	10632		21364	
高邑县	287		69402	106	2656	
深泽县	1613		54972	10	27132	
赞皇县	255		11571		54711	3195
无极县	665		74478		12114	
平山县	1703		24211	634	48592	12815
元氏县	1863		68087	257	10061	4245
赵　县	290		94532	120	104637	
辛集市	21304		160893		110885	918
藁城市	1128		515590	398	48329	
晋州市	144		52108		105784	
新乐市	471		80145		26278	
鹿泉市	617		127365	279	16509	39

9—11 续表2 (2011年) 计量单位：万元

行政单位	二、林业产值			
	合计	(一) 林木的培育和种植	(二) 竹木采运	(三) 林产品
石家庄市	**66753**	**50503**	**2262**	**13988**
长安区	120	38	82	
桥东区	5	5		
桥西区	110	110		
新华区	101	101		
裕华区	10	10		
矿区	281	257	4	20
高新区				
井陉县	6185	5768	56	361
正定县	873	692	181	
栾城县	2174	2054	120	
行唐县	3382	3305	77	
灵寿县	4478	2631	307	1540
高邑县	440	435	5	
深泽县	1652	1527	125	
赞皇县	3632	3512	120	
无极县	2330	1970	360	
平山县	18894	13075	300	5519
元氏县	3594	3535	59	
赵县	1128	1128		
辛集市	2016	1572	96	348
藁城市	2290	2233	57	
晋州市	1131	1085	46	
新乐市	1556	1383	173	
鹿泉市	3096	3028	68	

9—11 续表3 （2011 年） 计量单位：万元

行政单位	三、牧业产值						
	合　计	（一）牲畜饲养	（1）牛	（2）羊	(3)其他牲畜	（4）奶产品	（5）毛绒产品
石家庄市	**3030654**	**904721**	**363037**	**127117**	**11245**	**399520**	**3802**
长 安 区	9173	3520	896	269		2355	
桥 东 区	976	184		76		108	
桥 西 区	1714	167	119	48			
新 华 区	2612	203		200		3	
裕 华 区	2005	197		29		168	
矿　 区	6028	186	55	130			1
高 新 区	4272	1478	776	38		664	
井 陉 县	90236	35776	22191	9547	104	3454	480
正 定 县	328648	86154	45380	4051		36678	45
栾 城 县	261576	73511	27287	4315		41832	77
行 唐 县	217728	137363	40006	5005	467	91794	91
灵 寿 县	100443	32123	12121	4707	171	14580	544
高 邑 县	41867	5867	1254	2028		2540	45
深 泽 县	86522	28259	5374	8952	42	13573	318
赞 皇 县	92793	47764	43947	3776	41		
无 极 县	226241	83600	37199	13276	819	31954	352
平 山 县	76947	17863	7583	5659		4500	121
元 氏 县	182867	74053	32721	13926	540	26628	238
赵　 县	159486	28764	9315	5605	139	13457	248
辛 集 市	346366	49938	8036	13258	4980	23302	362
藁 城 市	368313	81094	34393	14232	195	31996	278
晋 州 市	182603	30913	11643	11105	461	7321	383
新 乐 市	184142	46804	12061	1590	2659	30366	128
鹿 泉 市	123317	33079	7703	2973	10	22362	31

9—11 续表 4　　(2011 年)　　计量单位：万元

行政单位	三、牧业产值（续）					
	（二）猪的饲养	（三）家禽饲养	1. 肉禽	2. 禽蛋	（四）其他畜牧业	# 兔
石家庄市	**830375**	**1201336**	**334444**	**866892**	**94222**	**8389**
长 安 区	4063	1590	526	1064		
桥 东 区	510	282	66	216		
桥 西 区	578	836	192	644	133	
新 华 区	1326	1083	160	923		
裕 华 区	1020	771	175	596	17	
矿　 区	4027	1813	382	1431	2	
高 新 区	1224	1570	75	1495		
井 陉 县	19138	33813	8570	25243	729	683
正 定 县	96356	146138	42123	104015		
栾 城 县	57970	125938	38882	87056	4157	94
行 唐 县	45390	34729	9382	25347	246	240
灵 寿 县	46954	20844	5813	15031	522	452
高 邑 县	17153	17893	6004	11889	954	954
深 泽 县	36040	20080	5306	14774	2143	229
赞 皇 县	21607	21572	5989	15583	1850	800
无 极 县	58242	83647	23491	60156	752	716
平 山 县	33541	13709	3590	10119	11834	1476
元 氏 县	49368	58820	16605	42215	626	504
赵　 县	64298	65805	19701	46104	619	454
辛 集 市	116117	175798	45218	130580	4513	877
藁 城 市	99467	185302	48508	136794	2450	462
晋 州 市	71230	79749	21813	57936	711	690
新 乐 市	53165	83275	22619	60656	898	898
鹿 泉 市	44897	39612	9916	29696	5729	62

9—11 续表 5　　(2011 年)　　计量单位：万元

行政单位	四、渔业产值	# 鱼类	甲壳类	五、农林牧渔服务业产值
石家庄市	**44243**	**33187**	**3168**	**260528**
长 安 区	22	9		1465
桥 东 区	5	5		3300
桥 西 区				500
新 华 区	95	55		3324
裕 华 区	5	5		2000
矿　　区	25	25		330
高 新 区				
井 陉 县	1618	1618		6098
正 定 县	2431	1771		8340
栾 城 县	5	5		13190
行 唐 县	2668	2264	165	5700
灵 寿 县	8963	7616	1338	2978
高 邑 县				3040
深 泽 县	1407	47		4819
赞 皇 县	1209	1209		1050
无 极 县	396			8835
平 山 县	21811	15361	2416	11214
元 氏 县	1321	1320	1	14500
赵　　县	20			17862
辛 集 市	53	53		17228
藁 城 市	14	14		15300
晋 州 市				10490
新 乐 市	17			13634
鹿 泉 市	9615	7938	60	9896

农林牧渔业中间消耗

9—12 （2011 年） 计量单位：万元

行政单位	农林牧渔业中间消耗总计	一、农业中间消耗		
		合计	1. 物质消耗	2. 生产服务支出
石家庄市	**3122999**	**1349743**	**1057909**	**291834**
长安区	12241	5742	4772	970
桥东区	2917	693	588	105
桥西区	7248	5840	4473	1367
新华区	8201	4915	3420	1495
裕华区	4659	2501	1973	528
矿区	5920	2692	2192	500
高新区	9854	7756	7052	704
井陉县	68987	21309	17542	3767
正定县	294830	83317	66292	17025
栾城县	229565	96886	88845	8041
行唐县	180853	56518	44429	12089
灵寿县	109321	48441	36628	11813
高邑县	68969	44457	35805	8652
深泽县	103327	49456	40484	8972
赞皇县	83981	42141	34156	7985
无极县	202076	72912	57056	15856
平山县	129901	77326	61104	16222
元氏县	170705	58789	46300	12489
赵县	207293	114378	88181	26197
辛集市	376411	190486	181598	8888
藁城市	484479	278534	211686	66848
晋州市	203048	98636	98636	
新乐市	182850	77844	66584	11260
鹿泉市	139619	68995	55466	13529

9—12 续表 1　　(2011 年)　　计量单位：万元

行政单位	二、林业中间消耗合计			三、牧业中间消耗		
	合　计	1. 物质消耗	2. 生产服务支出	合　计	1. 物质消耗	2. 生产服务支出
石家庄市	**13435**	**9238**	**4197**	**1605944**	**1530306**	**75638**
长 安 区	69	69		5687	5438	249
桥 东 区	2	1	1	511	484	27
桥 西 区	59	49	10	1097	1032	65
新 华 区	55	45	10	1529	1000	529
裕 华 区	5	5		1143	1087	56
矿　区	75	65	10	2965	2815	150
高 新 区				2098	2000	98
井 陉 县	2568	1934	634	41830	39240	2590
正 定 县	559	479	80	205734	196536	9198
栾 城 县	936	778	158	125094	119309	5785
行 唐 县	1502	1291	211	118782	110116	8666
灵 寿 县	1567	1046	521	53954	51365	2589
高 邑 县	63	52	11	23446	21752	1694
深 泽 县	612	531	81	50144	48982	1162
赞 皇 县	743	563	180	40124	37734	2390
无 极 县	1162	890	272	123337	116788	6549
平 山 县	3838	2684	1154	34087	32423	1664
元 氏 县	1341	1038	303	102681	97752	4929
赵　县	548	410	138	83241	79247	3994
辛 集 市	914	895	19	174983	164646	10337
藁 城 市	1214	1012	202	196937	185121	11816
晋 州 市	412	331	81	98714	93717	4997
新 乐 市	431	376	55	97695	94894	2801
鹿 泉 市	1393	1123	270	60302	57406	2896

9—12 续表 2　　(2011 年)　　计量单位：万元

行政单位	四、渔业中间消耗			五、农林牧渔服务业中间消耗合计
	合　计	1. 物质消耗	2. 生产服务支出	
石家庄市	**19887**	**16455**	**3432**	**133990**
长 安 区	11	10	1	732
桥 东 区	2	2		1709
桥 西 区				252
新 华 区	40	20	20	1662
裕 华 区	2	2		1008
矿　　区	12	10	2	176
高 新 区				
井 陉 县	660	527	133	2620
正 定 县	1300	1085	215	3920
栾 城 县	2	2		6647
行 唐 县	1201	768	433	2850
灵 寿 县	3858	3179	679	1501
高 邑 县				1003
深 泽 县	639	566	73	2476
赞 皇 县	590	512	78	383
无 极 县	212	112	100	4453
平 山 县	9379	7728	1651	5271
元 氏 县	586	489	97	7308
赵　　县	16	12	4	9110
辛 集 市	36	31	5	9992
藁 城 市	8	7	1	7786
晋 州 市				5286
新 乐 市	7	4	3	6873
鹿 泉 市	4476	3690	786	4453

农林牧渔业增加值

9—13　　(2011 年)　　计量单位：万元

行政单位	农林牧渔业增加值	1. 农业	2. 林业	3. 牧业	4. 渔业	5. 农林牧渔服务业
石家庄市	**4149966**	**2521044**	**53318**	**1424710**	**24356**	**126538**
长安区	20207	15926	51	3486	11	733
桥东区	4271	2209	3	465	3	1591
桥西区	8726	7810	51	617		248
新华区	17589	14743	46	1083	55	1662
裕华区	5644	3782	5	862	3	992
矿区	6781	3345	206	3063	13	154
高新区	12951	10777		2174		
井陉县	93275	36816	3617	48406	958	3478
正定县	269762	140983	314	122914	1131	4420
栾城县	277853	133587	1238	136482	3	6543
行唐县	205642	100499	1880	98946	1467	2850
灵寿县	129005	73023	2911	46489	5105	1477
高邑县	87924	67089	377	18421		2037
深泽县	121820	81291	1040	36378	768	2343
赞皇县	125614	68770	2889	52669	619	667
无极县	215551	106913	1168	102904	184	4382
平山县	203314	127023	15056	42860	12432	5943
元氏县	200464	110098	2253	80186	735	7192
赵县	295039	209458	580	76245	4	8752
辛集市	433276	253538	1102	171383	17	7236
藁城市	599692	419720	1076	171376	6	7514
晋州市	239012	149200	719	83889		5204
新乐市	225000	130657	1125	86447	10	6761
鹿泉市	200111	124811	1703	63015	5139	5443

农林牧渔业商品产值

9—14　　(2011 年)　　计量单位：万元

行政单位	农林牧渔业商品产值	一、农业商品产值				
		合　计	(一) 谷物及其他作物			
			小　计	1. 谷物	2. 薯类
石家庄市	**5214466**	**2642085**	**655447**	**498059**	**43111**
长安区	24872	16513	6742	6107	
桥东区	3396	2415	383	364	
桥西区	12474	11048	29		
新华区	19776	16968	2523	2213	
裕华区	7434	5657	1565	1565	
矿　区	8364	2883	1298	1298	
高新区	18494	14621	6468	6468	
井陉县	117474	31094	14603	10753	2493
正定县	440100	148145	47987	37295	659
栾城县	438758	182917	37748	37472	
行唐县	315674	119407	62362	36869	14113
灵寿县	143339	80066	9449	1295	4860
高邑县	123357	91177	23000	19986	
深泽县	180122	101852	25637	19277	1752
赞皇县	167540	81667	22450	15585	2825
无极县	299959	97093	45646	33605	1900
平山县	221897	133188	33607	24745	1697
元氏县	231047	107935	59565	48106	6067
赵　县	377770	235825	91012	87706	667
辛集市	593211	285516	111306	74184	1493
藁城市	905047	574612	101525	90851	2236
晋州市	292753	154752	40964	37535	388
新乐市	278001	132725	56571	28920	2819
鹿泉市	263788	141418	23541	21117	256

9—14 续表 1 （2011 年） 计量单位：万元

行政单位	一、农业商品产值（续）				
	（一）谷物及其他作物（续）				
	3. 油料	4. 豆类	5. 棉花	6. 烟叶	7. 其他农作物
石家庄市	**89142**	**4688**	**19612**	**720**	**115**
长安区	412	15	208		
桥东区			19		
桥西区					29
新华区	217	4	89		
裕华区					
矿区					
高新区					
井陉县	1060	297			
正定县	9045	410	578		
栾城县	205	71			
行唐县	9571	305	727	294	483
灵寿县	2931	49	71	243	
高邑县	2781	160	73		
深泽县	3663	287	500		158
赞皇县	3886	120	34		
无极县	9664	193	284		
平山县	4318	142	419		2286
元氏县	3314	238	1840		
赵县	2208		202		229
辛集市	10378	473	20026		4752
藁城市	5714	835	1016		873
晋州市	2271	389	71		310
新乐市	21948	263	355		2266
鹿泉市	1368	161	584		55

9—14 续表 2　　(2011 年)　　计量单位：万元

行政单位	一、农业商品产值（续）					
	（二）蔬菜、园艺作物				（三）水果、坚果、饮料和香料作物	（四）中药材
	合　计	1. 蔬菜	2. 花卉	3. 其他园艺作物		
石家庄市	**1391401**	**1304567**	**3117**		**573250**	**21987**
长 安 区	9122	9122			649	
桥 东 区	1342	1342			690	
桥 西 区	10995	8790	2205		24	
新 华 区	13455	12741	588		990	
裕 华 区	4069	3559	510		23	
矿　　区	732	721	5		829	24
高 新 区	8153	7968				
井 陉 县	4821	4821			11606	64
正 定 县	94257	78949	176		5730	171
栾 城 县	142065	127027	110		2844	260
行 唐 县	19794	17229			34056	3195
灵 寿 县	50401	4474			20216	
高 邑 县	65782	65678	104		2395	
深 泽 县	49387	49039	10		26828	
赞 皇 县	7126	5908			49428	2663
无 极 县	39735	38965			11712	
平 山 县	46983	6764	581		42478	10120
元 氏 县	36433	35803	214		7785	4152
赵　　县	63350	62483	120		81463	
辛 集 市	84587	84571			88798	825
藁 城 市	429827	427940	349		43260	
晋 州 市	26063	26063			87725	
新 乐 市	58535	58073			17619	
鹿 泉 市	102688	101684	279		15151	38

9—14 续表 3　　(2011 年)　　计量单位：万元

行政单位	二、林业商品产值		三、牧业商品产值		
				(一) 牲畜的饲养	
	总 计	林产品	总 计	合 计	1. 牛
石家庄市	**5377**	**1744**	**2532774**	**752654**	**291215**
长 安 区			8337	2841	836
桥 东 区			976	184	
桥 西 区			1426	145	107
新 华 区	101		2612	203	
裕 华 区			1772	197	
矿　 区	20	20	5439	170	55
高 新 区			3873	1434	753
井 陉 县	788	288	84109	33818	21329
正 定 县	130		289722	78959	40397
栾 城 县	441		255395	69083	27086
行 唐 县			193601	118340	22750
灵 寿 县	1260	1260	55758	9216	
高 邑 县	3		32177	4698	1195
深 泽 县	115		76749	25135	5314
赞 皇 县	1320		83433	46540	43501
无 极 县			202483	70648	31930
平 山 县	1009	112	67354	10259	2525
元 氏 县	54		122208	41006	16610
赵　 县			141925	25632	6609
辛 集 市	1156	348	306486	43766	7635
藁 城 市	50		330373	72974	30954
晋 州 市	46		137955	24188	6905
新 乐 市	781		144482	38953	9852
鹿 泉 市	111		112816	32400	7533

9—14 续表 4　　　　（2011 年）　　　　计量单位：万元

行政单位	三、牧业商品产值（续）				
	（一）牲畜的饲养（续）				（二）猪的饲养
	2. 羊	3. 其他牲畜	4. 奶类	5. 毛绒类	
石家庄市	**99338**	**4901**	**353733**	**3467**	**657823**
长安区	262		1743		3982
桥东区	76		108		510
桥西区	38				462
新华区	200		3		1326
裕华区	29		168		816
矿区	114			1	3686
高新区	37		644		1065
井陉县	8794	85	3177	433	17445
正定县	3845		34672	45	73568
栾城县	4233		37687	77	57883
行唐县	4801	467	90231	91	43350
灵寿县			8695	521	31655
高邑县	1423		2035	45	10811
深泽县	8610	42	10851	318	32655
赞皇县	2998	41			20036
无极县	11533	791	26054	340	55687
平山县	5363		2250	121	33541
元氏县	721	441	23038	196	26454
赵县	5302	127	13375	219	52851
辛集市	10938	4560	20322	311	106828
藁城市	12809	176	28796	239	89520
晋州市	10315	461	6124	383	51938
新乐市	1150	2142	25699	110	42354
鹿泉市	2800	10	22027	30	38611

9—14 续表5　　(2011年)　　计量单位：万元

行政单位	三、牧业商品产值（续）				四、渔业商品产值
	（三）家禽的饲养（续）			（四）其他畜牧业	
	合计	1. 肉禽	2. 禽蛋		
石家庄市	**1062355**	**267734**	**794621**	**59942**	**34230**
长安区	1514	504	1010		22
桥东区	282	66	216		5
桥西区	714	166	548	105	
新华区	1083	160	923		95
裕华区	742	171	571	17	5
矿区	1581	340	1241	2	22
高新区	1374	74	1300		
井陉县	31518	7349	24169	704	1483
正定县	137195	35893	101302		2103
栾城县	124391	38536	85855	4038	5
行唐县	31668	7055	24613	243	2666
灵寿县	14395	4160	10235	492	6255
高邑县	15884	4214	11670	784	
深泽县	17258	5132	12126	1701	1406
赞皇县	15125	5807	9318	1732	1120
无极县	75454	21284	54170	694	383
平山县	12204	2597	9607	11350	20346
元氏县	54256	15279	38977	492	850
赵县	62875	18264	44611	567	20
辛集市	152998	36834	116164	2894	53
藁城市	166287	43172	123115	1592	12
晋州市	61153	16030	45123	676	
新乐市	62425	16614	45811	750	13
鹿泉市	36201	9841	26360	5604	9443

十、工业　交通　邮政

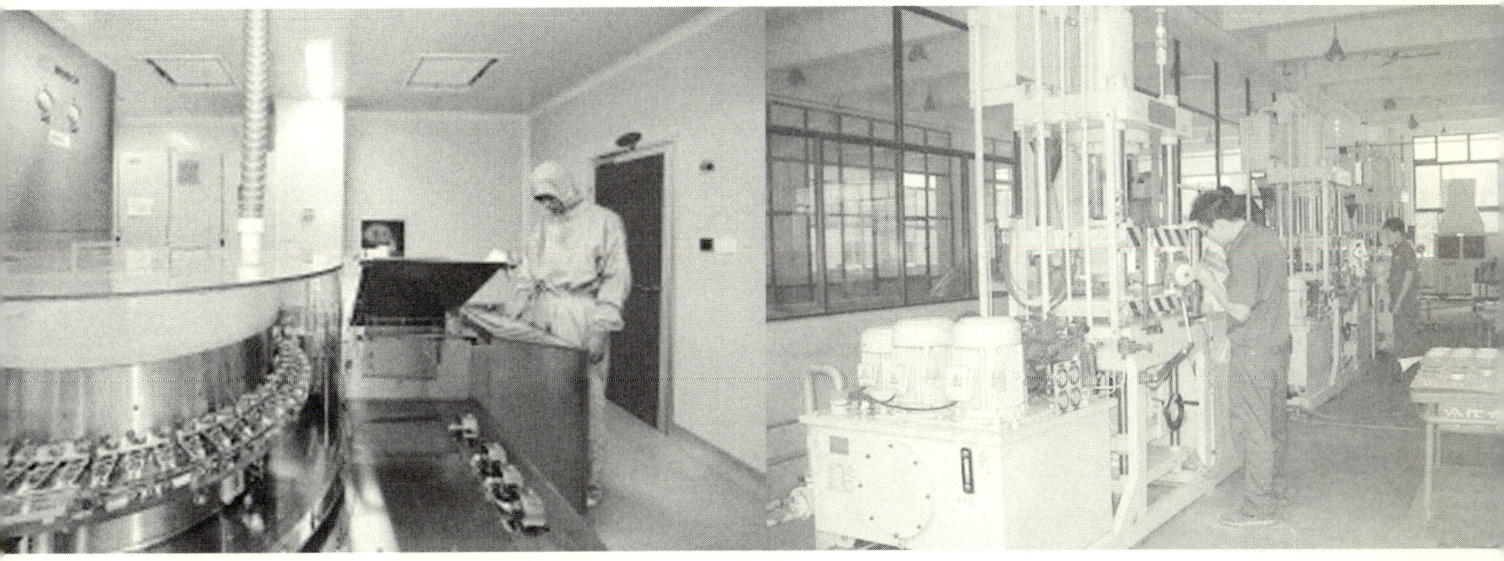

全市全部工业企业主要产品产量

10—1

产品名称	计量单位	2011年	2010年	增长速度（%）
原煤	吨	639500	1223883	-47.75
# 烟煤	吨	639500	1223883	-47.75
# 炼焦烟煤	吨	621943	901459	-31.01
一般烟煤	吨	17557	322424	-94.55
洗煤	吨	11432618	9502609	20.31
#洗精煤	吨	9051381	7425399	21.90
铁矿石原矿	吨	10172255	2996735	239.44
铁精粉	吨	2604374	1637607	59.04
小麦粉	吨	6228008	3658278	70.24
饲料	吨	5531331	3888347	42.25
# 配合饲料	吨	1231026	1078546	14.14
混合饲料	吨	3484378	2320860	50.13
精制食用植物油	吨	219571	168403	30.38
鲜、冷藏肉	吨	114445	110701	3.38
糖果	吨	4900	8615	-43.12
乳制品	吨	701100	524585	33.65
# 液体乳	吨	698865	522208	33.83
乳粉	吨	2235	2377	-5.97
罐头	吨	74145	67763	9.42
酱油	吨	32694	34085	-4.08
冷冻饮品	吨	112	92	21.74
食品添加剂	吨	665	347	91.38
饮料酒	千升	191637	164556	16.46
# 白酒（折65度，商品量）	千升	8178	10372	-21.15
啤酒	千升	182882	153682	19.00
软饮料	吨	331288	324451	2.11
# 碳酸饮料类（汽水）	吨	2580	3884	-33.57
包装饮用水类	吨	88545	85665	3.36
果汁和蔬菜汁饮料类	吨	10749	14304	-24.86
卷烟	万支	2434775	2325225	4.71
纱	吨	507347	419184	21.03
# 棉纱	吨	286856	198795	44.30
棉混纺纱	吨	163563	165857	-1.38
化学纤维纱	吨	56928	54533	4.39

10—1 续表 1

产品名称	计量单位	2011 年	2010 年	增长速度（%）
布	万米	379115	370132	2.43
# 色织布（含牛仔布）	万米	1494	1855	-19.46
# 棉布	万米	341280	338571	0.80
棉混纺布	万米	33814	28850	17.21
化学纤维布	万米	4022	2711	48.35
印染布	万米	21616	18608	16.17
无纺布（无纺织物）	吨	12612	3740	237.22
服装	万件	16177	14196	13.96
# 针织服装	万件	7771	4797	62.01
梭织服装	万件	8405	9399	-10.57
# 羽绒服	万件	269	236	13.79
西服套装	万件	27	24	9.30
衬衫	万件	57	61	-6.26
轻革	平方米	188703271	155107396	21.66
皮革鞋靴	万双	561	552	1.63
皮革服装	件	18055706	20618992	-12.43
人造板	立方米	3051527	3336859	-8.55
# 胶合板	立方米	1394259	2481229	-43.81
纤维板	立方米	875423	606474	44.35
刨花板	立方米	778889	247655	214.51
人造板表面装饰板	平方米	7164743	3295914	117.38
家具	件	2263908	1792403	26.31
# 木质家具	件	2001628	1545589	29.51
金属家具	件	3792	2886	31.40
软体家具	件	17705	18451	-4.04
机制纸及纸板（外购原纸加工除外）	吨	922918	783638	17.77
# 未涂布印刷书写用纸	吨	326158	261580	24.69
# 新闻纸	吨	326158	261580	24.69
箱纸板	吨	123006	124004	-0.80
纸制品	吨	971521	745349	30.34
# 瓦楞纸箱	吨	595838	461077	29.23
单色印刷品	令	64444	35412	81.98
多色印刷品	对开色令	181858	148190	22.72
原油加工量	吨	4121794	4200888	-1.88

10—1 续表 2

产品名称	计量单位	2011 年	2010 年	增长速度（%）
# 汽油	吨	870382	886390	-1.81
煤油	吨		43096	-100.00
柴油	吨	1864302	1870855	-0.35
润滑油	吨	41363	44152	-6.32
燃料油	吨	61508	68687	-10.45
液化石油气	吨	221123	209536	5.53
焦炭	吨	3662754	2850857	28.48
# 机焦	吨	3328513	2850857	16.75
硫酸（折 100%）	吨	79427	98983	-19.76
盐酸（氯化氢，含量 31%）	吨	3634	3632	0.06
纯碱（碳酸钠）	吨	407137	402653	1.11
纯苯	吨	9700	11328	-14.37
精甲醇	吨	226131	217900	3.78
冰乙酸（冰醋酸）	吨	9801	7549	29.83
浓硝酸（折 100%）	吨	42226	15913	165.36
合成氨（无水氨）	吨	1184946	1292640	-8.33
农用氮、磷、钾化学肥料总计（折纯）	吨	742750	727327	2.12
# 氮肥（折含 N100%）	吨	630615	619403	1.81
# 尿素（折含 N100%）	吨	382945	377389	1.47
磷肥（折五氧化二磷 100 %）	吨	86711	69776	24.27
钾肥（折氧化钾 100%）	吨	25424	38148	-33.35
化学农药原药（折有效成分 100%）	吨	3262	3399	-4.03
# 杀虫剂原药	吨	1718	2775	-38.09
杀菌剂原药	吨	1516	559	171.20
除草剂原药	吨	28	65	-56.92
涂料	吨	55588	50738	9.56
初级形态的塑料	吨	49541	47365	4.59
# 聚丙烯树脂	吨	49541	47365	4.59
合成纤维单体	吨	113540	109258	3.92
合成纤维聚合物	吨	32751	31435	4.19
# 聚酯	吨	22299	21366	4.37
化学试剂	吨	114970	59469	93.33
合成洗涤剂	吨	107825	80594	33.79
化学药品原药	吨	404140	298324	35.47

10—1 续表 3

产品名称	计量单位	2011 年	2010 年	增长速度（%）
中成药	吨	13412	13336	0.57
化学纤维用浆粕	吨	79130	82401	-3.97
化学纤维	吨	44180	49016	-9.87
# 人造纤维（纤维素纤维）	吨	21830	29316	-25.54
合成纤维	吨	22350	19700	13.45
涤纶纤维	吨	22350	19700	13.45
橡胶轮胎外胎	条	32600	32900	-0.91
塑料制品	吨	645746	516024	25.14
# 塑料薄膜	吨	87398	85330	2.42
泡沫塑料	吨	69304	26143	165.10
塑料人造革、合成革	吨	8204	9075	-9.60
日用塑料制品	吨	164389	164691	-0.18
硅酸盐水泥熟料	吨	15554550	14581209	6.68
# 窑外分解窑水泥熟料	吨	14918487	14580910	2.32
水泥	吨	53897695	44585715	20.89
# 强度等级 42.5 水泥（含 R 型）	吨	21773808	19833502	9.78
商品混凝土	立方米	1418509	577310	145.71
水泥混凝土排水管	千米	224	438	-48.97
水泥混凝土电杆	根	6843	6522	4.92
预应力混凝土桩	米	872072	830948	4.95
石膏板	万平方米	3014	2779	8.45
砖	万块	1049739	774056	35.62
瓷质砖	平方米	133145464	103611902	28.50
天然大理石建筑板材	平方米	5264601	2371325	122.01
天然花岗石建筑板材	平方米	4700		
沥青和改性沥青防水卷材	平方米	23019895	25780761	-10.71
平板玻璃	重量箱	9254166	3391871	172.83
夹层玻璃	平方米	154090	139190	10.70
日用玻璃制品	吨	219813	188740	16.46
玻璃包装容器	吨	63582	99066	-35.82
石墨及炭素制品	吨	119444	73510	62.49
生铁	吨	9897862	7388871	33.96
粗钢	吨	10137264	9018030	12.41
钢材	吨	9783352	8565456	14.22

10—1 续表 4

产品名称	计量单位	2011 年	2010 年	增长速度（%）
# 棒材	吨	1662528	1832384	-9.27
钢筋	吨	3774773	3157964	19.53
线材（盘条）	吨	1853465	1259873	47.12
中板	吨	1957818	1964337	-0.33
热轧窄钢带	吨	496885	341549	45.48
冷轧窄钢带	吨	230	283	-18.73
无缝钢管	吨	31927	5400	491.24
其它钢材	吨	5726	3666	56.19
用外购国产钢材再加工生产的钢材	吨	4947	3065	61.40
铁合金	吨	51829	41104	26.09
锰硅合金	吨	49868	39496	26.26
原铝（电解铝）	吨	17568	20883	-15.87
黄金	千克	401	393	2.04
白银（银锭）	千克	211	788	-73.22
铝材	吨	1958	2803	-30.15
金属切削工具	万件	5130	6855	-25.16
钢丝	吨	5833	6048	-3.56
不锈钢日用制品	吨	10	470	-97.87
发动机	千瓦	631114	511103	23.48
# 汽车用发动机	千瓦	114433	120405	-4.96
金属切削机床	台	6	2	200.00
金属成形机床	台	3337	2891	15.43
电焊机	台	944	908	3.96
泵	台	12738	11401	11.73
阀门	吨	51497	44682	15.25
液压元件	件	10754	12022	-10.55
滚动轴承	万套	1513	978	54.70
齿轮	吨	2990	2285	30.84
风机	台	9174	9225	-0.55
减速机	台	16380	10500	56.00
金属密封件	万件	4	3	24.13
金属紧固件	吨	19500	17106	13.99
铸铁件	吨	378786	234937	61.23

10—1 续表 5

产品名称	计量单位	2011 年	2010 年	增长速度（%）
铸钢件	吨	281234	254143	10.66
矿山专用设备	吨	8686	6871	26.42
塑料加工专用设备	台	170	137	24.09
农产品初加工机械	台	96927	120453	-19.53
饲料生产专用设备	台	2822	1925	46.60
中型拖拉机	台	744	626	18.85
小型拖拉机	台	2492	2142	16.34
环境污染防治专用设备	台（套）	818	879	-6.94
铁路机车	辆	42	27	55.56
铁路货车	辆	1086	422	157.35
改装汽车	辆	4953	5188	-4.53
摩托车整车	辆	198640	71403	178.20
电动自行车	辆	7124	14000	-49.11
交流电动机	千瓦	4095000	4400000	-6.93
变压器	千伏安	225025	255577	-11.95
通信及电子网络用电缆	对千米	306444	542908	-43.56
电力电缆	千米	179897	114160	57.58
光缆	芯千米	589857	258796	127.92
铅酸蓄电池	千伏安时	1062400	1076930	-1.35
家用冷柜（家用冷冻箱）	台	97856	103727	-5.66
灯具及照明装置	套（台、个）	192050	135929	41.29
程控交换机	线	260426	124800	108.67
# 数字程控交换机	线	260426	124800	108.67
集成电路	万块	1699	1261	34.75
工业自动调节仪表与控制系统	台（套）	2026	1731	17.04
环境监测专用仪器仪表	台	333	338	-1.48
表	只	1372512	1258827	9.03
眼镜成镜	副	4600000	3748200	22.73
发电量	万千瓦小时	3983059	3859299	3.21
# 火力发电量	万千瓦小时	3923962	3804093	3.15
水力发电量	万千瓦小时	40823	39818	2.52
煤气生产量	万立方米	2089	1351	54.63
自来水生产量	万立方米	12759	11747	8.61

全市规模以上工业企业主要经济指标

10—2 （2011 年） 计量单位：千元

项目名称	工业企业单位数（个）	工业企业总产值	工业企业销售产值	资产合计	# 流动资产小计
总计	**2379**	**726056453**	**710705155**	**345197158**	**131492330**
一、按登记注册类型分组					
内资企业	2264	676657678	663495034	300695063	107365656
国有企业	43	75385867	74612564	66337242	25776051
集体企业	55	23769787	22896640	4163086	932805
股份合作企业	5	608912	595397	190536	80716
联营企业	3	784899	757825	228971	90126
有限责任公司	308	147310113	144043952	96964732	36286607
股份有限公司	107	36796003	36215577	30849017	11819680
私营企业	1739	391703760	384079101	101860368	32355843
港、澳、台商投资企业	40	23918055	21915095	25101425	14025402
外商投资企业	75	25480720	25295026	19400670	10101272
二、按经济组织类型分组					
独资企业	575	229592408	224288840	123367362	49425181
合作、合伙企业	167	29604649	29168277	6352300	1673677
股份有限公司	212	63242042	61866385	41513963	17217423
有限责任公司	1425	403617354	395381653	173963533	63176049
三、在总计中：亏损企业	93	62156167	61470065	48615108	15023229
在总计中：国有控股企业	88	115534976	114357363	129014631	46036691
在总计中：农村工业	37	15720211	15017082	11648222	3846335
在总计中：轻工业	1136	304590854	296832586	132452884	56165918
重工业	1243	421465599	413872569	212744274	75326412
在总计中：大型企业	80	225480339	220514575	164179942	71060862
中型企业	291	103974136	101869804	72700794	30397415
小型企业	1985	395407506	387144625	104318237	29238194

10—2 续表 1　　　　（2011 年）　　　　计量单位：千元

项目名称	固定资产小计	固定资产原价	累计折旧
总　计	**172520345**	**234640628**	**81801055**
一、按登记注册类型分组			
内资企业	157897618	216102443	74903302
国有企业	30448883	48756552	21380108
集体企业	2863755	2896949	564180
股份合作企业	91033	104622	30217
联营企业	118802	144040	49025
有限责任公司	46233610	65507240	25391174
股份有限公司	16523216	23159423	8517747
私营企业	61546448	75452478	18960220
港、澳、台商投资企业	6384412	9692809	4415416
外商投资企业	8238315	8845376	2482337
二、按经济组织类型分组			
独资企业	56561967	81857812	31576749
合作、合伙企业	4143180	4991583	1147347
股份有限公司	20787697	27701451	9610886
有限责任公司	91027501	120089782	39466073
三、在总计中：亏损企业	28283045	54720151	25689156
在总计中：国有控股企业	63273713	102757994	44434509
在总计中：农村工业	5543323	4797555	946893
在总计中：轻工业	57954621	73458408	23368397
重工业	114565724	161182220	58432658
在总计中：大型企业	71114764	105024366	45017604
中型企业	34003846	48033683	16973847
小型企业	67218117	81330872	19722210

10—2 续表 2 （2011 年） 计量单位：千元

项目名称	负债合计	# 流动负债	所有者权益	# 实收资本
总　　计	**180794226**	**137555057**	**163095902**	**72318505**
一、按登记注册类型分组				
内资企业	157375049	119635083	142030995	63751195
国有企业	48835277	38412271	17500969	8988528
集体企业	843268	598996	3217985	477898
股份合作企业	166807	162607	10764	28310
联营企业	81656	7884	145613	86545
有限责任公司	59188254	43976753	37635723	20664195
股份有限公司	12416327	9046677	18416657	5230565
私营企业	35813435	27408237	65035138	28240550
港、澳、台商投资企业	14338527	10463520	10746312	4123883
外商投资企业	9080650	7456454	10318595	4443427
二、按经济组织类型分组				
独资企业	69953357	53170626	52914041	21219510
合作、合伙企业	1956051	1638060	4322297	2330354
股份有限公司	15807212	11744432	25625599	7303027
有限责任公司	93077606	71001939	80233965	41465614
三、在总计中：亏损企业	38513678	30001247	10101424	9806023
在总计中：国有控股企业	89308041	66854827	39705588	22334343
在总计中：农村工业	5981703	3404965	5586890	1692255
在总计中：轻工业	58920827	46306640	73086967	30164783
重工业	121873399	91248417	90008935	42153722
在总计中：大型企业	98476823	78223593	65698875	23846439
中型企业	40962444	31362117	31601386	14818875
小型企业	38317189	25862619	64837145	32616237

10—2 续表 3　　　　(2011 年)　　　　计量单位：千元

项目名称	实收资本中：# 国家资本	实收资本中：集体资本	主营业务收入	# 主营业务成本	主营业务税金及附加
总　计	**8895650**	**2128157**	**719445260**	**622825817**	**9412956**
一、按登记注册类型分组					
内资企业	8726960	2040837	667216651	579895192	9209713
国有企业	3254960	9818	88501539	81128025	5863934
集体企业	890	285140	22829931	18846815	56037
股份合作企业		26910	595340	511921	2776
联营企业	76495	2600	721565	575641	10856
有限责任公司	4788192	1700100	133255407	124326228	588133
股份有限公司	419274	6000	38096479	32507782	225170
私营企业	187149	8917	382922412	321753330	2460067
港、澳、台商投资企业	15090	77962	25316496	21125507	98411
外商投资企业	153600	9358	26912113	21805118	104832
二、按经济组织类型分组					
独资企业	3255850	294958	242836172	210936389	6836668
合作、合伙企业	76495	30862	29003473	24599324	219076
股份有限公司	606423	6000	63394940	52947813	338280
有限责任公司	4956882	1796337	384210675	334342291	2018932
三、在总计中：亏损企业	2505128	238046	62137505	58039018	3567765
在总计中：国有控股企业	8255964	9818	130649209	124224754	6021904
在总计中：农村工业		1549181	14851992	12540323	65225
在总计中：轻工业	1469950	399085	312494902	261519172	4082217
重工业	7425700	1729072	406950358	361306645	5330739
在总计中：大型企业	6955173	1560009	230267942	209352464	6276758
中型企业	1771526	297724	102390899	87616207	500423
小型企业	168951	270424	385634557	324874290	2628203

10—2 续表 4　　　　（2011 年）　　　　计量单位：千元

项目名称	管理费用	#税金	财务费用	#利息支出	营业利润
总　计	**20512815**	**956114**	**7516743**	**6494396**	**49517660**
一、按登记注册类型分组					
内资企业	18051311	859541	7061003	6012751	44979565
国有企业	2742653	76034	1057463	1038772	84344
集体企业	548540	15743	99469	89857	1274235
股份合作企业	5527	537	3561	2809	67237
联营企业	12552	907	7821	6660	79145
有限责任公司	4624455	214728	2693022	1931896	6640301
股份有限公司	1567861	57847	445850	435682	2370974
私营企业	8541122	493596	2752446	2505773	34437196
港、澳、台商投资企业	1301365	41200	285980	256524	1717475
外商投资企业	1160139	55373	169760	225121	2820620
二、按经济组织类型分组					
独资企业	6087240	217661	1993247	1865497	13238267
合作、合伙企业	548960	20699	156778	107402	2577072
股份有限公司	2076153	87800	533720	539070	4583983
有限责任公司	11800462	629954	4832998	3982427	29118338
三、在总计中：亏损企业	1801902	62389	1060664	1021791	-2720425
在总计中：国有控股企业	4662611	180909	2199294	2228443	963088
在总计中：农村工业	402019	12407	325381	335182	1190292
在总计中：轻工业	10309588	556979	2636613	2522964	25026018
重工业	10203227	399135	4880130	3971432	24491642
在总计中：大型企业	7500616	279763	3675592	2943274	8695937
中型企业	4304479	224257	1553820	1548869	7103542
小型企业	8688483	451279	2277813	1994543	33620857

10—2 续表 5　　　　（2011 年）　　　　计量单位：千元

项目名称	投资收益	利润总额	应交所得税	利税总额	本年应付职工薪酬
总　计	**-5869847**	**50286916**	**5487624**	**77384611**	**23794717**
一、按登记注册类型分组					
内资企业	-5806370	45613896	4740725	71318837	21547742
国有企业	55811	486839	355533	8821457	3216787
集体企业	-1586406	1277179	225795	1736225	277342
股份合作企业		64236	9907	82442	17685
联营企业		61069	11690	94322	6701
有限责任公司	-536218	7045791	765780	10767427	5424764
股份有限公司	-42959	2459709	141065	3674544	1709145
私营企业	-3696598	34192940	3227352	46105611	10876814
港、澳、台商投资企业	-105551	1823072	303719	2375376	1393256
外商投资企业	42074	2849948	443180	3690398	853719
二、按经济组织类型分组					
独资企业	-2229658	13780275	1741878	26611502	7019615
合作、合伙企业	-78890	2547506	139269	3457597	689467
股份有限公司	-969424	4642245	393056	6729931	2405094
有限责任公司	-2591875	29316890	3213421	40585581	13680541
三、在总计中：亏损企业	-45265	-2594268	15984	2348461	2298496
在总计中：国有控股企业	90834	1849644	561111	11493512	5965762
在总计中：农村工业	-951952	1232796	90901	1592916	429921
在总计中：轻工业	-3513216	25650177	2908626	38009615	12054636
重工业	-2356631	24636739	2578998	39374996	11740081
在总计中：大型企业	-987891	9780521	1586199	21521697	9614599
中型企业	-53335	7290191	775827	10685259	4927267
小型企业	-4828621	33118877	3119211	45052666	9235439

10—2 续表6　　　　（2011年）　　　　计量单位：千元

项目名称	本年应交增值税	本年进项税额	本年销项税额	全部从业人员年平均人数（人）
总　　计	**17676844**	**74611548**	**87511959**	**776080**
一、按登记注册类型分组				
内资企业	16487333	68836957	81387718	701079
国有企业	2467043	10276924	12078847	64502
集体企业	402912	2602373	2949215	12202
股份合作企业	15430	25676	41225	702
联营企业	22397	117990	145331	439
有限责任公司	3131249	17217462	19801290	139853
股份有限公司	989665	3592699	4131924	56160
私营企业	9450701	34975955	42206858	426594
港、澳、台商投资企业	453893	2550863	2390431	41574
外商投资企业	735618	3223728	3733810	33427
二、按经济组织类型分组				
独资企业	5990490	25770452	30217133	194620
合作、合伙企业	690426	2682410	3231407	30533
股份有限公司	1749406	5986843	7197456	77323
有限责任公司	9246522	40171843	46865963	473604
三、在总计中：亏损企业	1372870	8908589	10070313	53951
在总计中：国有控股企业	3616674	16787190	19487132	125527
在总计中：农村工业	294798	1914086	2176614	13584
在总计中：轻工业	8275328	27789663	33171169	451562
重工业	9401516	46821885	54340790	324518
在总计中：大型企业	5459301	28971407	32560221	271123
中型企业	2894188	9707307	11221463	199937
小型企业	9303265	35838320	43623971	303884

市区规模以上工业企业主要经济指标

10—3　　（2011 年）　　计量单位：千元

项目名称	工业企业单位数（个）	工业企业总产值	工业企业销售产值	资产合计	# 流动资产小计
总　　计	**219**	**102764790**	**98905719**	**125901257**	**56639047**
一、按登记注册类型分组					
内资企业	188	80794581	78748757	98245205	40980752
国有企业	16	32494247	32127794	41358049	13150906
集体企业	3	353679	356537	313573	236877
股份合作企业					
有限责任公司	69	24112054	23517543	34285724	13835520
股份有限公司	16	6398260	6222247	10197404	5683625
私营企业	84	17436341	16524636	12090455	8073824
港、澳、台商投资企业	11	14464443	12900811	21100961	12270678
外商投资企业	20	7505766	7256151	6555091	3387617
二、按经济组织类型分组					
独资企业	34	49197758	47144307	63806476	25882943
合作、合伙企业	2	252977	277659	238468	174905
股份有限公司	27	12699185	12086588	16354348	9926036
有限责任公司	156	40614870	39397165	45501965	20655163
三、在总计中：亏损企业	29	24182844	23983142	26864941	5740256
在总计中：国有控股企业	31	52463882	51944220	71122984	24498139
在总计中：农村工业	1	260274	254502	230991	174679
在总计中：轻工业	70	34826834	32049038	58682628	30665720
重工业	149	67937956	66856681	67218629	25973327
在总计中：大型企业	19	66406945	63989601	88827328	37069676
中型企业	61	21824377	20888412	25314575	13785321
小型企业	136	14461929	13956345	11719077	5762263

10—3 续表 1　　　　（2011 年）　　　　计量单位：千元

项目名称	固定资产小计	固定资产原价	累计折旧
总　计	**47952126**	**75513897**	**32661341**
一、按登记注册类型分组			
内资企业	40459856	64556071	27909769
国有企业	18833149	30582718	13869069
集体企业	73924	193263	119339
股份合作企业			
有限责任公司	14952152	25928130	11110916
股份有限公司	3868744	4771325	1829982
私营企业	2731887	3080635	980463
港、澳、台商投资企业	4829718	7679569	3699518
外商投资企业	2662552	3278257	1052054
二、按经济组织类型分组			
独资企业	24305010	38890697	17706568
合作、合伙企业	54576	70971	43496
股份有限公司	5186897	6079087	2211523
有限责任公司	18405643	30473142	12699754
三、在总计中：亏损企业	16685246	32526237	14548989
在总计中：国有控股企业	33371794	53863589	23444777
在总计中：农村工业	53541	147919	94378
在总计中：轻工业	15115270	23474693	11480147
重工业	32836856	52039204	21181194
在总计中：大型企业	34765551	56458714	25313672
中型企业	7794851	12325768	5537748
小型企业	5374701	6705460	1802930

10—3 续表 2　　（2011 年）　　计量单位：千元

项目名称	负债合计	# 流动负债	所有者权益	# 实收资本
总　计	**81238877**	**61987159**	**44574240**	**22326232**
一、按登记注册类型分组				
内资企业	65161662	49928337	32995982	18032248
国有企业	30728424	23753931	10629519	5056580
集体企业	234685	207946	78887	38400
股份合作企业				
有限责任公司	23274475	16131019	10977539	9001555
股份有限公司	4856287	4405795	5341111	1680890
私营企业	6067791	5429646	5968926	2254823
港、澳、台商投资企业	12359368	8791258	8741435	3228190
外商投资企业	3717847	3267564	2836823	1065794
二、按经济组织类型分组				
独资企业	43589648	32827373	20216209	8299994
合作、合伙企业	110602	110602	127866	34070
股份有限公司	6944706	6119885	9409466	2341170
有限责任公司	30593921	22929299	14820699	11650998
三、在总计中：亏损企业	19637230	14367960	7227711	6088207
在总计中：国有控股企业	51727958	38620018	19394920	12071612
在总计中：农村工业	141978	139408	89013	16170
在总计中：轻工业	35461670	26864961	23220037	10131375
重工业	45777207	35122198	21354203	12194857
在总计中：大型企业	58243132	44392368	30584196	14316729
中型企业	15815155	13423222	9468550	5082148
小型企业	7154489	4154468	4507320	2924595

10—3 续表 3　　　　（2011 年）　　　　计量单位：千元

项目名称	实收资本中：		主营业务收入	# 主营业务成本	主营业务税金及附加
	# 国家资本	集体资本			
总　计	**4645794**	**344312**	**116668086**	**103360532**	**475256**
一、按登记注册类型分组					
内资企业	4525794	267412	91898173	82762556	376324
国有企业	1071164	8718	45017726	42107976	136401
集体企业	890	37510	351712	290034	1888
股份合作企业					
有限责任公司	2894977	221174	23211490	20523759	122186
股份有限公司	371614		8076508	7265351	31884
私营企业	187149	10	15240737	12575436	83965
港、澳、台商投资企业		76900	16316872	13510867	71488
外商投资企业	120000		8453041	7087109	27444
二、按经济组织类型分组					
独资企业	1072054	46228	64317791	58037216	209480
合作、合伙企业			247442	170986	1884
股份有限公司	558763		13798903	11650539	64212
有限责任公司	3014977	298084	38303950	33501791	199680
三、在总计中：亏损企业	575000	198946	23985536	23262565	103727
在总计中：国有控股企业	4070640	8718	66756439	62040434	209823
在总计中：农村工业		16170	254452	203645	1364
在总计中：轻工业	1218667	222854	45132824	38090503	210384
重工业	3427127	121458	71535262	65270029	264872
在总计中：大型企业	3931234	8718	82696403	74270370	288575
中型企业	702485	275894	20911092	17825263	116132
小型企业	12075	59700	12987230	11205357	70488

10—3 续表 4　　（2011 年）　　计量单位：千元

项目名称	管理费用	# 税金	财务费用	# 利息支出	营业利润
总　　计	**5161331**	**225320**	**1589014**	**1625730**	**3002785**
一、按登记注册类型分组					
内资企业	3928040	178383	1377048	1419927	1385194
国有企业	1365453	48117	581449	599416	83919
集体企业	43054	1271	6096	4631	3630
股份合作企业					
有限责任公司	1631262	69582	553111	589634	160743
股份有限公司	409016	33255	119276	120033	65118
私营企业	479255	26158	117116	106213	1071784
港、澳、台商投资企业	890677	34297	209452	179715	847010
外商投资企业	342614	12640	2514	26088	770581
二、按经济组织类型分组					
独资企业	2382464	86568	790706	788628	1223048
合作、合伙企业	25505	223	4646	2016	36297
股份有限公司	577071	43518	113663	133788	614234
有限责任公司	2176291	95011	679999	701298	1129206
三、在总计中：亏损企业	653520	31046	492058	479951	－885155
在总计中：国有控股企业	2397868	114903	1148341	1214306	139623
在总计中：农村工业	31601	994	5389	3960	3487
在总计中：轻工业	2565339	113418	626413	632903	1259973
重工业	2595992	111902	962601	992827	1742812
在总计中：大型企业	3206759	153874	1236847	1252817	1280152
中型企业	1444522	50955	204858	212737	916312
小型企业	503567	20438	144587	158185	803724

10—3 续表5　　（2011年）　　计量单位：千元

项目名称	投资收益	利润总额	应交所得税	利税总额	本年应付职工薪酬
总　计	**158784**	**3960219**	**652906**	**7446890**	**6515495**
一、按登记注册类型分组					
内资企业	100237	2169922	366470	5073547	5242186
国有企业	42969	527014	78936	1726194	1963296
集体企业	40	12418	250	33838	59979
股份合作企业					
有限责任公司	13388	331149	153048	1066675	1851979
股份有限公司	18261	194512	35696	445759	754456
私营企业	25579	1104829	98540	1801081	612476
港、澳、台商投资企业	54121	1003155	170016	1339452	933774
外商投资企业	4426	787142	116420	1033891	339535
二、按经济组织类型分组					
独资企业	101897	1847488	278669	3503832	3001100
合作、合伙企业		41728	6545	51506	38349
股份有限公司	18261	760818	99656	1317437	1055528
有限责任公司	38626	1310185	268036	2574115	2420518
三、在总计中：亏损企业	-42714	-885452	-17206	-246251	1336554
在总计中：国有控股企业	59257	750736	191000	2476777	3807364
在总计中：农村工业	40	3442	250	20243	41237
在总计中：轻工业	118079	2045448	325130	3430705	3302102
重工业	40705	1914771	327776	4016185	3213393
在总计中：大型企业	112617	2067036	439249	4198869	4698566
中型企业	42995	1050440	117580	1788644	1400944
小型企业	3172	840142	96042	1456329	414498

10—3 续表 6　　　　(2011 年)　　　　计量单位：千元

项目名称	本年应交增值税	本年进项税额	本年销项税额	全部从业人员年平均人数（人）
总　计	**3006556**	**14733238**	**16256385**	**159574**
一、按登记注册类型分组				
内资企业	2522442	11693522	13197991	125218
国有企业	1059154	4608148	5205329	38205
集体企业	19532	39934	27335	2211
股份合作企业				
有限责任公司	612255	4317331	4706699	40768
股份有限公司	219363	1109856	1182875	25555
私营企业	612138	1618253	2075753	18479
港、澳、台商投资企业	264809	1825917	1716036	25729
外商投资企业	219305	1213799	1342358	8627
二、按经济组织类型分组				
独资企业	1443239	6870873	7447285	67607
合作、合伙企业	7894	18407	6542	999
股份有限公司	492407	1867241	2191874	30820
有限责任公司	1063016	5976717	6610684	60148
三、在总计中：亏损企业	534030	3591553	4015770	27690
在总计中：国有控股企业	1511661	8954790	9754965	78899
在总计中：农村工业	15437	27507	11208	1550
在总计中：轻工业	1174070	3490131	3790119	88045
重工业	1832486	11243107	12466266	71529
在总计中：大型企业	1838774	10850462	11576282	99043
中型企业	622053	2599173	2991279	45606
小型企业	545343	1274269	1683223	14882

全市规模以上工业企业分行业主要经济指标

10—4　　　　（2011 年）　　　　计量单位：千元

项目名称	工业企业单位数（个）	工业企业总产值	工业企业销售产值	资产合计	# 流动资产小计
总　　计	**2379**	**726056453**	**710705155**	**345197158**	**131492330**
采矿业	106	27441301	26951004	9696892	5084594
煤炭开采和洗选业	51	16893152	16599404	8270107	4723824
黑色金属矿采选业	35	7363373	7288513	953434	275305
有色金属矿采选业	1	442075	439884	65311	19321
非金属矿采选业	19	2742701	2623203	408040	66144
制造业	2246	664392861	649729063	288180235	119663198
农副食品加工业	175	57471915	56723477	12704088	3274081
食品制造业	53	11672906	11515595	4359118	1294375
酒、饮料和精制茶制造业	25	6908939	6823854	2292561	639608
烟草制品业	1	5050058	5133387	4574430	3213920
纺织业	259	51811174	50820742	16322777	5957371
纺织服装、服饰业	65	12923758	12619298	5084965	2508400
皮革、毛皮、羽毛及其制品和制鞋业	207	59214549	58241059	12072473	3460599
木材加工和木、竹、藤、棕、草制品业	28	10149466	10019046	2450249	390633
家具制造业	22	3980747	3909356	1463705	227721
造纸和纸制品业	53	11387872	10901946	4087894	1145821
印刷和记录媒介复制业	24	4847178	4720004	3110097	1263519
文教、工美、体育和娱乐用品制造业	13	5359070	5278799	1183186	186332
石油加工、炼焦和核燃料加工业	21	35521110	35212734	14126387	7056951
化学原料和化学制品制造业	296	69708704	68094405	30512252	12465248
医药制造业	78	39642361	36802525	53395989	28880165
化学纤维制造业	18	4118181	3973076	1500751	605346
橡胶和塑料制品业	86	22633855	22248174	7129793	2442580
非金属矿物制品业	239	49520590	48604761	27545175	8411788
黑色金属冶炼和压延加工业	78	90141138	88517857	30212483	10950765
有色金属冶炼和压延加工业	15	2023849	2014923	531282	145223
金属制品业	121	28407986	27812115	10057162	3739895
通用设备制造业	107	20654515	20038218	12179096	6287011
专用设备制造业	72	15513926	15084577	7131483	3244721
汽车制造业	28	6916731	6816370	4251983	2401915
铁路、船舶、航空航天和其他运输设备制造业	9	2944910	2603724	3025458	1379726
电气机械和器材制造业	99	22531035	22124441	6527412	2449558
计算机、通信和其他电子设备制造业	29	8308106	8183677	6637003	3148451
仪器仪表制造业	11	1876493	1782607	1481463	1122973
其他制造业	4	424295	413085	100156	33081
废弃资源综合利用业	8	1624260	1592047	300255	98163
金属制品、机械和设备修理业	2	1103184	1103184	1829109	1237258
电力、燃气及水生产和供应业	27	34222291	34025088	47320031	6744538
电力、热力生产和供应业	21	32946914	32755839	44322699	5794482
燃气生产和供应业	3	725343	725342	1346649	524623
水的生产和供应业	3	550034	543907	1650683	425433

自 2011 年报始，行业分类按照国家统计局修订的《国民经济行业分类》（2011 版）执行。

10—4 续表 1　　(2011 年)　　计量单位：千元

项目名称	固定资产小计	固定资产原价	累计折旧
总　　计	**172520345**	**234640628**	**81801055**
采矿业	4288381	3474308	948194
煤炭开采和洗选业	3375156	2429858	657901
黑色金属矿采选业	621815	706558	154330
有色金属矿采选业	33826	42033	13059
非金属矿采选业	257584	295859	122904
制造业	132995118	169988163	55423717
农副食品加工业	8777215	9677652	2060760
食品制造业	2518942	3119099	723265
酒、饮料和精制茶制造业	1282917	1670372	471677
烟草制品业	1226270	1787340	561070
纺织业	9479063	10922675	2981402
纺织服装、服饰业	2400163	2467054	691728
皮革、毛皮、羽毛及其制品和制鞋业	6744937	7190181	1011812
木材加工和木、竹、藤、棕、草制品业	1595264	2317214	775810
家具制造业	1214018	1705108	631368
造纸和纸制品业	2566326	2867027	594329
印刷和记录媒介复制业	1479533	2821605	1422270
文教、工美、体育和娱乐用品制造业	995396	1470699	500037
石油加工、炼焦和核燃料加工业	6765938	11044683	4776543
化学原料和化学制品制造业	12797351	16354086	5681255
医药制造业	12903192	19089389	8866904
化学纤维制造业	762009	1079266	358589
橡胶和塑料制品业	4415856	6267221	2092856
非金属矿物制品业	15935052	17189185	3947671
黑色金属冶炼和压延加工业	16963585	21509287	7775109
有色金属冶炼和压延加工业	367115	453183	101659
金属制品业	4815865	6444340	1959741
通用设备制造业	4756017	6195312	1733766
专用设备制造业	3007788	3252398	1005448
汽车制造业	1396484	1769154	545624
铁路、船舶、航空航天和其他运输设备制造业	1062330	921336	414650
电气机械和器材制造业	3448091	4505678	1157603
计算机、通信和其他电子设备制造业	2364277	4645460	2086930
仪器仪表制造业	217711	278461	61591
其他制造业	67075	76083	14854
废弃资源综合利用业	151973	192123	42935
金属制品、机械和设备修理业	517365	705492	374461
电力、燃气及水生产和供应业	35236846	61178157	25429144
电力、热力生产和供应业	33422773	58409244	24297862
燃气生产和供应业	698078	840156	252585
水的生产和供应业	1115995	1928757	878697

10—4 续表 2 （2011 年） 计量单位：千元

项目名称	负债合计	# 流动负债	所有者权益	# 实收资本
总 计	**180794226**	**137555057**	**163095902**	**72318505**
采矿业	6909115	6119206	2732438	902413
煤炭开采和洗选业	6306499	5866457	1930447	633103
黑色金属矿采选业	357961	147364	585964	142095
有色金属矿采选业	40152	14137	18064	11589
非金属矿采选业	204503	91248	197963	115626
制造业	140736944	111681890	146191603	63860005
农副食品加工业	3994623	3009825	8607457	3174657
食品制造业	1597352	1411114	2753716	1868227
酒、饮料和精制茶制造业	881633	715667	1375895	906331
烟草制品业	877270	877270	3697160	1000000
纺织业	6466836	5915845	9799297	4519675
纺织服装、服饰业	2841628	2581959	2233120	1287809
皮革、毛皮、羽毛及其制品和制鞋业	3293417	3122036	8739851	1310791
木材加工和木、竹、藤、棕、草制品业	770777	471486	1639282	618365
家具制造业	331516	148411	1132162	537416
造纸和纸制品业	1776235	912641	2197088	2010752
印刷和记录媒介复制业	779577	727397	2330519	1233744
文教、工美、体育和娱乐用品制造业	237700	228219	944468	862983
石油加工、炼焦和核燃料加工业	11606843	10900890	2518545	2027406
化学原料和化学制品制造业	16053811	12850825	14212413	6164873
医药制造业	30211424	22103464	23169446	8212700
化学纤维制造业	836789	803549	663241	405309
橡胶和塑料制品业	3521080	2488803	3559793	1567747
非金属矿物制品业	13547587	8626040	13913198	7866784
黑色金属冶炼和压延加工业	15912571	12410889	14175899	3622144
有色金属冶炼和压延加工业	141210	136666	390072	294206
金属制品业	4522010	3643126	5445429	2369854
通用设备制造业	6913693	5977134	5243598	2777810
专用设备制造业	2981915	2599782	4075674	2242268
汽车制造业	1822781	1693974	2419273	822226
铁路、船舶、航空航天和其他运输设备制造业	2058181	1507036	915977	446776
电气机械和器材制造业	2345739	2175521	4145234	2436501
计算机、通信和其他电子设备制造业	2782861	2314110	3812700	2426522
仪器仪表制造业	268686	241647	1212775	383324
其他制造业	10153	8679	90003	74391
废弃资源综合利用业	26422	20685	273833	260803
金属制品、机械和设备修理业	1324624	1057200	504485	127611
电力、燃气及水生产和供应业	33148167	19753961	14171861	7556087
电力、热力生产和供应业	31420498	18360308	12902198	6276260
燃气生产和供应业	874452	874452	472197	319994
水的生产和供应业	853217	519201	797466	959833

10—4 续表3　　（2011 年）　　计量单位：千元

项目名称	实收资本中：		主营业务收入	# 主营业务成　本	主营业务税金及附加
	# 国家资本	集体资本			
总　计	**8895650**	**2128157**	**719445260**	**610980163**	**9412956**
采矿业	294086	37224	31736610	28063046	212178
煤炭开采和洗选业	280950	5010	21333744	19358366	134926
黑色金属矿采选业		20625	7304754	6148592	69710
有色金属矿采选业		11589	439884	375204	51
非金属矿采选业	13136		2658228	2180884	7491
制造业	7483046	2090933	653365919	550149185	9071506
农副食品加工业	34100	134324	57196077	48551597	310395
食品制造业			12457836	10143736	79024
酒、饮料和精制茶制造业	76495		6940026	5687315	134399
烟草制品业			4983660	1579350	2288540
纺织业	357064	2328	52608770	45347158	329972
纺织服装、服饰业	27472	25674	12878374	11011994	109754
皮革、毛皮、羽毛及其制品和制鞋业		17800	59129146	46762251	221892
木材加工和木、竹、藤、棕、草制品业			9984445	8535814	131279
家具制造业			3877060	3079629	32221
造纸和纸制品业	5125		10816422	9216258	96036
印刷和记录媒介复制业	21866		4699829	3622602	35494
文教、工美、体育和娱乐用品制造业			5332395	4367318	47274
石油加工、炼焦和核燃料加工业	999163		35956983	31817392	3442255
化学原料和化学制品制造业	145639	23607	67268475	57624436	315636
医药制造业	747608	206764	47996645	38915767	233974
化学纤维制造业	80078	1100	4150547	3731946	17946
橡胶和塑料制品业	12308	9897	22183519	19314938	107826
非金属矿物制品业	1305000	1491012	48760276	40677316	320334
黑色金属冶炼和压延加工业	2000000	9907	77269571	70612072	128963
有色金属冶炼和压延加工业			1991963	1750787	9272
金属制品业	187915	19070	28014412	23142163	192691
通用设备制造业	551149	124082	19781622	15893638	132556
专用设备制造业	135580	25368	14892741	11926616	71965
汽车制造业	197681		6910364	5703833	32606
铁路、船舶、航空航天和其他运输设备制造业	202622		2546120	2184068	12231
电气机械和器材制造业	5000		22045157	18449107	169386
计算机、通信和其他电子设备制造业	263570		7934193	6652155	32229
仪器仪表制造业			1734567	1385948	15232
其他制造业			403225	315867	1562
废弃资源综合利用业			1595138	1275156	17701
金属制品、机械和设备修理业	127611		1026361	870958	861
电力、燃气及水生产和供应业	1118518		34342731	32767932	129272
电力、热力生产和供应业	883376		33047396	31905100	112748
燃气生产和供应业	120000		725996	480521	12684
水的生产和供应业	115142		569339	382311	3840

10—4 续表 4　　　　（2011 年）　　　　计量单位：千元

项目名称	管理费用	# 税金	财务费用	# 利息支出	营业利润
总　计	**20512815**	**956114**	**7516743**	**332038**	**49517660**
采矿业	591507	19708	284216	10336	1861249
煤炭开采和洗选业	387824	16190	153050	10109	862669
黑色金属矿采选业	162483	2783	82439	113	552268
有色金属矿采选业	163	8	85		64358
非金属矿采选业	41037	727	48642	114	381954
制造业	19377723	908013	6084567	277116	47920950
农副食品加工业	1340073	46028	257228	7076	3391793
食品制造业	355099	12012	56810	4694	974875
酒、饮料和精制茶制造业	136698	7865	37836	791	679046
烟草制品业	322090	9988	-500	560	772210
纺织业	1004454	71192	326481	18914	3740775
纺织服装、服饰业	290001	10638	74154	4769	975883
皮革、毛皮、羽毛及其制品和制鞋业	2651476	202750	923398	745	6644883
木材加工和木、竹、藤、棕、草制品业	173569	5718	50649	2121	714472
家具制造业	84924	2371	15864	985	308544
造纸和纸制品业	256814	18031	78879	1370	760514
印刷和记录媒介复制业	286720	6516	13975	4515	664121
文教、工美、体育和娱乐用品制造业	35259	3317	25816		805657
石油加工、炼焦和核燃料加工业	739701	14310	306554	342	-611928
化学原料和化学制品制造业	2023823	100783	542998	23924	5065023
医药制造业	2607278	110369	566631	66235	2821920
化学纤维制造业	92408	4966	34914	612	23061
橡胶和塑料制品业	403342	15628	92806	2813	1724381
非金属矿物制品业	1132706	51260	618437	23315	5165850
黑色金属冶炼和压延加工业	1085720	83186	1399317	47745	3422476
有色金属冶炼和压延加工业	17179	373	5284	10	209211
金属制品业	996323	37857	192988	8466	2387955
通用设备制造业	991453	28458	153431	9417	1803349
专用设备制造业	636254	17885	79542	3080	1418366
汽车制造业	243192	10600	41931	11664	778518
铁路、船舶、航空航天和其他运输设备制造业	189941	6792	34512	937	79471
电气机械和器材制造业	580686	16748	109640	1787	2182929
计算机、通信和其他电子设备制造业	487430	9145	34882	18404	581810
仪器仪表制造业	73482	908	-1270	8675	203533
其他制造业	2089	239	1045		62301
废弃资源综合利用业	34957	972	8019		117406
金属制品、机械和设备修理业	102582	1108	2316	3150	52545
电力、燃气及水生产和供应业	543585	28393	1147960	44586	-264539
电力、热力生产和供应业	369047	22552	1135387	24711	-436112
燃气生产和供应业	63744	1918	-15188	19732	167510
水的生产和供应业	110794	3923	27761	143	4063

10—4 续表5　　(2011年)　　计量单位：千元

项目名称	投资收益	利润总额	应交所得税	利税总额	本年应付职工薪酬
总　　计	**-5869847**	**50286916**	**5487624**	**77384611**	**23794717**
采矿业	72	1835412	213300	2924877	1030846
煤炭开采和洗选业	8	917219	150762	1692236	912554
黑色金属矿采选业		552236	47163	798022	88543
有色金属矿采选业	64	64358		64515	3228
非金属矿采选业		301599	15375	370104	26521
制造业	-5876675	48602674	5192879	73405188	21227376
农副食品加工业	-1585634	3385045	490547	4697778	733622
食品制造业	-153783	984114	119430	1396259	441910
酒、饮料和精制茶制造业		670221	93218	1032668	160381
烟草制品业		769440	199200	3663649	214716
纺织业	-1007956	3782634	311571	5366691	1687577
纺织服装、服饰业	-112539	981680	86041	1358984	608364
皮革、毛皮、羽毛及其制品和制鞋业	-131974	6646963	379578	8524873	3200122
木材加工和木、竹、藤、棕、草制品业	-37490	715737	60734	992419	220160
家具制造业	-149205	301027	43444	399692	109531
造纸和纸制品业	-253531	733990	95494	1117920	231779
印刷和记录媒介复制业	9733	668547	90038	876211	367100
文教、工美、体育和娱乐用品制造业		805657	137898	1050378	365615
石油加工、炼焦和核燃料加工业	3013	-609419	62716	3632061	423802
化学原料和化学制品制造业	-377482	5080565	553617	6958268	1720128
医药制造业	105690	3438124	515498	4973775	2423027
化学纤维制造业	-129049	34402	19050	132000	197532
橡胶和塑料制品业	-45763	1707479	184308	2294724	584785
非金属矿物制品业	-567070	5349924	464870	6951673	1522542
黑色金属冶炼和压延加工业	-342870	3310964	258991	4534603	1497039
有色金属冶炼和压延加工业	11799	208639	1704	291207	64700
金属制品业	-261028	2312042	290016	3117283	884228
通用设备制造业	-327950	1799943	203191	2495255	984667
专用设备制造业	-305926	1394603	127352	1848098	591136
汽车制造业	26773	801409	84009	1073546	201298
铁路、船舶、航空航天和其他运输设备制造业	-155694	98565	4615	174407	299331
电气机械和器材制造业	-84146	2173370	242471	2943709	898209
计算机、通信和其他电子设备制造业		607198	35737	866607	307470
仪器仪表制造业	-4593	216796	32273	335139	105844
其他制造业		62101	110	75796	8565
废弃资源综合利用业		117406	5158	166401	38413
金属制品、机械和设备修理业		53508		63114	133783
电力、燃气及水生产和供应业	6756	-151170	81445	1054546	1536495
电力、热力生产和供应业	6756	-322259	37861	821890	1252163
燃气生产和供应业		168823	43212	198793	60847
水的生产和供应业		2266	372	33863	223485

10—4 续表 6　　（2011 年）　　计量单位：千元

项目名称	本年应交增值税	本年进项税额	本年销项税额	全部从业人员年平均人数（人）
总　　计	**17676844**	**74611548**	**87511959**	**776080**
采矿业	875910	3332494	4088585	16029
煤炭开采和洗选业	638714	2772707	3385620	10183
黑色金属矿采选业	176076	524886	649283	4522
有色金属矿采选业	106			46
非金属矿采选业	61014	34901	53682	1278
制造业	15726717	66696587	77800112	739453
农副食品加工业	1002338	5626842	6545689	29741
食品制造业	333121	1187888	1527537	15766
酒、饮料和精制茶制造业	228047	796506	974470	5188
烟草制品业	605669	738650	1343599	1873
纺织业	1253406	5926148	6929496	74300
纺织服装、服饰业	267309	1194462	1363984	20068
皮革、毛皮、羽毛及其制品和制鞋业	1656018	2732906	2954156	163716
木材加工和木、竹、藤、棕、草制品业	145403	771694	882186	6259
家具制造业	66444	433905	499928	3289
造纸和纸制品业	287725	1096786	1372755	9649
印刷和记录媒介复制业	172151	495262	640124	6955
文教、工美、体育和娱乐用品制造业	197447	508525	706074	7912
石油加工、炼焦和核燃料加工业	799225	5094366	5853473	7740
化学原料和化学制品制造业	1561446	7244426	8180676	65439
医药制造业	1300893	3844919	4392603	65782
化学纤维制造业	79652	494027	557979	5273
橡胶和塑料制品业	479419	1538100	1835024	19938
非金属矿物制品业	1281414	4474071	5560497	50551
黑色金属冶炼和压延加工业	1094492	11924215	12698741	42419
有色金属冶炼和压延加工业	73296	237101	309008	2248
金属制品业	612550	2472784	2976880	26464
通用设备制造业	562683	2163355	2504762	32416
专用设备制造业	381039	1515596	1835942	17349
汽车制造业	239531	702371	878436	5937
铁路、船舶、航空航天和其他运输设备制造业	62819	244632	305180	7179
电气机械和器材制造业	600866	2461758	3078401	26681
计算机、通信和其他电子设备制造业	227180	425685	624805	9525
仪器仪表制造业	102962	82491	148789	3851
其他制造业	12133	52889	65022	231
废弃资源综合利用业	31294	170874	202168	1402
金属制品、机械和设备修理业	8745	43353	51728	4312
电力、燃气及水生产和供应业	1074217	4582467	5623262	20598
电力、热力生产和供应业	1029174	4517767	5528388	14593
燃气生产和供应业	17286	47404	49821	1264
水的生产和供应业	27757	17296	45053	4741

市区规模以上工业企业分行业主要经济指标

10—5　　　　(2011 年)　　　　计量单位：千元

项目名称	工业企业单位数（个）	工业企业总产值	工业企业销售产值	资产合计	# 流动资产小计
总　计	**219**	**102764790**	**98905719**	**125901257**	**56639047**
采矿业	29	11274302	11038787	6689083	3581005
煤炭开采和洗选业	29	11274302	11038787	6689083	3581005
制造业	182	69264850	65642772	92629286	50109688
农副食品加工业	5	803614	681446	534432	262771
食品制造业	5	965536	970821	938873	282696
酒、饮料和精制茶制造业	1	185879	183787	541074	116383
纺织业	9	3382782	3308514	5758737	3143236
纺织服装、服饰业	6	254815	256709	1447278	973750
木材加工和木、竹、藤、棕、草制品业	1	21305	21305	12508	11704
造纸和纸制品业	4	261617	254487	99908	67952
印刷和记录媒介复制业	7	2065111	1970687	2184083	900706
石油加工、炼焦和核燃料加工业	3	5163558	5033471	2848352	1331044
化学原料和化学制品制造业	21	4450220	4389252	3437105	1751024
医药制造业	18	25254838	22829812	43916441	23641328
化学纤维制造业	2	224645	214939	42188	16508
橡胶和塑料制品业	6	671923	678034	516484	424776
非金属矿物制品业	12	814977	739129	1407434	776716
黑色金属冶炼和压延加工业	5	10737479	10743352	8311416	3454597
有色金属冶炼和压延加工业	1	37274	39946	17405	15145
金属制品业	14	2269396	2045784	3024589	2061453
通用设备制造业	16	3713458	3625124	4922752	2895319
专用设备制造业	15	2483327	2336990	3143292	1974284
汽车制造业	6	2370227	2362099	2432891	1754540
铁路、船舶、航空航天和其他运输设备制造业	3	1317666	1254899	1951716	870252
电气机械和器材制造业	10	706656	659364	994729	625729
计算机、通信和其他电子设备制造业	6	580658	570921	3076120	1841952
仪器仪表制造业	6	527889	471900	1069479	915823
电力、燃气及水生产和供应业	8	22225638	22224160	26582888	2948354
电力、热力生产和供应业	5	21210801	21210201	23746113	2072426
燃气生产和供应业	1	639742	639742	1238047	468819
水的生产和供应业	2	375095	374217	1598728	407109

自 2011 年报始，行业分类按照国家统计局修订的《国民经济行业分类》(2011 版）执行。

10—5 续表 1　　(2011 年)　　计量单位：千元

项目名称	固定资产小计	固定资产原价	累计折旧
总　计	**47952126**	**75513897**	**32661341**
采矿业	3011600	2006137	583242
煤炭开采和洗选业	3011600	2006137	583242
制造业	25197347	39220312	18233725
农副食品加工业	174416	142024	54583
食品制造业	475190	622191	154792
酒、饮料和精制茶制造业	130046	330316	241603
纺织业	2383751	2573076	1004250
纺织服装、服饰业	460604	172039	48311
木材加工和木、竹、藤、棕、草制品业	804	1083	279
造纸和纸制品业	31059	51609	21203
印刷和记录媒介复制业	968376	2115570	1203637
石油加工、炼焦和核燃料加工业	1415818	1377789	297742
化学原料和化学制品制造业	1513297	1943596	714922
医药制造业	9131357	15292440	7743740
化学纤维制造业	11708	18119	6411
橡胶和塑料制品业	78780	256397	182635
非金属矿物制品业	586921	647734	242550
黑色金属冶炼和压延加工业	3299397	6016730	2764723
有色金属冶炼和压延加工业	760	1871	1111
金属制品业	612494	911385	372468
通用设备制造业	1374872	1770193	458285
专用设备制造业	854738	695219	285580
汽车制造业	375805	634027	277262
铁路、船舶、航空航天和其他运输设备制造业	576070	508675	328249
电气机械和器材制造业	93387	126055	46871
计算机、通信和其他电子设备制造业	592242	2931440	1757239
仪器仪表制造业	55455	80734	25279
电力、燃气及水生产和供应业	19743179	34287448	13844374
电力、热力生产和供应业	18005534	31588372	12723532
燃气生产和供应业	655281	808535	246730
水的生产和供应业	1082364	1890541	874112

10—5 续表 2　　（2011 年）　　计量单位：千元

项目名称	负债合计	# 流动负债	所有者权益	# 实收资本
总　　计	**81238877**	**61987159**	**44574240**	**22326232**
采矿业	5199316	4863656	1456611	431280
煤炭开采和洗选业	5199316	4863656	1456611	431280
制造业	55660237	44215099	36914065	16829262
农副食品加工业	365004	301353	169428	42660
食品制造业	339550	339256	599323	890126
酒、饮料和精制茶制造业	176285	158439	364789	364789
纺织业	3221642	3168981	2536708	784830
纺织服装、服饰业	1345554	1314987	101723	54304
木材加工和木、竹、藤、棕、草制品业	9846	5275	2662	2180
造纸和纸制品业	74272	66644	25530	25625
印刷和记录媒介复制业	438594	418291	1745488	877696
石油加工、炼焦和核燃料加工业	2527318	2140541	321035	230000
化学原料和化学制品制造业	1860321	1557169	1576278	597370
医药制造业	27454220	19588338	16462219	5996850
化学纤维制造业	28791	13398	13396	9200
橡胶和塑料制品业	493211	315507	23273	49348
非金属矿物制品业	1320513	768979	64901	182778
黑色金属冶炼和压延加工业	5426806	4601318	2853910	2093786
有色金属冶炼和压延加工业	16456	16456	949	1000
金属制品业	1339238	1255617	1685349	727325
通用设备制造业	2893843	2753642	2028839	670760
专用设备制造业	1472738	1326595	1670545	1011510
汽车制造业	1298691	1256868	1134042	347219
铁路、船舶、航空航天和其他运输设备制造业	1589971	1067410	361745	260015
电气机械和器材制造业	735212	690465	258498	154916
计算机、通信和其他电子设备制造业	1120448	994674	1955671	1232573
仪器仪表制造业	111713	94896	957764	222402
电力、燃气及水生产和供应业	20379324	12908404	6203564	5065690
电力、热力生产和供应业	18711510	11574606	5034603	3835857
燃气生产和供应业	824050	824050	413997	300000
水的生产和供应业	843764	509748	754964	929833

10—5 续表 3　　（2011 年）　　计量单位：千元

项目名称	实收资本中：# 国家资本	实收资本中：集体资本	主营业务收入	# 主营业务成本	主营业务税金及附加
总　　计	**4645794**	**344312**	**116668086**	**103360532**	**475256**
采矿业	280950	10	15870008	14795388	57537
煤炭开采和洗选业	280950	10	15870008	14795388	57537
制造业	3839702	344302	78518701	66997559	340339
农副食品加工业			646960	589691	695
食品制造业			895528	743994	4403
酒、饮料和精制茶制造业			190156	115810	32652
纺织业	345514		5286255	4994556	18512
纺织服装、服饰业	27472	18690	242728	207956	1233
木材加工和木、竹、藤、棕、草制品业			21305	20503	59
造纸和纸制品业	5125		274383	242515	1419
印刷和记录媒介复制业	21866		1954452	1331813	12820
石油加工、炼焦和核燃料加工业			5466454	5176053	1981
化学原料和化学制品制造业	21100		4311958	3905256	12381
医药制造业	733548	204164	33946185	28522260	129248
化学纤维制造业			197705	184472	1605
橡胶和塑料制品业			645665	595106	1593
非金属矿物制品业			788397	668571	5817
黑色金属冶炼和压延加工业	2000000		10334922	9601139	23870
有色金属冶炼和压延加工业			40154	35170	63
金属制品业	110240		2171160	1723916	13071
通用设备制造业	110265	117948	3514690	2566625	24378
专用设备制造业	1950	3500	2250063	1500955	11518
汽车制造业			2457538	1964300	18874
铁路、船舶、航空航天和其他运输设备制造业	202622		1259482	1112086	4621
电气机械和器材制造业	5000		609681	450391	2607
计算机、通信和其他电子设备制造业	255000		576849	446638	7084
仪器仪表制造业			436031	297783	9835
电力、燃气及水生产和供应业	525142		22279377	21567585	77380
电力、热力生产和供应业	320000		21243421	20907585	62272
燃气生产和供应业	120000		636307	410742	11828
水的生产和供应业	85142		399649	249258	3280

10—5 续表 4　　(2011 年)　　计量单位：千元

项目名称	管理费用	# 税金	财务费用	# 利息支出	营业利润
总　　计	**5161331**	**225320**	**1589014**	**1625730**	**3002785**
采矿业	350005	14600	97649	86711	422483
煤炭开采和洗选业	350005	14600	97649	86711	422483
制造业	4604604	198620	915021	895359	2802768
农副食品加工业	29445	1201	6679	8315	4625
食品制造业	76712	3709	-222	898	-55599
酒、饮料和精制茶制造业	30761	1781	-218	111	-6191
纺织业	151154	21400	86480	100358	-8865
纺织服装、服饰业	36620	333	9651	6239	1298
木材加工和木、竹、藤、棕、草制品业	590	1	-2		-115
造纸和纸制品业	20282	363	1624	1700	7801
印刷和记录媒介复制业	240898	5451	-861	2146	373262
石油加工、炼焦和核燃料加工业	60525	8703	26676	23365	145269
化学原料和化学制品制造业	194714	8925	59513	32448	38931
医药制造业	1808969	73975	475653	465851	883409
化学纤维制造业	1430	75	928	921	7979
橡胶和塑料制品业	35929	1061	8768	7392	-14403
非金属矿物制品业	54171	6022	17103	6939	23266
黑色金属冶炼和压延加工业	375367	27334	120974	106604	330700
有色金属冶炼和压延加工业	1325	14	1877	284	619
金属制品业	179814	3726	31220	29982	143269
通用设备制造业	388056	12373	48769	44204	366716
专用设备制造业	311526	6646	18851	18700	249014
汽车制造业	136137	4231	2506	11554	293554
铁路、船舶、航空航天和其他运输设备制造业	136182	5982	15130	14830	-4121
电气机械和器材制造业	52308	684	2208	2498	74815
计算机、通信和其他电子设备制造业	241805	4399	-11421	8468	-111595
仪器仪表制造业	39884	231	-6865	1552	59130
电力、燃气及水生产和供应业	206722	12100	576344	643660	-222466
电力、热力生产和供应业	47607	6822	564860	612627	-355686
燃气生产和供应业	59351	1895	-15106	4306	152913
水的生产和供应业	99764	3383	26590	26727	-19693

10—5 续表 5　　　　（2011 年）　　　　计量单位：千元

项目名称	投资收益	利润总额	应交所得税	利税总额	本年应付职工薪酬
总　　计	**158784**	**3960219**	**652906**	**7446890**	**6515495**
采矿业	8	469318	60650	1001410	252550
煤炭开采和洗选业	8	469318	60650	1001410	252550
制造业	166447	3743075	551303	6067124	5121848
农副食品加工业		18145	818	22008	16579
食品制造业		-52774	2509	-19752	111491
酒、饮料和精制茶制造业		-5853		38456	22809
纺织业	3479	80606	5455	228660	487548
纺织服装、服饰业	50	8596	583	14968	20369
木材加工和木、竹、藤、棕、草制品业		150	38	698	1826
造纸和纸制品业		7801	726	14552	13457
印刷和记录媒介复制业	8739	380096	61522	496595	253437
石油加工、炼焦和核燃料加工业	143	145153	1860	229213	39833
化学原料和化学制品制造业	2831	56859	14052	142011	209773
医药制造业	90576	1540919	245741	2488799	2053499
化学纤维制造业		7979	209	15707	2694
橡胶和塑料制品业		-16515	1924	6689	43544
非金属矿物制品业	42	23542	2811	53915	45612
黑色金属冶炼和压延加工业	7871	336593	45611	477974	431654
有色金属冶炼和压延加工业		43	9	518	1080
金属制品业	630	161233	18347	212051	202058
通用设备制造业	14720	367828	51718	573749	417950
专用设备制造业		269982	23668	403248	221340
汽车制造业	23051	308092	40289	407216	112667
铁路、船舶、航空航天和其他运输设备制造业	14315	10950	632	44791	246619
电气机械和器材制造业		84113	9239	121622	46708
计算机、通信和其他电子设备制造业		-63035	15382	-18999	85113
仪器仪表制造业		72572	8160	112435	34188
电力、燃气及水生产和供应业	-7671	-252174	40953	378356	1141097
电力、热力生产和供应业	-7671	-386607	414	188967	868727
燃气生产和供应业		154227	40167	182909	58133
水的生产和供应业		-19794	372	6480	214237

10—5 续表6　　　　(2011 年)　　　　计量单位：千元

项目名称	本年应交增值税	本年进项税额	本年销项税额	全部从业人员年平均人数（人）
总　计	**3006556**	**14733238**	**16256385**	**159574**
采矿业	473178	2143179	2594018	8608
煤炭开采和洗选业	473178	2143179	2594018	8608
制造业	1981723	9437271	9972365	135853
农副食品加工业	3168	59869	56413	878
食品制造业	28619	104007	129829	2566
酒、饮料和精制茶制造业	11657	20478	32586	805
纺织业	129542	709592	729536	19176
纺织服装、服饰业	5139	20517	14030	1286
木材加工和木、竹、藤、棕、草制品业	489	3131	3620	70
造纸和纸制品业	5332	20016	23422	380
印刷和记录媒介复制业	103660	200134	293229	3538
石油加工、炼焦和核燃料加工业	82079	1045356	1124307	1706
化学原料和化学制品制造业	72771	684133	693502	5725
医药制造业	817848	2201219	2326900	51243
化学纤维制造业	6123	7969	9431	163
橡胶和塑料制品业	21611	66939	69938	1778
非金属矿物制品业	24556	20149	26860	2314
黑色金属冶炼和压延加工业	117511	2672849	2601236	6175
有色金属冶炼和压延加工业	412	6529	6907	39
金属制品业	37747	164210	181030	5642
通用设备制造业	181543	486868	491792	11447
专用设备制造业	121505	401986	495857	5774
汽车制造业	80250	297751	340195	2938
铁路、船舶、航空航天和其他运输设备制造业	28428	69318	96241	4709
电气机械和器材制造业	34902	75285	79541	1955
计算机、通信和其他电子设备制造业	36952	74610	101981	4292
仪器仪表制造业	29879	24356	43982	1254
电力、燃气及水生产和供应业	551655	3152788	3690002	15113
电力、热力生产和供应业	511807	3113986	3626352	9452
燃气生产和供应业	16854	38802	40656	1209
水的生产和供应业	22994		22994	4452

分县（市）区规模以上工业企业主要经济指标

10—6　　　　（2011 年）　　　　计量单位：千元

项目名称	工业企业单位数（个）	工业企业总产值	工业企业销售产值	资产合计	# 流动资产小计
全市总计	**2379**	**726056453**	**710705155**	**345197158**	**131492330**
市区合计	219	102764790	98905719	125901257	56639047
# 长安区	20	18025079	17913158	20799428	9003603
桥东区	14	1426448	1328131	4505785	2182587
桥西区	9	762650	748685	1083889	507976
新华区	25	4634908	4667311	5720223	3171999
裕华区	20	5751637	5389927	8386369	3685572
矿　区	53	20896845	20513879	11878155	6074637
高新区	75	25829833	23140877	38542145	23634076
井 陉 县	60	17826044	17609684	12456884	4288079
正 定 县	121	42282955	41519472	17143579	3569589
栾 城 县	143	24352365	23899008	14127452	6895155
行 唐 县	77	24167587	24011788	6132201	885088
灵 寿 县	66	14911735	14348521	4089768	1430397
高 邑 县	56	9259017	9045370	3291756	1287184
深 泽 县	60	13897853	13505320	2023367	627000
赞 皇 县	59	15027626	14806893	4117536	1149076
无 极 县	94	22856755	22123248	4401240	1013463
平 山 县	42	59538491	57906079	21252049	6310156
元 氏 县	72	22981180	22853703	5292636	3071843
赵　　县	119	46541565	46066627	10100316	1676469
辛 集 市	269	65655627	64901868	19296145	8123759
藁 城 市	356	118817080	115897204	44116953	18317686
晋 州 市	202	34946613	34712420	11896194	3067166
新 乐 市	135	30061250	29725671	7535896	2375564
鹿 泉 市	229	60167920	58866560	32021929	10765609

10—6 续表 1　　　　(2011 年)　　　　计量单位：千元

项目名称	固定资产小计	固定资产原价	累计折旧
全市总计	**172520345**	**234640628**	**81801055**
市区合计	47952126	75513897	32661341
#长安区	9033817	14186633	6529631
桥东区	1800092	2783227	1387519
桥西区	384296	407069	151889
新华区	1425617	2046229	1062234
裕华区	3624096	7606794	3366979
矿　区	5487939	4490420	1149008
高新区	8417088	13685266	6097660
井 陉 县	7378862	12996435	5960272
正 定 县	12610988	18525538	5978317
栾 城 县	5922207	6604674	1711304
行 唐 县	5025581	6216971	1370751
灵 寿 县	1932203	2534441	1409244
高 邑 县	1998572	2443403	455334
深 泽 县	1388346	1492425	225008
赞 皇 县	2508633	2616792	555086
无 极 县	3154704	3168167	547348
平 山 县	14274070	20614146	8901509
元 氏 县	1824711	2287673	570174
赵　　县	8423847	7064016	933186
辛 集 市	8962620	10788144	2893158
藁 城 市	19308093	25889271	8329742
晋 州 市	8816490	11395311	2578990
新 乐 市	4811473	7447820	2791603
鹿 泉 市	16226819	17041504	3928688

10—6 续表2　　　　（2011年）　　　　计量单位：千元

项目名称	负债合计	# 流动负债	所有者权益	# 实收资本
全市总计	**180794226**	**137555057**	**163095902**	**72318505**
市区合计	81238877	61987159	44574250	22326232
#长安区	12597353	10882945	8202074	4634127
桥东区	3071352	2577856	1434278	1394067
桥西区	864326	686931	219456	122898
新华区	3599237	2847045	2120985	1940197
裕华区	6601681	4739275	1765526	1619917
矿　区	9605766	8392247	2205218	904057
高新区	18524537	14513804	20016065	6993055
井 陉 县	5314279	4222710	7125986	892262
正 定 县	7320571	5123737	9821574	3396629
栾 城 县	6597181	4215582	7426356	2303726
行 唐 县	1164245	917735	4850632	1629868
灵 寿 县	2002559	1201799	1925691	655627
高 邑 县	842204	416544	2436252	2096558
深 泽 县	1095976	801514	920470	141814
赞 皇 县	2109054	689395	1995497	1154415
无 极 县	1114598	989722	3270282	517008
平 山 县	12937060	10551286	8314986	1890463
元 氏 县	2339483	2071241	2936928	617174
赵　县	1878610	861431	8221705	2602868
辛 集 市	7622506	5726902	11605565	2289789
藁 城 市	22282255	19568013	21286525	13504728
晋 州 市	3899681	3724134	7996513	7293861
新 乐 市	3010071	2752755	4511852	2721870
鹿 泉 市	18025016	11733398	13874848	6283613

10—6 续表3　　(2011年)　　计量单位：千元

项目名称	实收资本中：# 国家资本	实收资本中：集体资本	主营业务收入	# 主营业务成本	主营业务税金及附加
全市总计	**8895650**	**2128157**	**719445260**	**610980163**	**9412956**
市区合计	4645794	344312	116668086	103360532	475256
#长安区	2366614	211616	19764973	18239362	54330
桥东区	46173		1372211	1014617	50037
桥西区	3474		938682	791068	3265
新华区	204273	121318	4610956	3774801	18706
裕华区	435355		6327576	5389284	25251
矿　区	336840	2660	25191122	23485288	71740
高新区	709666		26116143	19971279	152497
井陉县	65898	5000	17531766	15855150	110506
正定县	2690	30000	41573147	36599738	261540
栾城县	543988	4519	23310916	19052902	94140
行唐县		20435	23989618	19987062	165199
灵寿县	44146	14189	14475380	12690207	54892
高邑县			9174385	8305818	11898
深泽县			13194563	11171344	158371
赞皇县		4704	15020324	12327270	21528
无极县		20683	22695172	20601346	142813
平山县	5000	25815	47338400	44197296	67095
元氏县			22238888	19175247	192855
赵　县	36759	122178	45736642	36464798	52524
辛集市	109996	5017	65298800	52541276	161640
藁城市	1502454	23460	116979731	93241286	6739074
晋州市	16443	14984	34740529	30730881	296740
新乐市	260976		29879570	25500907	179764
鹿泉市	1661506	1492861	59599343	49177103	227121

10—6 续表 4　　(2011 年)　　计量单位：千元

项目名称	管理费用	# 税金	财务费用	# 利息支出	营业利润
全市总计	**20512815**	**956114**	**7516743**	**6494396**	**49517660**
市区合计	5161331	225320	1589014	1625730	3002785
#长安区	817044	58237	369080	328660	206675
桥东区	231788	9855	33412	39452	–16910
桥西区	78814	1987	17172	17385	19237
新华区	435848	15241	35745	38499	161268
裕华区	467879	16382	184622	199067	74322
矿　区	504486	35558	154209	126794	735205
高新区	1929513	57878	228556	263148	2131892
井 陉 县	244344	16661	254621	248877	779055
正 定 县	847172	25168	182763	202934	2529789
栾 城 县	669279	31361	279336	269484	2573692
行 唐 县	403612	34681	177993	159180	2756984
灵 寿 县	255348	10200	63622	32791	1730174
高 邑 县	45708	4029	37230	37229	700861
深 泽 县	878385	86159	101521	100101	367579
赞 皇 县	326283	8344	172649	143061	1604385
无 极 县	142027	9577	64528	44946	1639684
平 山 县	648783	52875	1287842	520231	1061678
元 氏 县	356051	5744	189822	118197	1965470
赵　县	910678	50729	119748	108556	2552322
辛 集 市	3026040	226492	1167819	1163920	6480010
藁 城 市	4254652	97565	846402	804105	7094753
晋 州 市	141023	2698	79596	45732	3400410
新 乐 市	371326	34976	183585	181378	3134930
鹿 泉 市	1830773	33535	718652	687944	6143099

10—6 续表5　　（2011年）　　计量单位：千元

项目名称	投资收益	利润总额	应交所得税	利税总额	本年应付职工薪酬
全市总计	**-5869847**	**50286916**	**5487624**	**77384611**	**23794717**
市区合计	158784	3960219	652906	7446890	6515495
#长安区	50067	345320	85509	728322	1310854
桥东区		-7735	3961	105846	333889
桥西区	235	19636	3167	50643	102626
新华区	14775	200627	40908	334060	494322
裕华区	-35758	126580	87574	314807	631638
矿　区	3055	782034	75829	1536259	409798
高新区	92031	2410788	361158	3408719	1836916
井陉县	1074	817670	148987	1421638	1100485
正定县	787	2530048	443247	3346117	1217616
栾城县	27409	2649313	355347	3673379	663406
行唐县		2756965	523482	4026957	478839
灵寿县	67712	1413363	39100	1725948	210042
高邑县	-50	700861		884940	222426
深泽县		367579	147669	726242	205508
赞皇县		1615075	28772	1890193	178255
无极县		1634474	40145	2056659	235009
平山县	-28	1010936	82426	1802049	811341
元氏县	-2607	1965479	290738	2608384	280793
赵　县	-4337723	2514507	615477	3559826	325773
辛集市	72702	6437668	397325	8487956	3562329
藁城市	-1283766	7021692	440359	16891739	3039276
晋州市		3409300	5311	4775474	1420247
新乐市		3186397	725140	4241503	1556249
鹿泉市	-574141	6295370	551193	7818717	1771628

10—6 续表6　　　　(2011年)　　　　计量单位：千元

项目名称	本年应交增值税	本年进项税额	本年销项税额	全部从业人员年平均人数（人）
全市总计	**17676844**	**74611548**	**87511959**	**776080**
市区合计	3006556	14733238	16256385	159574
#长安区	328432	4364688	4299406	34894
桥东区	63373	111508	170173	8632
桥西区	27742	133654	159764	2541
新华区	113935	503288	569657	12423
裕华区	162974	796189	942097	12223
矿　区	681108	3662752	4164240	15354
高新区	845434	2484610	2796071	48779
井陉县	493462	2157137	2564276	14944
正定县	554529	3834375	4343642	22108
栾城县	929827	3276677	4084345	29227
行唐县	1104793	2376888	3395919	12494
灵寿县	256888	103688	56650	8194
高邑县	172181	390123	549942	13352
深泽县	200292	1923347	2113763	12300
赞皇县	253590	196454	209813	12453
无极县	279372	2727867	2962896	15178
平山县	722964	7141141	7773495	28386
元氏县	450050	2018284	2360804	11211
赵　县	992795	5682058	6621027	20305
辛集市	1888648	2505996	2764720	186058
藁城市	3129896	13242608	16021965	94542
晋州市	1069434	4585176	5597245	47504
新乐市	875342	3104362	3957491	42437
鹿泉市	1296225	4612129	5877581	45813

分县（市）区规模以上国有控股工业企业主要经济指标

10—7　　　　（2011年）　　　　计量单位：千元

项目名称	工业企业单位数（个）	工业企业总产值	工业企业销售产值	资产合计	#流动资产小计
全市总计	**88**	**115534976**	**114357363**	**129014631**	**46036691**
市区合计	31	52463882	51944220	71122984	24498139
#长安区	5	14911796	14822277	17471997	7314107
桥东区	5	546098	542121	2964991	1416458
桥西区	1	61208	56383	15439	12725
新华区	4	1453787	1388384	2334030	1117605
裕华区	4	3198115	3131652	5366551	2045599
矿　区	3	4969123	5021993	5359916	2613043
高新区	6	1886365	1777659	2624797	1600005
井陉县	5	6532325	6457903	8902672	2509932
正定县	1	33878	32506	37448	17073
栾城县	7	2921729	2864827	4420902	1084451
行唐县					
灵寿县	4	2814763	2724200	693427	160213
高邑县					
深泽县					
赞皇县	1	741092	716626	1246375	251888
无极县					
平山县	3	4923895	4737007	6328837	1493874
元氏县					
赵　县	2	97133	98615	128334	26974
辛集市	2	583337	571474	945636	517953
藁城市	10	35890107	35822377	21545001	10703329
晋州市	2	173292	170551	394521	127212
新乐市	3	846809	831546	1078501	526454
鹿泉市	17	7512734	7385511	12169993	4119199

10—7 续表1　　　　（2011年）　　　　计量单位：千元

项目名称	固定资产小计	固定资产原价	累计折旧
全市总计	**63273713**	**102757994**	**44434509**
市区合计	33371794	53863589	23444777
#长安区	7566505	11840422	5534444
桥东区	1426435	1996461	932864
桥西区	2714	3970	1256
新华区	662605	869545	603237
裕华区	2484029	6052607	2718174
矿　区	2734254	1997903	558299
高新区	716071	794422	180082
井陉县	5835237	11191768	5649867
正定县	17668	31694	14026
栾城县	3095046	3916830	966687
行唐县			
灵寿县	426008	610773	435653
高邑县			
深泽县			
赞皇县	896238	993626	97388
无极县			
平山县	4493942	10079234	5585292
元氏县			
赵　县	101360	102414	32281
辛集市	413270	510452	291417
藁城市	7361162	12941190	5902100
晋州市	267156	347267	80111
新乐市	423359	852855	460323
鹿泉市	6571473	7316302	1474587

10—7 续表2　　　　(2011 年)　　　　计量单位：千元

项目名称	负债合计	# 流动负债	所有者权益	# 实收资本
全市总计	**89308041**	**66854827**	**39705588**	**22334343**
市区合计	51727958	38620018	19394920	12071612
# 长安区	10748390	9246136	6723607	3896956
桥东区	2144266	1801932	820725	904770
桥西区	9760	9760	5573	3474
新华区	1747146	1211863	586884	564290
裕华区	4829142	3340498	537409	1209115
矿　区	4382354	4214632	977562	335950
高新区	1492275	1448141	1132522	439143
井 陉 县	3213903	2534290	5688769	328056
正 定 县	42606	42606	-5158	830
栾 城 县	3627102	1463139	793797	1073238
行 唐 县				
灵 寿 县	340805	295000	351732	82694
高 邑 县				
深 泽 县				
赞 皇 县	764196	393116	482179	450000
无 极 县				
平 山 县	4454012	2965301	1874824	1007177
元 氏 县				
赵　县	117909	85066	10425	36759
辛 集 市	729412	657576	216224	138414
藁 城 市	15299455	13701010	6245545	3711687
晋 州 市	386112	263390	8409	86443
新 乐 市	535225	520255	543276	301248
鹿 泉 市	8069346	5314060	4100646	3046185

10—7 续表 3　　　　（2011 年）　　　　计量单位：千元

项目名称	实收资本中：国家资本	主营业务收入	# 主营业务成本	主营业务税金及附加
全市总计	**8255964**	**130649209**	**115581350**	**6021904**
市区合计	4070640	66756439	62040434	209823
#长安区	2366614	16740048	15586962	44649
桥东区	46173	663060	474219	4979
桥西区	3474	63981	47976	324
新华区	204273	1383276	1208045	5012
裕华区	430240	3163892	2746026	15886
矿　区	335950	10624013	9987549	29973
高新区	140517	1771746	1294824	9570
井 陉 县	64746	6943187	6548265	15524
正 定 县	830	32506	16443	302
栾 城 县	543988	2837779	2617340	8196
行 唐 县				
灵 寿 县	30916	2713545	2345060	921
高 邑 县				
深 泽 县				
赞 皇 县		716626	559325	1016
无 极 县				
平 山 县		4804379	4202168	28843
元 氏 县				
赵　县	36759	98615	99121	824
辛 集 市	100306	894368	783888	2099
藁 城 市	1468854	36145064	29136959	5717042
晋 州 市	16443	152680	135194	1155
新 乐 市	260976	851070	752966	3586
鹿 泉 市	1661506	7702951	6344187	32573

10—7 续表 4　　　　(2011 年)　　　　计量单位：千元

项目名称	管理费用	# 税金	财务费用	# 利息支出	营业利润
全市总计	**4662611**	**180909**	**2199294**	**94703**	**963088**
市区合计	2397868	114903	1148341	1214306	139623
#长安区	613935	48458	297950	19319	248828
桥东区	134605	4011	30235	237	-14198
桥西区	14788	21	-8		917
新华区	162037	7033	20138	1366	-10917
裕华区	271356	10669	156129	10643	-73796
矿　区	371926	11658	54817	9041	47103
高新区	133262	2871	22862	4304	250590
井陉县	122768	3703	167706	5283	65678
正定县	6846	513	-9	12	4562
栾城县	119873	5533	164293	1076	-115126
行唐县					
灵寿县	74558	2423	32342	169	380968
高邑县					
深泽县					
赞皇县	22725	1284	33421	217	92402
无极县					
平山县	219245	13062	244867	10038	115244
元氏县					
赵　县	2774	13	2091		7610
辛集市	55553	1414	32793	370	11566
藁城市	1158109	21431	267660	5900	-413292
晋州市	15704	885	13288	29	-14353
新乐市	55922	4470	32299	844	-5731
鹿泉市	410666	11275	60202	5913	693937

10—7 续表5 （2011年） 计量单位：千元

项目名称	投资收益	利润总额	应交所得税	利税总额	本年应付职工薪酬
全市总计	**90834**	**1849644**	**561111**	**11493512**	**5965762**
市区合计	59257	750736	191000	2476777	3807364
#长安区	46211	375617	67879	693293	1056347
桥东区		-8907	3120	29112	230799
桥西区		917	701	3526	9570
新华区	14315	4150	25	42299	251478
裕华区	-35607	-46421	58093	65580	416042
矿 区		93232	35444	339718	281142
高新区	-41	249179	30938	335015	166534
井陉县	996	102880	8	290896	352819
正定县		4505		7837	2557
栾城县		-46119	319	-8981	138706
行唐县					
灵寿县	10753	255300	8664	322038	41420
高邑县					
深泽县					
赞皇县		105038	27529	116211	16449
无极县					
平山县		120833	42463	460718	171680
元氏县					
赵 县	14427	7610		9708	2334
辛集市	34	12240	4702	32323	46787
藁城市	4144	-380826	260599	6605249	866597
晋州市		-5435		3958	15345
新乐市		13563	1695	49740	52590
鹿泉市	1223	909319	24132	1127038	451114

10—7 续表6　　(2011年)　　计量单位：千元

项目名称	本年应交增值税	本年进项税额	本年销项税额	全部从业人员年平均人数（人）
全市总计	**3616674**	**16787190**	**19487132**	**125527**
市区合计	1511661	8954790	9754965	78899
#长安区	272787	3908413	3938218	25551
桥东区	33018	26294	54578	5397
桥西区	2285	8447	10732	144
新华区	32498	92506	123630	5077
裕华区	96113	391915	478640	5883
矿　区	215136	1724420	1816057	8096
高新区	76266	126246	178133	4023
井 陉 县	172492	905365	1020403	8214
正 定 县	3030	2499	5528	119
栾 城 县	28844	376321	380617	3785
行 唐 县				
灵 寿 县	65817	28	387	1213
高 邑 县				
深 泽 县				
赞 皇 县	10157	111669	121826	502
无 极 县				
平 山 县	310408	471271	781679	1788
元 氏 县				
赵　　县	1274			143
辛 集 市	17984	211141	232900	2698
藁 城 市	1269033	5168018	6369210	14366
晋 州 市	8238	2035	4865	939
新 乐 市	32591	90929	121539	2572
鹿 泉 市	185145	493124	693213	10289

分县（市）区规模以上集体工业企业主要经济指标

10—8　　　　（2011 年）　　　　计量单位：千元

项目名称	工业企业单位数（个）	工业企业总产值	工业企业销售产值	资产合计	#流动资产小计
全市总计	**55**	**23769787**	**22896640**	**4163086**	**932805**
市区合计	3	353679	356537	313573	236877
#长安区	1	260274	254502	230991	174679
桥东区					
桥西区					
新华区	1	23963	26567	28932	21791
裕华区					
矿　区	1	69442	75468	53650	40407
井陉县	1	312005	312005	32208	30013
正定县					
栾城县	3	374732	372706	59985	32761
行唐县	2	148056	148056	24777	3353
灵寿县	2	529239	524670	72477	22799
高邑县					
深泽县					
赞皇县	1	214426	222935	26722	12202
无极县	4	621862	592338	128030	69218
平山县	7	1187940	1175216	68409	19929
元氏县					
赵　县	9	14590260	14424759	2331214	209751
辛集市	1	47036	47036	26193	525
藁城市	10	3552848	2944575	747107	217113
晋州市	2	108960	111074	32138	19254
新乐市					
鹿泉市	10	1728744	1664733	300253	59010

10—8 续表 1　　(2011 年)　　计量单位：千元

项目名称	固定资产小计	固定资产原价	累计折旧
全市总计	**2863755**	**2896949**	**564180**
市区合计	73924	193263	119339
#长安区	53541	147919	94378
桥东区			
桥西区			
新华区	7140	21677	14537
裕华区			
矿　区	13243	23667	10424
井 陉 县	2195	2195	1456
正 定 县			
栾 城 县	10696	18910	8214
行 唐 县	21424	23639	2415
灵 寿 县	36157	44895	13590
高 邑 县			
深 泽 县			
赞 皇 县	9629	10600	1985
无 极 县	43609	49193	5985
平 山 县	48480	57228	8768
元 氏 县			
赵　　县	2121463	1816453	211165
辛 集 市	17908	17908	1258
藁 城 市	306667	428031	123364
晋 州 市	12884	21954	9070
新 乐 市			
鹿 泉 市	158719	212680	57571

10—8 续表2 （2011年） 计量单位：千元

项目名称	负债合计	# 流动负债	所有者权益	# 实收资本
全市总计	**843268**	**598996**	**3217985**	**477898**
市区合计	234685	207946	78887	38400
#长安区	141978	139408	89013	16170
桥东区				
桥西区				
新华区	41183	22494	－12251	18690
裕华区				
矿　区	51524	46044	2125	3540
井陉县	19736	19736	12472	5000
正定县				
栾城县	37130	24640	17768	4042
行唐县	284	144	24493	23790
灵寿县	43852	16377	21414	13878
高邑县				
深泽县				
赞皇县	18652	7818	8070	3352
无极县	46016	46016	82014	24213
平山县	47676	2670	20733	17273
元氏县				
赵　县	84200	52343	2247014	126808
辛集市			26193	2867
藁城市	182424	167824	479683	165478
晋州市	21378	9522	10760	9984
新乐市				
鹿泉市	107235	43960	188484	42813

10—8 续表3　　(2011年)　　计量单位：千元

项目名称	实收资本中：集体资本	主营业务收入	#主营业务成本	主营业务税金及附加
全市总计	**285140**	**22829931**	**18810131**	**56037**
市区合计	37510	351712	290034	1888
#长安区	16170	254452	203645	1364
桥东区				
桥西区				
新华区	18690	28600	25728	34
裕华区				
矿　区	2650	68660	60661	490
井陉县	5000	304010	292258	317
正定县				
栾城县	3092	353950	318591	2011
行唐县	19100	148022	130288	54
灵寿县	11589	524670	454805	51
高邑县				
深泽县				
赞皇县	3352	222935	173433	230
无极县	13383	586968	532818	10514
平山县	17273	1185730	1078620	
元氏县				
赵　县	122178	14477340	11744278	7422
辛集市	2867	47036	32979	
藁城市		2890789	2415664	22665
晋州市	9984	111074	101576	505
新乐市				
鹿泉市	39812	1625695	1244787	10380

10—8 续表 4　　(2011 年)　　计量单位：千元

项目名称	管理费用	# 税金	财务费用	# 利息支出	营业利润
全市总计	**548540**	**15743**	**1768**	**89857**	**1274235**
市区合计	43054	1271	20	4631	3630
#长安区	31601	994	18	3960	3487
桥东区					
桥西区					
新华区	4223	15		411	-1345
裕华区					
矿　区	7230	262	2	260	1488
井 陉 县	912	45		157	6815
正 定 县					
栾 城 县	3187	63	1801	2	28341
行 唐 县	704	7		19	15889
灵 寿 县	218	12		113	69374
高 邑 县					
深 泽 县					
赞 皇 县	7785	152	100	5118	23441
无 极 县	3767	1758		1194	35137
平 山 县	28199	113		28193	21533
元 氏 县					
赵　 县	361353	11614	-158	27423	652069
辛 集 市	3340				6691
藁 城 市	17804	393		2868	203391
晋 州 市	386	11		546	7290
新 乐 市					
鹿 泉 市	77831	304	5	19593	200634

10—8 续表5　　(2011年)　　计量单位：千元

项目名称	投资收益	利润总额	应交所得税	利税总额	本年应付职工薪酬
全市总计	**-1586406**	**1277179**	**225795**	**1736225**	**277342**
市区合计	40	12418	250	33838	59979
#长安区	40	3442	250	20243	41237
桥东区					
桥西区					
新华区		5976		6290	3628
裕华区					
矿　区		3000		7305	15114
井陉县		6815		9113	902
正定县					
栾城县		28341	41	52269	6345
行唐县		15889		23839	9173
灵寿县	64	69374	105	69626	3518
高邑县					
深泽县					
赞皇县		23441		24789	925
无极县		35137	149	54071	12485
平山县		21533	3469	36187	31301
元氏县					
赵　县	-1181027	647110	199516	854239	72689
辛集市		6691		7726	504
藁城市	-405483	203370	7063	305754	42316
晋州市		7288		11265	10789
新乐市					
鹿泉市		199772	15202	253509	26416

10—8 续表6 （2011年） 计量单位：千元

项目名称	本年应交增值税	本年进项税额	本年销项税额	全部从业人员年平均人数（人）
全市总计	**402912**	**2602373**	**2949215**	**12202**
市区合计	19532	39934	27335	2211
#长安区	15437	27507	11208	1550
桥东区				
桥西区				
新华区	280	3697	3884	278
裕华区				
矿　区	3815	8730	12243	383
井陉县	1981	13645	15626	48
正定县				
栾城县	21917	10150	17441	372
行唐县	7896	9333	17229	121
灵寿县	201			92
高邑县				
深泽县				
赞皇县	1118			75
无极县	8420	56595	65649	487
平山县	14654	180155	194809	1262
元氏县				
赵　县	199707	1787779	1987093	3677
辛集市	1035			50
藁城市	79622	414602	487024	2066
晋州市	3472	13978	17450	547
新乐市				
鹿泉市	43357	76202	119559	1194

历年规模以上工业总产值、工业增加值指数

10—9　　　　（上年=100）　　　　计量单位:%

年份	工业总产值	年份	工业总产值	工业增加值
1953	131.85			
1954	132.48	1983	109.92	
1955	119.29	1984	116.80	
1956	119.97	1985	113.55	
1957	109.47	1986	108.66	
1958	157.78	1987	117.69	
1959	167.58	1988	117.15	
1960	110.79	1989	106.14	
1961	59.75	1990	103.07	
1962	68.62	1991	115.30	
1963	100.13	1992	115.41	
1964	121.64	1993	119.56	117.11
1965	134.86	1994	112.20	110.67
1966	113.18	1995	117.01	114.89
1967	104.34	1996	123.51	120.57
1968	131.46	1997	119.10	116.71
1969	118.92	1998	102.73	102.39
1970	115.84	1999	117.40	115.23
1971	96.74	2000	112.82	111.22
1972	97.12	2001	114.79	112.94
1973	111.47	2002	116.91	114.80
1974	108.05	2003	124.23	121.20
1975	118.80	2004	128.62	125.04
1976	111.41	2005	127.94	122.85
1977	114.86	2006	126.60	119.80
1978	98.54	2007	128.63	120.40
1979	103.44	2008	127.07	113.20
1980	105.44	2009	107.99	113.00
1981	103.20	2010	132.9	116.50
1982	104.17	2011	130.4	116.20

营运车辆拥有量

10—10　　　　计量单位：辆

指标名称	2011年
客运车辆总计	3400
载客汽车	3400
# 大型	1228
# 班车客运客车	2833
旅游客车	18
包车客车	549
货运车辆总计	155764
载货汽车	141712
# 大型	55999
# 栏板货车	132545
厢式车	7267
集装箱车	24
罐车	1876
# 普通载货汽车	139420
专用载货汽车	2292
其它载货机动车	10835
轮胎式拖拉机	315

线路长度及运输量

10—11

指标名称	计量单位	2011年
境内公路里程	公里	15769
#境内等级公路里程	公里	14615
#境内高速公路里程	公里	468
公路客运量	万人	12436
民航客运量	万人	204
公路货运量	万吨	22870
民航货运量	万吨	2.1
公路客运周转量	万人公里	650208
公路货运周转量	万吨公里	7146397

邮政业务量

10—12

指标名称	单　位	2011年
邮政业务总量合计	**万元**	**61485**
函件	万件	2741
包裹	万件	52.5
快递	万件	72.3
订销报纸	万份	14827.2
订销杂志	万份	835.8
汇票	万笔	108
集邮票	万枚	688.1
储蓄余额	亿元	215.2

十一、贸易　外经　旅游

全市限额以上住宿和餐饮企业经营状况

11—1　　　　(2011 年)

指标名称	法人企业（个）	年末从业人员（人）	营业额（千元）	# 客房收入	餐费收入	商品销售收入	其他收入
总　计	**109**	**22858**	**2729632**	**786632**	**1668218**	**46935**	**227847**
一、住宿业	72	17615	2088741	761226	1063985	41376	222154
1. 按登记注册类型分组							
内资企业	70	17336	2061132	741578	1057735	41376	220443
国有企业	30	6053	834248	277225	441516	21197	94310
集体企业	5	570	73991	49227	19877	1994	2893
有限责任公司	22	7637	622423	240461	327014	2659	52289
股份有限公司	3	1500	260347	55641	126964	14330	63412
私营企业	10	1576	270123	119024	142364	1196	7539
港、澳、台商投资企业	1	171	11006	4432	6250		324
外商投资企业	1	108	16603	15216			1387
2. 按国民经济行业分组							
旅游饭店	57	15944	1940581	712059	993600	28093	206829
一般旅馆	14	1616	142648	47773	66267	13283	15325
其他住宿服务	1	55	5512	1394	4118		
二、餐饮业	37	5243	640891	25406	604233	5559	5693
1. 按登记注册类型分组							
内资企业	36	5125	623759	25406	587101	5559	5693
国有企业	10	1236	123089	10456	107678	137	4818
有限责任公司	4	266	27863		27843		20
股份有限公司	1	258	84688		84688		
私营企业	21	3365	388119	14950	366892	5422	855
港、澳、台商投资企业	1	118	17132		17132		
2. 按国民经济行业分组							
正餐服务业	37	5243	640891	25406	604233	5559	5693

市区限额以上住宿和餐饮企业经营状况

11—2　　　　(2011 年)

指标名称	法人企业（个）	年末从业人员（人）	营业额（万元）	# 客房收入	餐费收入	商品销售收入	其他收入
总　计	**67**	**17882**	**2264077**	**620272**	**1455862**	**31333**	**156610**
一、住宿业	40	13382	1677400	603927	894704	27823	150946
1. 按登记注册类型分组							
内资企业	39	13274	1660797	588711	894704	27823	149559
国有企业	16	4785	721074	234164	383877	10881	92152
集体企业	5	570	73991	49227	19877	1994	2893
有限责任公司	13	6334	520933	199324	278959	1291	41359
股份有限公司	1	765	140319	21545	98862	12783	7129
私营企业	4	820	204480	84451	113129	874	6026
外商投资企业	1	108	16603	15216			1387
2. 按国民经济行业分组							
旅游饭店	36	12718	1611186	581540	865949	25829	137868
一般旅馆	4	664	66214	22387	28755	1994	13078
二、餐饮业	27	4500	586677	16345	561158	3510	5664
1. 按登记注册类型分组							
内资企业	26	4382	569545	16345	544026	3510	5664
国有企业	9	1164	119229	9826	104448	137	4818
有限责任公司	4	266	27863		27843		20
股份有限公司	1	258	84688		84688		
私营企业	12	2694	337765	6519	327047	3373	826
港、澳、台商投资企业	1	118	17132		17132		
2. 按国民经济行业分组							
正餐服务	27	4500	586677	16345	561158	3510	5664

全市亿元以上商品交易市场基本情况

11—3　　(2011 年)　　计量单位：个、万元

项　　目	期末市场个数	成交额
总　　计	**59**	**12459056**
一、按市场类别分组		
1. 综合市场	15	5070388
2. 专业市场	44	7388668
生产资料市场	5	531392
农产品市场	15	941412
纺织、服装、鞋帽市场	4	4645563
电器、通讯器材、电子设备市场	2	56052
家具、五金及装饰材料市场	15	808473
汽车、摩托车及零配件市场	3	405776
二、按营业状态分组		
1. 常年营业	58	12447406
2. 其他	1	11650
三、按经营方式分组		
1. 以批发为主	40	11688266
2. 以零售为主	19	770790
四、按经营环境分组		
1. 露天式	11	1187871
2. 封闭式	36	10636922
3. 其他	12	634263

全市限额以上批发贸易业商品购销存总额

11—4　　　　（2011 年）　　　　计量单位：千元

项　　目	法人企业（个）	购进总额	销售总额			年末库存总　额
				# 批发	零售	
总　　计	**133**	**107316213**	**112241276**	**102102644**	**10138632**	**4520443**
1. 按登记注册类型分组						
内资企业	131	106989879	111782228	101681507	10100721	4471222
国有企业	15	45214820	46361703	46227380	134323	1015850
集体企业	10	594595	696294	695946	348	104367
有限责任公司	35	29641306	30941527	27078819	3862708	1641709
股份有限公司	12	15701161	17435827	12136374	5299453	603162
私营企业	58	15573467	16086129	15282240	803889	1077319
其他企业	1	264530	260748	260748		28815
港、澳、台商投资企业	1	84293	82483	44572	37911	2810
外商投资企业	1	242041	376565	376565		46411
2. 按国民经济行业分组						
农畜产品批发	7	1582401	1667946	1662574	5372	211571
食品、饮料及烟草制品批发	17	6347841	8459310	8321613	137697	806732
米、面制品及食用油批发	7	767671	895868	805232	90636	188405
烟草制品批发	1	4157978	5472141	5472141		167875
纺织、服装及日用品批发	10	1684637	1741925	1693141	48784	80975
服装批发	3	270838	283974	246063	37911	23449
文化、体育用品及器材批发	2	1213767	1110729	1109563	1166	120099
医药及医疗器材批发	28	22909553	23855241	20288764	3566477	1260172
矿产品、建材及化工产品批发	51	68009589	69708188	63865759	5842429	1336342
煤炭及制品批发	16	13111619	13493731	13478340	15391	169690
石油及制品批发	6	15226060	15548239	9856450	5691789	169049
金属及金属矿批发	12	33865695	33973934	33843503	130431	332947
化肥批发	7	3373179	3314143	3309578	4565	555804
机械设备、五金交电及电子产品批发	17	5554035	5678311	5141604	536707	698232
汽车、摩托车及零配件批发	3	768113	785583	405190	380393	46048
家用电器批发	1	239024	236556	189245	47311	5969
计算机、软件及辅助设备批发						
其他批发	1	14390	19626	19626		6320

全市限额以上零售贸易业商品购销存总额

11—5 （2011年） 计量单位：千元

项目	法人企业（个）	购进总额	销售总额	# 批发	零售	年末库存总额
总计	**185**	**41652197**	**45250409**	**4245596**	**41004813**	**3236390**
1. 按登记注册类型分组						
内资企业	183	40907588	44431449	4245596	40185853	3056208
国有企业	8	627747	652362	8083	644279	82978
集体企业	13	841327	911105	2627	908478	46487
股份合作企业	4	108463	112261	750	111511	12309
联营企业	2	109883	130128	2903	127225	24073
有限责任公司	46	8302412	10045411	254083	9791328	852301
股份有限公司	11	20586983	21681877	3345122	18336755	839032
私营企业	92	9348616	9898089	371259	9526830	1102651
其他企业	7	982157	1000216	260769	739447	96377
外商投资企业	2	744609	818960		818960	180182
2. 按国民经济行业分组						
综合零售	48	22474620	25104345	3348688	21755657	1152036
百货零售	26	20704037	23204414	3334319	19870095	788251
超级市场零售	18	1404590	1528146	11922	1516224	297347
食品、饮料及烟草制品专门零售	4	39864	51386	14653	36733	16239
纺织、服装及日用品专门零售	8	771504	813203	430025	383178	186926
服装零售	5	179269	184163	3242	180921	58440
文化、体育用品及器材专门零售	6	505700	469168	18113	451055	116513
图书零售	1	364894	319293	836	318457	45601
医药及医疗器材专门零售	9	815000	818112	223701	594411	142411
药品零售	9	815000	818112	223701	594411	142411
汽车、摩托车、燃料及零配件专门零售	71	14588347	15322235	51446	15270789	1422898
汽车零售	57	13990009	14654862	47835	14607027	1410197
家用电器及电子产品专门零售	31	2164100	2348982	157906	2191076	181921
家用电器零售	25	1247271	1430055	43500	1386555	155947
计算机、软件及辅助设备零售	3	124143	128276	319	127957	10044
通信设备零售	3	792686	790651	114087	676564	15930
五金、家具及室内装修材料专门零售	4	57540	63097		63097	8639
无店铺及其他零售	4	235522	259881	1064	258817	8807

市区限额以上批发贸易业商品购销存总额

11—6　　　　(2011 年)　　　　计量单位：千元

项　目	法人企业（个）	购进总额	销售总额	# 批发	零售	年末库存总　额
总　计	**99**	**101790998**	**106267893**	**96748746**	**9519147**	**3856356**
1. 按登记注册类型分组						
内资企业	97	101464664	105808845	96327609	9481236	3807135
国有企业	12	45077512	46248126	46147843	100283	936602
集体企业	6	412258	512407	512059	348	91503
有限责任公司	27	29199587	30489780	26642544	3847236	1496923
股份有限公司	9	15211056	16810494	11548669	5261825	417083
私营企业	42	11299721	11487290	11215746	271544	836209
其他企业	1	264530	260748	260748		28815
港、澳、台商投资企业	1	84293	82483	44572	37911	2810
外商投资企业	1	242041	376565	376565		46411
2. 按国民经济行业分组						
农畜产品批发	3	1388298	1492998	1492998		86996
食品、饮料及烟草制品批发	12	6135614	8098760	8004226	94534	545579
米、面制品及食用油批发	4	710396	838793	748157	90636	102386
烟草制品批发	1	4157978	5472141	5472141		167875
纺织、服装及日用品批发	10	1684637	1741925	1693141	48784	80975
服装批发	3	270838	283974	246063	37911	23449
文化、体育用品及器材批发	2	1213767	1110729	1109563	1166	120099
医药及医疗器材批发	26	22815894	23763963	20231526	3532437	1251169
矿产品、建材及化工产品批发	31	63786279	65186555	59776744	5409811	1110184
煤炭及制品批发	4	10561349	10647374	10646787	587	16084
石油及制品批发	5	14170333	14515750	9236957	5278793	145811
金属及金属矿批发	12	33865695	33973934	33843503	130431	332947
化肥批发	2	3141733	3083353	3083353		540734
机械设备、五金交电及电子产品批发	14	4752119	4853337	4420922	432415	655034
汽车、摩托车及零配件批发	2	403069	430528	50135	380393	36059
家用电器批发	1	239024	236556	189245	47311	5969
计算机、软件及辅助设备批发						
其他批发	1	14390	19626	19626		6320

市区限额以上零售贸易业商品购销存总额

11—7　　（2011 年）　　计量单位：千元

项　目	法人企业（个）	购进总额	销售总额			年末库存总额
				# 批发	零售	
总　计	**112**	**39876623**	**43320848**	**4197638**	**39123210**	**2999402**
1. 按登记注册类型分组						
内资企业	110	39132014	42501888	4197638	38304250	2819220
国有企业	4	539174	552030	3611	548419	65907
集体企业	6	279316	297198	2447	294751	7932
股份合作企业	2	84227	87672		87672	10464
联营企业	1	106198	124815		124815	21965
有限责任公司	39	7951996	9669657	254083	9415574	806586
股份有限公司	7	20492367	21543514	3334139	18209375	823606
私营企业	46	8715331	9245460	342618	8902842	987609
其他企业	5	963405	981542	260740	720802	95151
外商投资企业	2	744609	818960		818960	180182
2. 按国民经济行业分组						
综合零售	18	21292322	23793097	3336586	20456511	1032624
百货零售	7	19654143	22061097	3334139	18726958	693332
超级市场零售	7	1272186	1360215		1360215	272854
食品、饮料及烟草制品专门零售	2	18762	34908	14653	20255	9430
纺织、服装及日用品专门零售	5	663410	710792	426783	284009	144943
服装零售	2	71175	81752		81752	16457
文化、体育用品及器材专门零售	6	505700	469168	18113	451055	116513
图书零售	1	364894	319293	836	318457	45601
医药及医疗器材专门零售	6	742446	736446	219229	517217	129050
药品零售	6	742446	736446	219229	517217	129050
汽车、摩托车、燃料及零配件专门零售	68	14530615	15262702	51446	15211256	1418652
汽车零售	57	13990009	14654862	47835	14607027	1410197
家用电器及电子产品专门零售	5	1893698	2058423	130828	1927595	136869
家用电器零售	2	993974	1157347	16741	1140606	112209
计算机、软件及辅助设备零售	1	111652	114859		114859	9210
通信设备零售	2	788072	786217	114087	672130	15450
五金、家具及室内装修材料专门零售	1	26214	32686		32686	4987
无店铺及其他零售	1	203456	222626		222626	6334

分县（市）区限额以上批发零售贸易业商品购销存总额

11—8　（2011 年）　计量单位：千元

行政单位	法人企业（个）	购进总额	销售总额	# 批发	零售	年末库存总额
全市总计	**318**	**148968410**	**157491685**	**106348240**	**51143445**	**7756833**
市区合计	211	141667621	149588741	100946384	48642357	6855758
#长安区	43	22104702	23237235	13794470	9442765	1586063
桥东区	42	26473640	27449382	10939587	16509795	1650627
桥西区	34	16185130	18460259	12873060	5587199	1467543
新华区	46	50817059	52725202	46454274	6270928	1133768
裕华区	34	13417408	14635540	7701813	6933727	788103
矿　区	5	101979	102907	64927	37980	13085
高新区	7	12567703	12978216	9118253	3859963	216569
井陉县	8	2934140	3136974	2702912	434062	144908
正定县	6	715019	746267	422101	324166	109149
栾城县	5	47108	55038	383	54655	6284
行唐县	6	150962	151838	113995	37843	18360
灵寿县	4	105255	124446	17677	106769	16410
高邑县	1	6650	6700	750	5950	650
深泽县	6	161328	161261	116719	44542	13033
赞皇县	5	58259	44710	5373	39337	18984
无极县	6	357840	364349	111791	252558	14848
平山县	18	794634	859920	752548	107372	85970
元氏县	4	42479	46605		46605	9186
赵　县	2	80216	96884	2903	93981	9191
辛集市	10	685459	752115	435053	317062	108125
藁城市	2	215460	257807	43010	214797	10550
晋州市	3	176946	152188	54186	98002	63304
新乐市	12	149494	160859	42344	118515	18127
鹿泉市	9	619540	784983	580111	204872	253996

全市限额以上批发贸易企业财务状况

11—9 （2011年） 计量单位：千元

项目	企业数（个）	流动资产合计	#存货	固定资产原价	累计折旧	#本年折旧
总计	**133**	**27335195**	**5393914**	**3475318**	**1131155**	**227725**
1. 按登记注册类型分组						
内资企业	131	27272822	5345385	3471636	1128553	227359
国有企业	15	10209701	1695962	532213	203427	37313
集体企业	10	425280	108085	159030	44773	5753
有限责任公司	35	8819788	2050674	901773	236201	52133
股份有限公司	12	1992803	417932	1572829	526528	84815
私营企业	58	5771389	1043917	305117	117100	47297
其他企业	1	53861	28815	674	524	48
港、澳、台商投资企业	1	7460	2556	3682	2602	366
外商投资企业	1	54913	45973			
2. 按国民经济行业分组						
农畜产品批发	7	539125	192470	138933	33752	3256
食品、饮料及烟草制品批发	17	2732947	493344	359550	155649	15856
米、面制品及食用油批发	7	382019	187446	87138	22519	2672
烟草制品批发	1	1607678	167875	130587	78755	6708
纺织、服装及日用品批发	10	492785	65671	51628	28538	4457
服装批发	3	221025	22879	23025	14523	1435
文化、体育用品及器材批发	2	1082459	248178	101900	42710	12065
医药及医疗器材批发	28	6119698	1512279	222999	61482	16722
矿产品、建材及化工产品批发	51	14243001	1966578	2404837	729712	143109
煤炭及制品批发	16	4135717	158517	182487	68249	21808
石油及制品批发	6	773045	255099	1623669	520086	100240
金属及金属矿批发	12	7361835	880887	141533	47989	9833
化肥批发	7	1087901	549952	317118	45903	3924
机械设备、五金交电及电子产品批发	17	2078681	907013	169174	71700	31808
汽车、摩托车及零配件批发	3	228788	78531	18197	6686	3319
家用电器批发	1	16367	5969	146	66	66
计算机、软件及辅助设备批发						
其他批发	1	46499	8381	26297	7612	452

11—9 续表 1　　（2011 年）　　计量单位：千元

项　　目	资产总计	负债合计	所有者权益合　　计	# 实收资本
总　　计	**34184790**	**25761170**	**8423620**	**3086936**
1. 按登记注册类型分组				
内资企业	34113877	25686224	8427653	3082936
国有企业	13009091	8603717	4405374	1247137
集体企业	698477	495225	203252	104908
有限责任公司	9900865	8291365	1609500	735867
股份有限公司	4006519	2748619	1257900	188583
私营企业	6444914	5496648	948266	806141
其他企业	54011	50650	3361	300
港、澳、台商投资企业	14378	13747	631	1000
外商投资企业	56535	61199	－4664	3000
2. 按国民经济行业分组				
农畜产品批发	670817	521487	149330	55834
食品、饮料及烟草制品批发	3423637	1199993	2223644	214450
米、面制品及食用油批发	464538	379114	85424	64355
烟草制品批发	1876478	117531	1758947	23074
纺织、服装及日用品批发	636720	356710	280010	331278
服装批发	327422	101944	225478	277463
文化、体育用品及器材批发	2722886	1324938	1397948	70420
医药及医疗器材批发	6540237	5898909	641328	597924
矿产品、建材及化工产品批发	17728599	14443736	3284863	1641847
煤炭及制品批发	4433254	4019772	413482	253800
石油及制品批发	2416143	1283185	1132958	192913
金属及金属矿批发	7927762	7057589	870173	603295
化肥批发	1478407	1159970	318437	77036
机械设备、五金交电及电子产品批发	2382508	1948761	433747	163340
汽车、摩托车及零配件批发	385792	345727	40065	34160
家用电器批发	16765	6538	10227	10000
计算机、软件及辅助设备批发				
其他批发	79386	66636	12750	11843

11—9 续表 2　　　　（2011 年）　　　　计量单位：千元

项　　目	主营业务收入	主营业务成本	主营业务税金及附加	主营业务利润
总　　计	**100815074**	**95938297**	**350950**	**124360**
1. 按登记注册类型分组				
内资企业	100368012	95545250	350423	124360
国有企业	39939577	38311512	295219	79027
集体企业	672767	589615	1441	13989
有限责任公司	28989704	27873446	20416	20938
股份有限公司	15356680	14288891	20731	-3837
私营企业	15148536	14224908	12510	14183
其他企业	260748	256878	106	60
港、澳、台商投资企业	70498	46538	416	
外商投资企业	376564	346509	111	
2. 按国民经济行业分组				
农畜产品批发	1484817	1475610	234	9987
食品、饮料及烟草制品批发	7504009	5844882	291189	20874
米、面制品及食用油批发	856423	796520	196	9356
烟草制品批发	4700167	3535761	284095	4816
纺织、服装及日用品批发	1590981	1482570	947	3615
服装批发	268558	229050	432	267
文化、体育用品及器材批发	1110729	1013016	759	13354
医药及医疗器材批发	21084002	20505180	14757	9970
矿产品、建材及化工产品批发	62278346	60353178	37816	48263
煤炭及制品批发	12555969	11978985	10021	6261
石油及制品批发	13709065	12891193	12943	-8465
金属及金属矿批发	29655403	29375098	9465	39143
化肥批发	3286655	3216484	13	4209
机械设备、五金交电及电子产品批发	5747093	5250306	5221	12930
汽车、摩托车及零配件批发	755832	746682	75	2598
家用电器批发	240792	235968	62	
计算机、软件及辅助设备批发				
其他批发	15097	13555	27	5367

11—9 续表3　　（2011年）　　计量单位：千元

项　　目	销售费用	管理费用	#税金	财务费用	#利息支出
总　　计	**1988156**	**1036940**	**39334**	**416840**	**404315**
1. 按登记注册类型分组					
内资企业	1973957	1023664	39205	406664	404315
国有企业	275633	375104	9202	37813	109910
集体企业	30906	49817	919	6623	5078
有限责任公司	427669	262024	9137	180579	166960
股份有限公司	646294	162595	11010	54131	27672
私营企业	592023	171792	8860	127509	94695
其他企业	1432	2332	77	9	
港、澳、台商投资企业	13652	9306	129	144	
外商投资企业	547	3970		10032	
2. 按国民经济行业分组					
农畜产品批发	24642	20758	1716	17931	15424
食品、饮料及烟草制品批发	332709	317153	4890	12989	12973
米、面制品及食用油批发	31621	15768	163	17351	8592
烟草制品批发	67091	187465	2792	-23087	
纺织、服装及日用品批发	62747	45583	962	4935	3574
服装批发	25001	15274	374	1598	1198
文化、体育用品及器材批发	28111	70313	1379	3711	8446
医药及医疗器材批发	234882	124057	7512	100067	67766
矿产品、建材及化工产品批发	1004258	343855	21164	272208	289372
煤炭及制品批发	306902	90428	6322	152364	140051
石油及制品批发	452038	58341	8095	13844	3602
金属及金属矿批发	136003	95083	3132	61649	105862
化肥批发	19663	29394	491	28900	27604
机械设备、五金交电及电子产品批发	297665	109326	1706	4787	6760
汽车、摩托车及零配件批发	4584	5992	67	2048	2989
家用电器批发	4226	77	67	282	155
计算机、软件及辅助设备批发					
其他批发	3142	5895	5	212	

11—9 续表 4 （2011 年） 计量单位：千元

项 目	营业利润	利润总额	应交所得税	应付职工薪酬（本年贷方累计发生额）	应交增值税
总 计	**1210383**	**1173556**	**229871**	**677935**	**634315**
1. 按登记注册类型分组					
内资企业	1196626	1159812	229673	670482	630408
国有企业	727301	580866	128481	266871	241149
集体企业	8354	10976	4670	23093	9131
有限责任公司	243356	320489	74493	168413	151953
股份有限公司	180210	227405	2659	106302	111783
私营企业	37354	20025	19357	104716	115112
其他企业	51	51	13	1087	1280
港、澳、台商投资企业	442	429	107	7118	3814
外商投资企业	13315	13315	91	335	93
2. 按国民经济行业分组					
农畜产品批发	－44371	16814	2393	9324	3594
食品、饮料及烟草制品批发	723496	568154	141244	258722	253802
米、面制品及食用油批发	1858	13517	359	15633	375
烟草制品批发	653658	490333	122583	183277	193525
纺织、服装及日用品批发	－3165	－673	328	31411	8509
服装批发	－2530	－2406	107	10507	4020
文化、体育用品及器材批发	11688	18362		13971	5900
医药及医疗器材批发	114026	113968	32719	97941	130024
矿产品、建材及化工产品批发	324024	386224	30085	172619	163941
煤炭及制品批发	25430	24794	8818	33388	61098
石油及制品批发	271774	271437	13259	62136	76470
金属及金属矿批发	21101	54392	6950	28565	20407
化肥批发	－2731	30657	32	16041	239
机械设备、五金交电及电子产品批发	87052	70419	23083	89564	68507
汽车、摩托车及零配件批发	－951	－850	336	1755	495
家用电器批发	177	177	44	1713	40854
计算机、软件及辅助设备批发					
其他批发	－2367	288	19	4383	38

11—9 续表 5　　（2011 年）　　计量单位：千元

项　目	土地和固定资产支出	土地购置	房屋和建筑物	机器设备	运输工具
总　计	**150909**	**7809**	**58192**	**21592**	**16515**
1. 按登记注册类型分组					
内资企业	150512	7809	58192	21195	16515
国有企业	36789	4405	12719	13205	2471
集体企业	16606		9021	2129	2447
有限责任公司	29230		12735	2363	3241
股份有限公司	29966		1349	18	1798
私营企业	37921	3404	22368	3480	6558
其他企业					
港、澳、台商投资企业	397			397	
外商投资企业					
2. 按国民经济行业分组					
农畜产品批发	11724		11268	338	
食品、饮料及烟草制品批发	27623		16653	5138	2232
米、面制品及食用油批发	2258		1705	397	86
烟草制品批发	18430		12427	4741	1262
纺织、服装及日用品批发	768			763	
服装批发	763			763	
文化、体育用品及器材批发	11823			7799	315
医药及医疗器材批发	5617	4405	54	49	875
矿产品、建材及化工产品批发	76716	3404	24028	3403	7538
煤炭及制品批发	34768	3404	22258	3347	3777
石油及制品批发	35410				267
金属及金属矿批发	3281		1349	56	1595
化肥批发	311		311		
机械设备、五金交电及电子产品批发	6757			1973	3992
汽车、摩托车及零配件批发	1294			635	659
家用电器批发					
计算机、软件及辅助设备批发					
其他批发	9881		6189	2129	1563

全市限额以上零售贸易企业财务状况

11—10　　　　（2011 年）　　　　计量单位：千元

项　　目	企业数（个）	流动资产合　　计	# 存货	固定资产原　　价	累计折旧	# 本年折旧
总　　计	**185**	**12638981**	**2866937**	**3864261**	**1280308**	**203474**
1. 按登记注册类型分组						
内资企业	183	12385492	2746837	3680718	1250368	177177
国有企业	8	199386	73267	147459	82086	2338
集体企业	13	101665	29787	120297	38277	6490
股份合作企业	4	50813	11116	4830	2290	749
联营企业	2	38056	20881	2626	530	125
有限责任公司	46	2532578	776274	1996244	605313	91290
股份有限公司	11	5687264	747439	917996	363378	43804
私营企业	92	3514192	989159	469835	149185	29088
其他企业	7	261538	98914	21431	9309	3293
外商投资企业	2	253489	120100	183543	29940	26297
2. 按国民经济行业分组						
综合零售	48	6609167	1013778	2722749	893339	129568
百货零售	26	5855720	733960	2122045	706953	87780
超级市场零售	18	520365	229186	496809	138008	38499
食品、饮料及烟草制品专门零售	4	67771	16239	6426	2918	422
纺织、服装及日用品专门零售	8	271484	133995	23311	4264	1151
服装零售	5	57343	24177	19013	1816	525
文化、体育用品及器材专门零售	6	243678	58443	160729	50734	4798
图书零售	1	113759	15188	145776	43104	3990
医药及医疗器材专门零售	9	376619	117433	30244	13167	3517
药品零售	9	376619	117433	30244	13167	3517
汽车、摩托车、燃料及零配件专门零售	71	3808564	1349984	753831	227648	59022
汽车零售	57	3724452	1347556	685787	208447	55204
家用电器及电子产品专门零售	31	1184594	158475	46911	13133	3689
家用电器零售	25	943329	128257	17768	7149	2174
计算机、软件及辅助设备零售	3	35002	10044	4540	518	199
通信设备零售	3	206263	20174	24603	5466	1316
五金、家具及室内装修材料专门零售	4	28933	9494	7132	2468	343
无店铺及其他零售	4	48171	9096	112928	72637	964

11—10 续表1　　（2011 年）　　计量单位：千元

项　目	资产总计	负债合计	所有者权益合　计	# 实收资本
总　计	**16959184**	**13947554**	**3011630**	**2154892**
1. 按登记注册类型分组				
内资企业	16491231	13354559	3136672	2064892
国有企业	316439	276047	40392	104249
集体企业	185229	103987	81242	69473
股份合作企业	60985	42036	18949	6505
联营企业	42934	32435	10499	10220
有限责任公司	4816606	3785921	1030685	818696
股份有限公司	6640651	5717820	922831	344272
私营企业	4130099	3122866	1007233	683842
其他企业	298288	273447	24841	27635
外商投资企业	467953	592995	－125042	90000
2. 按国民经济行业分组				
综合零售	9364166	8185212	1178954	954102
百货零售	7937976	6498034	1439942	700404
超级市场零售	990458	1320948	－330490	226125
食品、饮料及烟草制品专门零售	79166	66745	12421	11600
纺织、服装及日用品专门零售	304440	240642	63798	28660
服装零售	81928	57328	24600	23660
文化、体育用品及器材专门零售	473453	280790	192663	87680
图书零售	297886	173786	124100	20000
医药及医疗器材专门零售	702637	464576	238061	138079
药品零售	702637	464576	238061	138079
汽车、摩托车、燃料及零配件专门零售	4508697	3468200	1040497	699285
汽车零售	4351215	3370155	981060	687693
家用电器及电子产品专门零售	1398946	1133556	265390	145362
家用电器零售	1103066	943209	159857	48648
计算机、软件及辅助设备零售	39058	27912	11146	10610
通信设备零售	256822	162435	94387	86104
五金、家具及室内装修材料专门零售	36585	26738	9847	9347
无店铺及其他零售	91094	81095	9999	80777

11—10 续表 2　　　　（2011 年）　　　　计量单位：千元

项　　目	主营业务收入	主营业务成本	主营业务税金及　附　加	主营业务利润
总　　计	**34656235**	**31904713**	**118067**	**815861**
1. 按登记注册类型分组				
内资企业	33921189	31242793	117885	767029
国有企业	591163	572797	1265	17977
集体企业	673902	606033	1063	3142
股份合作企业	131793	122625	115	87
联营企业	111893	105773	19	78
有限责任公司	8658199	7807007	24446	165349
股份有限公司	13223563	12294103	70104	481526
私营企业	9633043	8895088	20053	93966
其他企业	897633	839367	820	4904
外商投资企业	735046	661920	182	48832
2. 按国民经济行业分组				
综合零售	15677182	14372525	85607	697003
百货零售	13997635	12851237	81745	564828
超级市场零售	1382631	1250473	3396	99133
食品、饮料及烟草制品专门零售	51386	51992	158	
纺织、服装及日用品专门零售	714122	637682	6160	1923
服装零售	176475	155359	5399	412
文化、体育用品及器材专门零售	398341	326533	1025	3088
图书零售	254002	197145	845	7
医药及医疗器材专门零售	763806	634983	2747	4553
药品零售	763806	634983	2747	4553
汽车、摩托车、燃料及零配件专门零售	14151697	13238946	14265	42219
汽车零售	13510181	12650618	12939	41795
家用电器及电子产品专门零售	2613167	2358705	6396	61426
家用电器零售	1614470	1449825	3927	59376
计算机、软件及辅助设备零售	137485	127375	633	
通信设备零售	861212	781505	1836	2050
五金、家具及室内装修材料专门零售	58535	46713	1216	304
无店铺及其他零售	227999	236634	493	5345

11—10 续表 3　　　　(2011 年)　　　　计量单位：千元

项　目	销售费用	管理费用	# 税金	财务费用	# 利息支出
总　计	**1613806**	**1145437**	**33667**	**156471**	**97540**
1. 按登记注册类型分组					
内资企业	1434539	1097264	31712	151085	97540
国有企业	23902	25861	747	5286	5145
集体企业	32355	25140	704	2651	1426
股份合作企业	3814	3507	64		
联营企业	3039	3171	38	－274	5
有限责任公司	484683	379217	12503	50556	37296
股份有限公司	464048	435746	9530	31175	24742
私营企业	387180	208641	7619	55633	25340
其他企业	35518	15981	507	6058	3586
外商投资企业	179267	48173	1955	5386	
2. 按国民经济行业分组					
综合零售	898531	668988	20544	47113	33600
百货零售	610786	533310	17655	48876	28274
超级市场零售	269368	95825	2026	－4405	2615
食品、饮料及烟草制品专门零售	2684	3999	31	898	759
纺织、服装及日用品专门零售	46706	16484	411	－138	1137
服装零售	2692	9507	328	1329	393
文化、体育用品及器材专门零售	23022	48624	1555	1357	99
图书零售	13242	42492	1458	－614	
医药及医疗器材专门零售	96137	22339	1119	12488	9176
药品零售	96137	22339	1119	12488	9176
汽车、摩托车、燃料及零配件专门零售	364365	301577	9306	83208	49145
汽车零售	338909	287127	8711	82410	48571
家用电器及电子产品专门零售	166287	69377	309	9951	2199
家用电器零售	114952	50580	305	2262	2198
计算机、软件及辅助设备零售	7656	1261	4	236	1
通信设备零售	43679	17536		7453	
五金、家具及室内装修材料专门零售	7059	2727	45	889	712
无店铺及其他零售	9015	11322	347	705	713

11—10 续表 4　　（2011 年）　　计量单位：千元

项　　目	营业利润	利润总额	应交所得税	应付职工薪酬（本年贷方累计发生额）	应交增值税
总　　计	**534965**	**619456**	**181990**	**831258**	**685165**
1. 按登记注册类型分组					
内资企业	646015	731749	181990	769867	684592
国有企业	－19971	699	2067	45883	12378
集体企业	9802	10308	2693	22218	8154
股份合作企业	1819	967	308	3199	1303
联营企业	243	351	22	745	266
有限责任公司	79006	114145	31765	281507	286089
股份有限公司	409913	429709	114956	230336	153818
私营企业	160410	170595	29130	169957	217086
其他企业	4793	4975	1049	16022	5498
外商投资企业	－111050	－112293		61391	573
2. 按国民经济行业分组					
综合零售	302941	334744	118641	443860	272512
百货零售	436271	453487	116672	313646	265141
超级市场零售	－131135	－122398	430	104928	5824
食品、饮料及烟草制品专门零售	－8345	407	98	2312	1168
纺织、服装及日用品专门零售	9151	10932	2417	25039	6020
服装零售	2601	2601	516	6753	540
文化、体育用品及器材专门零售	673	16612	110	25729	5197
图书零售	704	16662	2	21245	4141
医药及医疗器材专门零售	－335	－964	536	45382	15576
药品零售	－335	－964	536	45382	15576
汽车、摩托车、燃料及零配件专门零售	191593	197927	57835	216437	362120
汽车零售	180011	186788	55888	191938	351542
家用电器及电子产品专门零售	63877	63985	1256	41785	18464
家用电器零售	52300	52347	692	29301	14418
计算机、软件及辅助设备零售	324	289	70	3683	531
通信设备零售	11253	11349	494	8801	3515
五金、家具及室内装修材料专门零售	235	5		2283	1264
无店铺及其他零售	－24825	－4192	1097	28431	2844

11—10 续表 5　　　　(2011 年)　　　　计量单位：千元

项　目	土地和固定资产支出				
		土地购置	房屋和建筑物	机器设备	运输工具
总　计	**186335**	**12462**	**60217**	**72398**	**24904**
1. 按登记注册类型分组					
内资企业	121522	12462	60217	12699	24461
国有企业	5308		865	799	892
集体企业	5826		5826		
股份合作企业	24			19	
联营企业	1608		1162		446
有限责任公司	75773	12462	33317	4001	18303
股份有限公司	4028		2173	1855	
私营企业	28216		16874	6025	4090
其他企业	739				730
外商投资企业	64813			59699	443
2. 按国民经济行业分组					
综合零售	121273	12462	38489	62760	2157
百货零售	56047	12462	38489	2898	1464
超级市场零售	64847			59699	477
食品、饮料及烟草制品专门零售					
纺织、服装及日用品专门零售	1126			354	730
服装零售					
文化、体育用品及器材专门零售	3515		974	1567	773
图书零售	3459		974	1567	773
医药及医疗器材专门零售	997			997	
药品零售	997			997	
汽车、摩托车、燃料及零配件专门零售	53478		20754	5647	20328
汽车零售	48885		20754	5562	20013
家用电器及电子产品专门零售	1427				222
家用电器零售	1427				222
计算机、软件及辅助设备零售					
通信设备零售					
五金、家具及室内装修材料专门零售	339			321	18
无店铺及其他零售	4180			752	676

市区限额以上批发贸易企业财务状况

11—11　　　　　　　　　　　　　　　　（2011 年）　　　　　　　　　　　　　　　　计量单位：千元

项　　目	企业数（个）	流动资产合　计	# 存货	固定资产原　价	累计折旧	# 本年折旧
总　　计	**99**	**24534760**	**4890008**	**3163386**	**1037712**	**185344**
1. 按登记注册类型分组						
内资企业	97	24472387	4841479	3159704	1035110	184978
国有企业	12	10110276	1619081	493221	200496	36438
集体企业	6	378328	102381	144425	43636	5613
有限责任公司	27	8580900	1916560	833037	215324	50063
股份有限公司	9	1834276	356492	1556026	520964	81375
私营企业	42	3514746	818150	132321	54166	11441
其他企业	1	53861	28815	674	524	48
港、澳、台商投资企业	1	7460	2556	3682	2602	366
外商投资企业	1	54913	45973			
2. 按国民经济行业分组						
农畜产品批发	3	393631	76983	67729	17117	1687
食品、饮料及烟草制品批发	12	2612712	387842	331020	149464	14524
米、面制品及食用油批发	4	283503	101331	68617	16961	1967
烟草制品批发	1	1607678	167875	130587	78755	6708
纺织、服装及日用品批发	10	492785	65671	51628	28538	4457
服装批发	3	221025	22879	23025	14523	1435
文化、体育用品及器材批发	2	1082459	248178	101900	42710	12065
医药及医疗器材批发	26	6095375	1505660	214991	60552	16531
矿产品、建材及化工产品批发	31	12009034	1761578	2218222	665647	107889
煤炭及制品批发	4	2403405	21131	80976	37166	5214
石油及制品批发	5	382677	231861	1586310	503722	83876
金属及金属矿批发	12	7361835	880887	141533	47989	9833
化肥批发	2	1040338	544225	299120	43489	3784
机械设备、五金交电及电子产品批发	14	1802265	835715	151599	66072	27739
汽车、摩托车及零配件批发	2	91872	36501	6796	2926	406
家用电器批发	1	16367	5969	146	66	66
计算机、软件及辅助设备批发						
其他批发	1	46499	8381	26297	7612	452

11—11 续表1 （2011年） 计量单位：千元

项目	资产总计	负债合计	所有者权益合计	#实收资本
总计	**30842997**	**22753662**	**8089335**	**2848349**
1. 按登记注册类型分组				
内资企业	30772084	22678716	8093368	2844349
国有企业	12873374	8502170	4371204	1232655
集体企业	624853	441339	183514	86207
有限责任公司	9601861	8037684	1564177	707773
股份有限公司	3691025	2458519	1232506	171273
私营企业	3926960	3188354	738606	646141
其他企业	54011	50650	3361	300
港、澳、台商投资企业	14378	13747	631	1000
外商投资企业	56535	61199	-4664	3000
2. 按国民经济行业分组				
农畜产品批发	459338	366081	93257	33450
食品、饮料及烟草制品批发	3280180	1087405	2192775	196740
米、面制品及食用油批发	352183	282055	70128	56645
烟草制品批发	1876478	117531	1758947	23074
纺织、服装及日用品批发	636720	356710	280010	331278
服装批发	327422	101944	225478	277463
文化、体育用品及器材批发	2722886	1324938	1397948	70420
医药及医疗器材批发	6508640	5865220	643420	595442
矿产品、建材及化工产品批发	15205629	12125767	3079862	1460836
煤炭及制品批发	2517129	2221722	295407	136000
石油及制品批发	1985179	889756	1095423	161913
金属及金属矿批发	7927762	7057589	870173	603295
化肥批发	1399349	1102961	296388	56025
机械设备、五金交电及电子产品批发	1950218	1560905	389313	148340
汽车、摩托车及零配件批发	98215	70660	27555	24160
家用电器批发	16765	6538	10227	10000
计算机、软件及辅助设备批发				
其他批发	79386	66636	12750	11843

11—11 续表2　　　　（2011年）　　　　计量单位：千元

项　　目	主营业务收入	主营业务成本	主营业务税金及　附　加	主营业务利润
总　　计	**95369966**	**91077691**	**342625**	**119970**
1. 按登记注册类型分组				
内资企业	94922904	90684644	342098	119970
国有企业	39866558	38241666	295058	78355
集体企业	495503	416769	1441	12845
有限责任公司	28562996	27463718	20214	20938
股份有限公司	14839964	13837125	20163	-4191
私营企业	10897135	10468488	5116	11963
其他企业	260748	256878	106	60
港、澳、台商投资企业	70498	46538	416	
外商投资企业	376564	346509	111	
2. 按国民经济行业分组				
农畜产品批发	1311381	1311518	171	9322
食品、饮料及烟草制品批发	7175915	5578813	290643	20874
米、面制品及食用油批发	799348	740688	196	9356
烟草制品批发	4700167	3535761	284095	4816
纺织、服装及日用品批发	1590981	1482570	947	3615
服装批发	268558	229050	432	267
文化、体育用品及器材批发	1110729	1013016	759	13354
医药及医疗器材批发	21033282	20457228	14596	9963
矿产品、建材及化工产品批发	58117068	56638089	31398	46407
煤炭及制品批发	9964414	9776866	4126	5674
石油及制品批发	12676576	11892054	12538	-8465
金属及金属矿批发	29655403	29375098	9465	39143
化肥批发	3106608	3041516	13	2985
机械设备、五金交电及电子产品批发	5015513	4582902	4084	11068
汽车、摩托车及零配件批发	432818	428775	53	2324
家用电器批发	240792	235968	62	
计算机、软件及辅助设备批发				
其他批发	15097	13555	27	5367

11—11 续表 3　　(2011 年)　　计量单位：千元

项　　目	销售费用	管理费用	# 税金	财务费用	# 利息支出
总　　计	**1596963**	**955125**	**35860**	**315204**	**327699**
1. 按登记注册类型分组					
内资企业	1582764	941849	35731	305028	327699
国有企业	273910	371847	9054	34626	106992
集体企业	29201	47975	919	5837	5078
有限责任公司	417348	251629	8639	171493	157865
股份有限公司	598803	147160	10942	51306	24691
私营企业	262070	120906	6100	41757	33073
其他企业	1432	2332	77	9	
港、澳、台商投资企业	13652	9306	129	144	
外商投资企业	547	3970		10032	
2. 按国民经济行业分组					
农畜产品批发	20278	15869	1233	11314	8819
食品、饮料及烟草制品批发	282605	299557	4864	7738	7565
米、面制品及食用油批发	28453	11242	144	11944	3184
烟草制品批发	67091	187465	2792	－23087	
纺织、服装及日用品批发	62747	45583	962	4935	3574
服装批发	25001	15274	374	1598	1198
文化、体育用品及器材批发	28111	70313	1379	3711	8446
医药及医疗器材批发	234499	122196	7375	99798	67766
矿产品、建材及化工产品批发	701531	298056	18582	185558	227621
煤炭及制品批发	26110	55931	4817	81445	81002
石油及制品批发	438995	57477	7595	1602	3602
金属及金属矿批发	136003	95083	3132	61649	105862
化肥批发	17958	26941	423	27985	27475
机械设备、五金交电及电子产品批发	264050	97656	1460	1938	3908
汽车、摩托车及零配件批发	3339	3338	67	－804	137
家用电器批发	4226	77	67	282	155
计算机、软件及辅助设备批发					
其他批发	3142	5895	5	212	

11—11 续表4　　（2011年）　　计量单位：千元

项　　目	营业利润	利润总额	应交所得税	应付职工薪酬（本年贷方累计发生额）	应交增值税
总　　计	**1204460**	**1152130**	**221793**	**624315**	**587032**
1. 按登记注册类型分组					
内资企业	1190703	1138386	221595	616862	583125
国有企业	731784	581060	128481	263770	240883
集体企业	7125	9736	4643	22017	9120
有限责任公司	256380	318667	74072	161823	150215
股份有限公司	181225	228694	2335	94563	105922
私营企业	14138	178	12051	73602	75705
其他企业	51	51	13	1087	1280
港、澳、台商投资企业	442	429	107	7118	3814
外商投资企业	13315	13315	91	335	93
2. 按国民经济行业分组					
农畜产品批发	-38447	14396	2013	5992	3256
食品、饮料及烟草制品批发	734968	568914	141243	244094	248144
米、面制品及食用油批发	13716	14287	359	13074	375
烟草制品批发	653658	490333	122583	183277	193525
纺织、服装及日用品批发	-3165	-673	328	31411	8509
服装批发	-2530	-2406	107	10507	4020
文化、体育用品及器材批发	11688	18362		13971	5900
医药及医疗器材批发	113925	114162	32719	95531	129758
矿产品、建材及化工产品批发	317573	383070	27290	151140	132342
煤炭及制品批发	27510	24848	7883	18208	34693
石油及制品批发	264978	264171	11505	60508	72420
金属及金属矿批发	21101	54392	6950	28565	20407
化肥批发	-3961	29416	5	14766	99
机械设备、五金交电及电子产品批发	70285	53611	18181	77793	59085
汽车、摩托车及零配件批发	441	440	13	1444	414
家用电器批发	177	177	44	1713	40854
计算机、软件及辅助设备批发					
其他批发	-2367	288	19	4383	38

11—11 续表 5　　（2011 年）　　计量单位：千元

项　目	土地和固定资产支出	土地购置	房屋和建筑物	机器设备	运输工具
总　计	**113033**	**4405**	**34229**	**17826**	**12159**
1. 按登记注册类型分组					
内资企业	112636	4405	34229	17429	12159
国有企业	36787	4405	12719	13205	2471
集体企业	16606		9021	2129	2447
有限责任公司	25734		11030	1939	3241
股份有限公司	29966		1349	18	1798
私营企业	3543		110	138	2202
其他企业					
港、澳、台商投资企业	397			397	
外商投资企业					
2. 按国民经济行业分组					
农畜产品批发	11389		11268	3	
食品、饮料及烟草制品批发	25829		14948	5049	2232
米、面制品及食用油批发	464			308	86
烟草制品批发	18430		12427	4741	1262
纺织、服装及日用品批发	768			763	
服装批发	763			763	
文化、体育用品及器材批发	11823			7799	315
医药及医疗器材批发	5615	4405	54	49	875
矿产品、建材及化工产品批发	44187		1770	64	5603
煤炭及制品批发	2239			8	1842
石油及制品批发	35410				267
金属及金属矿批发	3281		1349	56	1595
化肥批发	311		311		
机械设备、五金交电及电子产品批发	3541			1970	1571
汽车、摩托车及零配件批发	1294			635	659
家用电器批发					
计算机、软件及辅助设备批发					
其他批发	9881		6189	2129	1563

市区限额以上零售贸易企业财务状况

11—12　　　　（2011 年）　　　　计量单位：千元

项　　目	企业数（个）	流动资产合　　计	# 存货	固定资产原　　价	累计折旧	# 本年折旧
总　　计	**112**	**12082390**	**2631973**	**3476171**	**1213780**	**183852**
1. 按登记注册类型分组						
内资企业	110	11828901	2511873	3292628	1183840	157555
国有企业	4	188093	68296	131181	80090	2250
集体企业	6	25067	-4731	18697	8729	774
股份合作企业	2	49338	10464	2017	1416	197
联营企业	1	35927	18773	2626	530	125
有限责任公司	39	2314232	685554	1836504	591277	80635
股份有限公司	7	5604169	735165	913110	361851	43495
私营企业	46	3354920	900664	368262	131622	26906
其他企业	5	257155	97688	20231	8325	3173
外商投资企业	2	253489	120100	183543	29940	26297
2. 按国民经济行业分组						
综合零售	18	6184077	844075	2388419	835236	111512
百货零售	7	5538455	588630	1818010	655585	71204
超级市场零售	7	412540	204813	466514	131273	37019
食品、饮料及烟草制品专门零售	2	54560	9430	2685	1107	80
纺织、服装及日用品专门零售	5	257712	124790	5158	2895	800
服装零售	2	43571	14972	860	447	174
文化、体育用品及器材专门零售	6	243678	58443	160729	50734	4798
图书零售	1	113759	15188	145776	43104	3990
医药及医疗器材专门零售	6	362152	112617	19403	12784	3510
药品零售	6	362152	112617	19403	12784	3510
汽车、摩托车、燃料及零配件专门零售	68	3791382	1345229	749247	226388	58651
汽车零售	57	3724452	1347556	685787	208447	55204
家用电器及电子产品专门零售	5	1126258	124822	40456	12514	3374
家用电器零售	2	887776	95918	11851	6826	1965
计算机、软件及辅助设备零售	1	32913	9210	4282	502	183
通信设备零售	2	205569	19694	24323	5186	1226
五金、家具及室内装修材料专门零售	1	22983	4987	2102	531	343
无店铺及其他零售	1	39588	7580	107972	71591	784

11—12 续表 1　　　　（2011 年）　　　　计量单位：千元

项　　目	资产总计	负债合计	所有者权益合　　计	# 实收资本
总　　计	**15814031**	**13000279**	**2813752**	**1976934**
1. 按登记注册类型分组				
内资企业	15346078	12407284	2938794	1886934
国有企业	289525	255129	34396	101757
集体企业	35634	22205	13429	6362
股份合作企业	50681	38255	12426	5425
联营企业	40805	30751	10054	10000
有限责任公司	4235571	3233274	1002297	777119
股份有限公司	6544870	5625912	918958	336180
私营企业	3856203	2933698	922505	622631
其他企业	292789	268060	24729	27460
外商投资企业	467953	592995	－125042	90000
2. 按国民经济行业分组				
综合零售	8427896	7394717	1033179	807885
百货零售	7134627	5812883	1321744	582298
超级市场零售	857537	1215604	－358067	198014
食品、饮料及烟草制品专门零售	60078	49438	10640	10500
纺织、服装及日用品专门零售	266569	211607	54962	20500
服装零售	44057	28293	15764	15500
文化、体育用品及器材专门零售	473453	280790	192663	87680
图书零售	297886	173786	124100	20000
医药及医疗器材专门零售	676511	444665	231846	136100
药品零售	676511	444665	231846	136100
汽车、摩托车、燃料及零配件专门零售	4485066	3448716	1036350	695908
汽车零售	4351215	3370155	981060	687693
家用电器及电子产品专门零售	1322871	1076060	246811	134884
家用电器零售	1030032	887351	142681	39320
计算机、软件及辅助设备零售	36711	26397	10314	10010
通信设备零售	256128	162312	93816	85554
五金、家具及室内装修材料专门零售	24618	17618	7000	7000
无店铺及其他零售	76969	76668	301	76477

11—12 续表 2　　　　(2011 年)　　　　计量单位：千元

项　　目	主营业务收入	主营业务成本	主营业务税金及附加	主营业务利润
总　　计	**33023417**	**30474584**	**106046**	**798191**
1. 按登记注册类型分组				
内资企业	32288371	29812664	105864	749359
国有企业	495476	480807	640	17977
集体企业	276138	258707	419	1236
股份合作企业	109803	102891	91	87
联营企业	106580	100781	11	78
有限责任公司	8303327	7511933	21919	158706
股份有限公司	13103760	12179139	69668	475354
私营企业	9012495	8354094	12427	91017
其他企业	880792	824312	689	4904
外商投资企业	735046	661920	182	48832
2. 按国民经济行业分组				
综合零售	14628342	13485145	81195	679793
百货零售	13101759	12103107	78065	554380
超级市场零售	1229667	1111223	2664	92371
食品、饮料及烟草制品专门零售	34908	30267	145	
纺织、服装及日用品专门零售	613529	550357	816	1511
服装零售	75882	68034	55	
文化、体育用品及器材专门零售	398341	326533	1025	3088
图书零售	254002	197145	845	7
医药及医疗器材专门零售	684550	558497	2122	4552
药品零售	684550	558497	2122	4552
汽车、摩托车、燃料及零配件专门零售	14090427	13181901	14176	42219
汽车零售	13510181	12650618	12939	41795
家用电器及电子产品专门零售	2343620	2108452	5996	61379
家用电器零售	1362645	1215938	3640	59329
计算机、软件及辅助设备零售	124068	114859	612	
通信设备零售	856907	777655	1744	2050
五金、家具及室内装修材料专门零售	32686	24035	306	304
无店铺及其他零售	197014	209397	265	5345

11—12 续表3　　　　(2011年)　　　　计量单位：千元

项　　目	销售费用	管理费用	#税金	财务费用	#利息支出
总　　计	**1495640**	**1085044**	**30848**	**133732**	**92412**
1. 按登记注册类型分组					
内资企业	1316373	1036871	28893	128346	92412
国有企业	23049	24274	573	5060	5145
集体企业	9511	8074	140	297	278
股份合作企业	2744	3285	62	-2	
联营企业	3030	3167	37	-277	1
有限责任公司	427735	374712	12001	35992	36017
股份有限公司	457616	427813	9530	31119	24742
私营企业	358374	179781	6150	50129	22673
其他企业	34314	15765	400	6028	3556
外商投资企业	179267	48173	1955	5386	
2. 按国民经济行业分组					
综合零售	795480	624702	18656	27556	29242
百货零售	519424	498943	15767	30331	24715
超级市场零售	257679	85906	2026	-5417	1816
食品、饮料及烟草制品专门零售	1320	2057		754	759
纺织、服装及日用品专门零售	44014	14377	97	-1229	987
服装零售		7400	14	238	243
文化、体育用品及器材专门零售	23022	48624	1555	1357	99
图书零售	13242	42492	1458	-614	
医药及医疗器材专门零售	94959	21926	996	12274	9176
药品零售	94959	21926	996	12274	9176
汽车、摩托车、燃料及零配件专门零售	362399	299683	9126	82914	49137
汽车零售	338909	287127	8711	82410	48571
家用电器及电子产品专门零售	159309	61725	106	8794	1587
家用电器零售	108460	43497	106	1195	1587
计算机、软件及辅助设备零售	7299	869		146	
通信设备零售	43550	17359		7453	
五金、家具及室内装修材料专门零售	6927	1031	30	718	712
无店铺及其他零售	8210	10919	282	594	713

11—12 续表 4　　(2011 年)　　计量单位：千元

项　　目	营业利润	利润总额	应交所得税	应付职工薪酬（本年贷方累计发生额）	应交增值税
总　　计	**527925**	**606099**	**176244**	**746458**	**582086**
1. 按登记注册类型分组					
内资企业	638975	718392	176244	685067	581513
国有企业	-20377	293	1997	43104	12291
集体企业	366	606	214	7246	3614
股份合作企业	881	945	238	2306	1114
联营企业	-54	54	9	727	213
有限责任公司	91109	118551	31134	243797	195951
股份有限公司	413759	433736	114956	228573	153503
私营企业	148703	159297	26669	143809	209393
其他企业	4588	4910	1027	15505	5434
外商投资企业	-111050	-112293		61391	573
2. 按国民经济行业分组					
综合零售	295577	329422	114968	377249	174861
百货零售	426031	444626	113319	253425	168962
超级市场零售	-128259	-118859	110	98538	4352
食品、饮料及烟草制品专门零售	365	365	91	1802	1036
纺织、服装及日用品专门零售	6705	8486	1939	19352	5947
服装零售	155	155	38	1066	467
文化、体育用品及器材专门零售	673	16612	110	25729	5197
图书零售	704	16662	2	21245	4141
医药及医疗器材专门零售	-676	-1350	466	42663	15477
药品零售	-676	-1350	466	42663	15477
汽车、摩托车、燃料及零配件专门零售	191611	197945	57778	214984	361339
汽车零售	180011	186788	55888	191938	351542
家用电器及电子产品专门零售	60723	61039	892	34942	15711
家用电器零售	49244	49499	328	23163	11964
计算机、软件及辅助设备零售	283	248	70	3468	361
通信设备零售	11196	11292	494	8311	3386
五金、家具及室内装修材料专门零售	-27	-27		1737	1058
无店铺及其他零售	-27026	-6393		28000	1460

11—12 续表5　　　　（2011年）　　　　计量单位：千元

项　目	土地和固定资产支出	房屋和建筑物	机器设备	运输工具
总　计	**134311**	**24391**	**70918**	**23345**
1. 按登记注册类型分组				
内资企业	69498	24391	11219	22902
国有企业	5308	865	799	892
集体企业				
股份合作企业	11		6	
联营企业	1608	1162		446
有限责任公司	30211	3317	3062	16839
股份有限公司	4028	2173	1855	
私营企业	27593	16874	5497	3995
其他企业	739			730
外商投资企业	64813		59699	443
2. 按国民经济行业分组				
综合零售	69747	2663	61717	659
百货零售	4555	2663	1855	
超级市场零售	64813		59699	443
食品、饮料及烟草制品专门零售				
纺织、服装及日用品专门零售	1126		354	730
服装零售				
文化、体育用品及器材专门零售	3515	974	1567	773
图书零售	3459	974	1567	773
医药及医疗器材专门零售	997		997	
药品零售	997		997	
汽车、摩托车、燃料及零配件专门零售	53478	20754	5647	20328
汽车零售	48885	20754	5562	20013
家用电器及电子产品专门零售	1384			179
家用电器零售	1384			179
计算机、软件及辅助设备零售				
通信设备零售				
五金、家具及室内装修材料专门零售				
无店铺及其他零售	4064		636	676

分县（市）区限额以上批发零售贸易企业财务状况

11—13　　（2011 年）　　计量单位：千元

行政单位	资产总计	负债合计	主营业务收入	主营业务利润	其他业务利润
全市总计	**51143974**	**39708724**	**135471309**	**127843010**	**940221**
市区合计	46657028	35753941	128393383	121552275	918161
#长安区	6689841	5773528	20000279	19103254	70314
桥东区	10644613	8910522	20051269	18802961	456294
桥西区	9352873	5262086	15500711	13418511	164089
新华区	13698708	11442511	47915873	46700295	147510
裕华区	3815729	3097092	13209226	12602083	89982
矿　区	57979	29414	87047	80995	
高新区	2397285	1238788	11628978	10844176	-10028
井陉县	2104331	2020013	2987166	2618508	587
正定县	510264	394229	666889	609305	2448
栾城县	22315	17557	53817	48360	
行唐县	59498	39957	151077	134920	419
灵寿县	70700	45238	116558	84820	
高邑县	3600	3492	6700	5360	
深泽县	39872	28817	129046	125868	
赞皇县	53904	18906	41243	35307	
无极县	44849	29104	185159	176740	1202
平山县	337134	265217	743412	687517	591
元氏县	17142	13219	46605	42695	
赵　县	81671	88679	84265	69278	2115
辛集市	321681	277022	687630	659547	8123
藁城市	392529	357362	257807	207909	4062
晋州市	127448	124725	141144	129532	798
新乐市	46484	43462	148625	135437	47
鹿泉市	253524	187784	630783	519632	1668

11—13 续表 （2011 年） 计量单位：千元

行政单位	管理费用	财务费用	利润总额	应付职工薪酬（本年贷方累计发生额）	应交增值税
全市总计	**2182377**	**573311**	**1793012**	**1509193**	**1319480**
市区合计	2040169	448936	1758229	1370773	1169118
#长安区	306580	109645	153768	209813	294392
桥东区	567059	110776	449064	314155	183599
桥西区	497034	37893	626006	365374	348743
新华区	359181	135193	238683	230641	149133
裕华区	213518	44728	7086	186187	174657
矿　区	1980	1774	1530	1205	913
高新区	94817	8927	282092	63398	17681
井陉县	26387	80101	6296	11602	19736
正定县	15684	6965	8564	15064	4097
栾城县	1509	148	234	1508	410
行唐县	4277	1186	1542	5609	778
灵寿县	11456	1618	7620	4766	3217
高邑县	121	2	123	730	20
深泽县	1978	408	564	1986	446
赞皇县	2767	14	-679	4044	133
无极县	4486	684	273	1757	284
平山县	12562	5899	2347	9897	10896
元氏县	1486	644	13	699	917
赵　县	2011	2562	-6235	12342	71498
辛集市	25788	7476	-9721	10479	2231
藁城市	1763	11289	8045	20359	10119
晋州市	379	685	-1129	7065	8840
新乐市	4690	2014	1669	6340	1816
鹿泉市	24864	2680	15257	24173	14924

社会消费品零售总额

11—14 （2011 年） 计量单位：万元

行政单位	社会消费品零售总额	其中：限额以上批发和零售业零售额
全市总计	**16629863**	**5114345**
市区合计	7050835	4864236
#长安区	1360731	944277
桥东区	1983646	1650980
桥西区	900713	558720
新华区	1233327	627093
裕华区	973152	693373
矿　区	81960	3798
高新区	517307	385996
井陉县	275297	43406
正定县	722245	32417
栾城县	472578	5466
行唐县	368003	3784
灵寿县	248811	10677
高邑县	202474	595
深泽县	257999	4454
赞皇县	254233	3934
无极县	712232	25256
平山县	335696	10737
元氏县	319778	4661
赵　县	684852	9398
辛集市	1588807	31706
藁城市	1065379	21480
晋州市	686448	9800
新乐市	636572	11852
鹿泉市	747626	20487

分县（市）区实际利用外资情况

11—15　　　　（2011 年）　　　　计量单位：万美元

行政单位	实际利用外资	比上年增长（%）	实际利用外资中：	
			直接利用外资	比上年增长（%）
全市总计	**80808**	**27.1**	**79917**	**26.7**
市　区	66157	14.9	65266	13.3
#长安区	8056	-30.5	8056	-30.5
桥东区	141	-97.7	141	-97.7
桥西区	47049	1.03 倍	47049	1.03 倍
新华区	136	1.62 倍	136	1.62 倍
裕华区	5921	1.9	5921	1.9
矿　区				
高新区	3963	-30.2	3963	-30.2
井陉县	100	75.4	100	75.4
正定县	107	-36.7	107	-36.7
栾城县	2000	9.0 倍	2000	9.0 倍
行唐县	1082	-9.8	1082	-9.8
灵寿县				
高邑县				
深泽县				
赞皇县	550	-22.0	550	-22.0
无极县	52		52	
平山县				
元氏县		-100.0		-100.0
赵　县				
辛集市		-100.0		-100.0
藁城市	9208	6.54 倍	9208	6.54 倍
晋州市	1500	299.0 倍	1500	299.0 倍
新乐市	44	-87.4	44	-87.4
鹿泉市	8	-98.2	8	-98.2

外国和港澳台地区在石投资情况

11—16　　　　　　　　　　　　　　（2011 年）　　　　　　　　　　　　计量单位：万美元

指标名称	新批合同			新注册三资企业	
	项目个数（个）	项目投资总额	合同外资额	注册户数（户）	项目投资总额
合计	19	86863	47191	21	77750
# 国有企业与客商兴办的合资、合作企业	1	28310	14138	1	28321
# 投资总额 500 万美元以上项目	7	85361	46432	6	76221
# 开发区合计	5	21408	10823	5	6569
1. 国家级开发区	3	9400	3771	3	1944
2. 省级开发区	2	12008	7052	2	4625
一、按投资方式分组					
（一）港、澳、台投资经济	11	61448	39831	13	76387
1. 港澳台合资经营企业	7	43013	20711	9	41094
2. 港澳台合作经营企业	2	4865	4533	2	4865
3. 港澳台独资经营企业	2	13570	14587	2	30428
（二）外商投资经济	8	25415	7360	8	1363
1. 中外合资经营企业	3	9561	1736	4	443
2. 中外合作经营企业					
3. 外资企业	5	15854	5624	4	920
二、按产业分组					
第一产业	1	2912	1221		
第二产业	6	44229	15278	8	47120
第三产业	12	39722	30692	13	30630
三、按国民经济行业分组					
农、林、牧、渔业	1	2912	1221		
制造业	6	44174	15231		47120
# 农副食品加工业					
皮革、皮毛、羽毛（绒）及其制品业		-42	-48		
印刷业和记录媒介的复制					
化学原料及化学制品制造业	1	4565	4499	1	4565
医药制造业	1	10978	-524	2	28463
塑料制品业	1	10515	4381	1	10515

11—16 续表1　　（2011 年）　　计量单位：万美元

指标名称	新批合同			新注册三资企业	
	项目个数（个）	项目投资总额	合同外资额	注册户数（户）	项目投资总额
非金属矿物制品业	1	1877	751	1	1877
有色金属冶炼及压延加工业					
专用设备制造业					
交通运输设备制造业					
电力、煤气及水的生产和供应业					
建筑业		55	47		
信息传输、计算机服务和软件业					
批发和零售业	6	1586	762	8	1651
住宿和餐饮业					
房地产业		137			
租赁和商务服务业	5	158	137	4	147
科学研究、技术服务和地质勘查业					
四、按投资国别、地区分组					
1. 亚　洲	13	61591	39979	17	76578
#香　港	11	61448	39831	12	76342
台　湾				1	45
日　本	1	60	48	1	60
新 加 坡			76		
韩　国			9	1	40
东南亚联盟			76		
3. 欧　洲	3	55	30	1	16
#欧　盟	2	39	22		
4. 拉丁美洲	1	24494	6777	1	2
5. 北 美 洲	2	765	447	2	1154
#美　国	2	628	447	2	1154
6. 大 洋 洲		-42	-42		
五、高新技术产业	1	18083	2043	2	28463
六、并购	1	17991	4669	1	1877

11—16 续表 2　　　　　　　　　　（2011 年）　　　　　　　　　　计量单位：万美元

指标名称	新注册三资企业（续）		期末实有三资企业（个）		
	注册资本	外　　方注册资本		# 开工在建	投产企业
合　　计	**50461**	**46514**	**493**	**1**	**354**
# 国有企业与客商兴办的合资、合作企业	14223	14138	65		42
# 投资总额 500 万美元以上项目	48780	45650	159		111
# 开发区合计	11677	10837	149		120
1. 国家级开发区	4467	3785	74		58
2. 省级开发区	7210	7052	75		62
一、按投资方式分组					
（一）港、澳、台投资经济	41279	39141	213		140
1. 港澳台合资经营企业	21589	20021	132		92
2. 港澳台合作经营企业	4865	4533	21		9
3. 港澳台独资经营企业	14825	14587	60		39
（二）外商投资经济	9182	7373	280	1	214
1. 中外合资经营企业	3566	1757	179	1	140
2. 中外合作经营企业			17		10
3. 外资企业	5616	5616	83		64
二、按产业分组					
第一产业	439	439	8		3
第二产业	16701	15349	333	1	253
第三产业	33321	30726	152		98
三、按国民经济行业分组					
农、林、牧、渔业	439	439	8		3
制 造 业	16646	15302	319	1	241
# 农副食品加工业			5		2
食品制造业	1565	1095	15		9
饮料制造业	－8	－2	2		1
纺 织 业			17		16

11—16 续表 3　　　　（2011 年）　　　　计量单位：万美元

指标名称	新注册三资企业（续）		期末实有三资企业（个）		
	注册资本	外　方注册资本		# 开工在建	投产企业
纺织服装、鞋、帽制造业	123	70	26		23
皮革、皮毛、羽毛（绒）及其制品业	－42	－48	33		27
木材加工及木、竹、藤、棕、草制品业			1		
造纸及纸制品业			1		1
印刷业和记录媒介的复制			3		3
文教体育用品制造业		4	9		5
石油加工、炼焦及核燃料加工			1		1
化学原料及化学制品制造业	4565	4499	43		24
医药制造业	－241	－475	50		38
橡胶制品业	5015	4381	31		23
塑料制品业					
非金属矿物制品业	751	751	15		9
黑色金属冶炼及压延加工业	20	6	8		8
有色金属冶炼及压延加工业			3	1	1
金属制品业	2530	2530	13		13
通用设备制造业			8		8
专用设备制造业			7		4
交通运输设备制造业			3		3
电气机械及器材制造业			5		5
通信设备、计算机及其他电子设备制造业	2368	2491	7		5
仪器仪表及文化、办公用机械制造业			5		4
工艺品及其他制造业					
电力、煤气及水的生产和供应业			7		6
建 筑 业	55	47	7		6
交通运输、仓储和邮政业	3003	1351	12		7
信息传输、计算机服务和软件业			7		5

11—16 续表 4　　　　（2011 年）　　　　计量单位：万美元

指标名称	新注册三资企业（续）		期末实有三资企业（个）	#开工在建	投产企业
	注册资本	外方注册资本			
批发和零售业	1205	804	51		28
住宿和餐饮业			6		6
房地产业	137		37		30
租赁和商务服务业	144	129	23		12
科学研究、技术服务和地质勘查业			7		5
居民服务和其他服务业			2		1
教育			1		1
卫生、社会保障和社会福利业			1		
文化、体育和娱乐业			1		
四、按投资国别、地区分组					
1. 亚　洲	41426	39318	307		215
#香　港	41248	39120	175		113
台　湾	31	21	38		27
日　本	48	48	23		16
新加坡		76	29		28
韩　国	30	30	19		16
东南亚联盟		76	40		35
2. 非　洲			2		1
3. 欧　洲	39	14	46		28
#欧　盟	23	6	36		25
4. 拉丁美洲	8312	6777	38		31
5. 北美洲	726	447	85	1	65
#加拿大	137		15	1	11
美　国	589	447	70		54
6. 大洋洲	-42	-42	15		14
五、高新技术产业	2127	2092	84	1	59
六、并购	6122	4669	34		30

11—16 续表 5　　　　（2011 年）　　　　计量单位：万美元

指标名称	客商直接投资	# 现金	利　润再投资	中方投资
合　计	**36726**	**31353**	**6814**	**519**
# 国有企业与客商兴办的合资、合作企业				
# 投资总额 500 万美元以上项目	35598	30775	6614	502
# 开发区合计	19084	15249	6614	519
1. 国家级开发区	8077	8077	6614	508
2. 省级开发区	11007	7172		11
一、按投资方式分组				
（一）港、澳、台投资经济	14938	14938	4114	519
1. 港澳台合资经营企业	520	520		513
2. 港澳台合作经营企业	9	9		6
3. 港澳台独资经营企业	14409	14409	4114	
（二）外商投资经济	21788	16415	2700	
1. 中外合资经营企业	8473	6273		
2. 中外合作经营企业				
3. 外资企业	13315	10142	2700	
二、按产业分组				
第一产业				
第二产业	21269	15896	6614	11
第三产业	15457	15457	200	508
三、按国民经济行业分组				
制 造 业	21269	15896	6614	11
#农副食品加工业	1650			
食品制造业	960			
皮革、皮毛、羽毛（绒）及其制品业				
化学原料及化学制品制造业	130	130		11
医药制造业	7914	6376	4114	

11—16 续表 6　　　　(2011 年)　　　　计量单位：万美元

指标名称	客商直接投资	# 现金	利　润再投资	中方投资
塑料制品业	550			
非金属矿物制品业				
有色金属冶炼及压延加工业				
金属制品业	2500	2500	2500	
通用设备制造业				
交通运输设备制造业				
电力、煤气及水的生产和供应业				
建 筑 业				
信息传输、计算机服务和软件业	200	200	200	
批发和零售业	4239	4239		
房地产业	131	131		
租赁和商务服务业	33	33		
四、按投资国别、地区分组				
1. 亚　　洲	18810	16200	4114	
# 香　　港	14813	14813	4114	
台　　湾	125	125		
日　　本	52	52		
新 加 坡	3820	1210		
东南亚联盟	3820	1210		
3. 欧　　洲	3654	3654	200	
# 欧　　盟	3654	3654	200	
4. 拉丁美洲	11282	10607	2500	
5. 北 美 洲	705	155		
# 美　　国	583	33		
五、高新技术产业	15323	13110	4114	
六、并购	12419	11744		

11—16 续表7　　（2011 年）　　计量单位：万美元

指标名称	中方投资（续）		企业境外借款	# 外方股东借款	外商其它投资
	# 现金	实物			
合　计	**519**		**5373**	**5373**	**43191**
# 国有企业与客商兴办的合资、合作企业					
# 投资总额500 万美元以上项目	502		4823	4823	43191
# 开发区合计	519		3835	3835	
1. 国家级开发区	508				
2. 省级开发区	11		3835	3835	
一、按投资方式分组					
（一）港、澳、台投资经济	519				
1. 港澳台合资经营企业	513				
2. 港澳台独资经营企业	6				
（二）外商投资经济			5373	5373	43191
1. 中外合资经营企业			2200	2200	43191
2. 中外合作经营企业					
3. 外资企业			3173	3173	
二、按产业分组					
第一产业					
第二产业	11		5373	5373	
第三产业	508				43191
三、按国民经济行业分组					
制 造 业	11		5373	5373	
#农副食品加工业			1650	1650	
食品制造业			960	960	
皮革、皮毛、羽毛（绒）及其制品业					
化学原料及化学制品制造业	11				
医药制造业			1538	1538	

11—16 续表 8　　(2011 年)　　计量单位：万美元

指标名称	中方投资（续）		企业境外借款	# 外方股东借款	外商其它投资
	# 现金	实物			
塑料制品业			550	550	
有色金属冶炼及压延加工业					
信息传输、计算机服务和软件业			675	675	
批发和零售业					
四、按投资国别、地区分组					
1、亚　洲	519		2610	2610	
# 香　港	17				
台　湾	502				
日　本					
新 加 坡			2610	2610	
韩　国					
东南亚联盟			2610	2610	
3. 欧　洲					
# 欧　盟					
4. 拉丁美洲			675	675	43191
5. 北 美 洲			550	550	
# 美　国			550	550	
6. 大 洋 洲			1538	1538	
五、高新技术产业			2213	2213	
六、并购			675	675	43191

外国和港澳台地区在石投资企业主要经济指标

11—17　　　　(2011年)

行业名称	期末投产企业个数（个）	#亏损企业	总产值（当年价格）（千元）	全部从业人员平均人数（人）
合　计	**324**	**110**	**33538418**	**70588**
#国有企业与客商兴办的合资、合作企业	39	18	8482924	11401
#以原有企业为依托的合资、合作企业	80	24	8693904	17270
一、按投资方式分组				
（一）港、澳、台投资经济	132	46	13301915	32286
1. 港澳台合资经营企业	88	31	7198551	19495
2. 港澳台合作经营企业	9	5	1565198	3882
3. 港澳台独资经营企业	35	10	4538166	8909
（二）外商投资经济	192	64	20236503	38302
1. 中外合资经营企业	123	39	13333809	20121
2. 中外合作经营企业	10	2	1401101	6717
3. 外资企业	59	23	5501593	11464
二、按产业分组				
第一产业	3		916	114
第二产业	231	65	33537502	62799
第三产业	90	45		7675
三、按国民经济行业分组				
农、林、牧、渔业	3		916	114
制 造 业	221	61	28472343	60854
#农副食品加工业	2		1401683	696
食品制造业	9	3	870473	2059
饮料制造业	1		75	3
纺 织 业	14	2	840271	2582
纺织服装、鞋、帽制造业	20	3	630863	2507
皮革、皮毛、羽毛（绒）及其制品业	26	4	2064952	7062
造纸及纸制品业	1		18535	22
印刷业和记录媒介的复制	3		19201	64
文教体育用品制造业	5	3	21232	471
石油加工、炼焦及核燃料加工	1	1	5128	56

11—17 续表1　　(2011年)

行业名称	期末投产企业个数(个)	# 亏损企业	总产值(现价)(千元)	期末从业人员(人)
化学原料及化学制品制造业	24	9	4068456	6023
医药制造业	38	9	11171058	19912
橡胶和塑料制品业	20	7	1982613	9355
非金属矿物制品业	9	4	124130	715
黑色金属冶炼及压延加工业	5	1	99849	245
有色金属冶炼及压延加工业	1		3637	13
金属制品业	12	4	1724442	2552
通用设备制造业	6	3	211556	1064
专用设备制造业	2		8026	254
交通运输设备制造业	3	1	1304542	763
电气机械及器材制造业	4	1	710976	464
通信设备、计算机及其他电子设备制造业	4	3	411079	714
仪器仪表及文化、办公用机械制造业	3		76261	1006
工艺品及其他制造业				
电力、煤气及水的生产和供应业	5	2	5039179	1142
建筑业	5	2	25980	803
交通运输、仓储和邮政业	7	2		2577
信息传输、计算机服务和软件业	4	2		175
批发和零售业	25	11		1903
住宿和餐饮业	5	1		843
房地产业	29	20		1853
租赁和商务服务业	11	6		174
科学研究、技术服务和地质勘查业	5	1		37
居民服务和其他服务业	1			3
教育	1	1		97
卫生、社会保障和社会福利业				
四、高新技术产业	55	17	12391031	22314

11—17 续表 2　　（2011 年）

行业名称	期末从业人员(续) # 外方及港澳台人员	期末从业人员劳动报酬（千元）	# 外方及港澳台人员	所有者权益（千元）	# 实收资本（千美元）
合　计	123	1993993	7452	28744146	2655182
# 国有企业与客商兴办的合资、合作企业	4	518625	595	9218677	1122297
# 以原有企业为依托的合资、合作企业	29	425093	2283	4191801	482622
一、按投资方式分组					
（一）港、澳、台投资经济	45	883324	659	9783779	678726
1. 港澳台合资经营企业	31	434248	146	4665640	404402
2. 港澳台合作经营企业	4	113996	158	－64810	40014
3. 港澳台独资经营企业	10	335080	355	5182949	234310
（二）外商投资经济	78	1110669	6793	18960367	1976456
1. 中外合资经营企业	41	596545	3964	9927320	1442979
2. 中外合作经营企业	5	229060	656	2651806	165555
3. 外资企业	32	285064	2173	6381241	367922
二、按产业分组					
第一产业	2	594		45769	5443
第二产业	82	1695546	4817	21984824	1961163
第三产业	39	297853	2635	6713553	688576
三、按国民经济行业分组					
农、林、牧、渔业	2	594		45769	5443
制　造　业	81	1566121	4353	16495539	1098326
# 农副食品加工业		21979		282753	36248
食品制造业	9	34953	346	851201	76378
饮料制造业		9		352	200
纺　织　业	2	48580	4	171999	15117
纺织服装、鞋、帽制造业	4	52073	218	4735	69
皮革、皮毛、羽毛（绒）及其制品业	31	129538	446	65943	6856
造纸及纸制品业		363		3250	230
印刷业和记录媒介的复制		711		42150	5262
文教体育用品制造业	1	11031		8830	1078
石油加工、炼焦及核燃料加工		1		6007	9936

11—17 续表3　　　　(2011年)

行业名称	期末从业人员(续) # 外方及港澳台人员	期末从业人员劳动报酬(千元)	# 外方及港澳台人员	所有者权益(千元)	# 实收资本(千美元)
化学原料及化学制品制造业	14	120975	438	2079833	153370
医药制造业	2	735324	72	8980240	437543
橡胶和塑料制品业		133135		580423	77148
非金属矿物制品业	6	11640	162	37651	7554
黑色金属冶炼及压延加工业		4709		40750	3635
有色金属冶炼及压延加工业		110		4852	600
金属制品业	3	67231	51	1020049	28833
通用设备制造业	2	20034	316	-54457	16037
专用设备制造业		1705		46669	10240
交通运输设备制造业	7	49545	2300	691202	45904
电气机械及器材制造业		11998	11998	428878	48069
通信设备、计算机及其他电子设备制造业		15167	15167	436552	22100
仪器仪表及文化、办公用机械制造业		18431	18431	45122	3512
工艺品及其他制造业					
电力、煤气及水的生产和供应业		107171		5304868	844067
建　筑　业	1	22254	464	184417	18770
交通运输、仓储和邮政业		143342		10800	6490
信息传输、计算机服务和软件业	5	11491	969		
批发和零售业	7	45896	96	555429	65607
住宿和餐饮业	3	22240	5	34600	7840
房地产业	16	65203	1509	1917265	310181
租赁和商务服务业	2	4694	28	165883	23656
科学研究、技术服务和地质勘查业	3	683	9	2617	506
居民服务和其他服务业	2	21	19	-6	15
教育		3229		8007	2000
卫生、社会保障和社会福利业					
四、高新技术产业	11	805720	1299	10309559	510660

11—17 续表 4 （2011 年）

行业名称	所有者权益（续）实收资本（续）		资产总额（千元）	# 流动资产	# 固定资产原值
	中方	外方			
合　　计	**995982**	**1659200**	**66126792**	**36823563**	**29895387**
# 国有企业与客商兴办的合资、合作企业	536585	585712	16464865	6520965	14531173
# 以原有企业为依托的合资、合作企业	199000	283622	12692997	7941763	6173809
一、按投资方式分组					
（一）港、澳、台投资经济	231392	447334	26912609	16220781	8814950
1. 港澳台合资经营企业	186821	217581	13808957	8555636	6048826
2. 港澳台合作经营企业	22547	17467	1490335	1089199	576689
3. 港澳台独资经营企业	22024	212286	11613317	6575946	2189435
（二）外商投资经济	764590	1211866	39214183	20602782	21080437
1. 中外合资经营企业	685069	757910	19989406	8566494	11065589
2. 中外合作经营企业	79521	86034	4757634	1875491	6738447
3. 外资企业		367922	14467143	10160797	3276401
二、按产业分组					
第一产业	2290	3153	94413	46623	30296
第二产业	806398	1154765	45692041	23807836	20870876
第三产业	187294	501282	20340338	12969104	8994215
三、按国民经济行业分组					
农、林、牧、渔业	2290	3153	94413	46623	30296
制 造 业	393841	704485	38169663	22228738	15223937
# 农副食品加工业	4723	31525	1226446	796997	463197
食品制造业	9881	66497	1001358	466138	447303
饮料制造业					
纺 织 业	6994	8123	579320	368765	230277
纺织服装、鞋、帽制造业	1118	5738	211224	150607	67267
皮革、皮毛、羽毛（绒）及其制品业	13982	16153	1637378	1334237	349698
造纸及纸制品业	165	65	5369	3032	3906
印刷业和记录媒介的复制	84	5178	75973	37259	16606
文教体育用品制造业	420	658	29009	24181	12747
石油加工、炼焦及核燃料加工	4868	5068	6270	15	9721

11—17 续表 5 (2011 年)

行业名称	所有者权益（续） 实收资本（续） 中方	外方	资产总额（千元）	# 流动资产	# 固定资产原值
化学原料及化学制品制造业	101722	51648	4659882	2230021	2296612
医药制造业	84410	353133	19644508	10861143	7484521
橡胶和塑料制品业	41449	35699	1727669	1216156	921692
非金属矿物制品业	2231	5323	126092	77359	118486
黑色金属冶炼及压延加工业	2501	1134	103665	80370	35478
有色金属冶炼及压延加工业	450	150	7678	4357	7707
金属制品业	8598	20235	1832033	1238494	526917
通用设备制造业	10593	5444	357992	206875	204422
专用设备制造业	3750	6490	71765	35455	46150
交通运输设备制造业	35213	20857	842154	661633	297243
电气机械及器材制造业	27475	18429	1310874	1120092	152084
通信设备、计算机及其他电子设备制造业	24298	23771	1274433	499437	819272
仪器仪表及文化、办公用机械制造业	2525	19575	1048329	575231	527055
工艺品及其他制造业	2567	945	95150	57573	40657
电力、煤气及水的生产和供应业					
建 筑 业	406900	437167	6973172	1139081	5466027
交通运输、仓储和邮政业	5657	13113	549206	440017	180912
信息传输、计算机服务和软件业	87702	97892	5189554	1628478	6832792
批发和零售业	80	24306	1460889	1346800	65717
住宿和餐饮业	14595	51012	1728618	804614	791994
房地产业	71573	238608	10406430	8402993	983288
租赁和商务服务业	8151	15505	524174	306890	21614
科学研究、技术服务和地质勘查业	262	244	11251	10540	1222
居民服务和其他服务业		15	135	134	8
教育		2000	28604	1504	27140
卫生、社会保障和社会福利业					
四、高新技术产业	100488	410172	22812041	13223096	8361042

11—17 续表6　　　　(2011年)

行业名称	资产总额（续）	负债总额（千元）			主营业务收入（千元）
	无形资产		# 流动负债	# 长期负债	
合　计	**1555135**	**37382646**	**29137129**	**7916587**	**45417592**
# 国有企业与客商兴办的合资、合作企业	357610	7246188	5614904	1325166	11579743
# 以原有企业为依托的合资、合作企业	333131	8501196	7554212	936833	8331915
一、按投资方式分组					
（一）港、澳、台投资经济	537064	17128830	12524279	4583042	15858930
1. 港澳台合资经营企业	255655	9143317	7813722	1311328	10089230
2. 港澳台合作经营企业	23896	1555145	1381650	171416	1537518
3. 港澳台独资经营企业	257513	6430368	3328907	3100298	4232182
（二）外商投资经济	1018071	20253816	16612850	3333545	29558662
1. 中外合资经营企业	629321	10062086	8565821	1189824	16899199
2. 中外合作经营企业	64569	2105828	857239	1248589	4198653
3. 外资企业	324181	8085902	7189790	895132	8460810
二、按产业分组					
第一产业		48644	48644		35870
第二产业	1364471	23707217	19022344	4355943	35584622
第三产业	190664	13626785	10066141	3560644	9797100
三、按国民经济行业分组					
农、林、牧、渔业		48644	48644		35870
制 造 业	1090013	21674124	17388681	4262630	30101304
#农副食品加工业	43539	943693	943369		2408970
食品制造业	119358	150157	132857	17300	1029341
饮料制造业					
纺 织 业	25873	407321	400839	6482	854129
纺织服装、鞋、帽制造业	9555	145281	132781	12500	900745
皮革、皮毛、羽毛（绒）及其制品业	30715	1340824	1087783	253041	2088684
造纸及纸制品业	312	2119	2119		19881
印刷业和记录媒介的复制	12899	33823	33823		19525
文教体育用品制造业		20179	20179		47264
石油加工、炼焦及核燃料加工	624	263	263		5141

11—17 续表 7　　　　(2011 年)

行业名称	资产总额（续）	负债总额（千元）			主营业务收入（千元）
	无形资产		# 流动负债	# 长期负债	
化学原料及化学制品制造业	181744	2580049	2323286	238647	3760570
医药制造业	451253	10664268	7229491	3431534	11161124
橡胶和塑料制品业	13989	1147246	1144673	2573	2457387
非金属矿物制品业	908	88441	53207	34254	110146
黑色金属冶炼及压延加工业	2340	62915	54711	8204	100879
有色金属冶炼及压延加工业		2826	2826		3637
金属制品业	91777	811984	717868	94116	1814866
通用设备制造业	7507	412449	363537	48912	189488
专用设备制造业	2779	25096	15846	9250	24818
交通运输设备制造业	15807	450833	447850	2983	553185
电气机械及器材制造业	26491	619672	619672		1260447
通信设备、计算机及其他电子设备制造业		845555	845555		676815
仪器仪表及文化、办公用机械制造业	28887	611777	514764	97013	374802
工艺品及其他制造业		50028	44207	5821	103233
电力、煤气及水的生产和供应业					
建 筑 业	245813	1668304	1313824	48363	5042860
交通运输、仓储和邮政业	28645	364789	319839	44950	440458
信息传输、计算机服务和软件业	52940	2190411	641134	1549277	5099013
批发和零售业	83090	910162	851818	58344	426308
住宿和餐饮业	170	1173189	805595	367594	2267651
房地产业	7404	8489165	6946236	1542929	1845367
租赁和商务服务业	570	358291	358291		24913
科学研究、技术服务和地质勘查业	231	8634	8634		7575
居民服务和其他服务业		141	141		32
教育	16816	20597	20597		11106
卫生、社会保障和社会福利业					
四、高新技术产业	580270	12502482	8912348	3586891	12566664

11—17 续表 8　　　　(2011 年)

行业名称	主营业务收入(续) # 出口销售收入 (千美元)	主营业务成本 (千元)	主营业务税金 (千元)	三项费用 (千元)
合　计	**1078230**	**35737092**	**641395**	**4424182**
# 国有企业与客商兴办的合资、合作企业	123208	8721970	310741	760440
# 以原有企业为依托的合资、合作企业	271051	7137183	50924	805729
一、按投资方式分组				
（一）港、澳、台投资经济	436165	12971059	123497	2007173
1. 港澳台合资经营企业	163807	8503288	99688	866009
2. 港澳台合作经营企业	28358	1435932	2944	134432
3. 港澳台独资经营企业	244000	3031839	20865	1006732
（二）外商投资经济	642065	22766033	517898	2417009
1. 中外合资经营企业	384323	14678419	318022	1341573
2. 中外合作经营企业	131860	2015056	99806	139694
3. 外资企业	125882	6072558	100070	935742
二、按产业分组				
第一产业		22925		2776
第二产业	1072629	29660830	377245	3626429
第三产业	5601	6053337	264150	794977
三、按国民经济行业分组				
农、林、牧、渔业		22925		2776
制 造 业	1071140	24532788	161366	3371715
#农副食品加工业		2200118	364	178418
食品制造业	8372	861655	3293	113956
饮料制造业				
纺 织 业	54518	801670	58441	39974
纺织服装、鞋、帽制造业	88193	618714	874	59066
皮革、皮毛、羽毛（绒）及其制品业	131701	2004365	3614	67971
造纸及纸制品业		18975	54	300
印刷业和记录媒介的复制		16327	66	2673
文教体育用品制造业	3247	40252	25	7796
石油加工、炼焦及核燃料加工		8023	12	289

11—17 续表 9 （2011 年）

行业名称	主营业务收入(续) # 出口销售收入（千美元）	主营业务成本（千元）	主营业务税金（千元）	三项费用（千元）
化学原料及化学制品制造业	47647	3150929	6081	244194
医药制造业	355083	8552283	43057	1894882
橡胶和塑料制品业	248448	2264635	4734	152861
非金属矿物制品业	2302	92569	66	19290
黑色金属冶炼及压延加工业	7590	91529	148	10765
有色金属冶炼及压延加工业		1967		552
金属制品业	75393	1357754	6642	145970
通用设备制造业	8406	155877	325	52146
专用设备制造业	845	19093		5219
交通运输设备制造业	27229	466074	10302	44388
电气机械及器材制造业		860546	9824	141919
通信设备、计算机及其他电子设备制造业	4007	446445	11913	99337
仪器仪表及文化、办公用机械制造业	2592	287640	777	65510
工艺品及其他制造业	5567	90900	477	10519
电力、煤气及水的生产和供应业				
建 筑 业		4776775	202001	217211
交通运输、仓储和邮政业	1489	351267	13878	37503
信息传输、计算机服务和软件业		2619215	103747	112518
批发和零售业	480	250671	4464	10477
住宿和餐饮业	4616	2017921	14294	209099
房地产业		1127153	134058	337631
租赁和商务服务业	487	10751	851	23619
科学研究、技术服务和地质勘查业	18	5151	127	2340
居民服务和其他服务业		1	2	25
教育			370	13199
卫生、社会保障和社会福利业				
四、高新技术产业	393002	9581095	49957	2042079

11—17 续表 10　　　　(2011 年)

行业名称	三项费用（续）			利润总额（千元）
	# 管理费用	# 财务费用	# 利息支出	
合　计	**2263936**	**673919**	**520974**	**5139660**
# 国有企业与客商兴办的合资、合作企业	424446	209440	194004	2105390
# 以原有企业为依托的合资、合作企业	547509	105482	43393	491963
一、按投资方式分组				
（一）港、澳、台投资经济	986742	289303	223034	1066904
1. 港澳台合资经营企业	570188	115790	70946	808187
2. 港澳台合作经营企业	73373	28980	22031	-17266
3. 港澳台独资经营企业	343181	144533	130057	275983
（二）外商投资经济	1277194	384616	297940	4072756
1. 中外合资经营企业	615605	346797	278868	918482
2. 中外合作经营企业	123510	-937	-1052	1951975
3. 外资企业	538079	38756	20124	1202299
二、按产业分组				
第一产业	2127	-5		11437
第二产业	1774830	570341	467695	2368815
第三产业	486979	103583	53279	2759408
三、按国民经济行业分组				
农、林、牧、渔业	2127	-5		11437
制 造 业	1678921	411682	310254	2249137
#农副食品加工业	26721	39986	39846	45302
食品制造业	47537	12482	2183	79574
饮料制造业				
纺 织 业	20998	6202	3462	21257
纺织服装、鞋、帽制造业	29163	7412	4288	16199
皮革、皮毛、羽毛（绒）及其制品业	45688	10355	4944	37194
造纸及纸制品业	300			874
印刷业和记录媒介的复制	2029	490	461	628
文教体育用品制造业	4922	8	-2	-711
石油加工、炼焦及核燃料加工	188	101		-3783

11—17 续表 11　　　　(2011 年)

行业名称	三项费用（续）			利润总额（千元）
	# 管理费用	# 财务费用	# 利息支出	
化学原料及化学制品制造业	159005	44624	34796	366128
医药制造业	898005	209160	176346	926811
橡胶和塑料制品业	76825	19505	2048	50476
非金属矿物制品业	11846	740	172	-273
黑色金属冶炼及压延加工业	3835	1700	1393	-850
有色金属冶炼及压延加工业	337	1		107
金属制品业	85295	-3962	-4616	274353
通用设备制造业	25324	6408	5939	-16884
专用设备制造业	4500	69		251
交通运输设备制造业	33327	-1703	-4407	39178
电气机械及器材制造业	87360	18522	15761	245168
通信设备、计算机及其他电子设备制造业	64584	15280	4301	154905
仪器仪表及文化、办公用机械制造业	34676	20907	20798	13880
工艺品及其他制造业	7405	1438	584	1373
电力、煤气及水的生产和供应业				
建 筑 业	65128	151937	151723	79523
交通运输、仓储和邮政业	30781	6722	5718	40155
信息传输、计算机服务和软件业	101281	10870	10769	2271987
批发和零售业	15273	-7847	-8064	160929
住宿和餐饮业	84786	45275	28078	73328
房地产业	220946	39399	11833	264363
租赁和商务服务业	16926	5544	5337	-9231
科学研究、技术服务和地质勘查业	1770	21	-4	-46
居民服务和其他服务业	25			4
教育	4001	1531		-2473
卫生、社会保障和社会福利业				
四、高新技术产业	988694	234705	200443	1142639

11—17 续表12　　　　(2011年)

行业名称	应交税金（千元）	净利润（千元）
合　计	**1833785**	**4088782**
# 国有企业与客商兴办的合资、合作企业	868045	1588980
# 以原有企业为依托的合资、合作企业	264934	367160
一、按投资方式分组		
（一）港、澳、台投资经济	428276	851973
1. 港澳台合资经营企业	223089	646531
2. 港澳台合作经营企业	41545	－25921
3. 港澳台独资经营企业	163642	231363
（二）外商投资经济	1405509	3236809
1. 中外合资经营企业	575602	757110
2. 中外合作经营企业	591788	1464398
3. 外资企业	238119	1015301
二、按产业分组		
第一产业	27	11406
第二产业	1024969	1950131
第三产业	808789	2127245
三、按国民经济行业分组		
农、林、牧、渔业	27	11406
制 造 业	790189	1860317
#农副食品加工业	821	45396
食品制造业	63222	66519
饮料制造业		
纺 织 业	10860	17441
纺织服装、鞋、帽制造业	10601	15133
皮革、皮毛、羽毛（绒）及其制品业	61776	25156
造纸及纸制品业	219	655
印刷业和记录媒介的复制	528	547
文教体育用品制造业	124	－711
石油加工、炼焦及核燃料加工	137	－3783

11—17 续表 13　　　　(2011 年)

行业名称	应交税金（千元）	净利润（千元）
化学原料及化学制品制造业	90668	305372
医药制造业	406089	772450
橡胶和塑料制品业	30083	35188
非金属矿物制品业	3437	－1479
黑色金属冶炼及压延加工业	592	－920
有色金属冶炼及压延加工业	70	107
金属制品业	4053	234448
通用设备制造业	2514	－17773
专用设备制造业	661	224
交通运输设备制造业	13210	31355
电气机械及器材制造业	20813	209325
通信设备、计算机及其他电子设备制造业	56749	114737
仪器仪表及文化、办公用机械制造业	7378	11836
工艺品及其他制造业	4271	1116
电力、煤气及水的生产和供应业		
建 筑 业	212327	61479
交通运输、仓储和邮政业	22453	28335
信息传输、计算机服务和软件业	674763	1751454
批发和零售业	15763	140702
住宿和餐饮业	17891	54810
房地产业	89585	197024
租赁和商务服务业	2615	－10636
科学研究、技术服务和地质勘查业	140	－50
居民服务和其他服务业	2	2
教育	433	－2534
卫生、社会保障和社会福利业		
四、高新技术产业	432858	958892

省级及以上开发区主要经济指标

11—18

指标名称	计量单位	2011年	2010年
一、1. 全部实有注册企业数	个	4019	2963
其中：投产（开业）企业	个	3249	2494
2. 全部投产企业期末人数	人	224951	138388
二、1. 期末实有三资企业数	个	149	123
其中：投产（开业）企业	个	120	104
2. 本期新增三资企业数	个	5	4
3. 外方注册资本	万美元	10823	6851
4. 本期外商实际投资	万美元	10837	6829
其中：外商直接投资	万美元	19084	8054
5. 本期新批合同外资	万美元	19084	3567
三、1. 期末实有内资企业数	个	3870	2840
其中：投产（开业）企业	个	3129	2390
2. 实际利用省外资金（内资）	万元	1488600	1179220
四、1. 工业总产值（当年价格）	万元	31320367	17355149
2. 工业销售产值（当年价格）	万元	30144750	16841924
其中：出口交货值	万元	1432017	843013
五、1. 主营业务收入	万元	31988692	18328324
2. 主营业务成本	万元	26859220	15064578
3. 主营业务税金及附加	万元	748212	487939
六、1. 本年固定资产投资完成额	万元	4820758	2845240
其中：企业固定资产投资完成额	万元	4152586	2292176
2. 企业用地面积	万平方米	5152	2913
七、财政收入	万元	1126306	619435

按贸易方式及企业性质分进出口总值

11—19　　　　（2011 年）　　　　计量单位：千美元、%

贸易方式	进出口	比上年增长	其中：出口	比上年增长	进口	比上年增长
合　　计	**14168522**	**27.7**	**7080955**	**22.3**	**7087567**	**33.7**
一、按进出口贸易方式分组						
一般贸易	13132034	28.1	6341138	22.7	6790896	33.7
国家间、国际组织援助赠送物资	55	-95.1	55	-95.1		
加工贸易	1017105	21.9	729954	18.3	287151	32.1
来料加工	67970	141.7	30158	118.6	37813	163.9
进料加工	949134	17.7	699796	16	249338	22.8
加工贸易进口设备	148	276.5			148	276.5
对外承包工程出口货物	3480	48.1	3480	48.1		
外商投资企业作为投资进口的设备、物品	1429	-23.4			1429	-23.4
保税仓库进出境货物	9856	413.6	4485		5372	179.9
其他贸易	3029	34.9	458	67	2571	30.4
二、按进出口企业性质分组						
国有企业	6819151	37.6	1307638	42.3	5511512	36.5
外商投资企业	1635768	-6.1	1292407	-7.6	343361	0.4
中外合作企业	157087	12.8	108439	5.6	48648	33
中外合资企业	1103338	-8.9	884862	-8.7	218475	-9.6
外商独资企业	375343	-4	299105	-8.6	76238	20
集体企业	703052	65.8	232120	15.8	470932	110.5
私营企业	4980604	26.4	4218934	30.2	761670	9.1
个体工商户	29944	-4	29852	-4.1	91	175.3
其他企业	4	-92.5	4			-100

按国别（地区）分进出口总值

11—20 (2011年) 计量单位：千美元、%

国别（地区）	进出口	比上年增长	其中：出口	比上年增长	进口	比上年增长
合　计	**14168522**	**27.7**	**7080955**	**22.3**	**7087567**	**33.7**
亚洲	3258146	20.1	2547947	22.7	710198	11.4
阿富汗	1255	103.4	1255	103.4		
巴林	5756	260.6	5711	279.9	45	-51.6
孟加拉国	65594	23.9	57679	18.1	7915	93.1
文莱	2558	-4.8	2558	-4.8		
缅甸	8932	90.5	7922	69	1010	
柬埔寨	9261	24.8	9137	23.2	123	
塞浦路斯	4416	3.3	4245	-0.7	171	
朝鲜	7827	109.3	6748	1035.4	1078	-65.7
中国香港	97394	12.8	93743	11.5	3651	57.5
印度	515249	18	361803	22.2	153446	9.2
印度尼西亚	206086	9.8	175954	19.1	30132	-24.6
伊朗	89891	12.8	70408	34	19483	-28.3
伊拉克	9975	-3.1	9831	-4.5	144	
以色列	65005	13	62894	18.7	2111	-53.5
日本	448235	21.6	293849	24.2	154386	16.8
约旦	22705	101.9	22703	101.9	3	
科威特	6692	-9.2	6692	1.3		-100
老挝	184	-95.2	183	-95.2		
黎巴嫩	10196	45.8	10121	44.7	75	
中国澳门	769	24.8	769	24.8		-100
马来西亚	147195	19.8	135911	25.2	11284	-20.9
马尔代夫	273	47.3	273	47.3		
蒙古	6085	316.9	5221	314.1	863	335
尼泊尔	893	163.7	893	163.7		
阿曼	11344	12.5	9321	30.2	2023	-30.8

11—20 续表1 （2011年） 计量单位：千美元、%

国别（地区）	进出口	比上年增长	其中：出口	比上年增长	进口	比上年增长
巴基斯坦	87457	28.6	71110	19.6	16347	91.3
巴勒斯坦	704	1438	112	144.5	593	
菲律宾	106610	60.8	90242	46.5	16368	248.7
卡塔尔	6326	58.6	6024	57	302	99.7
沙特阿拉伯	97266	28.1	93300	28.5	3966	18.7
新加坡	83257	44.1	44871	21	38385	85.5
韩国	382657	16.5	317194	27.5	65463	-18
斯里兰卡	17696	22.8	17348	26	348	-45.9
叙利亚	14498	10.4	14498	10.4		
泰国	110001	18.8	99290	17.8	10710	29.4
土耳其	101145	30.5	77616	36.1	23529	14.9
阿联酋	111643	42.6	110755	43.9	887	-31.6
也门共和国	14879	-9.6	14879	-9.6		
越南	112677	20	112087	22.5	590	-75.2
台澎金马关税区	174838	19.9	71693	33.2	103145	12.1
哈萨克斯坦	34296	31.6	10595	-24	23701	95.6
吉尔吉斯斯坦	19261	-59.1	19261	-59.1		
塔吉克斯坦	7258	-40.6	7258	-40.6		
土库曼斯坦	1267	-49.8	1146	-51.2	121	-32.5
乌兹别克斯坦	12422	1.5	12338	0.8	85	
非洲	946504	45.5	557834	58.4	388670	30.4
阿尔及利亚	17293	48.8	16877	46	416	609.6
安哥拉	39570	166.6	39570	166.6		
贝宁	24745	132.8	23835	147.1	909	-7.6

11—20 续表2　　　　(2011 年)　　　　计量单位：千美元、%

国别（地区）	进出口	比上年增　长	其中：			
			出口	比上年增　长	进口	比上年增　长
博茨瓦那	995	79. 3	995	79. 3		
布隆迪	356	-66. 3	356	-66. 3		
喀麦隆	13162	32. 7	10032	64. 1	3130	-17. 8
加那利群岛		-100		-100		
佛得角	854	177. 9	854	177. 9		
乍得	523	64. 3	523	64. 3		
科摩罗	43	91. 3	43	91. 3		
刚果	2532	222. 3	2532	222. 3		
吉布提	4024	284. 9	4024	284. 9		
埃及	40863	-3. 9	35541	-3. 9	5322	-4. 2
赤道几内亚	1396	-30. 3	1396	-30. 3		
埃塞俄比亚	20902	25. 1	20241	27. 7	661	-23. 6
加蓬	1165	55. 1	1165	55. 1		
冈比亚	3720	21. 4	3720	21. 4		
加纳	36985	77. 8	36886	77. 3	99	
几内亚	3078	51. 3	3064	50. 7	14	
几内亚（比绍）	393	136. 4	393	136. 4		
科特迪瓦	4547	41. 3	4547	78. 7		-100
肯尼亚	31008	41. 6	30852	43	156	-51. 4
利比里亚	3119	54. 2	3073	51. 9	45	
利比亚	3402	-54. 5	3365	-55	37	
马达加斯加	18486	79. 8	16100	66. 9	2387	275. 3
马拉维	550	-37. 9	550	-37. 9		
马里	16015	161. 4	2324	156. 2	13690	162. 3
毛里塔尼亚	5376	168	5376	168		
毛里求斯	10145	18	10137	18	8	36. 5

11—20 续表 3　　　　(2011 年)　　　　计量单位：千美元、%

国别（地区）	进出口	比上年增长	其中：			
			出口	比上年增长	进口	比上年增长
摩洛哥	20247	60.6	19414	54.3	833	2997.1
莫桑比克	10365	259.3	9115	273.9	1250	179.9
纳米比亚	1195	113	1195	113		
尼日尔	920	11	920	11		
尼日利亚	79434	114.2	79427	114.3	7	-60.4
留尼汪	1216	73.8	1216	73.8		
卢旺达	70	-82.7	70	-82.7		
圣多美和普林西比	139	18.7	139	18.7		
塞内加尔	4871	20.7	4871	20.7		
塞舌尔	76	-66	76	-66		
塞拉利昂	3289	1.7	3289	1.7		
索马里	101	-31.2	101	-6.7		-100
南非	427987	34.6	74517	64.2	353470	29.7
苏丹	18142	15.7	16983	51.3	1159	-74
坦桑尼亚	17483	-9.9	16855	-7	628	-50.5
多哥	4647	-25.4	4606	-24.4	42	-69.6
突尼斯	6506	44.8	6413	43.3	94	391.5
乌干达	4150	84.9	4150	84.9		
布基纳法索	7292	338.8	3210	93.2	4082	
民主刚果	23356	79.1	23288	78.6	68	
赞比亚	1554	-4.4	1554	15.5		-100
津巴布韦	6336	177.8	6174	281.8	162	-75.6
斯威士兰	930	58.7	930	58.7		
厄立特里亚	586	78.7	586	78.7		
马约特岛	195	324	195	324		
欧洲	2578211	18	2185085	18.8	393125	13.7

11—20 续表 4　　　　(2011 年)　　　　计量单位：千美元、%

国别（地区）	进出口	比上年增长	其中：			
			出口	比上年增长	进口	比上年增长
比利时	138218	31.8	123146	25.6	15072	121
丹麦	42068	36.5	34349	38.8	7719	27.2
英国	269118	35	212009	28.4	57109	66.5
德国	508727	19.3	370398	22.7	138329	11
法国	133383	22.3	122657	34	10726	-38.9
爱尔兰	13207	-12.2	7886	-20.6	5322	4
意大利	269646	19.5	213936	22.4	55710	9.7
卢森堡	945	40.2	788	25.5	157	240.9
荷兰	192717	38	173348	34.4	19369	80.8
希腊	10562	23.8	7900	-3.9	2663	754.6
葡萄牙	19755	-1.8	18345	0.4	1410	-23.2
西班牙	123717	14	110964	14.8	12753	7.6
阿尔巴尼亚	1985	118.2	1490	63.8	496	
奥地利	11179	9	8698	48.2	2481	-43.5
保加利亚	2714	-48.7	2647	27.1	67	-97.9
芬兰	50698	13	36064	-15	14634	496.1
匈牙利	12753	45.4	11775	35.2	978	1533.7
冰岛	142	-21.1	142	-21		-100
马耳他	2004	80.9	1980	78.7	24	
摩纳哥	131	190.5	131	190.4		
挪威	13417	52.8	12644	47.4	773	279.5
波兰	43096	61.4	42869	61.3	227	84.2
罗马尼亚	13272	120.7	13116	129.3	156	-46.8
瑞典	47417	13.8	39381	27.2	8036	-24.9
瑞士	15387	-49.4	9643	25	5744	-74.7
爱沙尼亚	5950	128.8	5892	139.8	58	-59.9

11—20 续表5　　　　(2011年)　　　　计量单位：千美元、%

国别（地区）	进出口	比上年增长	其中：			
			出口	比上年增长	进口	比上年增长
拉脱维亚	7893	-7.5	7830	-7.7	63	24.4
立陶宛	12123	53.5	12123	55.5		-100
格鲁吉亚	5600	10.2	5600	10.2		-100
亚美尼亚	907	58.7	907	58.7		
阿塞拜疆	1140	530.6	1140	709.9		-100
白俄罗斯	4641	-40.9	4641	-40.9		
摩尔多瓦	253	42.9	253	50.5		-100
俄罗斯联邦	534822	1.1	502803	0.8	32019	6.7
乌克兰	41312	41.5	41251	46.4	62	-93.9
斯洛文尼亚	8732	162.1	8522	159	209	421
克罗地亚	3391	-16.6	3391	-16.6		
捷克共和国	12705	34.4	11948	31.3	757	116.9
斯洛伐克	756	-54.5	753	-54.4	2	-79.3
马其顿	131	255.6	129	293.5	2	-55
波斯尼亚-黑塞哥维那共和	25	-78.1	25	-78.1		
塞尔维亚	1177	70.8	1177	70.8		
黑山	372	-26.4	372	-26.4		
拉丁美洲	2738448	30.6	504989	34.7	2233459	29.7
安提瓜和巴布达	37	-16.2	37	-16.2		
阿根廷	36950	52.4	36226	52.9	723	34
阿鲁巴岛	516	3587.3	516	3587.3		
巴哈马	40	-28	40	-28		
巴巴多斯	280	111.8	280	111.8		
伯利兹	290	1051.3	290	1051.3		
玻利维亚	2495	228.1	2035	484.8	460	11.5
巴西	2349016	29.1	124915	23.7	2224101	29.4
智利	81698	23.8	80009	21.8	1689	459.8

11—20 续表 6　　(2011 年)　　计量单位：千美元、%

国别（地区）	进出口	比上年增长	其中：			
			出口	比上年增长	进口	比上年增长
哥伦比亚	24323	74.1	24323	74.1		
多米尼亚共和国	308	328	308	328		
哥斯达黎加	6795	17.8	6769	19	26	-68.8
古巴	4521	41.6	4521	41.6		
库腊索岛	27		27			
多米尼加共和国	9496	6.2	9496	6.3		-100
厄瓜多尔	10212	61.6	10022	59.4	190	484.2
格林纳达	20	-33	20	-33		
瓜德罗普	238	156.2	238	156.2		
危地马拉	10810	18.1	10769	18.2	41	9.7
圭亚那	2056	9.8	2056	9.8		
海地	10282	67.1	10282	67.1		
洪都拉斯	5836	257.4	2361	45.6	3475	31914.6
牙买加	1698	69	1698	69		
马提尼克		-100		-100		
墨西哥	71005	74.7	69852	74.3	1152	105.3
尼加拉瓜	20518	22	20518	22.1		-100
巴拿马	16735	17.9	16696	17.6	39	
巴拉圭	2888	51.4	2888	60.4		-100
秘鲁	26278	28.3	25819	26.8	459	264.7
波多黎各	6678	68.5	6678	68.5		-100
圣卢西亚	30	-6.3	30	-6.3		
圣马丁岛						
圣文森特和格林纳丁斯	232		232			
萨尔瓦多	3214	58.7	3214	58.7		
苏里南	2401	52.1	2401	52.1		
特立尼达和多巴哥	4505	-18.2	4505	-18.2		

11—20 续表 7　　　　（2011 年）　　　　计量单位：千美元、%

国别（地区）	进出口	比上年增长	其中：			
			出口	比上年增长	进口	比上年增长
乌拉圭	8702	26.4	7599	23.4	1104	52.1
委内瑞拉	17218	31.9	17218	32		-100
英属维尔京群岛	1	-99.6	1	-99.6		
圣其茨-尼维斯						
荷属安地列斯群岛	80	1.6	80	1.6		
北美洲	1382054	14.7	1141352	11.1	240703	35.4
加拿大	139987	1.7	114907	17	25080	-36.4
美国	1242046	16.4	1026444	10.5	215602	55.9
大洋洲	3265157	45.6	143748	18.3	3121410	47.2
澳大利亚	3208650	45.8	111536	17.9	3097114	47
斐济	2048	-20.5	2048	-20.5		
新喀里多尼亚	292	-10.3	292	-8.9		-100
瓦努阿图	79	-17.3	79	-17.3		
新西兰	44436	60.3	20140	50	24296	69.9
巴布亚新几内亚	8412	-10.9	8412	-10.9		
社会群岛	10	19.5	10	19.5		
所罗门群岛	193	463.4	193	463.4		
汤加	182	-5.7	182	-5.7		
萨摩亚	325	-25.1	325	-25.1		
密克罗尼西亚联邦	26	-79.3	26	-79.3		
马绍尔群岛						
法属波利尼西亚	357	55.6	357	55.6		
瓦利斯和浮图纳	83	61.6	83	61.6		
大洋洲其他国家（地区）		-100		-100		
东南亚国家联盟	786759	23	678156	23.4	108603	20.3
欧盟 25 国	1941781	24.5	1587803	24.9	353978	22.7
欧盟 27 国	1957767	24.6	1603567	25.3	354201	21.3

按商品构成分进出口总值

11—21　　(2011 年)　　计量单位：千美元、%

商品构成	出口	比上年增 长	进口	比上年增 长
合　　计	**7080955**	**22. 3**	**7087567**	**33. 7**
一. 初级产品	498437	33. 9	6240452	36. 3
第 0 类　食品及活动物	290883	23. 4	47041	94. 6
00 章　活动物			2467	－7. 9
01 章　肉及肉制品	32002	20. 3	8261	144
02 章　乳品及蛋品			21632	55. 9
03 章　鱼，甲壳及软体类动物及制品	2335	12. 3	4258	1241. 4
04 章　谷物及其制品	3609	162. 2	1191	－46. 6
05 章　蔬菜及水果	184072	15. 8	7980	470. 1
06 章　糖，糖制品及蜂蜜	24933	35. 7	103	－6. 9
07 章　咖啡，茶，可可，调味料及制品	26287	70. 9	68	1704
08 章　饲料（不包括未碾磨谷物）	10190	44. 8	879	
09 章　杂项食品	7455	24. 4	201	13. 4
第 1 类　饮料及烟类	838	43. 1	1047	46. 2
11 章　饮料	838	43. 1	1047	46. 2
第 2 类　非食用原料（燃料除外）	127376	49. 3	6151349	40
21 章　生皮及生毛皮	1490	11. 1	185995	62
22 章　油籽及含油果实	6646	－28. 7	9534	－5. 9
23 章　生橡胶（包括合成及再生橡胶）	7779	217. 4	8471	－54. 1
24 章　软木及木材	874	288. 9	510	107. 2
25 章　纸浆及废纸			60179	74. 3
26 章　纺织纤维（羊毛条除外）及废料	52658	35. 8	133159	79
27 章　天然肥料及矿物（除煤，石油，宝石）	38103	87. 8	26908	193. 5
28 章　金属矿砂及金属废料	1025	41. 3	5724169	38. 6
29 章　其他动，植物原料	18801	54. 4	2425	108. 4

11—21 续表 1　　　　　　　　　　　　　　　　（2011 年）　　　　　　　　　　　　计量单位：千美元、%

商品构成	出口	比上年增长	进口	比上年增长
第 3 类　矿物燃料，润滑油及有关原料	77398	57.4	40463	-74.7
32 章　煤，焦炭及煤砖	621	5096	40173	-73.1
33 章　石油，石油产品及有关原料	76777	56.2	289	-97.3
第 4 类　动植物油，脂及蜡	1943	46.9	552	500.6
41 章　动物油，脂	47	762.9		
42 章　植物油，脂			552	502.4
43 章　已加工的动植物油，脂及动植物腊	1897	44		-6.4
二．工业制品	6582518	21.5	847115	17.2
第 5 类　化学成品及有关产品	1677091	14.5	338724	28
51 章　有机化学品	421480	15.3	125517	66.3
52 章　无机化学品	167012	116.6	6930	275.5
53 章　染料，鞣料及着色料	64373	22.6	9908	4.6
54 章　医药品	869625	-0.2	38343	-7
55 章　精油，香料及盥洗，光洁制品	5315	1.3	3133	31
56 章　制成肥料	12890	928.4	54	
57 章　初级形状的塑料	22475	62.4	119613	19.6
58 章　非初级形状的塑料	22883	36.3	5721	56.3
59 章　其他化学原料及产品	91038	49.7	29505	-3.5
第 6 类　按原料分类的制成品	2303676	29.6	122718	33
61 章　皮革，皮革制品及已鞣毛皮	23065	29.3	26040	34.7
62 章　橡胶制品	9617	103.8	1421	127.2
63 章　软木及木制品（家具除外）	10993	66.4	1443	7.6
64 章　纸及纸板；纸浆，纸及纸板制品	27446	83.1	3285	0.8
65 章　纺纱，织物，制成品及有关产品	642178	25.4	26994	78.8
66 章　非金属矿物制品	178420	20.6	3693	-56.9

11—21 续表 2 （2011 年） 计量单位：千美元、%

商品构成	出口	比上年增 长	进口	比上年增 长
67 章 钢铁	766202	24.7	51592	71.1
68 章 有色金属	27479	287.4	2113	-74.1
69 章 金属制品	618277	36.8	6137	6.4
第 7 类 机械及运输设备	661324	40.7	334640	8.2
71 章 动力机械及设备	77595	30.6	7008	49.8
72 章 特种工业专用机械	99816	20.5	71403	33
73 章 金工机械	34417	24	19983	74.6
74 章 通用工业机械设备及零件	262530	49.2	147440	-1.2
75 章 办公用机械及自动数据处理设备	8918	898.8	2676	-66.9
76 章 电信及声音的录制及重放装置设备	24769	-2.5	2615	-18
77 章 电力机械，器具及其电气零件	57807	43.6	68186	26.9
78 章 陆路车辆（包括气垫式）	58746	8.5	11314	-50
79 章 其他运输设备	36726	966.5	4015	51.9
第 8 类 杂项制品	1940422	13.7	51033	-9.3
81 章 活动房屋；卫生，供热，照明装置	20419	46.4	43	114.7
82 章 家具及零件；褥垫及类似填充制品	33798	70.8	427	101
83 章 旅行用品，手提包及类似品	41231	47.1	35	-4.3
84 章 服装及衣着附件	1491880	7.4	1844	23.3
85 章 鞋靴	123180	23	369	6079.6
87 章 专业，科学及控制用仪器和装置	25367	18.8	40674	-15.8
88 章 摄影器材，光学物品及钟表	8363	15	2412	-0.2
89 章 杂项制品	196185	54.4	5229	37.7
第 9 类 未分类的商品	4	-35.6		

出口主要商品统计情况

11—22　　(2011年)

商品构成	计量单位	数量	比上年增长(%)	金额(千美元)	比上年增长(%)
肉及杂碎	吨	2013	-5	14899	31.6
冻鸡	吨	150	50	348	83
水海产品	吨	221	-41.5	726	-30.2
冻鱼、冻鱼片	吨	210	-41.9	656	-28.8
粮食	吨	60461	6.2	59028	4
谷物及谷物粉	吨	3897	112.6	1983	100
淀粉块茎及薯类	吨	2	-97	1	-97.6
豆类	吨	56562	2.7	57045	2.3
蔬菜	吨	29862	-3.3	31286	2.9
鲜或冷藏蔬菜	吨	11779	-2.8	5939	-29.9
干的食用菌类	吨	13	-64.7	108	-60.2
鲜、干水果及坚果	吨	83938	9.3	52638	38.1
橘、橙	吨		-100		-100
苹果	吨	635	-52.6	744	-22.1
梨	吨	82464	11.3	50307	44
果蔬汁	吨	2793	86.5	4184	112.4
食用油籽	吨	4643	-42.2	6333	-31.9
大豆	吨	482	10.6	384	23.5
花生、花生仁	吨	2475	-52.7	3654	-41
食用植物油	吨				
豆油	吨				
花生油	吨				
烘焙花生	吨	266	-37.1	532	-21.7
天然蜂蜜	吨	528	-33.3	902	-30.3
辣椒干	吨	2268	96.8	6850	147.8
蘑菇罐头	吨	284	222.3	509	253.1
肠衣	吨	503	146.4	8274	94
填充用羽毛；羽绒	吨	4	-24.3	197	89.6
药材	吨	1001	-4.8	6319	17.2
肥料	吨	48843	124.6	13495	300
矿物肥料及化肥	吨	47461	449.4	13162	902.2
尿素	吨	280	1172.7	134	2214
锯材	立方米	471	57.5	334	118.1

11—22 续表 1　　　　(2011 年)

商品构成	计量单位	数量	比上年增长（%）	金额（千美元）	比上年增长（%）
胶合板及类似多层板	立方米	9351	44.5	3971	56.5
印刷品	吨	1520	73	5852	58.8
山羊绒	吨	223	-8.5	23916	34.4
粘土及其他耐火矿物	吨	64952	325.2	11815	234.1
天然石墨	吨	4638	238.4	3348	651.1
天然碳酸镁；氧化镁	吨	42609	900.4	4806	709.3
天然硫酸钡（重晶石）	吨	196	653.8	35	438.3
石蜡	吨	1883	217.8	2344	214.7
稀土	吨	18465	43.4	2295	45.1
氧化铝	吨	253	271.5	944	63.8
钨品	吨	147	116.8	5721	377
氧化锌及过氧化锌	吨	499	-38.5	644	-36.3
碳酸钠（纯碱）	吨	451	-64.5	115	-54.5
合成有机染料	吨	4978	27.9	15753	70.3
锌钡白（立德粉）	吨	2500	-13	1373	-9
医药品	吨	93970	13.5	869640	-0.2
维生素 C	吨	41968	10.9	222719	-20.9
抗菌素（制剂除外）	吨	13002	7.3	354049	11.9
中式成药	吨	57	-24.2	1730	12.7
医用敷料	吨	252	-28.7	1361	-36.1
洗衣粉	吨	1185	-7.7	678	7.1
烟花、爆竹	吨	986	17.5	2051	38.7
农药	吨	3551	12.6	15576	45.5
初级形状的聚氯乙烯	吨	2740	20.9	2307	21.5
新的充气橡胶轮胎	万条	26	44.9	472	93.8
家用或装饰用木制品	吨	122	149.1	414	264.2
纸及纸板（未切成形的）	吨	7942	378.6	11995	674.1
牛皮纸	吨	209	66.6	149	84.8
纺织纱线、织物及制品				645064	25.6
毯子及旅行毯	万条	35	22	1526	34.9
床上餐桌盥洗厨房织物制品	万件	6942	-19.2	96867	25.2
毛纺机织物	万米	64	81.5	7390	34
棉机织物	万米	5345	-13	116422	9.9

11—22 续表 2　　　　（2011 年）

商品构成	计量单位	数量	比上年增长（%）	金额（千美元）	比上年增长（%）
亚麻及苎麻机织物	万米	33	69.9	1066	83.8
合成短纤与棉混纺机织物	万米	15002	-5.5	139976	27.2
地毯	万平方米	1558	-2.5	50900	-1.1
塑料编织袋（周转袋除外）	万条	5435	55.4	15119	71.4
水泥	吨	18971	3.5	2391	13.9
花岗岩石材及制品	吨	10089	19	6379	9.4
平板玻璃	万平方米	162	-35.4	584	-26.7
玻璃制品				38135	44.4
家用陶瓷器皿	吨	27490	10.9	30520	32.2
铁合金	吨	6125	18.9	12597	43.7
钢材	吨	727661	4.7	753168	24.4
钢铁棒材	吨	331809	17.2	286728	45.6
角钢及型钢	吨	40279	-7.7	41504	1.8
钢铁板材	吨	92234	-23.7	82679	-5.8
钢铁线材	吨	105551	17.3	119333	22.7
钢铁管配件	吨	81417	6.3	135259	27.9
废钢					
未锻造的铜及铜材	吨	399	171.8	3312	116.9
铜材	吨	399	171.8	3312	116.9
未锻造的铝及铝材	吨	2385	171	7399	130
铝材	吨	2385	171	7399	130
钢铁或铜制标准紧固件	吨	9581	119.7	13637	139.9
不锈钢厨具、餐具等家用器具	吨	43	-9.7	252	-8.8
餐桌、厨房及其他家用搪瓷器	吨	968	91.6	2650	89.7
手用或机用工具	吨	15810	27.3	73920	47.4
电扇	台	66491	-0.8	1791	-7.1
空气调节器	台	1338	182.3	16700	96.7
冰箱	台	3223	-58.2	199	-66.8
洗衣机	台	1		2	1060.3
纺织机械及零件				5039	77
工业用缝纫机	台	1156	37.6	170	100.6
金属加工机床	台	21747	-5.9	6539	27.1
车床	台	50	2400	59	-68.3

11—22 续表 3　　(2011 年)

商品构成	计量单位	数量	比上年增长（%）	金额（千美元）	比上年增长（%）
电子计算器	台	432381	632.8	289	2010.7
自动数据处理设备及其部件	台	111988	5460.5	664	111.1
自动数据处理设备	台	6	-40	4	-65.7
便携式电脑	台		-100		-100
微型电脑	台	3	-50	2	-62.6
显示器	台	670	-55	23	-82.7
液晶显示器	台	670	-55	23	-82.7
存储部件	台	4214	915.4	230	106.9
自动数据处理设备的零件	吨	2	154.8	116	95.8
打印机（包括多功能一体机）	台	158	5166.7	255	39627.3
液晶显示板	万个	1482	-14.5	11358	-0.1
轴承	万套	1173	81.6	4589	160.4
电动机及发电机	台	627859	-28.8	42266	4.2
变压器	万个	1	336.8	5131	75.7
静止式变流器	万个	44	2465.9	1029	470.5
原电池	万个	5	58.3	4	-36.5
蓄电池	万个	3	265.4	822	4014.9
电话机	台	1622	-42.2	56	181.1
扬声器	万个	7	-47.1	178	-73.3
录、放像机	台	607	50.6	41	674
DVD 播放机	台	400		19	300
电视机（包括整套散件）	吨	60	-93.9	14	-97.8
电容器	吨	3	156.9	92	392.3
印刷电路	万块	31	-57.5	1365	3.9
通断保护电路装置及零件				7603	31.4
节能灯	万只	8	-71.5	82	-70.1
二极管及类似半导体器件	万个	1791	1031.7	1153	-47.3
集成电路	万个	472	-2	817	-31.9
处理器及控制器	万个	1		7	

11—22 续表 4　　(2011 年)

商品构成	计量单位	数量	比上年增长（%）	金额（千美元）	比上年增长（%）
电线和电缆	吨	338	34.2	1487	34.8
集装箱	个				
汽车（包括整套散件）	辆	48	-11.1	776	73.2
四轮驱动轻型越野车	辆				
小客车（九座及以下的）（包括整套散件）	辆		-100		-100
货车（包括整套散件）	辆	28	460	123	-13.6
汽车零件				48384	14.9
摩托车	万辆		95.5	716	336.1
自行车	万辆	6	-68	1729	-63.8
摩托车及自行车的零件				5416	-31.8
船舶	艘	669	1073.7	4981	184.1
医疗仪器及器械				7689	49
日用钟	万只	55	40.1	573	79.8
家具及其零件				22774	85.2
床垫、寝具及类似品				11023	47.1
灯具、照明装置及类似品				10395	60
箱包及类似容器				41199	47.1
体育用品及设备				4706	-9.4
服装及衣着附件				1471557	7.7
织物制服装				831241	11.6
非针织钩编织物服装				674919	7.8
针织或钩编的服装				156322	31.9
皮革服装	万件	46	-51.2	50424	-45.3
裘皮服装	吨	51	-62.8	11562	-67.9
皮革手套	万双	222	-39.8	8291	1.1
PVC 手套	万双	9339	-96.6	334668	5.8
织物制袜子	万双	1075	78.8	3244	141.1
帽类	万个	7995	5.7	45166	29.6
鞋类				123180	23
鞋	万双	553	31	117613	21.9
外底及鞋面均以橡胶或塑料制的鞋	万双	136	167.9	3532	118.8
皮面鞋	万双	42	-76.8	3072	-94.3
橡胶或塑料底纺织材料为面的鞋	万双	32	84	1051	3
鞋靴零件；护腿及类似品	吨	651	44.6	5568	53.1

11—22 续表 5　　　　(2011 年)

商品构成	计量单位	数量	比上年增长（%）	金额（千美元）	比上年增长（%）
塑料制品	吨	20894	36. 9	53988	45. 1
玩具				894	139. 9
圣诞用品				2093	130. 5
伞	万把	86	236	1150	245. 6
竹编结品	吨	5	489	11	435. 4
藤编结品	吨	41	107. 5	105	67. 6
草编结品	吨	105	24. 2	487	-1. 1
柳编结品	吨	354		881	0. 1
*农产品				325333	22. 5
*机电产品				1477473	36. 2
金属制品				751846	34. 3
机械设备				428582	43. 8
电器及电子产品				135143	18. 8
运输工具				95746	65. 7
仪器仪表				33323	20. 4
其他				32833	20
*高新技术产品				323014	31. 4
生物技术				158	-73
生命科学技术				249602	30. 1
光电技术				12059	1. 7
计算机与通信技术				31224	40. 1
电子技术				11018	24. 2
计算机集成制造技术				10688	122. 9
材料技术				7694	47. 7
航空航天技术				486	85. 1
其他技术				85	-27. 3
瓷砖	万平方米	7201	24. 2	18228	25. 1
陶瓷卫生设备				2643	9. 5
装饰陶瓷	吨	207	-4. 9	295	12. 4
镁及其制品	吨	6772	1439. 9	18337	1547
*光伏电池及组件（85414）	万个	41	3079. 8	118	-48. 4
钢丝布、网、篱、格栅	吨	80065	24. 1	111603	36. 2
食品工业残渣	吨	9927	3205. 8	2075	6915. 6
饲料添加剂	吨	1083	-2. 8	7519	11. 5
葡萄糖及葡萄糖浆	吨	11505	-4. 2	9622	19. 2

旅游业发展情况

11—23

指标名称	2011 年	增长速度（%）
国内游客（万人次）	**3247**	**38.1**
旅游业总收入（亿元）	**200.63**	**51.7**
国内旅游收入（亿元）	197.42	52.6
创汇收入（万美元）	4942.63	12.7
A 景区数量（家）	**27**	**-**
5A	1	-
4A	21	-
3A	3	-
2A	2	-
旅游星级饭店（家）	**65**	**-**
5 星级	3	-
4 星级	22	-
3 星级	28	-
2 星级	12	-
旅行社（家）	**217**	**-**
出境组团社	17	-
一般组团社	200	-

涉外旅游情况

11—24

指标名称	2011年	2010年	增长速度（%）
一、入境游客人数合计（人次）	136019	117328	15.9
1. 外国人	106794	99800	7.0
2. 香港同胞	14157	9364	51.2
3. 澳门同胞	1596	977	63.4
4. 台湾同胞	13472	7187	87.5
二、入境游客人天数合计（人天）	293590	234961	25.0
1. 外国人	230234	199772	15.3
2. 香港同胞	30325	18764	61.6
3. 澳门同胞	3593	1953	84.0
4. 台湾同胞	29438	14445	103.8
三、创汇收入（万美元）	4942.6	4383.9	12.7

十二、教育　科技　文化

普通高等学校基本情况

12—1　　　　　　　　　　（2011 年）　　　　　　　　　　计量单位：人

单位名称	招生人数	在校学生数	毕业生数	教职工数	# 专任教师
合　　计	**123468**	**388241**	**105416**	**34030**	**22211**
石家庄经济学院	5497	16943	4235	1432	892
河北科技大学	5200	18228	4754	2453	1326
河北医科大学	3332	11742	3515	2355	1399
河北师范大学	5569	20747	4906	2852	1480
石家庄学院	5729	17254	4444	988	740
石家庄铁道大学	3620	13914	3005	1418	844
河北工业职业技术学院	4095	11311	3725	621	453
河北体育学院	1448	5138	1090	457	311
石家庄职业技术学院	4073	11876	3457	673	572
河北经贸大学	4944	17632	4137	1812	1048
河北政法职业学院	4579	12782	4552	669	488
石家庄铁路职业技术学院	2341	6987	2254	433	305
石家庄计算机职业学院	1710	5367	1762	440	311
石家庄外国语职业学院	325	2635	1646	208	134
河北传媒学院	4888	13225	2466	1387	1140
石家庄城市职业学院	3224	8734	2887	465	392
河北省艺术职业学院	825	2215	794	301	201
石家庄财经职业学院	2512	5891	1398	351	245
河北交通职业技术学院	3685	10230	2796	534	451
河北化工医药职业技术学院	3807	10981	3087	668	548
石家庄信息工程职业学院	3686	10356	3154	1479	675
河北美术学院	2156	4545	2720	620	465
石家庄邮电职业技术学院	2541	7639	2944	600	401
河北公安警察职业学院		674	682	213	65

12—1 续表　　（2011 年）　　计量单位：人

单位名称	招生人数	在校学生数	毕业生数	教职工数	# 专任教师
石家庄工商职业学院	1626	4418	1119	331	249
石家庄理工职业学院	2882	7574	2150	699	462
石家庄外语翻译职业学院	3075	6428	2729	563	398
石家庄科技信息职业学院	1442	5093	1537	487	261
河北科技大学理工学院	3841	14458	2546	817	632
河北师范大学汇华学院	3450	12657	2437	985	755
河北经贸大学经济管理学院	3249	12578	2439	808	596
河北医科大学临床学院	2425	10911	1828	492	396
石家庄铁道大学四方学院	2730	10070	1873	668	473
石家庄经济学院华信学院	1973	8150	1648	523	388
河北女子职业技术学院	1515	5262	1703	351	270
石家庄医学高等专科学校	4430	12681	4411	1321	899
石家庄外事职业学院	1343	3993	1379	365	236
石家庄人民医学高等专科学校	1515	3707		287	151
石家庄科技工程职业学院	1342	3113	671	209	164
河北劳动关系职业学院	1546	3824	213	273	188
石家庄科技职业学院	536	1853	184	156	112
石家庄幼儿师范高等专科学校	628	628		322	258
河北地质职工大学	1180	3332	887	176	71
河北省广播电视大学	469	3893	2932	223	61
石家庄职工大学	594	1286	623	130	84
河北管理干部学院	638	1923	798	221	90
河北青年管理干部学院	1253	3363	899	194	131

技工学校基本情况

12—2　　　　　　　　　　　　（2011 年）　　　　　　　　　　　　计量单位：人

单位名称	毕业生数	招生人数	在校学生数	教职工数
全市合计	**9513**	**9702**	**24507**	**2234**
石家庄铁路高级技工学校	2883	2903	7579	372
石家庄市高级技工学校	1027	1322	2373	156
行唐县劳动技工学校	26		26	21
西柏坡劳动技工学校	90	329	543	25
正定县劳动技工学校	142	203	440	50
藁城市劳动技工学校	259	118	405	32
鹿泉市劳动技工学校	91	97	343	52
元氏县劳动技工学校	25	89	152	23
赞皇县劳动技工学校	14		14	11
赵县劳动技工学校	28		48	33
栾城县劳动技工学校	60		38	21
井陉矿区劳动技工学校	242	297	514	37
无极县劳动技工学校	26	47	92	20
辛集市劳动技工学校	62	138	215	43
河北省地勘局技工学校	117	111	285	159
河北省交通职业技术学校	232	203	811	100
河北省机电技工学校	133		143	36
石家庄市机械技工学校	539	511	1276	89
石家庄市轻工技工学校	44	47	54	48
石家庄市交通技工学校	49	39	147	70

12—2 续表　　（2011 年）　　计量单位：人

单位名称	毕业生数	招生人数	在校学生数	教职工数
石家庄市粮食技工学校		37	71	22
石家庄市电子技工学校	207	185	576	86
石家庄市第一职业中专技工班	5	1	7	175
石家庄市饮食集团公司技工学校	62	244	244	30
石家庄市国大集团技工学校	18	20	45	5
华北制药集团有限责任公司技工学校	367	406	1007	58
石家庄钢铁有限责任公司技工学校			41	12
石家庄工业工程技工学校	19	51	137	13
石家庄金钢内燃机零部件集团有限公司技工学校	68		85	12
石家庄泵业集团有限责任公司技工学校	20		47	7
石家庄三环冶金装备集团技工学校	72	27	84	11
中国人民解放军通用装备职业技术学校	267	260	881	64
河北省新力技工学校	617	116	960	51
河北省新华冶金技工学校	250	318	574	49
河北省工业数控技工学校	83	89	204	13
河北省工贸技工学校	382	494	973	44
石家庄市长安机电技工学校	337	330	692	28
石家庄市铁路职业技工学校	550	594	2174	142
石家庄市燕春技工学校	100	76	207	14

普通中学基本情况

12—3　　　　（2011 年）　　　　计量单位：人

行政单位	学校数（所）	毕业生数	普通初中	普通高中	招生人数	普通初中	普通高中
全市总计	**427**	**180301**	**111741**	**68560**	**160843**	**98307**	**62536**
市区合计	86	49765	25246	24519	49341	26124	23217
#长安区	12	5977	3632	2345	5451	3318	2133
桥东区	14	3862	2809	1053	3806	3100	706
桥西区	12	8256	4548	3708	8036	4685	3351
新华区	15	8325	5818	2507	8101	5741	2360
裕华区	8	7646	6023	1623	7446	5997	1449
矿　区	3	1190	791	399	1108	773	335
高新区	5	1856	815	1041	2248	1078	1170
井陉县	15	5813	4404	1409	5127	3276	1851
正定县	22	7468	5446	2022	7778	5368	2410
栾城县	14	5986	4443	1543	4176	2497	1679
行唐县	20	7728	4954	2774	7265	4455	2810
灵寿县	18	5408	3928	1480	4211	2751	1460
高邑县	9	2897	1712	1185	2419	1344	1075
深泽县	10	3984	2781	1203	3546	2046	1500
赞皇县	13	3037	2031	1006	2475	1984	491
无极县	17	8160	5180	2980	5520	3769	1751
平山县	24	8230	5663	2567	7314	4780	2534
元氏县	14	6873	4857	2016	8327	6411	1916
赵　县	27	12136	8495	3641	10259	6629	3630
辛集市	36	14263	8430	5833	11400	6938	4462
藁城市	31	14076	8087	5989	10673	6183	4490
晋州市	23	7973	5434	2539	7038	4949	2089
新乐市	30	9792	6424	3368	7821	4915	2906
鹿泉市	18	6712	4226	2486	6153	3888	2265

12—3 续表　　　　(2011 年)　　　　计量单位：人

行政单位	在校学生数	普通初中	普通高中	教职工数	#专任教师
全市总计	**496793**	**294624**	**202169**	**45214**	**36545**
市区合计	149004	76890	72114	12155	9940
#长安区	17159	10065	7094	1681	1525
桥东区	10558	8454	2104	1259	954
桥西区	24466	13570	10896	1713	1394
新华区	24572	17231	7341	1799	1482
裕华区	23342	18520	4822	1697	1415
矿　区	2935	1958	977	335	295
高新区	6179	3072	3107	569	456
井陉县	15967	10608	5359	1296	1085
正定县	22757	15533	7224	2408	1938
栾城县	14369	8675	5694	1685	1358
行唐县	21652	13161	8491	1892	1442
灵寿县	13294	8248	5046	1274	977
高邑县	7662	4124	3538	813	652
深泽县	10323	6213	4110	890	682
赞皇县	7785	5643	2142	1006	853
无极县	18470	11879	6591	1675	1308
平山县	22680	14557	8123	2084	1799
元氏县	23095	17601	5494	1885	1499
赵　县	35008	20571	14437	2967	2361
辛集市	35682	20203	15479	3641	2821
藁城市	34275	19352	14923	3305	2628
晋州市	21502	14271	7231	2076	1876
新乐市	24619	15576	9043	2193	1699
鹿泉市	18649	11519	7130	1969	1627

职业中学基本情况

12—4　　(2011 年)　　计量单位：人

行政单位	学校数（所）	毕业生数	招生人数	在校学生数	教职工数	# 专任教师
全市总计	**163**	**80383**	**80691**	**246688**	**12975**	**9017**
市区合计	101	57273	54569	161398	7460	4625
#长安区	12	1819	2697	7300	525	403
桥东区	8	4180	3078	7155	691	469
桥西区	25	3764	5359	12791	1407	773
新华区	20	11723	11468	34246	1878	1096
裕华区	11	9696	7101	25185	710	479
矿　区	2	753	302	1078	90	72
高新区	7	1896	1651	3842	400	216
井陉县	2	700	820	2821	203	179
正定县	6	1756	1010	3771	415	306
栾城县	3	1361	1334	4265	415	372
行唐县	3	446	545	2034	204	117
灵寿县	4	1129	1950	8410	413	271
高邑县	2	131	463	2711	131	110
深泽县	2	470	906	2335	105	87
赞皇县	2		1222	2137	128	87
无极县	3	2590	1340	5741	251	205
平山县	4	1497	2830	6369	281	247
元氏县	2	424	884	2288	228	201
赵　县	2	1806	2813	8962	423	395
辛集市	5	2670	1303	5164	419	363
藁城市	7	2760	2128	7580	557	422
晋州市	4	1323	1004	4055	409	317
新乐市	2	371	1711	4415	199	170
鹿泉市	9	3676	3859	12232	734	543

小学基本情况

12—5　　(2011年)　　计量单位：人

行政单位	学校数（所）	毕业生数	招生人数	在校学生数	教职工数	# 专任教师
全市总计	**1642**	**98877**	**130843**	**700665**	**40686**	**41234**
市区合计	227	26201	31375	170888	8224	8145
#长安区	39	4330	4856	27641	1565	1498
桥东区	29	3469	4316	22275	1205	1137
桥西区	38	5172	6593	35076	1519	1417
新华区	47	5906	6935	37792	1685	1652
裕华区	38	5035	5945	32832	1315	1379
矿　区	16	773	754	4397	503	461
高新区	20	970	1628	8278	432	473
井陉县	61	3294	3457	20819	1546	1439
正定县	108	4697	6195	33145	2222	2239
栾城县	55	2642	3750	19561	1660	1647
行唐县	84	4531	7591	41344	2276	1935
灵寿县	85	3374	5525	30689	1794	1725
高邑县	37	1331	2691	13095	1086	1086
深泽县	34	2047	2991	15376	1046	1130
赞皇县	93	2539	5550	25394	1286	1270
无极县	88	4277	6954	33589	2190	2317
平山县	140	4818	5557	33252	2106	2206
元氏县	46	6480	6872	39313	2086	2198
赵　县	82	6629	7008	41099	1850	2280
辛集市	116	6032	7546	39540	2274	2651
藁城市	105	6199	8469	45342	3486	3370
晋州市	138	4975	6693	33578	1925	1943
新乐市	80	5119	7822	38293	1837	1832
鹿泉市	63	3692	4797	26348	1792	1821

全市专业技术人员情况

12—6　　(2011年)　　计量单位：人

行业名称	中专以上学历人员	无学历有职称人员
总　计	**552841**	**11083**
Ⅰ、国有经济单位合计	424093	7452
一、按隶属关系分组		
1. 中央	66785	1736
2. 地方	357308	5716
二、按企业、事业、机关分组		
(一) 企业	131254	3652
1. 中央	53379	1458
2. 地方	77875	2194
(二) 事业	202656	2718
1. 中央	7918	207
2. 地方	194738	2511
(三) 机关	90183	1082
1. 中央	5488	71
2. 地方	84695	1011
三、按国民经济行业分组		
(一) 农、林、牧、渔业	3016	65
(二) 采 矿 业	1950	
(三) 制 造 业	45567	906
(四) 电力、燃气及水的生产和供应业	10789	74
(五) 建 筑 业	13321	375
(六) 交通运输、仓储和邮政业	25622	1490
(七) 信息传输、计算机服务和软件业	6805	23
(八) 批发和零售业	19456	449
(九) 住宿和餐饮业	5362	285
(十) 金融业	1936	51
(十一) 房地产业	1826	45
(十二) 租赁和商务服务业	2651	64

12—6 续表1 (2011 年) 计量单位：人

行业名称	中专以上学历人员	无学历有职称人员
（十三）科学研究、技术服务和地质勘查业	19938	263
（十四）水利、环境和公共设施管理业	7174	363
（十五）居民服务和其他服务业	1317	39
（十六）教育	113419	602
（十七）卫生、社会保障和社会福利业	34723	717
（十八）文化、体育和娱乐业	10204	320
（十九）公共管理和社会组织	99017	1321
Ⅱ、城镇及集体经济单位合计	26211	822
一、按企业、事业、机关分组		
1. 企　业	22276	706
2. 事　业	3615	99
3. 机　关	320	17
二、按国民经济行业分组		
（一）农、林、牧、渔业	76	
（三）制 造 业	8817	130
（四）电力、燃气及水的生产和供应业	36	
（五）建 筑 业	859	160
（六）交通运输、仓储和邮政业	1133	54
（七）信息传输、计算机服务和软件业	72	2
（八）批发和零售业	4793	166
（九）住宿和餐饮业	497	10
（十）金融业	3946	111
（十一）房地产业	27	5
（十二）租赁和商务服务业	726	19
（十三）科学研究、技术服务和地质	149	4
（十四）水利、环境和公共设施管理业	121	44
（十五）居民服务和其他服务业	1219	4
（十六）教育	698	
（十七）卫生、社会保障和社会福利业	2209	41
（十八）文化、体育和娱乐业	468	51
（十九）公共管理和社会组织	365	21

12—6 续表2　　　　（2011年）　　　　计量单位：人

行业名称	中专以上学历人员	无学历有职称人员
Ⅲ、其他各种单位合计	102537	2809
一、按登记注册类型分组		
（一）内资	80670	2251
1. 股份合作	4041	96
2. 联营	10	
3. 有限责任公司	24207	1215
4. 股份有限公司	51813	940
5. 其他	599	
（二）港澳台投资经济	11335	407
（三）外商投资	10532	151
二、按企业、事业分组		
1. 企　业	101346	2806
2. 事　业	947	3
三、按国民经济行业分组		
（一）农、林、牧、渔业	6	
（二）采 矿 业	30	
（三）制 造 业	48339	1056
（四）电力、燃气及水的生产和供应	4655	31
（五）建 筑 业	5859	1239
（六）交通运输、仓储和邮政业	2128	17
（七）信息传输、计算机服务和软件	1301	
（八）批发和零售业	4020	27
（九）住宿和餐饮业	1169	21
（十）金融业	31116	253
（十一）房地产业	841	124
（十二）租赁和商务服务业	1222	
（十三）科学研究、技术服务和地质	622	9
（十四）水利、环境和公共设施管理业	416	
（十五）居民服务和其他服务业	29	2
（十六）教育	779	30
（十八）文化、体育和娱乐业	5	

分县（市）区人才资源调查情况

12—7　　　　（2011 年）　　　　计量单位：人

行政单位	人才总数	国有单位	非国有单位	城镇集体单位	非公职（农民技术员）	劳动年龄人口数	人才密度指数（%）
石家庄市	**874724**	**436515**	**430032**	**4051**	**4126**	**6790800**	**12.88**
市区合计	412763	238930	181134	1624	308	2002192	20.62
#长安区	46876	5764	41051	61		285068	16.44
桥东区	23938	5136	18568	234		256574	9.33
桥西区	24557	7512	16667	363	15	376361	6.52
新华区	30264	28363	1705	196		329370	9.3
裕华区	37868	7087	30703	74	4	386701	9.79
矿　区	9047	4347	4478	58	164	63280	14.3
高新区	68408	8302	60106			99794	68.55
井陉县	16262	10878	5239	25	120	189856	8.57
正定县	46951	14314	31484	979	174	307311	15.28
栾城县	18168	8915	8814	254	185	219800	8.27
行唐县	25222	11678	4186		125	273446	9.22
灵寿县	10950	8592	2278	30	50	220551	4.96
高邑县	14005	5255	8623	20	107	121758	11.5
深泽县	9115	5639	3280	119	77	161216	5.65
赞皇县	12285	7596	4654	35		165243	7.43
无极县	20091	13211	6820	20	40	329664	6.09
平山县	21537	12094	9226	91	126	312561	6.89
元氏县	20070	11008	8785	69	208	244349	8.21
赵　县	24128	13631	9039	432	1026	439279	5.49
辛集市	46747	17668	28985	31	63	403090	11.6
藁城市	55413	16932	38125	117	239	502858	11.02
晋州市	35979	11234	24723	22		360021	9.99
新乐市	41266	12401	27961	25	879	282996	14.58
鹿泉市	43772	16539	26676	158	399	254609	17.19

规模以上工业企业 R&D 活动基本情况

12—8　　　　(2011 年)

指标名称	企业数（个）	# 有 R&D 活动单位数	# 有科技机构单位数	R&D 投入强度（%）
总　　计	**2379**	**190**	**151**	**0.45**
一、按企业规模分组				
大型	80	33	35	1.03
中型	291	64	53	0.53
小型	1987	92	63	0.09
微型	21	1		0.03
二、按登记注册类型分组				
内资企业	2264	173	136	0.41
国有企业	43	17	16	0.56
集体企业	55	1	2	0.01
股份合作企业	5	1	1	0.18
联营企业	3			
国有联营企业	1			
集体联营企业	1			
其他联营企业	1			
有限责任公司	308	56	47	1.14
国有独资公司	14	9	9	2.07
其他有限责任公司	294	47	38	0.99
股份有限公司	107	24	20	0.86
私营企业	1739	73	50	0.11
私营独资企业	454	4	2	0.02
私营合伙企业	152	2	2	0.03
私营有限责任公司	1031	56	38	0.13
私营股份有限公司	102	11	8	0.48
其他企业	4	1		0.52
港、澳、台商投资企业	40	5	5	1.01
合资经营企业（港或澳、台资）	31	3	3	0.35
合作经营企业（港或澳、台资）	1			
港、澳、台商独资经营企业	7	2	2	1.46
港、澳、台商投资股份有限公司	1			
外商投资企业	75	12	10	0.88
中外合资经营企业	55	7	5	0.14
中外合作经营企业	2			
外资企业	16	5	5	3.13
外商投资股份有限公司	2			

12—8 续表 （2011 年）

行业名称	企业数（个）	# 有 R&D 活动单位数	# 有科技机构单位数	R&D 投入强度（%）
三、按新国民经济行业大类分组				
采矿业	106	1	1	0.22
煤炭开采和洗选业	51	1	1	0.33
石油和天然气开采业				
黑色金属矿采选业	35			
有色金属矿采选业	1			
非金属矿采选业	19			
制造业	2246	189	150	0.49
农副食品加工业	175	7	7	0.02
食品制造业	53	9	5	0.84
酒、饮料和精制茶制造业	25	1	1	0.03
烟草制品业	1			
纺织业	259	3	3	0.24
纺织服装、服饰业	65	1	1	0.47
皮革、毛皮、羽毛及其制品和制鞋业	207	1	1	0.03
木材加工和木、竹、藤、棕、草制品业	28			
家具制造业	22			
造纸和纸制品业	53	1	1	0.01
印刷和记录媒介复制业	24	2	3	0.44
文教、工美、体育和娱乐用品制造业	13			
石油加工、炼焦和核燃料加工业	21	2	1	0.04
化学原料和化学制品制造业	296	34	28	0.46
医药制造业	78	21	20	1.65
化学纤维制造业	18	1	1	0.72
橡胶和塑料制品业	86	7	3	0.15
非金属矿物制品业	239	8	7	0.08
黑色金属冶炼和压延加工业	78	4	3	1.25
有色金属冶炼和压延加工业	15			
金属制品业	121	14	9	0.37
通用设备制造业	107	20	16	0.65
专用设备制造业	72	19	14	0.90
汽车制造业	28	4	2	0.80
铁路、船舶、航空航天和其他运输设备制造业	9	3	3	1.30
电气机械和器材制造业	99	11	7	0.32
计算机、通信和其他电子设备制造业	29	11	8	1.23
仪器仪表制造业	11	4	4	1.03
其他制造业	4			
废弃资源综合利用业	8			
金属制品、机械和设备修理业	2	1	2	
电力、燃气及水生产和供应业	27			
电力、热力生产和供应业	21			
燃气生产和供应业	3			
水的生产和供应业	3			

规模以上工业企业 R&D 活动人员情况

12—9　　　　（2011 年）

指标名称	R&D 人员合计（人）	#1. 参加项目人员	2. 管理和服务人员	#女性	#研究人员	#1. 全时人员	2. 非全时人员
总　　计	**19364**	**16779**	**2585**	**6528**	**8002**	**12996**	**6368**
一、按企业规模分组							
大型	11099	10048	1051	4533	4626	7925	3174
中型	5636	4472	1164	1374	2463	3407	2229
小型	2616	2248	368	618	906	1655	961
微型	13	11	2	3	7	9	4
二、按登记注册类型分组							
内资企业	17103	14726	2377	5550	6808	10831	6272
国有企业	3993	3639	354	1643	1925	2673	1320
集体企业	32	28	4	6	10	11	21
股份合作企业	17	15	2		2	4	13
有限责任公司	6334	5133	1201	1715	2538	4245	2089
国有独资公司	2059	1669	390	364	1062	1349	710
其他有限责任公司	4275	3464	811	1351	1476	2896	1379
股份有限公司	3538	3152	386	1180	915	2034	1504
私营企业	3181	2752	429	1003	1415	1858	1323
私营独资企业	56	50	6	19	15	38	18
私营合伙企业	82	73	9	1	26	76	6
私营有限责任公司	2342	2006	336	733	992	1193	1149
私营股份有限公司	701	623	78	250	382	551	150
其他企业	8	7	1	3	3	6	2
港、澳、台商投资企业	1421	1270	151	657	781	1364	57
合资经营企业（港或澳、台资）	126	121	5	35	26	115	11
港、澳、台商独资经营企业	1295	1149	146	622	755	1249	46
外商投资企业	840	783	57	321	413	801	39
中外合资经营企业	147	118	29	45	80	123	24
外资企业	693	665	28	276	333	678	15

12—9 续表　　　　（2011 年）

行业名称	R&D 人员合计（人）	#1. 参加项目人员	2. 管理和服务人员	#女性	#研究人员	#1. 全时人员	2. 非全时人员
三、按新国民经济行业大类分组							
采矿业	158	158		8	153	158	
煤炭开采和洗选业	158	158		8	153	158	
制造业	19206	16621	2585	6520	7849	12838	6368
农副食品加工业	92	82	10	18	50	80	12
食品制造业	719	601	118	414	364	335	384
酒、饮料和精制茶制造业	6	6		3	1	6	
纺织业	1764	1690	74	727	336	957	807
纺织服装、服饰业	692	669	23	391	102	538	154
皮革、毛皮、羽毛及其制品和制鞋业	208	153	55	33	12	190	18
造纸和纸制品业	5	5			1		5
印刷和记录媒介复制业	252	244	8	12	34	92	160
石油加工、炼焦和核燃料加工业	29	26	3	4	20	16	13
化学原料和化学制品制造业	2240	1836	404	717	608	1446	794
医药制造业	4842	4371	471	2227	2823	3909	933
化学纤维制造业	215	193	22	66	12	170	45
橡胶和塑料制品业	131	118	13	28	41	88	43
非金属矿物制品业	204	169	35	40	33	185	19
黑色金属冶炼和压延加工业	1202	1035	167	340	458	855	347
金属制品业	1022	814	208	216	320	653	369
通用设备制造业	1688	1447	241	345	849	761	927
专用设备制造业	1256	1063	193	266	504	925	331
汽车制造业	167	103	64	77	124	156	11
铁路、船舶、航空航天和其他运输设备制造业	582	526	56	92	163	275	307
电气机械和器材制造业	490	405	85	142	266	328	162
计算机、通信和其他电子设备制造业	857	605	252	189	587	547	310
仪器仪表制造业	219	192	27	63	49	219	
金属制品、机械和设备修理业	324	268	56	110	92	107	217

规模以上工业企业 R&D 人员折合全时当量

12—10　　　　(2011年)

指标名称	R&D人员折合全时当量合计（人年）	#研究人员	#1. 基础研究人员	2. 应用研究人员	3. 试验发展人员
总　　计	**14571.3**	**6108.9**	**66.0**	**253.2**	**14260.1**
一、按企业规模分组					
大型	8879.9	3723.8	66.0	210.8	8609.5
中型	3867.7	1679.3		21.8	3845.9
小型	1810.8	698.8		20.6	1791.8
微型	13.0	7.0			13.0
二、按登记注册类型分组					
内资企业	12788.3	5133.1		171.6	12623.1
国有企业	3174.6	1599.5		64.3	3110.3
集体企业	22.2	6.9			22.2
股份合作企业	17.0	2.0			17.0
有限责任公司	4523.9	1825.3		55.1	4475.2
国有独资公司	1356.7	784.0		13.2	1343.5
其他有限责任公司	3167.1	1041.3		41.9	3131.6
股份有限公司	2871.5	748.8		29.1	2842.4
私营企业	2171.2	947.7		23.1	2148.1
私营独资企业	42.1	11.7			42.1
私营合伙企业	68.0	19.9			68.0
私营有限责任公司	1543.8	652.2		17.5	1526.3
私营股份有限公司	517.2	263.8		5.6	511.6
其他企业	8.0	3.0			8.0
港、澳、台商投资企业	1163.0	661.0		9.6	1155.0
合资经营企业（港或澳、台资）	44.3	9.2			44.3
港、澳、台商独资经营企业	1118.7	651.8		9.6	1110.7
外商投资企业	620.0	314.7	66.0	72.0	482.0
中外合资经营企业	112.0	60.9			112.0
外资企业	508.0	253.9	66.0	72.0	370.0

12—10 续表　　　　(2011 年)

行业名称	R&D 人员折合全时当量合计（人年）	#研究人员	#1. 基础研究人员	2. 应用研究人员	3. 试验发展人员
三、按新国民经济行业大类分组					
采矿业	132.6	128.4			132.6
煤炭开采和洗选业	132.6	128.4			132.6
制造业	14438.7	5980.5	66.0	253.2	14127.5
农副食品加工业	82.6	46.1			82.6
食品制造业	392.5	191.7		6.4	386.1
酒、饮料和精制茶制造业	5.6	0.9			5.6
纺织业	1319.2	264.9			1319.2
纺织服装、服饰业	478.7	70.6			478.7
皮革、毛皮、羽毛及其制品和制鞋业	125.1	7.2			125.1
造纸和纸制品业	1.0	0.2			1.0
印刷和记录媒介复制业	124.9	22.6			124.9
石油加工、炼焦和核燃料加工业	24.7	16.1			24.7
化学原料和化学制品制造业	1638.4	434.8		13.1	1625.3
医药制造业	4152.5	2422.3	66.0	179.8	3913.1
化学纤维制造业	175.0	9.8			175.0
橡胶和塑料制品业	67.0	17.5			67.0
非金属矿物制品业	190.8	31.4			190.8
黑色金属冶炼和压延加工业	1173.2	448.9		27.1	1146.1
金属制品业	848.4	266.6			848.4
通用设备制造业	1044.7	528.6		0.5	1044.2
专用设备制造业	974.0	399.4		3.5	970.5
汽车制造业	165.5	123.6			165.5
铁路、船舶、航空航天和其他运输设备制造业	242.7	87.5			242.7
电气机械和器材制造业	311.6	170.8			311.6
计算机、通信和其他电子设备制造业	534.8	323.0		22.8	513.6
仪器仪表制造业	171.3	40.7			171.3
金属制品、机械和设备修理业	194.4	55.2			194.4

规模以上工业企业 R&D 经费内部支出来源情况

12—11　　（2011 年）　　计量单位：万元

指标名称	R&D 经费内部支出合计	#政府资金	#企业资金	#境外资金	#其他资金
总　　计	**324879.4**	**10324.4**	**312991.6**	**214.2**	**1349.2**
一、按企业规模分组					
大型	237804.3	8651.0	228991.6	102.8	58.9
中型	54203.7	995.2	51995.9	111.4	1101.2
小型	32841.4	678.2	31974.1		189.1
微型	30.0		30.0		
二、按登记注册类型分组					
内资企业	275681.1	6097.7	268131.4	102.8	1349.2
国有企业	49153.0	2657.1	46310.5	102.8	82.6
集体企业	163.6	4.4	159.2		
股份合作企业	108.7		108.7		
有限责任公司	151499.9	1725.9	148625.9		1148.1
国有独资公司	37680.5	66.7	36895.7		718.1
其他有限责任公司	113819.4	1659.2	111730.2		430.0
股份有限公司	32936.2	951.4	31977.5		7.3
私营企业	41666.7	758.9	40796.6		111.2
私营独资企业	2010.5	13.6	1996.9		
私营合伙企业	806.6	37.2	769.4		
私营有限责任公司	28496.9	462.6	28003.9		30.4
私营股份有限公司	10352.7	245.5	10026.4		80.8
其他企业	153.0		153.0		
港、澳、台商投资企业	25624.6	3585.3	22039.3		
合资经营企业（港或澳、台资）	3480.8		3480.8		
港、澳、台商独资经营企业	22143.8	3585.3	18558.5		
外商投资企业	23573.7	641.4	22820.9	111.4	
中外合资经营企业	2156.2		2044.8	111.4	
外资企业	21417.5	641.4	20776.1		

12—11 续表　　　　(2011 年)　　　　计量单位：万元

行业名称	R&D 经费内部支出合计	#政府资金	#企业资金	#境外资金	#其他资金
三、按新国民经济行业大类分组					
采矿业	7085.8		7085.8		
煤炭开采和洗选业	7085.8		7085.8		
制造业	317793.6	10324.4	305905.8	214.2	1349.2
农副食品加工业	979.0	2.0	977.0		
食品制造业	10439.9	1157.2	9282.7		
酒、饮料和精制茶制造业	228.0	25.0	203.0		
纺织业	12808.2	114.2	12694.0		
纺织服装、服饰业	6079.4	20.7	6058.7		
皮革、毛皮、羽毛及其制品和制鞋业	1671.6	15.0	1656.6		
造纸和纸制品业	131.0		131.0		
印刷和记录媒介复制业	2048.7		1727.4		321.3
石油加工、炼焦和核燃料加工业	1587.9	16.0	1570.3		1.6
化学原料和化学制品制造业	30826.1	335.4	30348.9	111.4	30.4
医药制造业	79157.4	6982.2	72072.4	102.8	
化学纤维制造业	2974.9	105.4	2869.5		
橡胶和塑料制品业	3232.7	10.6	3222.1		
非金属矿物制品业	4026.2	38.0	3988.2		
黑色金属冶炼和压延加工业	96928.9	262.7	96658.9		7.3
金属制品业	10382.6	261.8	10120.8		
通用设备制造业	12945.2	95.2	12819.0		31.0
专用设备制造业	13414.0	365.8	13048.2		
汽车制造业	5540.6	116.1	5424.5		
铁路、船舶、航空航天和其他运输设备制造业	3305.5	50.0	2537.4		718.1
电气机械和器材制造业	7014.8	101.0	6913.8		
计算机、通信和其他电子设备制造业	9728.3	81.1	9488.5		158.7
仪器仪表制造业	1787.7	169.0	1537.9		80.8
金属制品、机械和设备修理业	555.0		555.0		

规模以上工业企业 R&D 经费支出情况

12—12　　　　（2011 年）　　　　计量单位：万元

指标名称	R&D 经费内部支出合计	一、按活动类型分组			二、按支出用途分组		R&D 经费外部支出
		1. 基础研究	2. 应用研究	3. 试验发展	1. 经常费支出	2. 资产性支出	
总　计	**324879.4**	**654.4**	**7806.3**	**316418.7**	**291313.7**	**33565.7**	**19967.7**
一、按企业规模分组							
大型	237804.3	654.4	5852.9	231297.0	212314.6	25489.7	17754.6
中型	54203.7		1759.4	52444.3	50766.5	3437.2	1293.1
小型	32841.4		194.0	32647.4	28202.6	4638.8	912.0
微型	30.0			30.0	30.0		8.0
二、按登记注册类型分组							
内资企业	275681.1		6027.9	269653.2	247703.1	27978.0	4838.7
国有企业	49153.0		851.3	48301.7	36070.4	13082.6	1833.6
集体企业	163.6			163.6	52.9	110.7	
股份合作企业	108.7			108.7	91.5	17.2	
有限责任公司	151499.9		1763.9	149736.0	144560.2	6939.7	1712.6
国有独资公司	37680.5		963.9	36716.6	37031.6	648.9	317.2
其他有限责任公司	113819.4		800.0	113019.4	107528.6	6290.8	1395.4
股份有限公司	32936.2		2348.7	30587.5	29283.6	3652.6	261.4
私营企业	41666.7		1064.0	40602.7	37573.5	4093.2	1031.1
私营独资企业	2010.5			2010.5	1820.5	190.0	
私营合伙企业	806.6			806.6	732.1	74.5	
私营有限责任公司	28496.9		777.5	27719.4	25297.9	3199.0	637.8
私营股份有限公司	10352.7		286.5	10066.2	9723.0	629.7	393.3
其他企业	153.0			153.0	71.0	82.0	
港、澳、台商投资企业	25624.6		35.6	25589.0	23591.5	2033.1	13330.6
合资经营企业（港或澳、台资）	3480.8			3480.8	3459.4	21.4	
港、澳、台商独资经营企业	22143.8		35.6	22108.2	20132.1	2011.7	13330.6
外商投资企业	23573.7	654.4	1742.8	21176.5	20019.1	3554.6	1798.4
中外合资经营企业	2156.2			2156.2	2132.0	24.2	200.0
外资企业	21417.5	654.4	1742.8	19020.3	17887.1	3530.4	1598.4

12—12 续表　　　　(2011年)　　　　计量单位：万元

行业名称	R&D经费内部支出合计	一、按活动类型分组			二、按支出用途分组		R&D经费外部支出
		1. 基础研究	2. 应用研究	3. 试验发展	1. 经常费支出	2. 资产性支出	
三、按新国民经济行业大类分组							
采矿业	7085.8			7085.8	6479.4	606.4	
煤炭开采和洗选业	7085.8			7085.8	6479.4	606.4	
制造业	317793.6	654.4	7806.3	309332.9	284834.3	32959.3	19967.7
农副食品加工业	979.0			979.0	846.0	133.0	22.5
食品制造业	10439.9		144.8	10295.1	10055.3	384.6	265.8
酒、饮料和精制茶制造业	228.0			228.0	214.0	14.0	17.0
纺织业	12808.2			12808.2	12805.2	3.0	5.0
纺织服装、服饰业	6079.4			6079.4	5586.0	493.4	11.4
皮革、毛皮、羽毛及其制品和制鞋业	1671.6			1671.6	1653.4	18.2	5.0
造纸和纸制品业	131.0			131.0	100.0	31.0	
印刷和记录媒介复制业	2048.7			2048.7	1759.2	289.5	165.8
石油加工、炼焦和核燃料加工业	1587.9			1587.9	1364.3	223.6	128.4
化学原料和化学制品制造业	30826.1		727.3	30098.8	27242.5	3583.6	539.2
医药制造业	79157.4	654.4	3541.1	74961.9	62871.2	16286.2	16751.4
化学纤维制造业	2974.9			2974.9	2280.7	694.2	4.2
橡胶和塑料制品业	3232.7			3232.7	3066.7	166.0	47.0
非金属矿物制品业	4026.2			4026.2	2580.7	1445.5	87.1
黑色金属冶炼和压延加工业	96928.9		2254.1	94674.8	94644.5	2284.4	769.1
金属制品业	10382.6			10382.6	7689.4	2693.2	131.7
通用设备制造业	12945.2		38.1	12907.1	12380.9	564.3	331.8
专用设备制造业	13414.0		101.4	13312.6	12909.5	504.5	147.9
汽车制造业	5540.6			5540.6	5032.6	508.0	8.0
铁路、船舶、航空航天和其他运输设备制造业	3305.5			3305.5	3242.8	62.7	62.0
电气机械和器材制造业	7014.8			7014.8	6121.8	893.0	413.3
计算机、通信和其他电子设备制造业	9728.3		999.5	8728.8	8257.2	1471.1	10.0
仪器仪表制造业	1787.7			1787.7	1737.3	50.4	44.1
金属制品、机械和设备修理业	555.0			555.0	393.1	161.9	

规模以上工业企业办科技机构情况

12—13　　(2011 年)

指标名称	机构数（个）	机构人员合计（人）	机构经费支出（万元）	机构内仪器和设备原价（万元）
总　　计	**171**	**12461**	**181195.7**	**137822.5**
一、按企业规模分组				
大型	39	7611	130709.2	101679.6
中型	62	2737	33687.5	22110.8
小型	70	2113	16799.0	14032.1
微型				
二、按登记注册类型分组				
内资企业	155	10488	139805.7	115081.0
国有企业	18	1953	34769.5	24166.2
集体企业	2	63	1785.0	1109.6
股份合作企业	1	12	10.0	20.0
有限责任公司	49	4405	48790.7	39508.4
国有独资公司	9	1249	15718.9	14446.8
其他有限责任公司	40	3156	33071.8	25061.6
股份有限公司	25	1933	29327.8	37662.3
私营企业	60	2122	25122.7	12614.5
私营独资企业	3	50	530.5	115.3
私营合伙企业	2	36	736.3	78.5
私营有限责任公司	45	1240	13909.5	9993.2
私营股份有限公司	10	796	9946.4	2427.5
港、澳、台商投资企业	5	1267	28201.1	11339.8
合资经营企业（港或澳、台资）	3	153	8095.5	3074.2
港、澳、台商独资经营企业	2	1114	20105.6	8265.6
外商投资企业	11	706	13188.9	11401.7
中外合资经营企业	6	83	823.7	154.7
外资企业	5	623	12365.2	11247.0

12—13 续表　　　　（2011 年）

指标名称	机构数（个）	机构人员合计（人）	机构经费支出（万元）	机构内仪器和设备原价（万元）
三、按新国民经济行业大类分组				
采矿业	1	80	7902.8	392.9
煤炭开采和洗选业	1	80	7902.8	392.9
制造业	170	12381	173292.9	137429.6
农副食品加工业	8	94	2200.4	1562.6
食品制造业	6	199	2433.2	3352.1
酒、饮料和精制茶制造业	1	6	210.0	14.0
纺织业	3	685	12254.4	26335.5
纺织服装、服饰业	1	634	7012.1	8175.8
皮革、毛皮、羽毛及其制品和制鞋业	1	85	1671.6	466.9
造纸和纸制品业	1	5	210.0	210.0
印刷和记录媒介复制业	4	336	4280.2	1297.9
石油加工、炼焦和核燃料加工业	2	36	2100.0	
化学原料和化学制品制造业	28	1691	22608.0	16767.5
医药制造业	27	3097	49054.9	35040.1
化学纤维制造业	1	78	4257.1	1208.5
橡胶和塑料制品业	4	105	866.7	219.2
非金属矿物制品业	9	247	3550.9	2158.6
黑色金属冶炼和压延加工业	3	1161	19685.8	8742.7
金属制品业	10	705	9217.0	3516.6
通用设备制造业	17	916	7198.2	2313.1
专用设备制造业	16	791	7144.2	6049.4
汽车制造业	2	85	4969.6	646.9
铁路、船舶、航空航天和其他运输设备制造业	5	303	2265.1	4915.4
电气机械和器材制造业	7	297	4917.3	1496.7
计算机、通信和其他电子设备制造业	8	519	3484.0	11724.3
仪器仪表制造业	4	186	1105.2	742.4
金属制品、机械和设备修理业	2	120	597.0	473.4

规模以上工业企业 R&D 项目和新产品项目情况

12—14　　　　　　　　　　　　（2011 年）

行业名称	R&D 项目数（项）	全部 R&D 经费内部支出（万元）	新产品开发项目数（项）	新产品开发经费支出（万元）
总　　计	**2038**	**281914.3**	**2013**	**330725.2**
一、按企业规模分组				
大型	1279	209137.3	1241	243846.6
中型	404	46947.7	411	54484.7
小型	354	25799.3	360	32363.9
微型	1	30.0	1	30.0
二、按登记注册类型分组				
内资企业	1548	245883.4	1587	284830.8
国有企业	390	42085.3	313	34750.4
集体企业	5	53.9	3	123.9
股份合作企业	3	91.5	3	108.7
有限责任公司	590	141725.3	734	177549.1
国有独资公司	77	35612.9	82	36527.1
其他有限责任公司	513	106112.4	652	141022.0
股份有限公司	218	30810.3	214	34740.1
私营企业	341	31041.1	319	37405.6
私营独资企业	8	666.8	8	1797.6
私营合伙企业	19	734.5	10	310.3
私营有限责任公司	210	23324.4	206	25476.1
私营股份有限公司	104	6315.4	95	9821.6
其他企业	1	76.0	1	153.0
港、澳、台商投资企业	266	20285.2	258	25695.9
合资经营企业（港或澳、台资）	4	2102.7	5	4543.9
港、澳、台商独资经营企业	262	18182.5	253	21152.0
外商投资企业	224	15745.7	168	20198.5
中外合资经营企业	29	2015.7	30	2916.3
外资企业	195	13730.0	138	17282.2

12—14 续表　　　　(2011 年)

行业名称	R&D 项目数（项）	全部 R&D 经费内部支出（万元）	新产品开发项目数（项）	新产品开发经费支出（万元）
三、按新国民经济行业大类分组				
采矿业	26	5415. 5		
煤炭开采和洗选业	26	5415. 5		
制造业	2012	276498. 8	2011	329819. 4
农副食品加工业	10	869. 0	11	1209. 5
食品制造业	60	7332. 2	52	9245. 6
酒、饮料和精制茶制造业	4	228. 0	4	228. 0
纺织业	54	12647. 2	56	13369. 0
纺织服装、服饰业	100	5793. 4	92	5181. 7
皮革、毛皮、羽毛及其制品和制鞋业	7	1671. 6	7	1671. 6
造纸和纸制品业	1	100. 0	1	131. 0
印刷和记录媒介复制业	22	1852. 7	19	1555. 0
石油加工、炼焦和核燃料加工业	14	1345. 8	23	2153. 2
化学原料和化学制品制造业	160	27001. 6	156	20384. 5
医药制造业	694	58607. 3	591	66092. 8
化学纤维制造业	4	2943. 9	6	4909. 0
橡胶和塑料制品业	13	1709. 8	15	3753. 0
非金属矿物制品业	36	2026. 6	38	4238. 4
黑色金属冶炼和压延加工业	282	95337. 6	397	132373. 5
金属制品业	113	10234. 0	123	9988. 0
通用设备制造业	125	9488. 1	115	14702. 6
专用设备制造业	105	12456. 2	92	10051. 9
汽车制造业	16	4689. 3	25	6977. 6
铁路、船舶、航空航天和其他运输设备制造业	18	2937. 0	13	3061. 1
电气机械和器材制造业	71	6413. 7	60	5742. 5
计算机、通信和其他电子设备制造业	55	8721. 1	56	9774. 0
仪器仪表制造业	21	1538. 8	32	2470. 9
金属制品、机械和设备修理业	27	553. 9	27	555. 0
电力、燃气及水生产和供应业			2	905. 8
电力、热力生产和供应业			2	905. 8

规模以上工业企业科技活动产出情况

12—15　　　　(2011年)

指标名称	自主知识产权情况		新产品生产和销售情况	
	专利申请数（项）	发明专利申请数（项）	新产品产值（万元）	新产品销售收入（万元）
总　　计	**939**	**448**	**3402781.4**	**3266043.6**
一、按企业规模分组				
大型	387	216	2529621.2	2434953.6
中型	315	114	631859.6	601673.7
小型	237	118	241300.6	229416.3
微型				
二、按登记注册类型分组				
内资企业	823	345	2911461.5	2782240.2
国有企业	159	62	593120.5	611904.4
集体企业	5	5	13000.8	13000.8
股份合作企业	5	2	50	56
有限责任公司	277	106	1483736.1	1374987.8
国有独资公司	65	11	268481.7	266225
其他有限责任公司	212	95	1215254.4	1108762.8
股份有限公司	142	54	421558.7	423360.3
私营企业	235	116	399995.4	358930.9
私营独资企业	8	8	2372.3	2373.9
私营合伙企业	3	1	3203	3048.7
私营有限责任公司	158	56	288240	275869.1
私营股份有限公司	66	51	106180.1	77639.2
港、澳、台商投资企业	77	70	184669.1	181362.9
合资经营企业（港或澳、台资）	8	1	115119.2	113139.9
港、澳、台商独资经营企业	69	69	69549.9	68223
外商投资企业	39	33	306650.8	302440.5
中外合资经营企业	14	9	33774	30419.9
中外合作经营企业	3	3		
外资企业	22	21	272876.8	272020.6

12—15 续表　　　　(2011 年)

指标名称	自主知识产权情况		新产品生产和销售情况	
	专利申请数（项）	发明专利申请数（项）	新产品产值（万元）	新产品销售收入（万元）
三、按新国民经济行业大类分组				
采矿业	2	2		
煤炭开采和洗选业	2	2		
制造业	910	441	3402781. 4	3266043. 6
农副食品加工业	7	6	21403. 3	21637. 9
食品制造业	9	9	97411. 9	93436. 1
纺织业	12	1	194363. 9	195522. 8
纺织服装、服饰业	70	14	78256. 7	78254. 1
皮革、毛皮、羽毛及其制品和制鞋业	12	3	24507. 6	29944. 5
造纸和纸制品业	1	1		
印刷和记录媒介复制业	6	4	157535. 7	151702. 9
石油加工、炼焦和核燃料加工业	12	10	8511	8511
化学原料和化学制品制造业	76	24	257899. 4	251760. 8
医药制造业	197	189	560621. 6	529516. 5
化学纤维制造业	2	2	59094	59094
橡胶和塑料制品业	25	6	40436. 8	39609. 1
非金属矿物制品业	2	1	41995. 6	35526. 1
黑色金属冶炼和压延加工业	10	3	1109609. 6	1020377
金属制品业	49	12	82984. 4	82261. 5
通用设备制造业	106	30	197949. 8	199752. 2
专用设备制造业	139	57	125926. 8	111405. 4
汽车制造业	29	17	182026. 4	181027. 2
铁路、船舶、航空航天和其他运输设备制造业	48	13	53355. 8	51582. 3
电气机械和器材制造业	35	16	49598. 9	48501. 9
计算机、通信和其他电子设备制造业	32	12	27600. 4	26801. 2
仪器仪表制造业	31	11	31691. 8	24502. 3
金属制品、机械和设备修理业				25316. 8
电力、燃气及水生产和供应业	27	5		
电力、热力生产和供应业	27	5		

规模以上工业企业技术改造和技术获取情况

12—16　　　　(2011 年)　　　　计量单位：万元

指标名称	技术改造经费支出	技术引进经费支出	消化吸收经费支出	购买国内技术经费支出
总　　计	**188535.4**	**1940.4**	**5801.6**	**4427.7**
一、按企业规模分组				
大型	153308.6	1940.4	5029.6	2879.6
中型	25608.7		640.0	1228.1
小型	9618.1		132.0	320.0
微型				
二、按登记注册类型分组				
内资企业	176010.6	1488.4	3738.4	3745.4
国有企业	76485.3	1296.7	1361.4	1962.0
有限责任公司	53176.4	10.0	1842.0	1195.5
国有独资公司	23523.6			112.3
其他有限责任公司	29652.8	10.0	1842.0	1083.2
股份有限公司	27929.3	181.7	515.0	237.9
私营企业	18419.6		20.0	350.0
私营独资企业	9876.7			
私营合伙企业	277.3			
私营有限责任公司	7080.6		20.0	350.0
私营股份有限公司	1185.0			
港、澳、台商投资企业	1453.8	452.0	1887.0	682.3
合资经营企业（港或澳、台资）	54.9		1492.5	
港、澳、台商独资经营企业	1398.9	452.0	394.5	682.3
外商投资企业	11071.0		176.2	
中外合资经营企业	2247.2			
外资企业	8823.8		176.2	

12—16 续表　　(2011 年)　　计量单位：万元

行业名称	技术改造经费支出	技术引进经费支出	消化吸收经费支出	购买国内技术经费支出
三、按新国民经济行业大类分组				
采矿业	39156.0			
煤炭开采和洗选业	39156.0			
制造业	115079.8	1940.4	5801.6	4427.7
农副食品加工业	82.7			
食品制造业	2187.0	10.0	1200.0	
酒、饮料和精制茶制造业	327.2			
纺织业	16723.1			
纺织服装、服饰业	58.0	862.7	281.4	
皮革、毛皮、羽毛及其制品和制鞋业	1654.5			
家具制造业	4.1			
印刷和记录媒介复制业	14160.0			
化学原料和化学制品制造业	14840.5		75.0	800.0
医药制造业	20066.0	886.0	1762.7	2050.2
化学纤维制造业	1013.7			
橡胶和塑料制品业	4043.0			
非金属矿物制品业	2164.5			
黑色金属冶炼和压延加工业	24579.3	181.7	530.0	500.0
金属制品业	1980.0			573.0
通用设备制造业	3733.8		1952.5	
专用设备制造业	2506.8			30.2
汽车制造业	241.0			
铁路、船舶、航空航天和其他运输设备制造业	1490.0			112.3
电气机械和器材制造业	782.0			350.0
计算机、通信和其他电子设备制造业	1511.0			
金属制品、机械和设备修理业	931.6			12.0
电力、燃气及水生产和供应业	34299.6			
电力、热力生产和供应业	34299.6			

分县（市）区规模以上工业企业 R&D 活动基本情况

12—17

（2011 年）

行政单位	企业数（个）	# 有 R&D 活动单位数	# 有科技机构单位数	R&D 投入强度（%）
全市总计	**2379**	**190**	**151**	**0.45**
市　区	219	78	62	1.36
#长安区	20	7	7	2.08
桥东区	14	5	3	1.11
桥西区	9	3	4	2.49
新华区	25	10	8	2.38
矿　区	53	3	3	0.36
裕华区	20	9	7	1.39
高新区	75	40	29	2.26
井陉县	60	6	5	0.47
正定县	121	16	8	0.18
栾城县	143	12	11	0.86
行唐县	77	1	1	0.02
灵寿县	66	2	3	0.05
高邑县	56	3	2	0.09
深泽县	60	4	1	0.27
赞皇县	59	4	3	0.17
无极县	94	1	1	0.00
平山县	42	2	2	1.51
元氏县	72	1	1	0.38
赵　县	119	4	2	0.02
辛集市	269	4	4	0.07
藁城市	356	27	24	0.11
晋州市	202	2		0.03
新乐市	135	3	2	0.03
鹿泉市	229	20	19	0.37

分县（市）区规模以上工业企业 R&D 活动人员情况

12—18　　（2011 年）

行政单位	R&D 人员合计（人）	#1. 参加项目人员	2. 管理和服务人员	#女性	#研究人员	#1. 全时人员	2. 非全时人员
全市总计	**19364**	**16779**	**2585**	**6528**	**8002**	**12996**	**6368**
市　区	11672	10445	1227	4058	5622	7879	3793
#长安区	2587	2476	111	926	820	1709	878
桥东区	464	432	32	36	160	87	377
桥西区	230	167	63	99	175	206	24
新华区	1255	1140	115	440	654	512	743
矿　区	266	247	19	23	220	197	69
裕华区	702	666	36	163	286	489	213
高新区	4206	3494	712	1436	2019	3456	750
井陉县	1369	1154	215	568	228	666	703
正定县	492	396	96	137	283	338	154
栾城县	621	538	83	214	224	420	201
行唐县	11	10	1	4	3	9	2
灵寿县	89	43	46	20	81	47	42
高邑县	214	186	28	95	102	188	26
深泽县	343	284	59	62	107	162	181
赞皇县	56	43	13	13	42	32	24
无极县	9	4	5	2	9	3	6
平山县	641	499	142	258	42	350	291
元氏县	586	556	30	238	49	579	7
赵　县	101	101		16	11	25	76
辛集市	299	245	54	88	82	251	48
藁城市	1196	1022	174	363	336	852	344
晋州市	32	28	4	9	6	31	1
新乐市	26	21	5	12	15	22	4
鹿泉市	1607	1204	403	371	760	1142	465

分县（市）区规模以上工业企业 R&D 人员折合全时当量

12—19　　（2011 年）

行政单位	R&D 人员折合全时当量合计（人年）	#研究人员	#1. 基础研究人员	2. 应用研究人员	3. 试验发展人员
全市总计	**14571.3**	**6108.9**	**66**	**253.2**	**14260.1**
市　区	8792.7	4350.5		86.9	8707.4
#长安区	2048.5	709.9			2048.5
桥东区	453.9	152.6			453.9
桥西区	173.8	130.1			173.8
新华区	585.9	353.3		4.4	581.5
矿　区	163.6	146.3			163.6
裕华区	354.4	167.8			354.4
高新区	3216.1	1511.1		18.7	3199
井陉县	894.8	149.9			894.8
正定县	466.3	272.6			466.3
栾城县	512.9	198.6	66	115.5	337.8
行唐县	8.3	2.3			8.3
灵寿县	86.8	78.8			86.8
高邑县	150.7	73.2			150.7
深泽县	273.3	86.5			273.3
赞皇县	44.5	30.8			44.5
无极县	1.8	1.8			1.8
平山县	628.4	40.7			628.4
元氏县	514.1	43			514.1
赵　县	37.9	4.1		8	29.9
辛集市	224.1	52.4			224.1
藁城市	890.4	231.2		29.6	860.8
晋州市	22.3	4.7			22.3
新乐市	18.2	10			18.2
鹿泉市	1003.8	478		13.2	990.6

分县（市）区规模以上工业企业 R&D 经费内部支出来源情况

12—20 （2011 年） 计量单位：万元

行政单位	R&D 经费内部支出合计	#政府资金	#企业资金	#境外资金	#其他资金
全市总计	**324879.4**	**10324.4**	**312991.6**	**214.2**	**1349.2**
市　区	158814.2	7510.7	150099.9	102.8	1100.8
#长安区	41161.6	268.2	40893.4		
桥东区	1521.3	43.5	1477.8		
桥西区	2335.2	22.4	2312.8		
新华区	10979.9	135.2	10126.6		718.1
矿　区	9138		9138		
裕华区	8815.3	54.7	8439.3		321.3
高新区	59027.4	4553.2	54412.8		61.4
井陉县	8275.8	21.5	8254.3		
正定县	7670.2	182.3	7487.9		
栾城县	20043.7	656.3	19387.4		
行唐县	511.9	30	481.9		
灵寿县	682.4	13.8	668.6		
高邑县	816.7	93	723.7		
深泽县	3524.3	25	3499.3		
赞皇县	2571.5		2571.5		
无极县	12.1		12.1		
平山县	71524.4		71524.4		
元氏县	8488.7		8488.7		
赵　县	956.5	55	901.5		
辛集市	4490.8	8.7	4289.9	111.4	80.8
藁城市	12849	386.9	12453.2		8.9
晋州市	989.1		989.1		
新乐市	798.6	67.6	731		
鹿泉市	21859.5	1273.6	20427.2		158.7

分县（市）区规模以上工业企业 R&D 经费支出情况

12—21　　　　（2011 年）　　　　计量单位：万元

行政单位	R&D 经费内部支出合计	一、按活动类型分组			二、按支出用途分组		R&D 经费外部支出
		1. 基础研究	2. 应用研究	3. 试验发展	1. 经常费支出	2. 资产性支出	
全市总计	**324879.4**	**654.4**	**7806.3**	**316418.7**	**291313.7**	**33565.7**	**19967.7**
市　区	158814.2		1286.9	157527.3	136601.1	22213.1	17110.5
#长安区	41161.6			41161.6	40106.6	1055	280.2
桥东区	1521.3			1521.3	1450.9	70.4	26.2
桥西区	2335.2			2335.2	1828.8	506.4	42.2
新华区	10979.9		50.2	10929.7	10320.8	659.1	63
矿　区	9138			9138	8462.2	675.8	
裕华区	8815.3			8815.3	6636.6	2178.7	980
高新区	59027.4		423.5	58603.9	52159.8	6867.6	14603.7
井陉县	8275.8			8275.8	7597.1	678.7	41.6
正定县	7670.2			7670.2	6691.4	978.8	28.8
栾城县	20043.7	654.4	3135.5	16253.8	18590.2	1453.5	708.8
行唐县	511.9			511.9	511.9		10
灵寿县	682.4			682.4	682.4		
高邑县	816.7			816.7	808.7	8	29
深泽县	3524.3			3524.3	3317.6	206.7	46.5
赞皇县	2571.5			2571.5	1013.7	1557.8	20.6
无极县	12.1			12.1	12.1		10
平山县	71524.4			71524.4	69866.4	1658	675.5
元氏县	8488.7			8488.7	6401.4	2087.3	
赵　县	956.5		33.2	923.3	922	34.5	
辛集市	4490.8			4490.8	4464.2	26.6	110
藁城市	12849		2386.8	10462.2	11392.1	1456.9	261.1
晋州市	989.1			989.1	869.1	120	50
新乐市	798.6			798.6	617.7	180.9	445.5
鹿泉市	21859.5		963.9	20895.6	20954.6	904.9	419.8

分县（市）区规模以上工业企业办科技机构情况

12—22　　　　（2011年）

行政单位	机构数（个）	机构人员合计（人）	机构经费支出（万元）	机构内仪器和设备原价（万元）
全市总计	**171**	**12461**	**181195.7**	**137822.5**
市　区	67	6186	102700.5	89188.5
#长安区	7	1291	23671.3	39226.8
桥东区	3	68	195.5	24.5
桥西区	4	228	2357.9	1273.5
新华区	8	484	8193.1	8931.9
矿　区	3	228	8859.6	434.8
裕华区	8	424	5921.5	2437.7
高新区	33	3020	46105.6	25494.3
井陉县	5	741	7591.6	8591.2
正定县	9	291	5403.2	2459.1
栾城县	11	615	12305	9673.3
行唐县	1	10	20	220
灵寿县	3	98	6203.5	3006
高邑县	3	200	586.6	4.1
深泽县	1	150	564.9	120
赞皇县	3	65	2516.5	1600
无极县	1	4	12	
平山县	2	887	14747	2752.6
元氏县	1	300	3000	522.8
赵　县	2	28	1934.4	1319.6
辛集市	4	256	2902.4	1372.9
藁城市	29	1143	10489.6	10045.5
晋州市				
新乐市	3	24	359.8	61.5
鹿泉市	26	1463	9858.7	6885.4

分县（市）区规模以上工业企业R&D项目和新产品项目情况

12—23　　　　（2011年）

行政单位	R&D项目数（项）	全部R&D经费内部支出（万元）	新产品开发项目数（项）	新产品开发经费支出（万元）
全市总计	**2038**	**281914.3**	**2013**	**330725.2**
市　区	1196	135004.2	1125	140166.5
#长安区	130	39047.6	148	43187.5
桥东区	28	1116.3	30	1510.8
桥西区	42	1458.5	53	2711.6
新华区	81	10344.8	74	10824.6
矿　区	44	6978.8	17	806.2
裕华区	148	7170.7	148	8981.8
高新区	598	47650.5	564	53632.6
井陉县	131	7982.3	124	7723.7
正定县	64	6880.6	86	7822.6
栾城县	100	13464.8	37	13925.6
行唐县	1	501.9	1	511.9
灵寿县	2	556.2	2	682.4
高邑县	9	630.6	2	286.2
深泽县	12	3203	7	1686.9
赞皇县	10	854	8	2389.3
无极县	1	12		
平山县	245	71422.4	356	108523.3
元氏县	5	7970.4		
赵　县	7	870.5	5	1412.6
辛集市	12	4117.1	21	5809.5
藁城市	133	10950.7	124	17584.6
晋州市	6	985.1	5	673.1
新乐市	4	614.5	15	1408.7
鹿泉市	100	15894	95	20118.3

分县（市）区规模以上工业企业科技活动产出情况

12—24　　（2011年）

行政单位	自主知识产权情况			新产品生产和销售情况	
	专利申请数（项）	发明专利申请数（项）	有效发明专利数（件）	新产品产值（万元）	新产品销售收入（万元）
全市总计	**939**	**448**	**649**	**3402781.4**	**3266043.6**
市　区	537	265	479	1516664.8	1464209.8
#长安区	35	7	28	449540.2	452079.5
桥东区	1	1		10835.7	10731.7
桥西区	2	2	21	13823.1	13810.6
新华区	63	14	34	178882.8	169837.3
矿　区	5	2	2	26814.4	26814.4
裕华区	24	13	28	220317.1	215811.5
高新区	355	199	271	386393.5	347613.8
井陉县	70	14	5	83158.4	82278.8
正定县	28	16	4	31547.9	31185.6
栾城县	30	23	25	269790.1	273962.6
行唐县	1	1		1040	1900
灵寿县	4	1		5440	5401.6
高邑县	6	6	2	19491.2	16659.2
深泽县	12	1	7	56370.7	46357.9
赞皇县				6800	4500
无极县				1290.7	
平山县	4	1		919391.5	828487
元氏县			3		
赵　县	11	10	6	13837.7	13637.7
辛集市	34	4	3	57734.5	52022.4
藁城市	112	47	65	245339.9	242037.3
晋州市	1	1	2	12259.5	10480.5
新乐市	21	12	6	7881.7	7175.4
鹿泉市	68	46	42	154742.8	185747.8

分县（市）区规模以上工业企业技术改造和技术获取情况

12—25　　　　（2011年）　　　　计量单位：万元

行政单位	技术改造经费支出	技术引进经费支出	消化吸收经费支出	购买国内技术经费支出
全市总计	**188535.4**	**1940.4**	**5801.6**	**4427.7**
市　区	132394	886	3079	2274.8
#长安区	38750.2			
桥东区	2242			20
桥西区	750		112	
新华区	1911			112.3
裕华区	39670			
矿　区	27581			
高新区	4667.4	452	2067	1142.5
井陉县	716	862.7	281.4	
正定县	5899		55	
栾城县	2921.8		176.2	
行唐县				
灵寿县	2500			
高邑县	3228.4			
深泽县	714.3			
赞皇县	160		20	
无极县	4104.6			
平山县	16704.2		530	500
元氏县				
赵　县	40			
辛集市	9132			
藁城市	3834.4	181.7		790.9
晋州市	50			
新乐市	1527.7			800
鹿泉市	4609	10	1660	62

分县（市）区财政科技经费支出情况

12—26　　　　（2011 年）　　　　计量单位：万元、%

行政单位	科技经费支出	科技经费支出占财政支出比重
全市总计	**63205**	**1.57**
市区合计	40167	1.99
#长安区	1459	1.75
桥东区	1269	1.30
桥西区	1450	1.22
新华区	1460	1.49
裕华区	1000	1.13
矿　区	867	1.86
高新区	7163	9.53
井陉县	1231	1.24
正定县	1422	1.12
栾城县	3027	3.17
行唐县	990	0.97
灵寿县	599	0.62
高邑县	712	1.17
深泽县	770	1.12
赞皇县	325	0.42
无极县	958	0.96
平山县	2733	1.45
元氏县	922	0.88
赵　县	559	0.45
辛集市	1188	0.74
藁城市	2422	1.08
晋州市	1388	1.13
新乐市	1558	1.49
鹿泉市	2234	1.42

全市高新技术产业主要经济指标

12—27　　　　（2011 年）　　　　计量单位：万元

指标名称	单位数（个）	总产值	高新技术产品产值	增加值	主营业务收入
总　计	**854**	**13141053.1**	**4356206.5**	**2945637.6**	**13499103.8**
一、按单位来源分组					
规模以上工业企业	340	11166253.6	3547653.1	2711635.2	11951568.4
大中型	79	6195097.9	3094934.1	1510058.1	7140828
大型企业	23	4507487.6	2326505.9	1079685.1	5488009.2
中型企业	56	1687610.3	768428.2	430373	1652818.8
小型企业	258	4956426.9	452719	1198062.2	4796242.3
规模以下工业企业	369	345247.4	70120.2	84648.9	329943
软件开发单位	95	174311	57148.5	12264.3	172178.9
省科委认定的高新技术企业	50	1455241.1	681284.7	137089.2	1045413.5
二、按登记注册类型分组					
内资企业	814	10842633.4	3259702.9	2412287.8	10940441.6
国有企业	28	1979369.1	940722.5	386804	2753554.5
集体企业	12	82083.1	13335.2	18217.8	70351.6
股份合作企业	4	2360.1		296.3	2084.8
有限责任公司	152	3332726.1	1145885.7	660163.8	2872420.4
国有独资公司	8	496735.8	339077.2	120124.6	474814.8
其他有限责任公司	144	2835990.3	806808.5	540039.2	2397605.6
股份有限公司	42	991379.8	434767.4	243754.9	953892
私营企业	552	4396502.9	723378.4	1090260.9	4230982.3
私营独资企业	155	872980.1	50430.3	218724.7	849206.4
私营合伙企业	40	290659	12185.7	61596.3	286028
私营有限责任公司	321	2611442.5	425879	617171.1	2560183.8
私营股份有限公司	36	621421.3	234883.4	192768.8	535564.1
其他企业	23	35322.6	1613.7	8258	35886.3
港、澳、台商投资企业	14	1502066.9	814921	306461	1688800.3
合资经营企业（港或澳、台资）	11	286507.1	119421.2	65589.1	269946
港、澳、台商独资经营企业	3	1215559.8	695499.8	240871.9	1418854.3
外商投资企业	26	796352.8	281582.6	226888.8	869861.9
中外合资经营企业	17	228314.8	89310.2	49117.7	219099.6
外资企业	9	568038	192272.4	177771.1	650762.3

注：本表按登记注册类型分组指标不包括规模以上工业高新技术产业目录外企业数据。

12—27 续表　　(2011 年)　　计量单位：万元

指标名称	高新技术产品销售收入	利润总额	从业人员年平均人数（人）	从事科技活动人员（人）	科技活动经费内部支出
总　计	**4357895.0**	**1042900.9**	**189036**	**27729**	**273274.5**
一、按单位来源分组					
规模以上工业企业	3537237.4	979254.1	158447	19931	209775.5
大中型	3106970.8	502497.9	118778	16953	177164.3
大型企业	2363976.7	374795.6	83550	10277	123996.7
中型企业	742994.1	127702.2	35228	6676	53167.6
小型企业	430266.6	475389.9	39618	2964	32581.2
规模以下工业企业	65823.0	16333.3	12864	1139	8725.8
软件开发单位	57148.5	4730.3	5140	2623	11968.1
省科委认定的高新技术企业	697686.1	42583.2	12585	4036	42805.1
二、按登记注册类型分组					
内资企业	3219076.7	781453.0	153856	24639	219048.5
国有企业	955222.7	56560.4	36676	6681	58194
集体企业	13335.2	4924.5	777	32	39
股份合作企业	0.0	55.9	203	73	37.6
有限责任公司	1162910.5	199743.0	46051	8666	79869.3
国有独资公司	336228.1	11289.4	9707	1927	14381.8
其他有限责任公司	826682.4	188453.6	36344	6739	65487.5
股份有限公司	423596.4	80743.6	14821	2771	27131
私营企业	662463.4	435593.9	54071	6355	53344.6
私营独资企业	36942.0	90198.0	9574	247	4856.1
私营合伙企业	12024.7	32992.6	3495	119	823.2
私营有限责任公司	411670.0	244224.6	33418	4540	33585.6
私营股份有限公司	201826.7	68178.7	7584	1449	14079.7
其他企业	1548.5	2942.7	1198	61	433
港、澳、台商投资企业	799678.6	102860.7	25175	1735	26923.4
合资经营企业（港或澳、台资）	117448.6	25270.5	3584	267	4839.4
港、澳、台商独资经营企业	682230.0	77590.2	21591	1468	22084
外商投资企业	339139.7	158587.2	10005	1355	27302.6
中外合资经营企业	86176.3	16900.7	2899	577	5256.3
外资企业	252963.4	141686.5	7106	778	22046.3

注：本表按登记注册类型分组指标不包括规模以上工业高新技术产业目录外企业数据。

文化、广播、电视事业基本情况

12—28　　　　（2011年）

指标名称	计量单位	全市	指标名称	计量单位	全市
一、艺术表演团体	个	18	总流通人次	人次	2868615
艺术表演团体人数	人	895	# 书刊文献外借人次	人次	1255499
本团原创首演剧目	台	6	书刊文献外借册次	册	1538171
演出场次	场	4446	为读者举办各种活动	次	565
# 农村演出场次	场	3766	参加人数	人次	80159
演出观众人次	千人次	4007	本年新购藏量	册、件、套	101188
# 农村观众人次	千人次	3426	公用房屋建筑面积	平方米	48874
二、艺术表演场馆	个	16	# 书库	平方米	10523
艺术表演场馆人数	人	194	阅览室	平方米	13027
座席数	个	10029	# 书刊阅览室	平方米	9310
演（映）出场次合计	场	2246	电子阅览室	平方米	2202
# 艺术演出场次	场	142	阅览室座席数	个	4627
观众人次合计	千人次	130	# 少儿阅览室座席数	个	1051
# 艺术演出观众人次	千人次	47	四、群众艺术馆、文化馆	个	24
三、公共图书馆	个	25	群众艺术馆、文化馆人数	人	325
公共图书馆人数	人	245	举办展览个数	个	213
# 高级职称	人	27	组织文艺活动次数	次	982
中级职称	人	74	藏书	册	5530
藏书量	册、件、套	3061073	举办训练班班次	次	383
# 图书	册、件、套	2528655	组织各类理论研讨活动次数	次	118
# 古籍	册、件、套	177088	五、文化站	个	275
善本	册、件、套	1698	从业人员	人	512
报刊	册、件、套	323191	举办展览个数	个	577
视听文献、缩微制品	册、件、套	5517	组织文艺活动次数	次	3066
当年购买的报刊种类	种	2486	藏书量	册	631731
书架单层总长度	米	68655	计算机	台	389
累计发放有效借书证数	个	144998	举办训练班班次	次	1391

12—28 续表　　　　(2011 年)

指标名称	计量单位	全市	指标名称	计量单位	全市
六、广播节目套数	套	12			
全年公共广播节目播出时间	小时	68200	2. 转省级台	小时	3027
（一）按节目类型分			3. 自制作	小时	22960
1. 新闻咨询	小时	9083	# 首播	小时	
2. 专题服务	小时	14671	4. 购买交换	小时	50437
3. 综艺益智	小时	25723	八、有线广播电视传输干线长度	公里	15534. 37
4. 广播剧	小时	2053	有线广播电视用户数	户	1035038
5. 广告	小时	7056	# 农村有线广播电视户数	户	204797
6. 其他	小时	9614	数字电视用户数	户	851544
（二）按节目来源分			九、广播综合覆盖率	%	99. 43
1. 转中央台	小时	2203	# 中央广播节目覆盖率	%	99. 07
2. 转省级台	小时	1227	省级广播节目覆盖率	%	99. 22
3. 转市级	小时	182	地市级台覆盖率	%	95. 6
3. 自制节目	小时	44964	县级台覆盖率	%	27. 68
4. 购买交换节目	小时	19624	无线广播综合覆盖率	%	99. 25
七、电视播出节目套数	套	22	# 中央广播覆盖率	%	98. 89
全年公共电视节目播出时间	小时	81050	电视综合覆盖率	%	99. 42
（一）按节目类型分			# 中央台电视节目覆盖率	%	99. 41
1. 新闻资讯	小时	9754	省级电视节目覆盖率	%	98. 02
2. 专题服务	小时	7800	地市级台覆盖率	%	93. 64
3. 综艺益智	小时	5785	县级台覆盖率	%	65. 58
4. 影视剧	小时	46139	无线电视综合覆盖率	%	97. 88
5. 广告	小时	10192	# 中央电视覆盖率	%	97. 39
6. 其他	小时	1380	省级电视覆盖率	%	97. 55
（二）按节目来源分			地市级台覆盖率	%	92. 6
1. 转中央台	小时	4626	县级台覆盖率	%	63. 14

十三、体育　卫生　民政

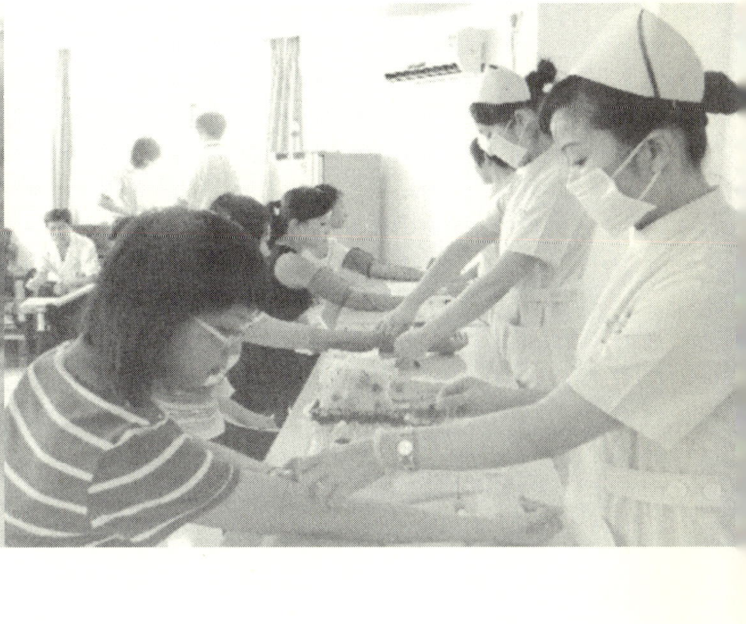

全市体育事业基本情况

13—1

指标名称	计量单位	2011 年	指标名称	计量单位	2011 年
等级裁判员	人	26			
# 男	人	26	健美操	人	45
女	人		武术	人	11
等级运动员	人	630	国际象棋	人	1
# 男	人	349	中国象棋	人	6
女	人	181	社会指导员	人	6900
# 田径	人	238	# 二级	人	6900
游泳	人	6	地市级群众现代体育项目活动		
举重	人	11	活动次数	次	95
拳击	人	1	活动人数	万人	18
柔道	人	1	# 现代体育项目活动		
跆拳道	人	11	活动次数	次	80
射击	人	3	活动人数	万人	15
足球	人	33	民间传统体育活动		
篮球	人	68	活动次数	次	15
排球	人	17	活动人数	万人	3
乒乓球	人	28	本年度体质受监测人数	人	1500
羽毛球	人	15	# 体质监测达标人数	人	1275

全市卫生机构、床位和人员情况

13—2　　(2011 年)　　计量单位：个、张、人

行业名称	机构数	床位数	机构人员	# 卫生技术人员
总　计	**6458**	**40811**	**69560**	**51117**
一、医院	174	30893	37669	31026
综合医院	107	22040	26644	22191
中医医院	30	3786	4609	3716
中西医结合医院	8	1352	1580	1324
专科医院	29	3715	4836	3795
二、疗养院	2	290	151	108
三、社区服务中心	208	1215	3552	3127
四、卫生院	221	6886	6352	5557
#乡卫生院	154	4138	3744	3340
五、村卫生室	4031		11306	2367
六、门诊部	33	118	683	541
#综合门诊部	11		361	295
中医门诊部	15	115	247	188
七、诊所、卫生所、医务室	1699		4724	4688
#诊所	1439		4004	3984
卫生所、医务室	260		720	704
八、急救中心	1		114	78
九、采供血机构	1		189	117
十、妇幼保健院（所、站）	25	809	1620	1292
十一、疾病预防控制中心	25		1572	1025
十二、专科疾病防治院（所、站）	1	600	742	618
十三、卫生监督所	26		725	518
十四、医学科学研究机构	1		44	
十五、其他卫生机构	10		117	55

注：自 2011 年起，村卫生室纳入医疗机构范围。

13—2 续表　　(2011 年)　　计量单位：个、张、人

行业名称	卫生技术人员中：			
	执业医师	注册护士	药师（士）	技师（士）
总　计	**19410**	**16876**	**2133**	**3135**
一、医院	11964	12568	1424	1970
综合医院	8706	9168	907	1380
中医医院	1564	1144	259	241
中西医结合医院	524	449	91	114
专科医院	1170	1807	167	235
二、疗养院	28	42	4	8
三、社区服务中心	1328	1031	167	156
四、卫生院	1450	800	276	420
#乡卫生院	833	479	163	252
五、村卫生室	991	141		
六、门诊部	222	164	36	31
#综合门诊部	126	108	25	21
中医门诊部	69	42	8	9
七、诊所、卫生所、医务室	2292	1314	111	58
#诊所	1889	1161	91	46
卫生所、医务室	403	153	20	12
八、急救中心	27	48		
九、采供血机构	24	38	7	43
十、妇幼保健院（所、站）	497	375	64	124
十一、疾病预防控制中心	437	17	19	300
十二、专科疾病防治院（所、站）	132	331	19	22
十三、卫生监督所				
十四、医学科学研究机构				
十五、其他卫生机构	18	7	6	3

分县（市）区卫生机构、床位和人员情况

13—3　　　　（2011年）　　　　计量单位：个、张、人

行政单位	机构数	床位数	机构人员	# 卫生技术人员
石家庄市	**6458**	**40811**	**69560**	**51117**
市　区	1462	20788	34842	28685
长安区	224	4664	6699	5663
桥东区	242	2826	4800	4047
桥西区	288	4091	5826	4863
新华区	350	4730	9057	7369
裕华区	297	3852	7664	6132
矿　区	61	625	796	611
井陉县	320	1052	1505	836
正定县	471	1612	2954	2322
栾城县	240	1824	1605	1051
行唐县	311	1047	2075	1282
灵寿县	217	800	1694	1152
高邑县	123	478	626	378
深泽县	153	616	1257	820
赞皇县	241	659	936	659
无极县	244	785	1497	770
平山县	669	1311	2674	1606
元氏县	259	1148	2333	1370
赵　县	314	1734	2415	1781
辛集市	449	1657	3562	2254
藁城市	259	1592	3176	1724
晋州市	249	914	2031	1170
新乐市	198	1553	2059	1571
鹿泉市	279	1241	2319	1686

13—3 续表　　　　(2011 年)　　　　计量单位：个、张、人

行政单位	卫生技术人员：			
	执业医师	注册护士	药师（士）	技师（士）
石家庄市	**19410**	**16876**	**2133**	**3135**
市　区	11718	11150	1183	1751
长安区	2647	1969	251	366
桥东区	1596	1451	160	288
桥西区	2052	1945	233	237
新华区	2899	3130	295	414
裕华区	2284	2433	204	403
矿　区	240	222	40	43
井 陉 县	306	225	43	33
正 定 县	964	474	89	113
栾 城 县	343	281	41	42
行 唐 县	415	362	61	43
灵 寿 县	312	306	46	78
高 邑 县	133	102	11	21
深 泽 县	287	196	44	62
赞 皇 县	208	191	21	43
无 极 县	229	153	41	56
平 山 县	525	398	66	101
元 氏 县	401	400	45	102
赵　县	588	331	75	154
辛 集 市	892	605	126	133
藁 城 市	541	522	47	115
晋 州 市	429	308	58	61
新 乐 市	491	480	67	132
鹿 泉 市	628	392	69	95

优抚对象情况

13—4　　(2011年)　　计量单位：人

行政单位	抚恤、补助优抚对象总人数	#在院集中供养人数	定期抚恤人数	#烈属	定期补助人数	伤残人员
石家庄市	**39452**	**444**	**5758**	**4085**	**23662**	**10032**
市区	3814		190	85	1439	2185
#长安区	1035		29	15	614	392
桥东区	595		20	12	110	465
桥西区	721		28	15	165	528
新华区	814		54	16	246	514
裕华区	318		23	4	111	184
矿区	129		17	11	49	63
高新区	202		19	12	144	39
井陉县	2736	30	458	403	1713	565
正定县	1779	15	239	136	1142	398
栾城县	948	15	134	83	609	205
行唐县	1944	26	280	214	1166	498
灵寿县	1676	24	268	199	1077	331
高邑县	2040	26	449	252	1196	395
深泽县	1766	32	249	194	1155	362
赞皇县	1415	28	276	249	708	431
无极县	2995	23	440	356	1918	637
平山县	2658	37	481	401	1565	612
元氏县	2167	25	309	228	1421	437
赵县	1668	24	242	151	1024	402
辛集市	2485	24	302	215	1492	691
藁城市	2646	24	579	307	1445	622
晋州市	2152	24	158	88	1567	427
新乐市	2755	24	468	340	1764	523
鹿泉市	1808	43	236	184	1261	311

婚姻登记情况

13—5　　　　（2011 年）　　　　计量单位：对、人

行政单位	登记结婚件数	登记结婚人数				离婚登记
			初婚人数	再婚人数	# 女性	
石家庄市	**123167**	**246334**	**230754**	**15580**	**8346**	**15922**
市　区	35467	70934	68848	2086	971	6171
#长安区	5938	11876	10116	1760	799	1121
桥东区	6107	12214	12214			971
桥西区	8434	16868	16868			1332
新华区	6327	12654	12654			1404
裕华区	5252	10504	10504			1009
矿　区	915	1830	1609	221	119	120
高新区	2494	4988	4883	105	53	214
井陉县	2963	5926	5232	694	386	470
正定县	6747	13494	12066	1428	769	637
栾城县	4177	8354	7704	650	354	367
行唐县	4341	8682	8682			396
灵寿县	3033	6066	6059	7	7	181
高邑县	2344	4688	4688			101
深泽县	2721	5442	4839	603	321	221
赞皇县	2400	4800	4786	14	7	257
无极县	5849	11698	8771	2927	1552	571
平山县	4810	9620	8463	1157	613	656
元氏县	5779	11558	11216	342	171	290
赵　县	6587	13174	11873	1301	726	638
辛集市	6453	12906	11306	1600	900	893
藁城市	11199	22398	22398			2292
晋州市	6642	13284	11679	1605	888	746
新乐市	6367	12734	12527	207	200	519
鹿泉市	5288	10576	9617	959	481	516

城镇低保情况

13—6　　(2011年)　　计量单位：人、户

行政单位	城市居民最低生活保障人数	城市居民最低生活保障人中：					城市居民最低生活保障家庭数
		女性	残疾人	“三无”人员	老年人	登记失业人员	
石家庄市	**55759**	**22381**	**5161**	**1187**	**7059**	**5875**	**27351**
市　区	23364	10039	3485	444	3471	1559	11521
#长安区	4430	2059	1254	211	700	309	2600
桥东区	3862	1748	569	28	475	292	1995
桥西区	3869	1922	507	38	364	177	1786
新华区	5246	1861	442	26	807	434	2593
裕华区	2556	1115	354	50	272	259	1226
矿　区	2667	1009	222	15	668	86	1020
高新区	734	325	137	76	185	2	301
井陉县	1450	444	44	1	8	406	652
正定县	1036	257	41	48	86	225	511
栾城县	1139	560	83	10	197	88	507
行唐县	1645	330	260	1	458	79	631
灵寿县	2144	524	70	8	620	494	790
高邑县	2749	1209	121	83	142	625	1478
深泽县	1701	407	38	1	5	52	845
赞皇县	2739	1181	56	283	239	232	1441
无极县	1834	934	54	2	310	10	908
平山县	2148	687	257	26	210	1180	1111
元氏县	1959	831	46	27	216	7	1088
赵　县	4429	1747	161	11	4	39	2001
辛集市	1923	467	116	177	314	652	1202
藁城市	989	493	83	18	82	20	416
晋州市	1931	889	39	8	244	19	1132
新乐市	1781	1002	141	20	77	104	745
鹿泉市	798	380	66	19	376	84	372

农村低保、救济情况

13—7　　　　(2011 年)　　　　计量单位：个、人、张

行政单位	农村居民最低生活保障人数	#女　性	老年人	未成年人	残疾人	农村居民最低生活保障家庭数
石家庄市	**152333**	**30396**	**68333**	**12225**	**12980**	**92327**
井 陉 县	10104	2676	4976	1562	1203	5402
正 定 县	7696	3029	1886	1284	1316	3400
栾 城 县	7737	812	892	39	204	3189
行 唐 县	9343	1055	3673	953	265	5144
灵 寿 县	7445	794	4693	1371	149	4280
高 邑 县	5024	517	4682	97	145	3080
深 泽 县	4552	972	2647	110	926	2474
赞 皇 县	7981	1187	6173	165	330	5754
无 极 县	8300	1140	454	23	236	5479
平 山 县	10508	1381	1300	1448	914	5784
元 氏 县	9157	920	2	1	185	6982
赵　　县	13813	2662	11285	601	1879	11082
辛 集 市	11365	1661	7169	1730	663	9320
藁 城 市	12644	5835	3299	2047	3789	5151
晋 州 市	11057	2990	6569	37	245	8876
新 乐 市	9582	1787	7048	411	233	4726
鹿 泉 市	5532	752	1504	310	263	2011

农村五保、医疗救助情况

13—8 (2011年) 计量单位：人

行政单位	农村分散五保供养人数	#女性	老年人	未成年人	残疾人	城市民政部门救助人数
石家庄市	**8521**	**894**	**7351**	**336**	**1455**	**5124**
井陉县	306	46	262	18	46	605
正定县	311	23	253	10	51	60
栾城县	256	13	238	11	51	54
行唐县	818	49	475	23	362	77
灵寿县	1042	61	1024	18	32	71
高邑县	296	39	292	3	6	300
深泽县	422	22	409	2	18	148
赞皇县	574	31	569	5	15	306
无极县	619	33	597	22	28	150
平山县	1036	95	1030	6	105	35
元氏县	315	69	147	19	303	99
赵县	342	49	231	58	57	461
辛集市	520	153	469	46	52	189
藁城市	520	47	323	71	203	109
晋州市	488	74	450	10	48	22
新乐市	342	64	338	4	7	98
鹿泉市	282	21	217	7	69	628

附录　1995—2011年
分县(市)区主要经济指标

1996—2011年分县（市）区生产总值（一）

计量单位：万元、%

行政单位	1996年	增长速度	1997年	增长速度	1998年	增长速度
全 市	**6429851**	**14.8**	**7600562**	**14.9**	**8174848**	**12.8**
市 区	2521454	12.8	2997157	13.9	3275923	13.1
#长安区	44408		53988		60038	
桥东区	50940		59731		51329	
桥西区	44033		52451		59673	
新华区	68273		78289		85956	
裕华区	599299		727786		807986	
矿 区	35302		42615		47282	
井陉县	144462	17.8	201451	23.8	227504	16.4
正定县	437989	24.9	557005	19.6	612692	14.5
栾城县	265496	29.7	338556	20.9	378361	15.2
行唐县	138384	28.4	168599	21.5	183101	15.2
灵寿县	106942	27.8	142761	19.6	159174	16.4
高邑县	95770	22.0	119380	17.4	133212	16.4
深泽县	87023	18.1	105199	15.1	117933	15.5
赞皇县	79647	10.9	88140	3.5	100071	12.6
无极县	243655	15.9	282096	13.1	309906	14.1
平山县	164802	5.0	228560	34.7	259975	15.9
元氏县	201086	19.5	228753	12.8	254499	17.5
赵 县	281773	23.8	331254	15.1	366343	14.5
辛集市	551901	15.0	578233	12.3	614570	12.4
藁城市	583911	23.5	716142	17.2	785520	14.5
晋州市	369743	19.9	426993	17.1	465353	14.1
新乐市	354891	14.9	415478	16.7	454835	14.4
鹿泉市	391089	16.6	474686	16.0	517619	12.6
17县（市）合计	4498564		5403286		5940668	
23县（市）区合计	5340819		6418146		7052932	

注：1. 根据2006年第二次全国农业普查数据和2008年第二次全国经济普查数据，各县（市）对1996－2007年数据进行了修订，市内5区对2001－2007年数据进行了修订。2. 2001年市内5区及正定、栾城区划变动，撤销郊区，成立裕华区。2000年及以前年度裕华区、正定、栾城为原区划数据。3. 1996－2004年市内各区地区生产总值核算范围为区属及以下单位。

1996—2011年分县（市）区生产总值（二）

计量单位：万元、%

行政单位	1999年	增长速度	2000年	增长速度	2001年	增长速度
全　　市	**8720547**	**9.8**	**9625186**	**9.8**	**10555803**	**8.5**
市　　区	360017	11.5	4177309	11.2	4628203	11.1
#长安区	66666		75288		202601	8.9
桥东区	56728		61582		144551	8.1
桥西区	63914		69968		138756	8.1
新华区	94743		105603		235597	9.0
裕华区	872857		1000268		267596	8.8
矿　区	51669		56949		61334	8.3
井陉县	244042	10.5	270086	10.6	281278	5.2
正定县	654957	10.6	705866	6.9	485191	1.8
栾城县	417762	13.2	469331	12.3	384892	9.4
行唐县	199672	11.8	228367	12.6	239334	9.3
灵寿县	168444	7.0	179403	7.5	187687	5.7
高邑县	145694	12.4	159668	12.9	165086	5.5
深泽县	129073	12.8	142214	10.2	154854	8.4
赞皇县	105056	7.3	116432	7.9	125753	8.9
无极县	325730	7.9	320512	2.8	343973	9.1
平山县	285302	11.1	299063	5.1	324227	7.9
元氏县	279439	14.2	303214	10.0	324941	7.7
赵　县	377243	5.1	375514	5.7	374750	0.5
辛集市	645090	9.8	671180	-6.8	713038	6.6
藁城市	851286	10.8	803411	-8.1	853030	7.9
晋州市	501191	10.5	518297	4.5	529080	2.7
新乐市	489673	10.8	506341	1.7	461039	-8.5
鹿泉市	547002	9.6	602377	7.5	639883	7.0
17县（市）合计	6366656		6671276		6588036	
23县（市）区合计	7573233		8040934		7638471	

1996—2011年分县（市）区生产总值（三）

计量单位：万元、%

行政单位	2002年	增长速度	2003年	增长速度	2004年	增长速度
全　市	**11646487**	**9.2**	**13245121**	**11.1**	**15111521**	**13.3**
市　区	5101126	11.6	5917839	14.3	6920174	16.2
#长安区	223879	10.8	268048	15.6	333431	16.4
桥东区	159799	10.8	178134	8.8	394046	16.2
桥西区	152926	10.5	178476	13.8	218356	16.1
新华区	256906	9.2	301402	14.8	373722	16.1
裕华区	295780	11.0	351974	15.3	434444	14.0
矿　区	69709	10.8	83612	16.1	102317	19.1
井陉县	299026	6.6	338246	11.2	410286	14.1
正定县	524301	8.5	582029	10.1	685094	13.7
栾城县	420007	9.1	494660	13.3	586254	13.1
行唐县	256612	8.7	302924	9.3	350751	9.9
灵寿县	196369	6.0	221014	9.3	261846	10.5
高邑县	176377	6.2	189325	9.1	217629	1.2
深泽县	169244	9.2	185923	11.7	223408	11.7
赞皇县	130838	8.4	156024	13.7	196231	15.2
无极县	372618	8.4	429484	11.1	527100	14.8
平山县	353048	8.4	406292	12.3	485335	14.5
元氏县	354808	9.1	408336	11.4	494458	11.1
赵　县	390697	4.6	430271	6.3	507045	7.9
辛集市	767745	8.0	832771	11.8	997346	14.5
藁城市	909407	6.9	1044840	9.5	1211513	15.8
晋州市	549387	4.3	561690	4.4	637937	9.4
新乐市	485539	5.3	528631	10.2	606477	9.8
鹿泉市	684868	7.2	771802	10.1	917697	11.2
17县（市）合计	7040891		7884262		9316417	
23县（市）区合计	8199890		9245908		11172733	

1996—2011年分县（市）区生产总值（四）

计量单位：万元、%

行政单位	2005年	增长速度	2006年	增长速度	2007年	增长速度
全　市	**16715015**	**13.8**	**19025186**	**13.4**	**22688440**	**13.2**
市　区	7282180	15.5	8046943	10.1	9473325	12.8
#长安区	918930	8.3	1192640	7.9	1422595	10.1
桥东区	524238	16.6	653268	12.5	738846	13.1
桥西区	1074581	16.6	1223966	12.7	1394466	12.3
新华区	713854	16.3	758529	11.6	894220	12.1
裕华区	666033	16.9	754310	12.4	830007	7.8
矿　区	140798	17.6	163757	14.6	200595	16.0
井陉县	431546	16.4	528062	16.2	641417	16.3
正定县	776787	13.8	883830	14.5	1070209	12.0
栾城县	660918	13.1	757107	14.1	912290	12.3
行唐县	397789	12.0	463370	13.4	577646	14.9
灵寿县	294631	14.0	345372	14.3	430363	13.6
高邑县	220077	11.3	264897	11.6	297856	5.7
深泽县	250704	12.1	287636	15.0	352666	14.0
赞皇县	231485	15.5	266869	15.2	332250	13.0
无极县	558893	13.0	645031	14.3	798095	14.3
平山县	720519	16.3	804544	13.2	1067155	18.2
元氏县	485720	13.4	615420	13.3	741386	12.4
赵　县	564118	13.5	662771	15.6	820509	14.7
辛集市	1151241	12.1	1365551	14.3	1663591	13.4
藁城市	1335889	13.6	1615344	14.2	2011255	15.0
晋州市	683154	12.5	803486	14.8	993360	14.9
新乐市	688462	14.0	773552	10.4	915728	12.5
鹿泉市	1018116	14.1	1223898	14.2	1479374	14.7
17县（市）合计	10470049		12306740		15105150	
23县（市）区合计	14508483		17053210		20585879	

1996—2011 年分县（市）区生产总值（五）

计量单位：万元、%

行政单位	2008 年	增长速度	2009 年	增长速度
全　　市	**27235531**	**11.0**	**30012797**	**11.1**
市　　区	10022951	8.7	10821265	8.1
#长安区	1468445	3.5	1500089	8.1
桥东区	821597	11.2	903681	11.2
桥西区	1664362	11.6	1799882	12.2
新华区	975993	-2.0	1066907	10.2
裕华区	1017755	11.2	1085661	11.0
矿　区	240146	12.5	273288	11.3
井 陉 县	806323	11.4	1001942	12.7
正 定 县	1264670	13.2	1405160	12.9
栾 城 县	1020385	11.5	1150322	11.5
行 唐 县	736713	13.5	850273	12.1
灵 寿 县	529796	14.5	593343	11.3
高 邑 县	332031	8.3	364445	11.8
深 泽 县	444365	13.5	477173	11.3
赞 皇 县	412012	12.4	448948	12.5
无 极 县	914041	6.9	1005152	9.7
平 山 县	1350971	9.3	1410593	12.6
元 氏 县	811388	10.3	883002	11.4
赵　　县	1000231	13.0	1114420	11.0
辛 集 市	1840135	11.2	2067005	11.0
藁 城 市	2256309	12.0	2614310	10.3
晋 州 市	1196769	10.8	1290925	11.2
新 乐 市	1056039	10.7	1117822	11.1
鹿 泉 市	1759162	12.4	1908215	11.8
17 县（市）合计	17731340		19703050	
23 县（市）区合计	23919638		26332558	

1996—2011 年分县（市）区生产总值（六）

计量单位：万元、%

行政单位	2010 年	增长速度	2011 年	增长速度
全　　市	**34010186**	**12.2**	**40826833**	**12.0**
市　　区	12397815	12.9	14699610	12.5
#长安区	1741372	11.9	1943439	11.0
桥东区	1040954	13.6	1241067	13.8
桥西区	2115286	15.0	2494148	14.0
新华区	1231631	12.0	1468232	13.9
裕华区	1141929	12.1	1341768	13.7
矿　区	357661	14.9	509164	12.4
井陉县	1050009	11.8	1201654	12.7
正定县	1696041	12.0	1980979	8.7
栾城县	1194625	12.5	1446088	12.3
行唐县	879739	13.6	1095571	12.6
灵寿县	664665	14.0	727978	11.5
高邑县	408798	14.4	545686	12.7
深泽县	542272	11.7	677857	12.6
赞皇县	547670	13.8	701028	12.8
无极县	1147490	11.6	1321149	11.8
平山县	1560146	13.0	1927428	10.6
元氏县	1021089	13.4	1278985	12.2
赵　县	1360688	12.3	1627153	11.6
辛集市	2541378	13.2	3181873	11.9
藁城市	3140236	12.0	3905029	11.9
晋州市	1421442	13.0	1779161	12.6
新乐市	1242114	11.7	1431748	11.5
鹿泉市	2085460	12.4	2614124	12.4
17 县（市）合计	22503862		27443491	
23 县（市）区合计	30132695		36441309	

1995—2011 年分县（市）区全社会固定资产投资（一）

计量单位：万元、%

行政单位	1995 年	1996 年	增长速度	1997 年	增长速度	1998 年	增长速度
全　市	**1951005**	**2404345**	**23.24**	**2981487**	**24.00**	**3388169**	**13.64**
市　区	1032539	1196987	15.93	1496487	25.02	1685405	12.62
#长安区	20223	25200	24.61	33569	33.21	32706	-2.57
桥东区	6689	17968	168.62	23161	28.90	19085	-17.60
桥西区	4343	5333	22.80	8726	63.62	16010	83.47
新华区	39430	32529	-17.50	29309	-9.90	34529	17.81
裕华区	24958	131512	426.93	183720	39.70	201246	9.54
矿　区	10754	10768	0.13	13091	21.57	13132	0.31
高新区						151535	
井陉县	28456	48551	70.62	62196	28.10	64139	3.12
正定县	117448	136197	15.96	157076	15.33	163363	4.00
栾城县	41310	57566	39.35	75491	31.14	92172	22.10
行唐县	27989	33648	20.22	50342	49.61	60301	19.78
灵寿县	23857	31386	31.56	46096	46.87	53195	15.40
高邑县	30924	37977	22.81	44708	17.72	47911	7.16
深泽县	19005	20627	8.53	27396	32.82	41290	50.72
赞皇县	17831	24398	36.83	44855	83.85	51013	13.73
无极县	28645	34954	22.02	48697	39.32	50118	2.92
平山县	45025	51959	15.40	69583	33.92	80296	15.40
元氏县	35986	48771	35.53	64216	31.67	70585	9.92
赵　县	37759	53613	41.99	55142	2.85	71501	29.67
辛集市	120437	144477	19.96	160194	10.88	172822	7.88
藁城市	106922	173559	62.32	200919	15.76	243720	21.30
晋州市	63817	91103	42.76	111021	21.86	123412	11.16
新乐市	75614	88100	16.51	107030	21.49	125006	16.80
鹿泉市	97441	130472	33.90	160038	22.66	191920	19.92

注：2000 年以前年度市内各区全社会固定资产投资统计范围为区属及以下单位，2000 年及以后年度为各区行政区划内所有单位。自 2011 年起投资统计起点由 50 万元提高到 500 万元。

1995—2011年分县（市）区全社会固定资产投资（二）

计量单位：万元、%

行政单位	1999年	增长速度	2000年	增长速度	2001年	增长速度
全　市	**3654000**	**7.85**	**3619406**	**-0.95**	**3808763**	**5.23**
市　区	1693000	0.45	1617379	-4.47	1709161	5.67
#长安区	36280	10.93	436525	1103.2	483590	10.78
桥东区	24548	28.62	341679	1291.9	339622	-0.60
桥西区	21099	31.79	191453	807.40	241500	26.14
新华区	32668	-5.39	178725	447.10	243422	36.20
裕华区	220871	9.75	279839	26.70	221038	-21.01
矿　区	14594	11.13	15698	7.56	20623	31.37
高新区			98757		128005	29.62
井陉县	70000	9.14	81064	15.81	75037	-7.43
正定县	214000	31.00	15994	-92.53	153648	860.66
栾城县	116000	25.85	142712	23.03	133376	-6.54
行唐县	67000	11.11	74149	10.67	76246	2.83
灵寿县	65000	22.19	64461	-0.83	64515	0.08
高邑县	56000	16.88	60477	7.99	64482	6.62
深泽县	49000	18.67	44771	-8.63	46381	3.60
赞皇县	49000	-3.95	66195	35.09	65582	-0.93
无极县	57000	13.73	60683	6.46	77306	27.39
平山县	100000	24.54	103192	3.19	119617	15.92
元氏县	81000	14.76	80049	-1.17	95188	18.91
赵　县	83000	16.08	91777	10.57	97459	6.19
辛集市	197000	13.99	196000	-0.51	201809	2.96
藁城市	249000	2.17	255984	2.80	269692	5.36
晋州市	139000	12.63	136663	-1.68	167882	22.84
新乐市	152000	21.59	149835	-1.42	139683	-6.78
鹿泉市	217000	13.07	209158	-3.61	251699	20.34

1995—2011 年分县（市）区全社会固定资产投资（三）

计量单位：万元、%

行政单位	2002 年	增长速度	2003 年	增长速度	2004 年	增长速度
全　　市	**4093686**	**7.48**	**5349800**	**30.68**	**7058091**	**31.93**
市　　区	1849521	8.21	2336448	26.33	3236648	38.53
#长安区	486618	0.63	581495	19.50	735097	26.42
桥东区	361390	6.41	290339	-19.66	461410	58.92
桥西区	255743	5.90	379839	48.52	525002	38.22
新华区	309961	27.33	427800	38.02	553389	29.36
裕华区	266972	20.78	473571	77.39	707898	49.48
矿　区	13938	-32.42	27970	100.67	51624	84.57
高新区	148011	15.63	155434	5.02	202228	30.11
井陉县	84176	12.18	139364	65.56	188475	35.24
正定县	169132	10.08	227051	34.24	312636	37.69
栾城县	144280	8.18	192304	33.29	264912	37.76
行唐县	82198	7.81	122164	48.62	168167	37.66
灵寿县	67699	4.94	104077	53.73	143219	37.61
高邑县	68146	5.68	84006	23.27	117333	39.67
深泽县	47571	2.57	76529	60.87	79140	3.41
赞皇县	55544	-15.31	84064	51.35	115653	37.58
无极县	81773	5.78	114778	40.36	139862	21.85
平山县	144180	20.53	206524	43.24	249174	20.65
元氏县	107795	13.24	149703	38.88	226839	51.53
赵　县	106011	8.77	182796	72.43	216376	18.37
辛集市	191274	-5.22	240836	25.91	301162	25.05
藁城市	286414	6.20	316842	10.62	382984	20.88
晋州市	175319	4.43	230668	31.57	272680	18.21
新乐市	160033	14.57	233495	45.90	309874	32.71
鹿泉市	272620	8.31	308151	13.03	332957	8.05

1995—2011 年分县（市）区全社会固定资产投资（四）

计量单位：万元、%

行政单位	2005 年	增长速度	2006 年	增长速度	2007 年	增长速度
全　市	**9290289**	**31.63**	**10968268**	**18.06**	**13901235**	**26.82**
市　区	4284088	32.36	5026539	17.33	5878796	17.11
#长安区	928269	26.28	769447	-17.11	1035143	34.53
桥东区	675332	46.36	867367	28.44	1077663	24.25
桥西区	696763	32.72	875884	25.71	870603	-0.60
新华区	710154	28.33	922258	29.87	1136336	23.21
裕华区	958989	35.47	1192987	24.40	1231584	4.11
矿　区	72889	41.19	94141	29.16	142937	46.96
高新区	241946	19.64	305212	26.15	384530	25.99
井陉县	303147	60.84	404996	33.60	561582	38.66
正定县	325003	3.96	366086	12.64	510373	39.41
栾城县	357366	34.90	402653	12.67	498822	23.88
行唐县	240548	43.04	285386	18.64	400589	40.37
灵寿县	221988	55.00	303107	36.54	474348	56.50
高邑县	144094	22.81	157326	9.18	178150	13.24
深泽县	96534	21.98	117664	21.89	165369	40.54
赞皇县	165859	43.41	194153	17.06	353080	81.86
无极县	175310	25.34	229676	31.01	338651	47.45
平山县	339890	36.41	394227	15.99	335194	-14.97
元氏县	281452	24.08	325503	15.65	541842	66.46
赵　县	292035	34.97	329417	12.80	416364	26.39
辛集市	398724	32.40	451794	13.31	698374	54.58
藁城市	497644	29.94	609568	22.49	804138	31.92
晋州市	348829	27.93	407311	16.77	534150	31.14
新乐市	386200	24.63	436727	13.08	536084	22.75
鹿泉市	431322	29.54	525378	21.81	675329	28.54

1995—2011年分县（市）区全社会固定资产投资（五）

计量单位：万元、%

行政单位	2008年	增长速度	2009年	增长速度
全 市	**17242334**	**24.03**	**24363602**	**41.30**
市 区	6893777	17.27	9642048	39.87
#长安区	1269342	22.62	1752619	38.07
桥东区	1192978	10.70	1688780	41.56
桥西区	1047342	20.30	1596309	52.42
新华区	1299784	14.38	1714311	31.89
裕华区	1435136	16.53	1966002	36.99
矿 区	186578	30.53	265681	42.40
高新区	462617	20.31	658346	42.31
井陉县	820668	46.14	1203437	46.64
正定县	694877	36.15	975116	40.33
栾城县	592204	18.72	854531	44.30
行唐县	533417	33.16	764998	43.41
灵寿县	700542	47.69	985592	40.69
高邑县	202538	13.69	282454	39.46
深泽县	215427	30.27	294716	36.81
赞皇县	449608	27.34	643462	43.12
无极县	421306	24.41	616967	46.44
平山县	585943	74.81	768064	31.08
元氏县	669532	23.57	890503	33.00
赵 县	475415	14.18	701713	47.60
辛集市	804367	15.18	1136130	41.25
藁城市	938381	16.69	1351537	44.03
晋州市	682029	27.68	994825	45.86
新乐市	735714	37.24	1028408	39.78
鹿泉市	826589	22.40	1229101	48.70

1995—2011 年分县（市）区全社会固定资产投资（六）

计量单位：万元、%

行政单位	2010 年	增长速度	2011 年	增长速度
全　市	**29579966**	**21.40**	**31011626**	**26.50**
市　区	11926594	23.69	13472206	29.90
#长安区	2141700	22.20	2345558	26.40
桥东区	2077199	23.00	2386581	31.60
桥西区	1965056	23.10	2401015	38.90
新华区	2094888	22.20	2202962	19.50
裕华区	2215612	21.50	2617635	34.30
矿　区	334188	25.79	343203	27.30
高新区	1097951	26.15	1175252	29.00
井陉县	1478696	22.87	1368000	26.50
正定县	1238041	26.96	1294000	25.70
栾城县	954894	21.65	1034420	28.90
行唐县	950213	24.21	852000	29.50
灵寿县	632039	-35.87	564000	28.20
高邑县	351994	24.62	352000	34.20
深泽县	365150	23.90	377000	31.10
赞皇县	815226	26.69	716000	26.80
无极县	773069	25.30	677000	28.90
平山县	977739	27.30	1076000	36.70
元氏县	1020913	14.64	1057000	27.70
赵　县	872221	24.30	792000	25.30
辛集市	1431710	26.02	1463000	25.90
藁城市	1727410	27.81	1786000	27.80
晋州市	1243694	25.02	1279000	33.20
新乐市	1254122	21.95	1125000	15.30
鹿泉市	1566241	27.43	1727000	26.30

1996—2011 年分县（市）区固定资产投资（一）

计量单位：万元、%

行政单位	1996 年	增长速度	1997 年	增长速度	1998 年	增长速度
全　　市	**1561921**	**16.49**	**1892936**	**21.19**	**2143072**	**13.21**
市　　区	1066962	6.84	1306535	22.45	1449117	10.91
#长安区	25200	53.00	33569	33.21	32706	-2.57
桥东区	17968	416.92	23161	28.90	19085	-17.60
桥西区	5333	22.80	8726	63.62	16010	83.47
新华区	32529	-16.87	29309	-9.90	34529	17.81
裕华区	131512	2183.19	183720	39.70	26625	-85.51
矿　区	10768	239.47	13091	21.57	3608	-72.44
高新区					151535	
井陉县	32213	106.97	26342	-18.23	34905	32.51
正定县	35234	-6.69	43586	23.70	58566	34.37
栾城县	34878	100.79	29868	-14.36	42271	41.53
行唐县	13171	42.73	26562	101.67	27325	2.87
灵寿县	24091	53.95	37441	55.41	44876	19.86
高邑县	7583	-18.66	12572	65.79	14308	13.81
深泽县	5672	-23.90	15604	175.11	16258	4.19
赞皇县	11798	-20.45	19725	67.19	20270	2.76
无极县	17003	4.30	19048	12.03	21394	12.32
平山县	19063	6.96	27583	44.69	29732	7.79
元氏县	23721	37.92	24591	3.67	22730	-7.57
赵　县	18687	4.56	24548	31.36	24501	-0.19
辛集市	54916	46.78	64478	17.41	116044	79.97
藁城市	123911	184.13	98410	-20.58	99324	0.93
晋州市	19202	5.66	26495	37.98	31100	17.38
新乐市	40161	36.90	37015	-7.83	42705	15.37
鹿泉市	13655	-20.71	52533	284.72	47646	-9.30

注：2000 年以前年度市内各区城镇固定资产投资统计范围为区属及以下单位，2000 年及以后年度为各区行政区划内所有单位。自 2011 年起投资统计起点由 50 万元提高到 500 万元，城镇固定资产投资改为固定资产投资。

1996—2011年分县（市）区固定资产投资（二）

计量单位：万元、%

行政单位	1999年	增长速度	2000年	增长速度	2001年	增长速度
全　市	**2460089**	**14.79**	**2408926**	**-2.08**	**2681187**	**11.30**
市　区	1498045	3.38	1457313	-2.72	1651933	13.35
#长安区	36280	10.93	436525	1103.21	483590	10.78
桥东区	24548	28.62	341679	1291.88	339622	-0.60
桥西区	21099	31.79	191453	807.40	241500	26.14
新华区	32668	-5.39	178725	447.10	243422	36.20
裕华区	96400	262.07	128204	32.99	192260	49.96
矿　区	5540	53.55	7267	31.17	14534	100.00
高新区			98757		128005	29.62
井陉县	42770	22.53	49814	16.47	49981	0.34
正定县	95016	62.24	72045	-24.18	96457	33.88
栾城县	72583	71.71	92090	26.88	79287	-13.90
行唐县	35601	30.29	36143	1.52	37850	4.72
灵寿县	52743	17.53	54285	2.92	54820	0.99
高邑县	22025	53.93	22883	3.90	25621	11.97
深泽县	18877	16.11	19136	1.37	19435	1.56
赞皇县	20926	3.24	21291	1.74	28898	35.73
无极县	31579	47.61	28346	-10.24	30800	8.66
平山县	46136	55.17	49091	6.40	54300	10.61
元氏县	39667	74.51	33383	-15.84	38595	15.61
赵　县	53245	117.32	40030	-24.82	44623	11.47
辛集市	130156	12.16	107343	-17.53	127330	18.62
藁城市	120461	21.28	104394	-13.34	123769	18.56
晋州市	54008	73.66	53726	-0.52	74579	38.81
新乐市	66199	55.01	54957	-16.98	40921	-25.54
鹿泉市	86837	82.25	89170	2.69	101988	14.37

1996—2011年分县（市）区固定资产投资（三）

计量单位：万元、%

行政单位	2002年	增长速度	2003年	增长速度	2004年	增长速度
全 市	**2952370**	**10.11**	**4155500**	**40.75**	**5771074**	**38.88**
市 区	1820166	10.18	2335548	28.32	3227794	38.20
#长安区	486618	0.63	581495	19.50	735097	26.42
桥东区	361390	6.41	290339	-19.66	461410	58.92
桥西区	255743	5.90	379839	48.52	525002	38.22
新华区	309961	27.33	427800	38.02	553389	29.36
裕华区	266972	38.86	473571	77.39	707898	49.48
矿 区	12786	-12.03	27070	111.72	42770	58.00
高新区	148011	15.63	155434	5.02	202228	30.11
井陉县	53288	6.62	90564	69.95	136390	50.60
正定县	97352	0.93	128751	32.25	181686	41.11
栾城县	79222	-0.08	131504	65.99	178350	35.62
行唐县	40912	8.09	66264	61.97	100890	52.25
灵寿县	57459	4.81	86077	49.81	124741	44.92
高邑县	26958	5.22	41406	53.59	63334	52.96
深泽县	21110	8.62	37429	77.30	47117	25.88
赞皇县	31864	10.26	51364	61.20	72418	40.99
无极县	33076	7.39	46578	40.82	69134	48.43
平山县	73294	34.98	111724	52.43	166075	48.65
元氏县	41375	7.20	66003	59.52	102120	54.72
赵 县	46480	4.16	89100	91.70	133374	49.69
辛集市	128196	0.68	182236	42.15	225623	23.81
藁城市	128771	4.04	219642	70.57	288596	31.39
晋州市	80164	7.49	125068	56.02	187782	50.14
新乐市	53522	30.79	97195	81.60	156816	61.34
鹿泉市	141746	38.98	249251	75.84	308832	23.90

1996—2011年分县（市）区固定资产投资（四）

计量单位：万元、%

行政单位	2005年	增长速度	2006年	增长速度	2007年	增长速度
全　市	**7947681**	**37.72**	**9981142**	**25.59**	**12641826**	**26.66**
市　区	4282358	32.67	5025104	17.34	5877037	16.95
#长安区	927469	26.17	769447	-17.04	1035143	34.53
桥东区	675332	46.36	867367	28.44	1077663	24.25
桥西区	696763	32.72	875884	25.71	870603	-0.60
新华区	710154	28.33	922258	29.87	1136336	23.21
裕华区	958989	35.47	1192987	24.40	1231584	3.24
矿　区	71705	67.65	91949	28.23	141178	53.54
高新区	241946	19.64	305212	26.15	384530	25.99
井陉县	241872	77.34	359738	48.73	511177	42.10
正定县	223574	23.06	299703	34.05	465645	55.37
栾城县	262308	47.07	320344	22.13	391578	22.24
行唐县	161505	60.08	231453	43.31	326349	41.00
灵寿县	197768	58.54	283029	43.11	429516	51.76
高邑县	85669	35.27	115400	34.70	134700	16.72
深泽县	68357	45.08	96917	41.78	136014	40.34
赞皇县	102949	42.16	157339	52.83	255390	62.32
无极县	102701	48.55	146074	42.23	239373	63.87
平山县	268501	61.67	342339	27.50	280118	-18.18
元氏县	164340	60.93	236416	43.86	345522	46.15
赵　县	209271	56.91	298478	42.63	401399	34.48
辛集市	313443	38.92	421233	34.39	606576	44.00
藁城市	407731	41.28	513790	26.01	700458	36.33
晋州市	220049	17.18	321025	45.89	466385	45.28
新乐市	218848	39.56	293722	34.21	421760	43.59
鹿泉市	416437	34.84	519038	24.64	652829	25.78

1996—2011 年分县（市）区固定资产投资（五）

计量单位：万元、%

行政单位	2008 年	增长速度	2009 年	增长速度
全　　市	**15778496**	**24.81**	**22287346**	**41.25**
市　　区	6890730	17.25	9636908	39.85
#长安区	1269342	22.62	1752619	38.07
桥东区	1192978	10.70	1688780	41.56
桥西区	1047342	20.30	1596309	52.42
新华区	1299784	14.38	1714311	31.89
裕华区	1435136	16.53	1966002	36.99
矿　区	183531	30.00	260541	41.96
高新区	462617	20.31	658346	42.31
井 陉 县	728193	42.45	1054642	44.83
正 定 县	651851	39.99	933450	43.20
栾 城 县	503725	28.64	712872	41.52
行 唐 县	446251	36.74	631534	41.52
灵 寿 县	615816	43.37	863127	40.16
高 邑 县	159765	18.61	226099	41.52
深 泽 县	178997	31.60	251598	40.56
赞 皇 县	336242	31.66	432909	28.75
无 极 县	290447	21.34	408252	40.56
平 山 县	393470	40.47	649804	65.15
元 氏 县	494203	43.03	770439	55.90
赵　　县	468564	16.73	656511	40.11
辛 集 市	755232	24.51	1069391	41.60
藁 城 市	889328	26.96	1224149	37.65
晋 州 市	609243	30.63	855061	40.35
新 乐 市	553034	31.13	774530	40.05
鹿 泉 市	813405	24.60	1136070	39.67

1996—2011 年分县（市）区固定资产投资（六）

计量单位：万元、%

行政单位	2010 年	增长速度	2011 年	增长速度
全　　市	**26968136**	**21.00**	**30214978**	**26.0**
市　　区	11919374	23.68	13472206	29.8
#长安区	2141700	22.20	2345558	26.4
桥东区	2077199	23.00	2386581	31.6
桥西区	1965056	23.10	2401015	38.9
新华区	2094888	22.20	2202962	19.5
裕华区	2215612	21.50	2617635	34.3
矿　区	326968	25.50	343203	24.6
高新区	1097951	27.93	1175252	29.0
井陉县	1292980	22.60	1338726	24.0
正定县	1173481	25.71	1226186	23.5
栾城县	809434	23.50	1000182	26.9
行唐县	768576	21.70	782482	27.2
灵寿县	534790	-38.04	535437	26.20
高邑县	282172	24.80	342098	28.0
深泽县	306446	21.80	361068	27.5
赞皇县	588485	22.88	693265	25.7
无极县	496387	21.59	619890	26.0
平山县	715914	26.69	1016898	28.3
元氏县	847834	22.40	990515	24.4
赵　　县	829392	25.15	733568	23.2
辛集市	1338991	25.21	1402734	23.8
藁城市	1578653	23.40	1711643	25.5
晋州市	1063859	22.30	1218304	27.6
新乐市	945701	22.10	1071887	12.4
鹿泉市	1475667	25.44	1697889	23.9

1995—2011年分县（市）区全部财政收入（一）

计量单位：万元、%

行政单位	1995年	1996年	增长速度	1997年	增长速度
全　市	**328113**	**384211**	**17.10**	**454738**	**18.36**
市　区	201323	212181	5.39	259900	22.49
#长安区	10168	12288	20.85	14852	19.06
桥东区	10036	11858	18.15	12583	11.96
桥西区	8668	10043	15.86	11672	14.91
新华区	9613	11413	18.72	14151	19.04
裕华区	12878	18190	41.25	22189	29.64
矿　区	3425	4055	18.39	4840	17.31
高新区	5189	5832	12.39	8015	19.81
井陉县	12388	13188	6.46	16188	22.75
正定县	10089	13399	32.81	17994	34.29
栾城县	5601	7604	35.76	10293	35.36
行唐县	3564	5018	40.80	6226	24.07
灵寿县	3326	4854	45.94	6037	24.37
高邑县	3113	3908	25.54	5019	28.43
深泽县	3017	4009	32.88	5020	25.22
赞皇县	3540	4005	13.14	4352	8.66
无极县	5051	6967	37.93	8175	17.34
平山县	6039	7035	16.49	8569	21.81
元氏县	5269	6011	14.08	7098	18.08
赵　县	6152	8510	38.33	10033	17.90
辛集市	14323	18036	25.92	21063	16.78
藁城市	15821	20179	27.55	24000	18.94
晋州市	8305	10622	27.90	12224	15.08
新乐市	7549	10213	35.29	12347	20.89
鹿泉市	13643	16184	18.62	20200	24.81

1995—2011 年分县（市）区全部财政收入（二）

计量单位：万元、%

行政单位	1998 年	增长速度	1999 年	增长速度	2000 年	增长速度
全　市	**550236**	**21.00**	**581154**	**5.62**	**617026**	**6.17**
市　区	323636	24.52	345064	6.62	376882	9.22
#长安区	17416	17.26	20118	15.51	22328	10.99
桥东区	13307	5.76	14727	10.67	15237	3.46
桥西区	13300	13.95	14702	10.54	14865	1.11
新华区	16888	19.35	19168	13.50	21569	12.53
裕华区	26188	18.02	31025	18.47	36699	18.29
矿　区	5625	16.22	6180	9.87	6467	4.64
高新区	10198	27.24	13050	27.97	16528	26.65
井陉县	15768	-2.59	12725	-19.30	13685	7.54
正定县	20538	14.14	22001	7.12	23667	7.57
栾城县	13005	26.35	15345	17.99	16159	5.30
行唐县	7421	19.19	7689	3.61	8294	7.87
灵寿县	7090	17.44	6707	-5.40	7019	4.65
高邑县	6007	19.69	6558	9.17	6962	6.16
深泽县	6179	23.09	6699	8.42	6916	3.24
赞皇县	4363	0.25	3080	-29.41	3916	27.14
无极县	10017	22.53	10016	-0.01	10501	4.84
平山县	10430	21.72	11713	12.30	11315	-3.40
元氏县	8289	16.78	9010	8.70	10011	11.11
赵　县	11352	13.15	10613	-6.51	10786	1.63
辛集市	24266	15.21	25944	6.92	24855	-4.20
藁城市	27937	16.40	30287	8.41	27386	-9.58
晋州市	15187	24.24	16131	6.22	16755	3.87
新乐市	15001	21.50	15287	1.91	15781	3.23
鹿泉市	23750	17.57	25557	7.61	26136	2.27

1995—2011 年分县（市）区全部财政收入（三）

计量单位：万元、%

行政单位	2001 年	增长速度	2002 年	增长速度	2003 年	增长速度
全　市	**718953**	**16.52**	**1105294**	**7.15**	**1249873**	**13.08**
市　区	473752	25.70	783433	5.83	889785	13.58
#长安区	32018	43.40	38515	19.95	47386	23.03
桥东区	18637	22.31	20825	11.43	22583	8.44
桥西区	24738	66.42	28390	14.73	31555	11.15
新华区	32618	51.23	39082	19.60	46274	18.40
裕华区	23812	-35.12	30068	25.85	37197	23.71
矿　区	6555	1.36	7645	11.83	10884	42.37
高新区	35639	115.63	37897	6.23	48359	27.61
井陉县	14901	8.89	18563	8.62	20970	12.97
正定县	17740	-25.04	23859	15.78	25300	6.04
栾城县	10724	-33.63	18875	24.17	22424	18.80
行唐县	8645	4.23	10083	5.05	10773	6.84
灵寿县	7700	9.70	8751	1.25	9674	10.55
高邑县	6491	-6.77	8000	10.91	8603	7.54
深泽县	7421	7.30	8014	-9.00	8628	7.66
赞皇县	4148	5.92	5184	6.12	6181	19.23
无极县	10701	1.90	13703	11.29	15301	11.66
平山县	12367	9.30	15272	8.01	17997	17.84
元氏县	10525	5.13	14502	26.19	16033	10.56
赵　县	10058	-6.75	13011	15.51	15009	15.36
辛集市	26479	6.53	33178	11.51	38162	15.02
藁城市	30011	9.59	51753	7.40	56314	8.81
晋州市	18021	7.56	21955	7.51	24115	9.84
新乐市	15070	-4.51	18037	10.12	20738	14.97
鹿泉市	31199	19.37	39121	10.99	43866	12.13

1995—2011 年分县（市）区全部财政收入（四）

计量单位：万元、%

行政单位	2004 年	增长速度	2005 年	增长速度	2006 年	增长速度
全　市	**1452944**	**16.25**	**1656402**	**13.68**	**1900632**	**14.70**
市　区	1026814	15.40	1123086	9.38	1267496	12.86
#长安区	235391	12.50	240038	1.97	226796	-5.52
桥东区	88507	11.47	101338	14.5	120046	18.46
桥西区	207558	17.27	256119	23.4	318071	24.19
新华区	118088	18.51	140018	18.61	151299	8.06
裕华区	120160	8.85	112956	-6.00	130055	15.14
矿　区	16348	48.18	25216	54.00	30287	20.11
高新区	76641	29.13	100128	30.65	115728	15.58
井陉县	26864	28.11	34195	28.49	41766	22.14
正定县	30021	18.66	34914	18.04	40330	15.51
栾城县	25169	12.24	30208	22.43	36010	19.21
行唐县	11542	7.14	13168	19.19	15383	16.82
灵寿县	10973	13.43	13201	22.82	15756	19.35
高邑县	10002	16.26	11500	17.55	11618	1.03
深泽县	9535	10.51	10808	16.87	13494	24.85
赞皇县	8022	29.78	10529	32.69	13036	23.81
无极县	18504	20.93	21306	19.58	24882	16.78
平山县	31348	74.18	65002	12.76	83299	28.15
元氏县	18012	12.34	21033	19.55	24166	14.90
赵　县	16169	7.73	19136	27.68	24025	25.55
辛集市	47076	23.36	56001	22.43	66061	17.96
藁城市	60894	8.13	70530	18.60	80118	13.59
晋州市	26333	9.20	30248	18.62	37050	22.49
新乐市	23251	12.12	27068	19.71	31031	14.64
鹿泉市	52415	19.49	64469	23.10	75111	16.51

1995—2011 年分县（市）区全部财政收入（五）

计量单位：万元、%

行政单位	2007 年	增长速度	2008 年	增长速度
全　市	**2303474**	**21.20**	**2717217**	**17.96**
市　区	1474413	16.32	1691853	14.75
#长安区	263089	16.00	295125	12.18
桥东区	147124	22.56	242220	64.64
桥西区	403271	26.79	475805	17.99
新华区	164370	8.64	176785	7.55
裕华区	172426	32.58	198680	15.23
矿　区	40019	32.13	54294	35.67
高新区	131645	13.75	152769	16.05
井陉县	50580	21.10	93838	85.52
正定县	48893	21.23	59333	21.35
栾城县	46366	28.76	56239	21.29
行唐县	18664	21.33	21839	17.01
灵寿县	20009	26.99	24112	20.51
高邑县	13148	13.17	15600	18.65
深泽县	16715	23.87	20406	22.08
赞皇县	16165	24.00	20225	25.12
无极县	30800	23.78	34000	10.39
平山县	140658	68.86	137803	-2.03
元氏县	30209	25.01	43083	42.62
赵　县	30037	25.02	35174	17.10
辛集市	80060	21.19	92070	15.00
藁城市	100296	25.19	161764	61.29
晋州市	50022	35.01	57506	14.96
新乐市	36200	16.66	41542	14.76
鹿泉市	100239	33.45	110830	10.57

1995—2011年分县（市）区全部财政收入（六）

计量单位：万元、%

行政单位	2009年	增长速度	2010年	增长速度	2011年	增长速度
全　市	**3102454**	**14.18**	**3879254**	**25.04**	**4889697**	**26.05**
市　区	1815532	7.31	2117388	16.63	2765631	30.62
#长安区	318828	8.03	383751	20.36	445185	16.01
桥东区	281984	16.42	326630	15.83	416050	27.38
桥西区	479465	0.77	464768	29.39	600034	29.1
新华区	180104	1.88	226798	25.93	287559	26.79
裕华区	198771	0.05	238951	20.21	358649	50.09
矿　区	55055	1.40	45387	-17.56	50229	10.67
高新区	173105	13.31	204555	18.17	251159	22.78
井陉县	100189	6.77	106648	6.45	102298	-4.08
正定县	65525	10.44	80656	23.09	101216	25.49
栾城县	66000	17.36	73518	16.24	92612	25.97
行唐县	24025	10.01	24808	3.26	32087	29.34
灵寿县	24127	0.06	25265	4.72	33276	31.71
高邑县	16558	6.14	20438	23.43	30600	49.72
深泽县	21515	5.43	24309	12.99	30401	25.06
赞皇县	23026	13.85	25060	8.83	33202	32.49
无极县	28061	-17.47	32573	16.08	43030	32.1
平山县	122816	-10.88	144176	17.39	183092	26.99
元氏县	48714	13.07	55871	14.69	70026	25.34
赵　县	33018	-6.13	38039	15.21	45666	20.05
辛集市	93007	1.02	110039	18.31	140800	27.95
藁城市	410813	153.96	760892	43.28	882959	16.04
晋州市	56055	-2.52	63819	13.85	80021	25.39
新乐市	35371	-14.85	40475	14.43	51223	26.55
鹿泉市	118102	6.56	135280	14.55	171557	26.82

2000—2011年分县（市）区一般预算收入（一）

计量单位：万元、%

行政单位	2000年	增长速度	2001年	增长速度	2002年	增长速度
全市总计	**377137**	**7.04**	**443554**	**17.61**	**444947**	**18.31**
市区合计	200653	11.12	267217	33.17	280699	17.98
#长安区	15155	11.16	19394	27.97	16534	22.40
桥东区	9985	8.00	12316	23.35	10527	24.34
桥西区	10432	3.49	16683	59.92	13135	13.02
新华区	13272	12.82	20302	52.97	14385	14.36
裕华区	21035	8.33	15577	-25.95	15675	30.97
矿 区	3428	6.39	3558	3.79	3031	16.58
高新区	9650	24.16	18490	91.61	13223	21.26
井陉县	9107	6.79	9795	7.55	9740	16.01
正定县	17175	10.21	13090	-23.78	13785	26.61
栾城县	11059	3.80	8264	-25.27	7975	34.30
行唐县	6566	10.26	6782	3.29	6097	10.65
灵寿县	5255	4.29	5768	9.76	4447	2.47
高邑县	5486	9.22	5045	-8.04	4646	17.12
深泽县	5226	2.77	5593	7.02	4406	0.09
赞皇县	2686	2.17	3098	15.34	2932	13.25
无极县	8472	3.38	8463	-0.11	6832	21.52
平山县	8912	-5.79	9667	8.47	9614	13.20
元氏县	7482	11.49	7819	4.50	7606	54.12
赵 县	8531	4.34	7625	-10.62	7795	30.61
辛集市	17236	-2.71	17598	2.10	15032	16.95
藁城市	21456	-3.88	22186	3.40	24656	19.58
晋州市	12596	1.98	13670	8.53	12368	16.75
新乐市	12934	2.70	11753	-9.13	10282	11.79
鹿泉市	16305	3.46	20121	23.40	16035	15.64

2000—2011年分县（市）区一般预算收入（二）

计量单位：万元、%

行政单位	2003年	增长速度	2004年	增长速度	2005年	增长速度
全市总计	**493429**	**10.90**	**561644**	**13.82**	**658796**	**17.30**
市区合计	316341	12.70	366737	15.93	421211	14.85
#长安区	21334	29.03	80633	18.15	86493	7.27
桥东区	11203	6.42	36213	15.54	45145	24.67
桥西区	14709	11.98	64216	17.38	78847	22.78
新华区	18337	27.47	42858	29.29	56187	31.10
裕华区	18542	18.29	49075	11.27	51162	4.25
矿　区	4169	37.55	5703	45.38	8738	53.22
高新区	17536	32.62	24115	41.98	36497	51.35
井陉县	10794	10.82	14502	34.35	17493	20.62
正定县	13458	-2.37	14682	9.09	17460	18.92
栾城县	9219	15.60	10128	9.86	12910	27.47
行唐县	6370	4.48	6662	4.58	7746	16.27
灵寿县	4753	6.88	5377	13.13	6439	19.75
高邑县	5152	10.89	6218	20.69	6528	4.99
深泽县	4723	7.19	5606	18.70	6295	12.29
赞皇县	3248	10.78	4111	26.57	4582	11.46
无极县	7430	8.75	9404	26.57	10436	10.97
平山县	9812	2.06	11962	21.91	20693	72.99
元氏县	8016	5.39	9344	16.57	9390	0.49
赵　县	9125	17.06	9634	5.58	10405	8.00
辛集市	16591	10.37	13420	-19.11	22382	66.78
藁城市	26795	8.68	28794	7.46	32295	12.16
晋州市	12537	1.37	11289	-9.95	13977	23.81
新乐市	11628	13.09	12569	8.09	13285	5.70
鹿泉市	17437	8.74	21205	21.61	25269	19.17

2000—2011年分县（市）区一般预算收入（三）

计量单位：万元、%

行政单位	2006年	增长速度	2007年	增长速度	2008年	增长速度
全市总计	**773736**	**17.45**	**958720**	**23.91**	**1100366**	**14.77**
市区合计	506104	20.15	608045	20.14	670759	10.31
#长安区	89595	3.59	108884	21.53	118413	8.75
桥东区	56023	24.10	70091	25.11	97169	38.63
桥西区	97876	24.13	123524	26.20	143895	16.49
新华区	61557	9.56	76339	24.01	83766	9.73
裕华区	61812	20.82	83669	35.36	87103	4.10
矿　区	10710	22.57	14467	35.08	18041	24.70
高新区	46483	27.36	56359	21.25	54692	-2.96
井陉县	19853	13.49	24186	21.83	34955	44.53
正定县	20730	18.73	25210	21.61	32165	27.59
栾城县	15188	17.65	17931	18.06	24532	36.81
行唐县	8886	14.72	10039	12.98	12372	23.24
灵寿县	7151	11.06	9133	27.72	10489	14.85
高邑县	5287	-19.01	6061	14.64	6899	13.83
深泽县	7448	18.32	8761	17.63	11420	30.35
赞皇县	5684	24.05	6791	19.48	8884	30.82
无极县	11681	11.93	13914	19.12	14804	6.40
平山县	24297	17.42	44107	81.53	54456	23.46
元氏县	9883	5.25	12522	26.70	15983	27.64
赵　县	10058	-3.33	12504	24.32	15374	22.95
辛集市	26430	18.09	33123	25.32	36877	11.33
藁城市	35342	9.43	45410	28.49	53821	18.52
晋州市	15681	12.19	21689	38.31	24207	11.61
新乐市	14882	12.02	16853	13.24	21583	28.07
鹿泉市	29151	15.36	42441	45.59	50786	19.66

2000—2011 年分县（市）区一般预算收入（四）

计量单位：万元、%

行政单位	2009 年	增长速度	2010 年	增长速度	2011 年	增长速度
全市总计	**1259614**	**14.47**	**1636303**	**29.91**	**2212284**	**35.20**
市区合计	772553	15.18	1047751	35.62	1449754	38.37
#长安区	135049	14.05	177229	31.23	220384	24.35
桥东区	116752	20.15	143757	23.13	178668	24.28
桥西区	163919	13.92	196341	33.08	260853	32.86
新华区	93861	12.05	125305	33.50	155395	24.01
裕华区	103872	19.25	134342	29.33	225399	67.78
矿　区	18184	0.79	17614	-3.13	19782	12.31
高新区	58847	7.60	71053	20.74	89867	26.48
井陉县	35294	0.97	40167	13.81	44620	11.09
正定县	38077	18.38	49990	31.29	61735	23.49
栾城县	31096	26.76	36684	26.95	50425	37.46
行唐县	15961	29.01	13478	-15.56	18367	36.27
灵寿县	11231	7.07	12033	7.14	15805	31.35
高邑县	9027	30.85	12285	36.09	16065	30.77
深泽县	14467	26.68	15365	6.21	19645	27.86
赞皇县	9888	11.30	12134	22.71	15132	24.71
无极县	14453	-2.37	16938	17.19	22307	31.70
平山县	52697	-3.23	59138	12.22	82985	40.32
元氏县	18688	16.92	25034	33.96	32759	30.86
赵　县	16687	8.54	18780	12.54	24264	29.20
辛集市	49482	34.18	52813	6.73	70551	33.59
藁城市	63598	18.17	96220	33.63	120317	25.04
晋州市	28199	16.49	33565	19.03	42933	27.91
新乐市	20946	-2.95	23621	12.77	31140	31.83
鹿泉市	57270	12.77	70307	22.76	93480	32.96

1995—2011年分县（市）区农林牧渔业总产值（一）

计量单位：万元、%

行政单位	1995年	1996年	增长速度	1997年	增长速度	1998年	增长速度
全　市	**2094240**	**2460775**	**9.43**	**2751988**	**10.62**	**2874039**	**6.76**
#长安区							
桥东区							
桥西区							
新华区							
裕华区	51998	63166	20.71		6.88	70153	3.62
矿　区	7586	8016	4.43		4.17	8693	4.27
高新区		5404				5378	
井陉县	41718	53387	12.28	60802	12.81	67721	12.38
正定县	212194	225684	4.68	255122	13.71	263630	4.66
栾城县	131828	138841	12.98	166280	17.68	187079	19.31
行唐县	87430	103204	9.43	112032	8.78	118472	4.98
灵寿县	44836	62344	7.40	74061	11.05	78323	5.89
高邑县	63058	71095	11.28	74640	16.00	77664	7.43
深泽县	58304	62476	7.46	70511	16.28	73929	5.66
赞皇县	53938	55020	0.21	53152	-5.17	54116	20.26
无极县	123478	136868	10.35	151115	8.82	154844	6.27
平山县	101375	81939	-23.27	118712	55.74	128027	7.28
元氏县	74293	91597	8.52	108089	3.62	117005	13.77
赵　县	150068	195627	21.18	198029	10.77	209192	9.29
辛集市	306071	331446	7.45	346546	11.64	384913	8.24
藁城市	292564	357743	10.67	391248	11.32	412864	7.81
晋州市	169708	184622	4.60	179006	3.81	188590	3.30
新乐市	176189	176770	3.69	184509	6.99	195373	6.76
鹿泉市	133678	128701	-4.25	142142	12.45	146211	4.36

1995—2011年分县（市）区农林牧渔业总产值（二）

计量单位：万元、%

行政单位	1999年	增长速度	2000年	增长速度	2001年	增长速度
全　市	**2918680**	**5.48**	**2934472**	**4.96**	**3070012**	**4.24**
#长安区					32494	
桥东区					9210	
桥西区					16565	
新华区					31269	
裕华区	72500	5.78	73926	4.67	34893	-56.45
矿　区	8931	5.80	9000	3.69	9356	3.99
高新区	5177		5311		5752	
井陉县	67868	0.55	70698	7.99	68812	-2.90
正定县	271820	5.95	274880	3.91	244053	-11.05
栾城县	206178	11.03	227496	12.59	229880	-1.65
行唐县	116743	0.86	118200	7.55	122225	4.00
灵寿县	84381	11.69	85361	3.98	88971	2.89
高邑县	81241	10.38	87594	10.77	89177	4.50
深泽县	74695	5.03	76655	8.99	85300	9.51
赞皇县	58108	5.33	62316	5.08	65028	5.32
无极县	158854	4.97	159714	6.63	165798	4.02
平山县	135706	6.21	132100	-3.52	139195	6.86
元氏县	123348	8.21	124245	7.32	132728	6.43
赵　县	215345	8.18	215758	6.05	208906	-4.71
辛集市	387792	5.35	374760	0.28	391303	2.99
藁城市	423133	4.12	396434	-2.73	416404	5.03
晋州市	192334	3.95	192629	4.54	197083	2.10
新乐市	202124	5.14	212100	5.02	211015	-0.60
鹿泉市	146756	4.94	149594	3.29	153852	6.76

1995—2011年分县（市）区农林牧渔业总产值（三）

计量单位：万元、%

行政单位	2002年	增长速度	2003年	增长速度	2004年	增长速度
全　市	**3119674**	**4.35**	**3529558**	**5.65**	**4260467**	**6.36**
#长安区	31657	-1.52	33169	-0.31	37982	-2.37
桥东区	9305	0.78	8276	-4.31	10088	3.35
桥西区	16651	-0.10	15014	0.36	18487	11.83
新华区	31597	3.38	25829	-4.99	31395	0.37
裕华区	35083	0.52	36536	0.60	40222	-4.76
矿　区	9728	3.97	9230	4.04	10171	1.92
高新区	5588		2125			
井陉县	69449	1.56	69984	8.95	86721	9.19
正定县	253376	5.10	258522	2.24	296679	4.58
栾城县	243141	5.73	256011	7.27	293005	4.29
行唐县	126340	4.00	143582	3.71	171943	5.91
灵寿县	88117	-0.82	96565	30.36	119804	15.82
高邑县	93377	4.91	89498	-0.26	110317	3.40
深泽县	90927	6.91	82562	10.97	100366	6.06
赞皇县	65927	-2.51	74492	14.71	95470	10.08
无极县	169611	3.00	215779	3.33	246375	3.36
平山县	142678	2.52	186346	1.48	212069	4.48
元氏县	138860	4.72	150195	3.18	187608	4.19
赵　县	221714	7.45	214916	5.11	264314	5.26
辛集市	407063	3.97	358971	6.87	435801	6.63
藁城市	431434	4.33	507429	3.55	574451	2.88
晋州市	200456	2.97	196509	4.81	239640	8.07
新乐市	220360	4.86	233952	5.90	289669	6.20
鹿泉市	159194	3.48	160228	5.17	206716	11.93

1995—2011年分县（市）区农林牧渔业总产值（四）

计量单位：万元、%

行政单位	2005年	增长速度	2006年	增长速度	2007年	增长速度
全　市	**4569477**	**5.37**	**4731008**	**4.2**	**4931161**	**2.1**
#长安区	38467	-0.78	39910	3.4	30522	-3.4
桥东区	10191	-0.32	10593	3.0	7994	-6.3
桥西区	18641	0.27	18542	-3.5	10522	-35.0
新华区	32504	-2.37	31526	-6.4	28021	9.9
裕华区	39484	-2.14	38516	-5.2	21548	-13.5
矿　区	10814	3.29	10828	0.0	8778	-8.5
高新区						
井陉县	95974	6.41	105237	7.2	112528	6.7
正定县	319891	3.44	344635	4.7	410945	2.3
栾城县	320011	5.50	336486	5.0	359137	-1.7
行唐县	186386	5.65	198067	4.7	237181	9.5
灵寿县	129835	6.40	136304	4.3	145305	2.9
高邑县	115473	1.31	118158	2.2	106953	-10.4
深泽县	112814	7.19	118394	5.0	131702	3.2
赞皇县	108186	9.83	111901	6.4	136477	5.3
无极县	253662	2.46	261197	2.3	295862	1.1
平山县	222149	3.65	231570	2.9	215969	4.6
元氏县	204239	3.90	216679	4.0	238669	3.4
赵　县	284806	4.52	302501	4.1	338277	3.9
辛集市	482007	5.38	527299	7.0	562856	1.5
藁城市	610803	1.33	633505	1.1	668148	1.1
晋州市	255292	3.98	278872	5.8	299852	-0.5
新乐市	322104	7.44	332768	2.1	323832	1.9
鹿泉市	229711	8.17	240714	4.8	234224	1.4

1995—2011 年分县（市）区农林牧渔业总产值（五）

计量单位：万元、%

行政单位	2008 年	增长速度	2009 年	增长速度
全　市	**5429731**	**3.3**	**5477617**	**0.7**
#长安区	30813	-3.5	34323	3.61
桥东区	8094	-3.3	8381	0.89
桥西区	14725	29.9	15273	6.02
新华区	25795	-12.2	24982	-1.71
裕华区	22672	-0.3	22942	0.64
矿　区	10889	-4.2	10970	2.97
高新区				
井陉县	129881	5.9	123572	4.33
正定县	459959	2.4	460943	2.48
栾城县	409025	4.6	428245	0.55
行唐县	291985	6.5	282354	0.4
灵寿县	174758	11.7	169852	3.39
高邑县	118393	3.1	124557	1.32
深泽县	152377	4.1	153769	4.3
赞皇县	157171	2.6	162231	3.11
无极县	332195	1.3	334468	2.67
平山县	245096	3.1	249745	2.07
元氏县	270922	1.6	275684	2.95
赵　县	369953	6.6	387892	2.08
辛集市	612567	1.6	617385	0.67
藁城市	707021	1.0	766857	2.95
晋州市	324787	-0.7	328272	2.81
新乐市	343451	0.0	345383	0.87
鹿泉市	249860	-1.0	260613	2.25

1995—2011 年分县（市）区农林牧渔业总产值（六）

计量单位：万元、%

行政单位	2010 年	增长速度	2011 年	增长速度
全　市	**6515543**	**3.1**	**7272965**	**3.1**
#长安区	37447	2.64	32448	-7.6
桥东区	7223	-17.54	7188	-5.68
桥西区	15876	-6.85	15974	1.77
新华区	24372	-11.52	25790	0.81
裕华区	10293	0.01	10303	-0.08
矿　区	11981	2.04	12701	1.02
高新区	22093		22805	1.47
井陉县	147616	3.03	162262	3.49
正定县	492033	-0.03	564592	1.7
栾城县	442135	2.49	507418	1.71
行唐县	343944	3.06	386495	5.39
灵寿县	205884	7.63	238326	3.32
高邑县	141130	3.06	156893	2.97
深泽县	188044	5.38	225147	4.82
赞皇县	177562	2.66	209595	8.58
无极县	376988	1.74	417627	1.17
平山县	296195	4.89	333215	5.03
元氏县	317249	3.3	371169	2.9
赵　县	451498	1.63	502332	2.61
辛集市	719857	3.94	809687	0.31
藁城市	896390	1.75	1084171	2.46
晋州市	390163	3.94	442060	-0.75
新乐市	379573	1.68	407850	1.28
鹿泉市	298363	0.56	339730	1.67

1996—2011 年分县（市）区规模以上工业增加值（一）

计量单位：万元、%

行政单位	1996 年	增长速度	1997 年	增长速度	1998 年	增长速度
全 市	**1667573**	**20.57**	**1978658**	**16.71**	**1995840**	**2.39**
市 区	843632	8.82	940378	11.32	1011855	9.60
#长安区					11947	-9.26
桥东区					5521	-50.49
桥西区					8829	-18.06
新华区					15967	6.42
裕华区					100687	21.63
矿 区					12901	8.57
高新区					29539	
井陉县	17240	8.67	22570	30.92	16044	-37.16
正定县	76097	36.51	104952	37.92	103070	0.29
栾城县	34568	7.81	38532	11.47	31202	-3.71
行唐县	21738	42.30	30590	40.72	28617	-7.19
灵寿县	30311	62.09	40970	35.17	30142	-8.26
高邑县	31164	22.73	27003	-13.36	28041	15.46
深泽县	15564	29.75	22183	42.53	18070	-27.49
赞皇县	12437	2.04	13872	11.54	12029	-23.30
无极县	45985	35.42	62314	35.51	48500	-10.43
平山县	36498	1.70	47543	30.26	46442	-4.01
元氏县	46964	73.04	60091	27.95	27164	-32.94
赵 县	47596	41.43	60738	27.61	72428	11.19
辛集市	112441	39.44	144582	28.58	166449	13.94
藁城市	122630	28.61	153123	24.87	155317	13.94
晋州市	67585	75.46	83449	23.47	87550	0.41
新乐市	55606	21.71	63973	15.05	59234	-15.79
鹿泉市	48429	13.94	61796	27.6	53687	-17.35

注：1997 年及以前年度规模以上工业增加值统计范围为乡及乡以上工业企业；1998 -2006 年为全部国有及主营业务收入 500 万元以上非国有工业法人企业；2007 -2010 年为年主营业务收入 500 万元及以上工业法人企业；2011 年为年主营业务收入 2000 万元及以上工业法人企业。2008 -2011 年规模以上工业增加值为年快报数据。

1996—2011年分县（市）区规模以上工业增加值（二）

计量单位：万元、%

行政单位	1999年	增长速度	2000年	增长速度	2001年	增长速度
全　市	**2225697**	**15.23**	**2458470**	**11.22**	**2722676**	**12.94**
市　区	1171218	16.59	1393725	15.94	1470475	5.49
#长安区	13403	14.02	15055	11.20	67347	
桥东区	6350	16.79	7217	11.88	45907	
桥西区	8030	20.31	8142	-0.22	23242	
新华区	20096	21.42	26057	22.68	64913	
裕华区	120691	18.25	130553	15.52	43597	
矿　区	17953	8.66	17175	14.69	19455	
高新区	33142	72.53	39135	41.80	74449	
井陉县	23003	36.46	26676	20.35	30058	12.68
正定县	115939	20.43	128939	19.03	106317	
栾城县	36154	14.16	46392	28.53	42734	
行唐县	33236	19.99	44770	19.33	51956	16.05
灵寿县	29299	-3.73	24228	-3.99	30321	25.15
高邑县	29049	20.04	38544	29.36	44194	14.66
深泽县	19879	27.50	21231	13.14	27733	30.62
赞皇县	14921	23.00	16295	5.80	18338	12.53
无极县	63608	27.84	69125	19.92	96808	40.05
平山县	55219	18.48	63533	11.97	75456	18.77
元氏县	29990	19.55	38452	15.90	44396	15.46
赵　县	65941	10.89	58246	7.52	67799	16.4
辛集市	170904	6.71	162748	-1.07	191589	17.72
藁城市	165298	3.80	99199	-9.11	175123	76.54
晋州市	62427	9.91	70189	-12.96	83474	18.93
新乐市	65213	9.49	78072	17.16	78605	0.68
鹿泉市	74401	45.14	76551	8.01	87092	13.77

1996—2011 年分县（市）区规模以上工业增加值（三）

计量单位：万元、%

行政单位	2002 年	增长速度	2003 年	增长速度	2004 年	增长速度
全　市	**3129643**	**14.80**	**3690543**	**21.20**	**4497107**	**25.04**
市　区	1667623	13.40	1860034	—	2036054	—
#长安区	80287	19.21	102227	47.71	149859	60.25
桥东区	49327	7.45	42492	13.20	48135	30.01
桥西区	23713	2.03	23416	22.41	22455	43.93
新华区	77686	19.68	111911	47.71	147514	21.35
裕华区	45985	5.48	71457	37.53	167346	47.99
矿　区	24207	24.43	31896	23.24	58237	64.44
高新区	119085	59.96	134152	22.14		
井陉县	38815	29.13	47377	31.91	72804	40.34
正定县	138752	30.51	185661	33.85	229183	37.26
栾城县	49635	16.15	62602	33.95	100399	35.42
行唐县	62366	20.04	90464	35.78	128412	35.01
灵寿县	35501	17.08	46416	25.13	60514	35.23
高邑县	45759	3.54	57265	23.50	64367	27.94
深泽县	36826	32.79	41478	35.00	56134	26.25
赞皇县	20689	12.82	28106	35.20	45013	52.81
无极县	80629		111669	25.38	142366	36.32
平山县	83431	10.57	118511	34.68	222305	32.13
元氏县	53468	20.43	66420	25.60	96772	40.20
赵　县	79847	17.77	91072	18.61	155938	37.56
辛集市	230988	20.56	228807	16.77	308744	26.10
藁城市	215525	23.07	259141	26.95	277964	27.03
晋州市	90578	8.87	100952	24.55	122311	50.69
新乐市	90004	14.50	123787	41.97	151329	41.88
鹿泉市	109209	25.40	138887	18.17	226499	39.19

1996—2011 年分县（市）区规模以上工业增加值（四）

计量单位：万元、%

行政单位	2005 年	增长速度	2006 年	增长速度	2007 年	增长速度
全　市	**5715862**	**22.85**	**6793372**	**19.80**	**9093131**	**20.40**
市　区	2362135		2134535		2619414	
#长安区	205893	35.82	563108	10.67	662917	6.71
桥东区	50443	15.47	105659	12.25	106795	7.76
桥西区	27904	26.03	325565	7.59	487695	16.01
新华区	178732	16.51	221281	1.72	208474	7.62
裕华区	108061	27.48	242662	10.69	265034	4.10
矿　区	82887	39.06	96568	19.84	137637	20.64
高新区	104225	15.10	138692	17.79	167207	16.58
井陉县	113305	49.67	166036	30.43	249230	26.08
正定县	310336	40.49	436137	29.55	618060	29.50
栾城县	129541	44.94	168720	26.11	246312	29.09
行唐县	165628	38.21	241073	29.64	330805	27.32
灵寿县	81441	45.19	114352	33.19	157806	28.29
高邑县	89910	22.15	109832	18.53	110045	5.13
深泽县	77464	36.72	102891	32.48	143494	26.92
赞皇县	57949	34.68	112666	38.14	154777	28.60
无极县	199330	31.00	297406	37.39	390796	26.32
平山县	280619	50.40	447857	25.68	678107	25.71
元氏县	138781	40.13	197996	28.95	275833	20.17
赵　县	214134	31.18	276549	25.60	378235	22.42
辛集市	417413	47.45	505713	24.11	646091	26.96
藁城市	381845	37.53	533966	29.38	715901	29.38
晋州市	182542	37.49	234055	28.82	377238	29.18
新乐市	219447	41.14	283385	25.83	413496	28.53
鹿泉市	294043	24.22	430204	28.82	587491	29.59

1996—2011 年分县（市）区规模以上工业增加值（五）

计量单位：万元、%

行政单位	2008 年	增长速度	2009 年	增长速度
全　市	**10958092**	**13.20**	**12032000**	**13.0**
市　区	763531			
#长安区	624344	-4.38	385815	-8.9
桥东区	97371	-4.25	89618	-9.1
桥西区	568732	9.36	550904	-0.5
新华区	199813	-17.64	78768	-12.2
裕华区	260786	0.11	207139	-7.5
矿　区	191300	11.92	210135	11.0
高新区	191159	16.06	241746	19.0
井陉县	319163	18.29	370351	18.2
正定县	745574	19.75	884236	16.2
栾城县	341042	26.56	412335	20.9
行唐县	405371	25.42	484277	16.3
灵寿县	211070	25.78	254000	19.6
高邑县	114064	8.04	136102	19.4
深泽县	171949	20.02	199244	19.4
赞皇县	203325	26.69	243464	19.5
无极县	420720	12.62	468826	14.7
平山县	841816	8.80	861673	19.0
元氏县	278461	9.04	310358	17.7
赵　县	511917	22.67	618212	17.7
辛集市	798490	20.83	941652	19.1
藁城市	994130	27.02	1172372	19.3
晋州市	481900	26.74	570696	20.0
新乐市	461809	16.53	565520	19.0
鹿泉市	760254	24.47	965075	20.0

1996—2011年分县（市）区规模以上工业增加值（六）

计量单位：万元、%

行政单位	2010年	增长速度	2011年	增长速度
全　市	**13401037**	**16.5**	**17462733**	**16.2**
市　区				
#长安区	346360	1.3	345236	2.2
桥东区	59122	1.0	52056	1.0
桥西区	355217	24.1	334512	6.5
新华区	79993	3.4	96651	18.3
裕华区	75103	1.1	192989	13.7
矿　区	226375	17.0	437952	18.7
高新区	289047	17.2	421619	18.3
井陉县	353035	0.8	536386	18.6
正定县	677580	16.8	838009	5.4
栾城县	448563	18.4	594908	19.6
行唐县	445091	18.0	625399	20.1
灵寿县	264654	19.2	414954	18.4
高邑县	139986	19.6	250765	20.4
深泽县	221541	18.1	355720	20.1
赞皇县	281219	19.7	405177	19.8
无极县	535070	15.5	630671	19.9
平山县	943466	17.1	1206220	11.5
元氏县	309249	19.2	608278	19.4
赵　县	674939	17.6	987580	19.0
辛集市	1242138	19.1	1713623	19.4
藁城市	1491275	18.5	2012215	18.5
晋州市	574209	19.0	861285	20.3
新乐市	504195	17.1	689922	20.0
鹿泉市	973494	15.7	1409265	18.2

1995—2011 年分县（市）区规模以上工业利税总额（一）

计量单位：万元、%

行政单位	1995 年	1996 年	增长速度	1997 年	增长速度	1998 年	增长速度
全　市	**527047**	**596468**	**13.17**	**686015**	**15.01**	**651668**	**-5.01**
市　区	373688	383745	2.69	402271	4.83		
#长安区						1587	
桥东区						728	
桥西区						3924	
新华区						7353	
裕华区						47292	
矿　区						3900	
高新区						9328	
井陉县	4317	3095	-28.31	5598	80.87	4200	-24.97
正定县	10705	18381	71.70	20989	14.19	22184	5.69
栾城县	6741	8343	23.77	10864	30.22	8666	-20.23
行唐县	4990	7581	51.92	11236	48.21	11576	3.03
灵寿县	3540	6290	77.68	9086	44.45	10545	16.06
高邑县	4774	6314	32.26	9498	50.43	11383	19.85
深泽县	1965	2700	37.40	3551	31.52	2345	-33.96
赞皇县	4032	4320	7.14	4810	11.34	4578	-4.82
无极县	7311	10628	45.37	14404	35.53	11307	-21.50
平山县	9537	10024	5.11	12305	22.76	12994	5.60
元氏县	6472	10441	61.33	12054	15.45	8198	-31.99
赵　县	8906	10731	20.49	13824	28.82	15576	12.67
辛集市	25438	36302	42.71	49149	35.39	47045	-4.28
藁城市	19098	30619	60.33	40578	32.53	44726	10.22
晋州市	12019	20631	71.65	28606	38.66	34841	21.80
新乐市	13228	13462	1.77	19413	44.21	18630	-4.03
鹿泉市	10285	12635	22.85	17781	40.73	15540	-12.60

注：1997 年及以前年度规模以上工业增加值统计范围为乡及乡以上工业企业；1998 -2006 年为全部国有及主营业务收入 500 万元以上非国有工业法人企业；2007 -2010 年为年主营业务收入 500 万元及以上工业法人企业；2011 年为年主营业务收入 2000 万元及以上工业法人企业。

1995—2011年分县（市）区规模以上工业利税总额（二）

计量单位：万元、%

行政单位	1999年	增长速度	2000年	增长速度	2001年	增长速度
全　市	**756087**	**16.02**	**873544**	**15.53**	**1005332**	**15.09**
市　区	428397		528134	23.28	617078	16.84
#长安区	1874	18.08	2081	11.05	28867	1287.17
桥东区	1132	55.49	1326	17.14	15885	1097.96
桥西区	3481	-11.29	3611	3.73	11222	210.77
新华区	9578	30.26	11761	22.79	38351	226.09
裕华区	54510	15.26	63828	17.09	14227	-77.71
矿　区	3936	0.92	5251	33.41	6111	16.38
高新区	12220	31.00	13488	10.38	18709	38.71
井陉县	5514	31.29	6419	16.41	7405	15.36
正定县	27201	22.62	29966	10.17	25897	-13.58
栾城县	11367	31.17	13669	20.25	15584	14.01
行唐县	14376	24.19	16094	11.95	18501	14.96
灵寿县	9097	-13.73	9714	6.78	11067	13.93
高邑县	12524	10.02	14909	19.04	17444	17.00
深泽县	3678	56.84	4159	13.08	4196	0.89
赞皇县	6173	34.84	6716	8.80	7694	14.56
无极县	14979	32.48	15877	6.00	19280	21.43
平山县	15352	18.15	16951	10.42	18600	9.73
元氏县	10155	23.87	12091	19.06	14259	17.93
赵　县	16662	6.97	18396	10.41	21024	14.29
辛集市	51777	10.06	55481	7.15	63208	13.93
藁城市	49376	10.40	44996	-8.87	53163	18.15
晋州市	31812	-8.69	28243	-11.22	32583	15.37
新乐市	22448	20.49	24794	10.45	27075	9.20
鹿泉市	25199		26933	6.88	32305	19.95

1995—2011 年分县（市）区规模以上工业利税总额（三）

计量单位：万元、%

行政单位	2002 年	增长速度	2003 年	增长速度	2004 年	增长速度
全　市	**1190630**	**18.43**	**1509600**	**26.79**	**1747672**	**15.77**
市　区	702194	13.79	849612	20.99	806629	-5.06
#长安区	37837	31.07	38117	0.74	61571	61.53
桥东区	20748	30.62	19003	-8.41	28224	48.52
桥西区	12307	9.66	9708	-21.11	6244	-35.68
新华区	49727	29.66	72286	45.37	85311	18.02
裕华区	18491	29.97	25087	35.67	69930	178.75
矿　区	8042	31.60	12266	52.52	18302	49.22
高新区	21465	14.73	28873	34.52		
井陉县	9525	28.63	10264	7.76	18301	78.30
正定县	34698	33.98	43543	25.49	62454	43.43
栾城县	22790	46.24	33827	48.43	56236	66.25
行唐县	23320	26.04	36909	58.28	54943	48.86
灵寿县	13165	18.95	18150	37.87	25417	40.04
高邑县	22119	26.80	30348	37.20	39402	29.84
深泽县	5064	20.68	7340	44.95	8892	21.14
赞皇县	8564	11.31	12919	50.85	20992	62.49
无极县	22172	15.00	28776	29.78	43331	50.58
平山县	23377	25.68	45232	93.49	81664	80.54
元氏县	18012	26.32	24984	38.71	36604	46.51
赵　县	25477	21.18	34113	33.89	53084	55.61
辛集市	76546	21.10	82494	7.77	124089	50.42
藁城市	66279	24.67	83651	26.21	94583	13.07
晋州市	42198	29.51	50077	18.67	67672	35.14
新乐市	32674	20.68	49541	51.62	69448	40.18
鹿泉市	42457	31.43	55556	30.85	83932	51.08

1995—2011 年分县（市）区规模以上工业利税总额（四）

计量单位：万元、%

行政单位	2005 年	增长速度	2006 年	增长速度	2007 年	增长速度
全　市	**2113133**	**20.91**	**2553333**	**20.83**	**3526798**	**38.13**
市　区	816352	52.01	776609	-4.87	1067546	37.46
#长安区	86865	41.08	226925	19.35	287116	26.52
桥东区	8718	-69.11	21331	40.62	17994	-15.64
桥西区	9611	53.92	196784	11.31	278410	41.48
新华区	99269	16.36	92142	-13.44	76124	-17.38
裕华区	42836	-38.74	100697	12.53	104342	3.62
矿　区	28538	55.92	35149	23.17	50783	44.48
高新区	46249	25.50	59621	28.91	81607	36.88
井陉县	23982	31.04	34149	42.40	49489	44.92
正定县	85250	36.50	105963	24.30	154725	46.02
栾城县	77128	37.15	106163	37.65	154893	45.90
行唐县	77414	40.90	112626	45.49	153538	36.33
灵寿县	35266	38.75	49487	40.33	67714	36.83
高邑县	50808	28.95	60146	18.38	58564	-2.63
深泽县	13287	49.43	18651	40.37	26210	40.52
赞皇县	28922	37.78	39368	36.12	57112	45.07
无极县	57103	31.78	81129	42.07	109621	35.12
平山县	104598	28.08	185777	77.61	236550	27.33
元氏县	49886	36.29	71829	43.99	82215	14.46
赵　县	65445	23.29	89768	37.17	130432	45.30
辛集市	171413	38.14	198017	15.52	284636	43.74
藁城市	137500	45.37	185390	34.83	261530	41.07
晋州市	102941	52.12	137657	33.72	202382	47.02
新乐市	96391	38.79	135323	40.35	194394	43.70
鹿泉市	119449	42.32	165281	38.37	235250	42.33

1995—2011 年分县（市）区规模以上工业利税总额（五）

计量单位：万元、%

行政单位	2008 年	增长速度	2009 年	增长速度
全　　市	**3834691**	**8.73**	**4776753**	**24.57**
市　　区	717598	-32.78	809743	12.84
#长安区	165816	-42.25	118926	-28.28
桥东区	20235	12.46	13230	-34.62
桥西区	367953	32.16	149033	-59.50
新华区	23200	-69.52	7749	-66.60
裕华区	45797	-56.11	-61064	-233.34
矿　区	78448	54.48	73124	-6.79
高新区	89871	10.13	131285	46.08
井陉县	76369	-28.26	114527	49.97
正定县	233783	51.10	279010	19.35
栾城县	214898	38.74	252449	17.47
行唐县	222620	44.99	268811	20.75
灵寿县	97188	43.53	120008	23.48
高邑县	43489	-25.74	50520	16.17
深泽县	35530	35.56	42907	20.76
赞皇县	78580	37.59	104906	33.50
无极县	134303	22.52	138349	3.01
平山县	136503	-42.29	133738	-2.03
元氏县	106479	29.51	92522	-13.11
赵　县	177538	36.11	208932	17.68
辛集市	354022	24.38	429792	21.40
藁城市	357492	36.69	683558	91.21
晋州市	261031	28.98	313424	20.07
新乐市	255986	31.68	297683	16.29
鹿泉市	331282	40.82	435875	31.57

1995—2011 年分县（市）区规模以上工业利税总额（六）

计量单位：万元、%

行政单位	2010 年	增长速度	2011 年	增长速度
全　　市	**6348860**	**65.56**	**7738461**	**21.89**
市　　区	1260720	75.69	744689	-40.93
#长安区	57841	-65.12	72832	25.92
桥东区	16360	-19.15	10585	-35.30
桥西区	166868	-54.65	5064	-96.97
新华区	15847	-31.69	33406	110.80
裕华区	72646	58.63	31481	-56.67
矿　区	93585	19.30	153626	64.16
高新区	181776	102.26	340872	87.52
井陉县	106448	39.39	142164	33.55
正定县	312593	33.71	334612	7.04
栾城县	287832	33.94	367338	27.62
行唐县	292196	31.25	402696	37.82
灵寿县	168446	73.32	172595	2.46
高邑县	64563	48.46	88494	37.07
深泽县	52236	47.02	72624	39.03
赞皇县	181344	130.78	189019	4.23
无极县	155368	15.69	205666	32.37
平山县	152837	11.97	180205	17.91
元氏县	199584	87.44	260838	30.69
赵　县	276488	55.73	355983	28.75
辛集市	626459	76.96	848796	35.49
藁城市	952760	166.51	1689174	77.29
晋州市	365987	40.21	477547	30.48
新乐市	319009	24.62	424150	32.96
鹿泉市	573990	73.26	781872	36.22

1995—2011年分县（市）区社会消费品零售额（一）

计量单位：万元、%

行政单位	1995年	1996年	增长速度	1997年	增长速度	1998年	增长速度
全　市	**1652151**	**2011506**	**21.75**	**2380487**	**18.34**	**2680216**	**12.59**
市　区	882872	943119	6.82	1059334	12.32	1109504	4.74
#长安区						14513	
桥东区						8444	
桥西区						9784	
新华区						49338	
裕华区						47443	
矿　区						7818	
高新区							
井陉县	26329	32266	22.55	33033	2.38	34124	3.30
正定县	80745	98870	22.45	137229	38.80	158230	15.30
栾城县	47502	71665	50.87	84901	18.47	101140	19.13
行唐县	20847	40401	93.80	43724	8.23	52711	20.55
灵寿县	13680	20110	47.00	31113	54.71	36864	18.48
高邑县	13975	17961	28.52	23368	30.10	29258	25.21
深泽县	14363	18963	32.03	31328	65.21	40105	28.02
赞皇县	15382	19921	29.51	26895	35.01	34790	29.35
无极县	45879	63723	38.89	83307	30.73	104090	24.95
平山县	25713	32984	28.28	36160	9.63	42703	18.09
元氏县	24680	34726	40.71	38411	10.61	48404	26.02
赵　县	50627	72499	43.20	90212	24.43	108937	20.76
辛集市	101141	188984	86.85	218763	15.76	263429	20.42
藁城市	83081	115102	38.54	152009	32.06	180191	18.54
晋州市	62415	72498	16.15	93708	29.26	107458	14.67
新乐市	82238	98425	19.68	110105	11.87	127203	15.53
鹿泉市	60682	69289	14.18	86889	25.40	101076	16.33

1995—2011 年分县（市）区社会消费品零售额（二）

计量单位：万元、%

行政单位	1999 年	增长速度	2000 年	增长速度	2001 年	增长速度
全　市	**2967588**	**10.72**	**3308804**	**11.50**	**3690981**	**11.55**
市　区	1171916	5.63	1269933	8.36	1560183	22.86
#长安区	16955	16.83	19769	16.60	25378	28.37
桥东区	8905	5.46	9800	10.05	16473	68.09
桥西区	10035	2.57	11216	11.77	38132	239.98
新华区	55270	12.02	63180	14.31	85771	35.76
裕华区	55100	16.14	63841	15.86	30192	-52.71
矿　区	7834	0.20	9533	21.69	10479	9.92
高新区						
井陉县	39113	14.62	46068	17.78	51179	11.09
正定县	179321	13.33	202677	13.02	150638	-25.68
栾城县	120292	18.94	135651	12.77	96173	-29.10
行唐县	60230	14.26	68405	13.57	78553	14.84
灵寿县	42457	15.17	48092	13.27	54298	12.90
高邑县	34721	18.67	40391	16.33	44835	11.00
深泽县	44933	12.04	50800	13.06	56384	10.99
赞皇县	40643	16.82	45928	13.00	51256	11.60
无极县	121821	17.03	138956	14.07	156793	12.84
平山县	49963	17.00	56992	14.07	64400	13.00
元氏县	56177	16.06	63854	13.67	73606	15.27
赵　县	128299	17.77	145226	13.19	161202	11.00
辛集市	310354	17.81	352000	13.42	390742	11.01
藁城市	195539	8.52	219087	12.04	244117	11.42
晋州市	119726	11.42	134242	12.12	150169	11.86
新乐市	131973	3.75	148011	12.15	144061	-2.67
鹿泉市	120110	18.83	138143	15.01	159366	15.36

1995—2011年分县（市）区社会消费品零售额（三）

计量单位：万元、%

行政单位	2002年	增长速度	2003年	增长速度	2004年	增长速度
全　市	**4115390**	**11.50**	**4566056**	**10.95**	**5330762**	**16.75**
市　区	1725318	10.58	1843573	6.85	2062955	11.90
#长安区	28271	11.40	33783	19.50	45270	34.00
桥东区	18860	14.49	21142	12.10	28542	35.00
桥西区	42311	10.96	32605	-22.94	43513	33.45
新华区	91787	7.01	94586	3.05	122963	30.00
裕华区	33634	11.40	40192	19.50	53864	34.02
矿　区	11689	11.55	13227	13.16	16625	25.69
高新区						
井陉县	57238	11.84	66058	15.41	82441	24.80
正定县	170222	13.00	196622	15.51	239976	22.05
栾城县	110557	14.96	128248	16.00	157527	22.83
行唐县	88675	12.89	103294	16.49	125915	21.90
灵寿县	60756	11.89	69411	14.25	83260	19.95
高邑县	51443	14.74	59285	15.24	72270	21.90
深泽县	62755	11.30	72482	15.50	89153	23.00
赞皇县	58037	13.23	67099	15.61	84217	25.51
无极县	176392	12.50	201087	14.00	247210	22.94
平山县	73582	14.26	85207	15.80	103101	21.00
元氏县	83379	13.28	96103	15.26	117019	21.76
赵　县	178934	11.00	198324	10.84	237994	20.00
辛集市	434897	11.30	487519	12.10	556260	14.10
藁城市	271334	11.15	305063	12.43	368906	20.93
晋州市	167911	11.81	191218	13.88	232478	21.58
新乐市	159937	11.02	181075	13.22	218860	20.87
鹿泉市	184025	15.47	214389	16.50	261555	22.00

1995—2011 年分县（市）区社会消费品零售额（四）

计量单位：万元、%

行政单位	2005 年	增长速度	2006 年	增长速度	2007 年	增长速度
全 市	**6061650**	**15.0**	**6988128**	**15.3**	**8210983**	**17.5**
市 区	2524497	13.4	2975285	17.9	3518397	18.3
#长安区	361052	15.4	418099	15.8	490003	17.2
桥东区	229888	15.0	266035	15.7	315783	18.7
桥西区	163102	15.1	188708	15.7	224185	18.8
新华区	529322	15.2	613458	15.9	702458	14.5
裕华区	267753	15.6	316361	15.8	370427	16.4
矿 区	28915	15.0	33264	15.0	38719	17.1
高新区						
井陉县	97861	17.6	112638	15.1	131389	16.6
正定县	258128	17.6	297002	15.1	350462	18.0
栾城县	171578	17.3	197135	14.9	229859	16.6
行唐县	135973	16.7	156047	14.8	181222	16.1
灵寿县	90027	16.9	103358	14.8	119851	16.0
高邑县	77328	16.6	88355	14.3	101010	14.3
深泽县	96565	16.7	110776	14.7	128082	15.6
赞皇县	91349	17.2	104992	14.9	121965	16.2
无极县	264820	16.9	303580	14.6	351836	15.9
平山县	118174	17.8	136028	15.1	158230	16.3
元氏县	118870	16.7	136544	14.9	157959	15.7
赵 县	251625	14.6	288615	14.7	336295	16.5
辛集市	606146	14.1	676459	11.6	783340	15.8
藁城市	396788	15.7	456092	14.9	528609	15.9
晋州市	252523	16.8	290382	15.0	336834	16.0
新乐市	232701	15.8	267183	14.8	309935	16.0
鹿泉市	276697	17.0	317703	14.8	368408	16.0

1995—2011 年分县（市）区社会消费品零售额（五）

计量单位：万元、%

行政单位	2008 年	增长速度	2009 年	增长速度
全　　市	**10051958**	**22.4**	**11905536**	**18.4**
市　　区	4309705	22.5	4952250	14.9
#长安区	623302	27.2	769778	23.5
桥东区	397571	25.9	491076	23.5
桥西区	284602	26.9	351389	23.4
新华区	834479	18.8	998907	19.7
裕华区	459903	24.2	567520	23.4
矿　区	47470	22.6	57818	21.8
高新区				
井陉县	161476	22.9	197815	22.5
正定县	429321	22.5	525715	22.5
栾城县	281507	22.5	344925	22.5
行唐县	221814	22.4	269896	21.6
灵寿县	146937	22.6	179922	22.4
高邑县	122354	21.1	148043	21.0
深泽县	156262	22.0	190783	22.1
赞皇县	149408	22.5	183648	22.0
无极县	425854	21.0	519968	22.1
平山县	197226	24.6	243032	23.2
元氏县	193569	22.5	234095	20.9
赵　县	411138	22.3	499957	21.6
辛集市	960497	22.6	1165083	21.3
藁城市	643399	21.7	783099	21.7
晋州市	412687	22.5	503417	22.0
新乐市	381066	23.0	466431	22.4
鹿泉市	451494	22.6	550642	22.0

1995—2011 年分县（市）区社会消费品零售额（六）

计量单位：万元、%

行政单位	2010 年	增长速度	2011 年	增长速度
全　市	**14098923**	**18.4**	**16629863**	**18.0**
市　区	5844284	19.3	7050835	20.6
#长安区	920660	19.6	1360731	21.0
桥东区	587925	19.7	1983646	21.0
桥西区	419910	19.5	900713	28.4
新华区	1173716	17.5	1233327	20.8
裕华区	678158	19.5	973152	20.8
矿　区	68341	18.2	81960	20.2
高新区			517307	18.1
井陉县	234213	18.4	275297	17.5
正定县	623172	18.5	722245	15.9
栾城县	408047	18.3	472578	15.8
行唐县	318207	17.9	368003	15.6
灵寿县	212308	18	248811	17.2
高邑县	173507	17.2	202474	16.7
深泽县	223789	17.3	257999	15.3
赞皇县	216888	18.1	254233	17.2
无极县	610483	17.4	712232	16.7
平山县	289028	18.9	335696	16.1
元氏县	274359	17.2	319778	16.6
赵　县	585450	17.1	684852	17.0
辛集市	1372468	17.8	1588807	15.8
藁城市	920660	17.6	1065379	15.7
晋州市	593565	17.9	686448	15.6
新乐市	550389	18	636572	15.7
鹿泉市	648106	17.7	747626	15.4

1997—2011 年分县（市）区金融机构人民币存款（一）

计量单位：万元、%

行政单位	1997 年	1998 年	增长速度	1999 年	增长速度	2000 年	增长速度
全　市	**8197859**	**9914433**	**20.94**	**12110368**	**22.15**	**13131544**	**8.43**
市　区	5025209	6148400	22.35	7691094	25.09	8493818	10.44
井陉县	191379	215788	12.75	231939	7.48	247259	6.61
正定县	313710	389673	24.21	462817	18.77	498586	7.73
栾城县	177334	205229	15.73	219680	7.04	234016	6.53
行唐县	121009	147173	21.62	160685	9.18	166336	3.52
灵寿县	99072	118041	19.15	135030	14.39	142748	5.72
高邑县	57225	65828	15.03	79496	20.76	86579	8.91
深泽县	147121	173069	17.64	202049	16.74	213251	5.54
赞皇县	79814	92932	16.44	99592	7.17	105755	6.19
无极县	187613	235926	25.75	265044	12.34	288630	8.90
平山县	159305	195618	22.79	214134	9.47	227082	6.05
元氏县	133462	149195	11.79	168143	12.70	176546	5.00
赵　县	151351	176390	16.54	192836	9.32	195676	1.47
辛集市	371629	456646	22.88	589592	29.11	604992	2.61
藁城市	299102	347306	16.12	433007	24.68	441138	1.88
晋州市	273354	311559	13.98	402973	29.34	414103	2.76
新乐市	134890	160716	19.15	198527	23.53	200580	1.03
鹿泉市	275280	324944	18.04	363730	11.94	394449	8.45

1997—2011 年分县（市）区金融机构人民币存款（二）

计量单位：万元、%

行政单位	2001 年	增长速度	2002 年	增长速度	2003 年	增长速度
全　市	**14551507**	**10.81**	**16710618**	**14.84**	**19322801**	**15.63**
市　区	9562632	12.58	11311755	18.29	13310798	17.67
井陉县	260281	5.27	280407	7.73	302764	7.97
正定县	532530	6.81	572815	7.56	623868	8.91
栾城县	249706	6.70	264920	6.09	299586	13.09
行唐县	174296	4.79	181559	4.17	185398	2.11
灵寿县	156942	9.94	175513	11.83	193084	10.01
高邑县	92339	6.65	101114	9.50	115898	14.62
深泽县	222231	4.21	231762	4.29	250770	8.20
赞皇县	110260	4.26	119888	8.73	137210	14.45
无极县	311539	7.94	339969	9.13	382617	12.54
平山县	243371	7.17	257059	5.62	295394	14.91
元氏县	195650	10.82	215149	9.97	247578	15.07
赵　县	204950	4.74	221827	8.23	249063	12.28
辛集市	657860	8.74	721676	9.70	823439	14.10
藁城市	489755	11.02	549320	12.16	602771	9.73
晋州市	440922	6.48	471035	6.83	519084	10.20
新乐市	220957	10.16	241391	9.25	268222	11.12
鹿泉市	425288	7.82	453453	6.62	515257	13.63

1997—2011年分县（市）区金融机构人民币存款（三）

计量单位：万元、%

行政单位	2004年	增长速度	2005年	增长速度	2006年	增长速度
全　市	**22088668**	**14.31**	**25741536**	**16.54**	**29684213**	**15.32**
市　区	15331653	15.18	18216740	18.82	21112978	15.90
井陉县	341850	12.91	378824	10.82	436511	15.23
正定县	702302	12.57	783093	11.50	890514	13.72
栾城县	351679	17.39	421827	19.95	456182	8.14
行唐县	215436	16.20	232852	8.08	281331	20.82
灵寿县	218317	13.07	244801	12.13	278099	13.60
高邑县	130076	12.23	143045	9.97	168780	17.99
深泽县	273089	8.90	274105	0.37	312537	14.02
赞皇县	155865	13.60	151546	-2.77	172826	14.04
无极县	403541	5.47	434532	7.68	477904	9.98
平山县	358449	21.35	422679	17.92	474505	12.26
元氏县	279073	12.72	297686	6.67	360227	21.01
赵　县	275234	10.51	311499	13.18	359549	15.43
辛集市	888022	7.84	1008502	13.57	1158499	14.87
藁城市	711798	18.09	747432	5.01	838214	12.15
晋州市	573267	10.44	641986	11.99	733340	14.23
新乐市	294824	9.92	321220	8.95	386121	20.20
鹿泉市	584191	13.38	649511	11.18	755617	16.34

1997—2011年分县（市）区金融机构人民币存款（四）

计量单位：万元、%

行政单位	2007年	增长速度	2008年	增长速度
全　市	**33313230**	**12.23**	**41115628**	**23.42**
市　区	23677068	12.14	29354583	23.98
井陉县	505895	15.90	633495	25.22
正定县	954551	7.19	1166436	22.20
栾城县	498696	9.32	570405	14.38
行唐县	343051	21.94	447880	30.56
灵寿县	334197	20.17	437876	31.02
高邑县	186227	10.34	248267	33.31
深泽县	344208	10.13	426028	23.77
赞皇县	224108	29.67	268114	19.64
无极县	529512	10.80	655358	23.77
平山县	565302	19.14	682337	20.70
元氏县	406201	12.76	536028	31.96
赵　县	408068	13.49	482435	18.22
辛集市	1284911	10.91	1552231	20.80
藁城市	930715	11.04	1124310	20.80
晋州市	826082	12.65	993135	20.22
新乐市	438083	13.46	535167	22.16
鹿泉市	856353	13.33	1001544	16.95

1997—2011年分县（市）区金融机构人民币存款（五）

计量单位：万元、%

行政单位	2009年	增长速度	2010年	增长速度	2011年	增长速度
全 市	**51630561**	**25.57**	**61155028**	**18.45**	**67153408**	**9.81**
市 区	37950523	29.28	42992706	13.29	48787267	13.48
井陉县	722930	14.12	786016	8.73	960502	22.20
正定县	1474407	26.40	1800211	22.10	2206751	22.58
栾城县	716579	25.63	849075	18.49	986233	16.15
行唐县	499390	11.50	591024	18.35	690583	16.85
灵寿县	497998	13.73	582058	16.88	681355	17.06
高邑县	301969	21.63	353955	17.22	422097	19.25
深泽县	493897	15.93	566576	14.72	661251	16.71
赞皇县	314729	17.39	387313	23.06	454469	17.34
无极县	731779	11.66	841076	14.94	972318	15.60
平山县	819265	20.07	964011	17.67	1126485	16.85
元氏县	595994	11.19	686310	15.15	757197	10.33
赵 县	569681	18.08	658086	15.52	775544	17.85
辛集市	1683032	8.43	1868340	11.01	2083484	11.52
藁城市	1278988	13.76	1464389	14.50	1670952	14.11
晋州市	1100914	10.85	1248525	13.41	1399499	12.09
新乐市	612333	14.42	701097	14.50	805741	14.93
鹿泉市	1266154	26.42	1489307	17.62	1711680	14.93

1997—2011年分县（市）区金融机构人民币贷款（一）

计量单位：万元、%

行政单位	1997年	1998年	增长速度	1999年	增长速度
全　市	**5656900**	**6637592**	**17.34**	**9107667**	**37.21**
市　区	3292109	4053042	23.11	6237687	53.90
井陉县	101119	98918	-2.18	104284	5.42
正定县	206600	234528	13.52	276178	17.76
栾城县	159604	171165	7.24	182019	6.34
行唐县	80853	88229	9.12	91776	4.02
灵寿县	93162	98933	6.19	95962	-3.00
高邑县	64856	76786	18.39	86454	12.59
深泽县	78191	86178	10.21	102750	19.23
赞皇县	83167	88121	5.96	88532	0.47
无极县	144588	152741	5.64	162667	6.50
平山县	126540	142997	13.01	151675	6.07
元氏县	134209	145234	8.21	155686	7.20
赵　县	163922	181592	10.78	193445	6.53
辛集市	246974	283842	14.93	295226	4.01
藁城市	244997	266150	8.63	330137	24.04
晋州市	151278	158429	4.73	202921	28.08
新乐市	118745	123732	4.20	153769	24.28
鹿泉市	165986	186975	12.65	196499	5.09

1997—2011年分县（市）区金融机构人民币贷款（二）

计量单位：万元、%

行政单位	2000年	增长速度	2001年	增长速度	2002年	增长速度
全　市	**9738267**	**6.92**	**10350991**	**6.29**	**13059556**	**26.17**
市　区	6939550	11.25	7450288	7.36	9981918	33.98
井陉县	97820	-6.20	103070	5.37	120950	17.35
正定县	271938	-1.54	279662	2.84	295437	5.64
栾城县	149602	-17.81	159284	6.47	173688	9.04
行唐县	91345	-0.47	102512	12.23	111165	8.44
灵寿县	89625	-6.60	92791	3.53	101323	9.19
高邑县	89803	3.87	91504	1.89	94887	3.70
深泽县	99741	-2.93	102128	2.39	109357	7.08
赞皇县	79156	-10.59	79181	0.03	87387	10.36
无极县	163742	0.66	175680	7.29	191869	9.22
平山县	144646	-4.63	149875	3.62	163959	9.40
元氏县	161580	3.79	159813	-1.09	172984	8.24
赵　县	200388	3.59	206674	3.14	211211	2.20
辛集市	281896	-4.52	283339	0.51	306937	8.33
藁城市	307626	-6.82	317394	3.18	301448	-5.02
晋州市	206264	1.65	212452	3.00	225886	6.32
新乐市	148917	-3.16	148668	-0.17	155049	4.29
鹿泉市	214628	9.23	236676	10.27	256130	8.22

1997—2011 年分县（市）区金融机构人民币贷款（三）

计量单位：万元、%

行政单位	2003 年	增长速度	2004 年	增长速度	2005 年	增长速度
全　　市	**13774386**	**5.47**	**14748123**	**7.07**	**15610128**	**5.84**
市　　区	10547366	5.66	11352218	7.63	12446474	9.64
井 陉 县	126161	4.31	155372	23.15	151840	-2.27
正 定 县	311211	5.34	320787	3.08	279590	-12.84
栾 城 县	178549	2.80	200213	12.13	217991	8.88
行 唐 县	109102	-1.86	112476	3.09	96020	-14.63
灵 寿 县	100578	-0.74	109515	8.89	95452	-12.84
高 邑 县	94670	-0.23	101655	7.38	90442	-11.03
深 泽 县	107209	-1.96	105555	-1.54	101941	-3.42
赞 皇 县	91839	5.09	100934	9.90	79871	-20.87
无 极 县	192568	0.36	193203	0.33	174697	-9.58
平 山 县	188322	14.86	202902	7.74	193996	-4.39
元 氏 县	186632	7.89	188193	0.84	175843	-6.56
赵　　县	197051	-6.70	198044	0.50	186565	-5.80
辛 集 市	312989	1.97	318432	1.74	276641	-13.12
藁 城 市	319196	5.89	332015	4.02	287035	-13.55
晋 州 市	226804	0.41	229126	1.02	214745	-6.28
新 乐 市	172388	11.18	184310	6.92	222816	20.89
鹿 泉 市	311751	21.72	343173	10.08	318169	-7.29

1997—2011 年分县（市）区金融机构人民币贷款（四）

计量单位：万元、%

行政单位	2006 年	增长速度	2007 年	增长速度	2008 年	增长速度
全　市	**17315169**	**10.92**	**18393687**	**6.23**	**20799327**	**13.08**
市　区	13784691	10.75	14501558	5.20	17299183	19.29
井陉县	175806	15.78	189990	8.07	161771	-14.85
正定县	288082	3.04	346620	20.32	361448	4.28
栾城县	225670	3.52	230339	2.07	211095	-8.35
行唐县	105693	10.07	113085	6.99	101310	-10.41
灵寿县	107739	12.87	121263	12.55	117595	-3.03
高邑县	102023	12.80	101131	-0.87	81409	-19.50
深泽县	108902	6.83	113081	3.84	102782	-9.11
赞皇县	90723	13.59	100870	11.18	85514	-15.22
无极县	168688	-3.44	175450	4.01	153798	-12.34
平山县	213556	10.08	242021	13.33	175793	-27.36
元氏县	197353	12.23	197678	0.16	190986	-3.39
赵　县	222898	19.47	201686	-9.52	200139	-0.77
辛集市	305519	10.44	361664	18.38	306443	-15.27
藁城市	376522	31.18	457561	21.52	350154	-23.47
晋州市	227574	5.97	247896	8.93	257046	3.69
新乐市	244828	9.88	266960	9.04	215661	-19.22
鹿泉市	368902	15.95	424832	15.16	427200	0.56

1997—2011 年分县（市）区金融机构人民币贷款（五）

计量单位：万元、%

行政单位	2009 年	增长速度	2010 年	增长速度	2011 年	增长速度
全　市	**28865696**	**38.78**	**32720979**	**13.36**	**36597860**	**11.85**
市　区	24231048	40.07	26219403	8.21	29296795	11.74
井 陉 县	267119	65.12	331011	23.92	351469	6.18
正 定 县	478347	32.34	710170	48.46	1121021	57.85
栾 城 县	262050	24.14	314539	20.03	385572	22.58
行 唐 县	125929	24.30	178851	42.03	219346	22.64
灵 寿 县	148897	26.62	168737	13.32	214281	26.99
高 邑 县	108653	33.47	142801	31.43	175698	23.04
深 泽 县	116809	13.65	151307	29.53	172584	14.06
赞 皇 县	106962	25.08	153612	43.61	208548	35.76
无 极 县	186955	21.56	226115	20.95	262898	16.27
平 山 县	218361	24.21	275416	26.13	374274	35.89
元 氏 县	210053	9.98	251238	19.61	282462	12.43
赵　县	230460	15.15	297605	29.14	336898	13.20
辛 集 市	446132	45.58	553523	24.07	691120	24.86
藁 城 市	478186	36.56	630210	31.79	719903	14.23
晋 州 市	336320	30.84	441472	31.27	504791	14.34
新 乐 市	265734	23.22	278099	4.65	320353	15.19
鹿 泉 市	647678	51.61	808933	24.90	959847	18.66

1996—2011年分县（市）区城乡居民人民币储蓄存款（一）

计量单位：万元、%

行政单位	1996年	1997年	增长速度	1998年	增长速度	1999年	增长速度
全　市	**4223768**	**4857888**	**15.01**	**5941832**	**22.31**	**7092875**	**19.37**
市　区	1892453	2169085	14.62	2716587	25.24	3259295	19.98
井陉县	129507	150462	16.18	172827	14.86	192385	11.32
正定县	220307	256426	16.39	338198	31.89	411828	21.77
栾城县	130261	149094	14.46	173095	16.10	188394	8.84
行唐县	98437	112086	13.87	132786	18.47	145034	9.22
灵寿县	80690	87309	8.20	102662	17.58	118505	15.43
高邑县	43392	51315	18.26	60107	17.13	72029	19.83
深泽县	114732	132749	15.70	162650	22.52	191996	18.04
赞皇县	60793	68023	11.89	77969	14.62	85520	9.68
无极县	144437	175845	21.75	221033	25.70	243197	10.03
平山县	123624	141770	14.68	171660	21.08	180441	5.12
元氏县	107729	115407	7.13	132304	14.64	145923	10.29
赵　县	105390	125068	18.67	142532	13.96	174475	22.41
辛集市	252528	290868	15.18	363257	24.89	469422	29.23
藁城市	213575	244522	14.49	288149	17.84	377022	30.84
晋州市	197558	238395	20.67	266911	11.96	354866	32.95
新乐市	101655	116710	14.81	144509	23.82	178144	23.28
鹿泉市	206700	232754	12.60	274596	17.98	307399	11.95

1996—2011年分县（市）区城乡居民人民币储蓄存款（二）

计量单位：万元、%

行政单位	2000年	增长速度	2001年	增长速度	2002年	增长速度
全　市	**7514860**	**5.95**	**8235602**	**9.59**	**9251029**	**12.33**
市　区	3929041	20.55	3943653	0.37	4658726	18.13
井陉县	202493	5.25	217003	7.17	233408	7.56
正定县	434413	5.48	459898	5.87	487313	5.96
栾城县	193949	2.95	204920	5.66	218220	6.49
行唐县	152711	5.29	161879	6.00	165108	1.99
灵寿县	127083	7.24	138584	9.05	155788	12.41
高邑县	78389	8.83	83705	6.78	92091	10.02
深泽县	201044	4.71	209272	4.09	220508	5.37
赞皇县	91669	7.19	97763	6.65	105805	8.23
无极县	266499	9.58	288318	8.19	311136	7.91
平山县	190674	5.67	200881	5.35	209772	4.43
元氏县	155133	6.31	169937	9.54	184328	8.47
赵　县	174653	0.10	184425	5.60	200265	8.59
辛集市	497188	5.91	550769	10.78	590380	7.19
藁城市	382872	1.55	415056	8.41	433776	4.51
晋州市	366679	3.33	391400	6.74	419175	7.10
新乐市	178555	0.23	192290	7.69	200237	4.13
鹿泉市	326028	6.06	325849	-0.05	364993	12.01

1996—2011年分县（市）区城乡居民人民币储蓄存款（三）

计量单位：万元、%

行政单位	2003年	增长速度	2004年	增长速度	2005年	增长速度
全　市	**10444919**	**12.91**	**11894588**	**13.88**	**13551916**	**13.93**
市　区	5436477	16.69	6314369	16.15	7418651	17.49
井陉县	249483	6.89	275542	10.45	303792	10.25
正定县	527629	8.27	579859	9.90	633812	9.30
栾城县	245869	12.67	285131	15.97	310090	8.75
行唐县	165202	0.06	191407	15.86	208053	8.70
灵寿县	169063	8.52	186813	10.50	209050	11.90
高邑县	104068	13.01	116106	11.57	130750	12.61
深泽县	235009	6.58	252784	7.56	254864	0.82
赞皇县	120014	13.43	134628	12.18	132516	-1.57
无极县	337044	8.33	365607	8.47	383987	5.03
平山县	232835	10.99	273447	17.44	310792	13.66
元氏县	205982	11.75	235231	14.20	255387	8.57
赵　县	213825	6.77	237835	11.23	261973	10.15
辛集市	667569	13.07	735539	10.18	832469	13.18
藁城市	467139	7.69	530680	13.60	599963	13.06
晋州市	454340	8.39	503031	10.72	561204	11.56
新乐市	218368	9.05	237909	8.95	260700	9.58
鹿泉市	395003	8.22	438670	11.05	483864	10.30

1996—2011 年分县（市）区城乡居民人民币储蓄存款（四）

计量单位：万元、%

行政单位	2006 年	增长速度	2007 年	增长速度	2008 年	增长速度
全　市	**15532428**	**14.61**	**16947183**	**9.11**	**21801690**	**28.64**
市　区	8549036	15.24	9115834	6.63	11982365	31.45
井陉县	339911	11.89	390372	14.85	499922	28.06
正定县	685058	8.09	736921	7.57	941836	27.81
栾城县	342677	10.51	371001	8.27	434484	17.11
行唐县	248660	19.52	303252	21.95	400343	32.02
灵寿县	235175	12.50	282455	20.10	382554	35.44
高邑县	149486	14.33	161695	8.17	216960	34.18
深泽县	283158	11.10	311422	9.98	391938	25.85
赞皇县	150544	13.60	177775	18.09	220247	23.89
无极县	432280	12.58	480424	11.14	598436	24.56
平山县	357692	15.09	417592	16.75	537691	28.76
元氏县	299038	17.09	335513	12.20	438137	30.59
赵　县	300836	14.83	335322	11.46	400258	19.37
辛集市	973656	16.96	1086292	11.57	1336554	23.04
藁城市	686323	14.39	763798	11.29	950779	24.48
晋州市	640164	14.07	716995	12.00	888400	23.91
新乐市	313728	20.34	356947	13.78	452934	26.89
鹿泉市	545007	12.64	603573	10.75	727853	20.59

1996—2011年分县（市）区城乡居民人民币储蓄存款（五）

计量单位：万元、%

行政单位	2009年	增长速度	2010年	增长速度	2011年	增长速度
全　市	**25674597**	**17.76**	**29203989**	**13.75**	**32435792**	**11.07**
市　区	14674605	22.47	16736357	14.05	18196341	8.72
井陉县	564372	12.89	611986	8.44	713976	16.67
正定县	1119251	18.84	1301585	16.29	1540692	18.37
栾城县	480253	10.53	550039	14.53	649548	18.09
行唐县	441452	10.27	517478	17.22	606989	17.30
灵寿县	427193	11.67	479517	12.25	546620	13.99
高邑县	257563	18.71	291375	13.13	342282	17.47
深泽县	437578	11.64	487103	11.32	561101	15.19
赞皇县	250941	13.94	301049	19.97	347289	15.36
无极县	631828	5.58	721112	14.13	832315	15.42
平山县	613920	14.18	700174	14.05	842290	20.30
元氏县	476693	8.80	543225	13.96	579652	6.71
赵　县	470748	17.61	539746	14.66	637962	18.20
辛集市	1448975	8.41	1565905	8.07	1756448	12.17
藁城市	1034815	8.84	1136136	9.79	1303369	14.72
晋州市	958566	7.90	1041133	8.61	1143758	9.86
新乐市	514730	13.64	600659	16.69	685595	14.14
鹿泉市	871114	19.68	1018725	16.95	1149565	12.84

1995—2011 年分县（市）区农民人均纯收入（一）

计量单位：元、%

行政单位	1995 年	1996 年	增长速度	1997 年	增长速度	1998 年	增长速度
全　　市	**1995**	**2502**	**25.41**	**2837**	**13.39**	**2988**	**5.32**
长 安 区							
桥 东 区							
桥 西 区							
新 华 区							
裕 华 区							
矿　　区	2511	3069	22.22	3481	13.42	3665	5.29
井 陉 县	1574	1821	15.69	2172	19.28	2410	10.96
正 定 县	2308	3004	30.16	3207	6.76	3335	3.99
栾 城 县	1998	2686	34.43	2900	7.97	3045	5.00
行 唐 县	1248	1850	48.24	2163	16.92	2361	9.15
灵 寿 县	998	1499	50.20	2016	34.49	2250	11.61
高 邑 县	1901	2366	24.46	2598	9.81	2800	7.78
深 泽 县	1863	2582	38.59	2789	8.02	2988	7.14
赞 皇 县	970	1203	24.02	1134	-5.74	1306	15.17
无 极 县	1863	2672	43.42	3045	13.96	3170	4.11
平 山 县	1554	1232	-20.72	2202	78.73	2371	7.67
元 氏 县	1759	2321	31.95	2552	9.95	2570	0.71
赵　　县	1825	2579	41.32	2802	8.65	2942	5.00
辛 集 市	2579	2961	14.81	3207	8.31	3354	4.58
藁 城 市	2407	3048	26.63	3513	15.26	3508	-0.14
晋 州 市	2498	3001	20.14	3300	9.96	3386	2.61
新 乐 市	2497	3012	20.62	3418	13.48	3506	2.57
鹿 泉 市	2585	2121	-17.95	3566	68.13	3678	3.14

1995—2011年分县（市）区农民人均纯收入（二）

计量单位：元、%

行政单位	1999年	增长速度	2000年	增长速度	2001年	增长速度
全　市	**3071**	**2.78**	**3158**	**2.83**	**3149**	**-0.28**
长安区						
桥东区						
桥西区						
新华区						
裕华区						
矿　区	3736	1.94	3886	4.01	4019	3.42
井陉县	2506	3.98	2602	3.83	2680	3.00
正定县	3465	3.90	3605	4.04	3621	0.44
栾城县	3174	4.24	3305	4.13	3421	3.51
行唐县	2428	2.84	2468	1.65	2542	3.00
灵寿县	2308	2.58	2396	3.81	2397	0.04
高邑县	2860	2.14	3001	4.93	3125	4.13
深泽县	3060	2.41	3182	3.99	3308	3.96
赞皇县	1370	4.90	1652	20.58	1706	3.27
无极县	3240	2.21	3310	2.16	3429	3.60
平山县	2472	4.26	1992	-19.42	1999	0.35
元氏县	2617	1.83	2701	3.21	2812	4.11
赵　县	3059	3.98	3086	0.88	3049	-1.20
辛集市	3485	3.91	3235	-7.17	3365	4.02
藁城市	3576	1.94	3656	2.24	3805	4.08
晋州市	3449	1.86	3539	2.61	3667	3.62
新乐市	3574	1.94	3616	1.18	3688	1.99
鹿泉市	3747	1.88	3852	2.80	4008	4.05

1995—2011 年分县（市）区农民人均纯收入（三）

计量单位：元、%

行政单位	2002 年	增长速度	2003 年	增长速度	2004 年	增长速度
全　市	**3245**	**3.05**	**3394**	**4.59**	**3799**	**11.93**
长安区						
桥东区						
桥西区						
新华区						
裕华区						
矿　区	4140	3.01	4265	3.02	4854	13.81
井陉县	2787	3.99	2941	5.53	3342	13.63
正定县	3770	4.11	3885	3.05	4375	12.61
栾城县	3558	4.00	3755	5.54	4247	13.10
行唐县	2619	3.03	2698	3.02	2836	5.11
灵寿县	2428	1.29	2477	2.02	2599	4.93
高邑县	3250	4.00	3407	4.83	3680	8.01
深泽县	3408	3.02	3579	5.02	3956	10.53
赞皇县	1785	4.63	1878	5.21	2133	13.58
无极县	3497	1.98	3619	3.49	4107	13.48
平山县	2019	1.00	2080	3.02	2298	10.48
元氏县	2897	3.02	3021	4.28	3431	13.57
赵　县	3141	3.02	3283	4.52	3730	13.62
辛集市	3470	3.12	3609	4.01	4061	12.52
藁城市	3919	3.00	4086	4.26	4621	13.09
晋州市	3777	3.00	3892	3.04	4429	13.80
新乐市	3800	3.04	3961	4.24	4461	12.62
鹿泉市	4170	4.04	4387	5.20	4913	11.99

1995—2011年分县（市）区农民人均纯收入（四）

计量单位：元、%

行政单位	2005年	增长速度	2006年	增长速度	2007年	增长速度
全　市	**4118**	**8.40**	**4456**	**8.21**	**4954**	**11.18**
长安区						
桥东区						
桥西区						
新华区						
裕华区						
矿　区	5267	8.51	5740	8.98	6328	10.24
井陉县	3643	9.01	3993	9.61	4527	13.37
正定县	4797	9.65	5253	9.51	5952	13.31
栾城县	4667	9.89	5006	7.26	5788	15.62
行唐县	2929	3.28	3076	5.02	3287	6.86
灵寿县	2681	3.16	2787	3.95	2898	3.98
高邑县	3975	8.02	4293	8.00	4551	6.01
深泽县	4155	5.03	4350	4.69	4611	6.00
赞皇县	2316	8.60	2584	11.57	2798	8.28
无极县	4476	8.98	4875	8.91	5321	9.15
平山县	2430	5.74	2588	6.50	2842	9.81
元氏县	3726	8.60	4076	9.39	4658	14.28
赵　县	4110	10.19	4282	4.18	5005	16.88
辛集市	4467	10.00	4874	9.11	5514	13.13
藁城市	5060	9.50	5465	8.00	6184	13.16
晋州市	4828	9.01	5320	10.19	6012	13.01
新乐市	4872	9.21	5391	10.65	5984	11.00
鹿泉市	5313	8.14	5866	10.41	6460	10.13

1995—2011年分县（市）区农民人均纯收入（五）

计量单位：元、%

行政单位	2008年	增长速度	2009年	增长速度
全 市	**5469**	**10.40**	**5977**	**9.29**
长安区				
桥东区				
桥西区				
新华区				
裕华区				
矿 区	7025	11.01	7657	9.00
井陉县	5051	11.57	5557	10.02
正定县	6726	13.00	7399	10.01
栾城县	6541	13.01	7215	10.30
行唐县	3468	5.51	3470	0.06
灵寿县	2956	2.00	2960	0.14
高邑县	4970	9.21	5448	9.62
深泽县	4920	6.70	5316	8.05
赞皇县	2886	3.15	2910	0.83
无极县	5806	9.11	6272	8.03
平山县	2945	3.62	3312	12.46
元氏县	5226	12.19	5878	12.48
赵 县	5553	10.95	6116	10.14
辛集市	6291	14.09	6890	9.52
藁城市	6990	13.03	7731	10.60
晋州市	6794	13.01	7495	10.32
新乐市	6642	11.00	7360	10.81
鹿泉市	7106	10.00	7834	10.24

1995—2011年分县（市）区农民人均纯收入（六）

计量单位：元、%

行政单位	2010年	增长速度	2011年	增长速度
全 市	**6577**	**10.04**	**7822**	**18.93**
长安区			10199	20.26
桥东区			11525	27.70
桥西区			14553	31.00
新华区			10762	30.21
裕华区			13247	31.00
矿 区	8461	10.50	9817	16.03
井陉县	6006	8.08	6961	15.90
正定县	8139	10.00	9459	16.22
栾城县	7938	10.02	9226	16.23
行唐县	3647	5.10	3995	9.54
灵寿县	3167	6.99	3455	9.09
高邑县	6105	12.06	7204	18.00
深泽县	5745	8.07	6671	16.12
赞皇县	3082	5.91	3405	10.48
无极县	6790	8.26	7876	15.99
平山县	3681	11.14	4168	13.23
元氏县	6600	12.28	7656	16.00
赵 县	6815	11.43	7910	16.07
辛集市	7652	11.06	8789	14.86
藁城市	8603	11.28	9999	16.23
晋州市	8327	11.10	9675	16.19
新乐市	8169	10.99	9035	10.60
鹿泉市	8638	10.26	10063	16.50